"中文社会科学引文索引"（CSSCI）来源集刊

Études de la pensée française · Le Printemps, 2017

法兰西思想评论·2017（春）

高宣扬◎主编　　姜丹丹　邓　刚◎执行主编

人民出版社

责任编辑:洪 琼

图书在版编目(CIP)数据

法兰西思想评论·2017(春)/高宣扬 主编. —北京:人民出版社,2018.5
ISBN 978－7－01－019341－0

Ⅰ.①法… Ⅱ.①高… Ⅲ.①哲学-法国-文集 Ⅳ.①B565.5-53

中国版本图书馆 CIP 数据核字(2018)第 096123 号

法兰西思想评论·2017(春)
FALANXI SIXIANG PINGLUN 2017(CHUN)

高宣扬 主编

人民出版社 出版发行
(100706 北京市东城区隆福寺街 99 号)

北京中科印刷有限公司印刷 新华书店经销

2018 年 5 月第 1 版 2018 年 5 月北京第 1 次印刷
开本:710 毫米×1000 毫米 1/16 印张:22
字数:370 千字

ISBN 978－7－01－019341－0 定价:69.00 元

邮购地址 100706 北京市东城区隆福寺街 99 号
人民东方图书销售中心 电话 (010)65250042 65289539

目　录

第三部分　作为教化之哲学

前　言

　　本期通过三大专题:(1)法国哲学与德国哲学、古希腊哲学,(2)艺术哲学,(3)作为教化之哲学,试图展现当代法国哲学对自身生命的一贯关怀以及对环绕其自身发展的重大问题的反思性批判态度。

　　真正的哲学,总是以源于自身生命的内在强烈创新欲望,作为其存在和发展的基本动力;而哲学生命自身的内在创新动力一旦展现出来,就不可避免地必须正视环绕其存在的各种因素及其相互关系的张力,并以积极主动的态度,动员生命内在的所有能力及其积蓄的经验,将环绕着它的各种外在因素及其相互张力,转化成哲学自身实现更新的优化条件。

　　法国哲学,特别是经历多世纪发展之后而成熟起来的当代法国哲学,之所以始终保持创新的活力,正是在于它不把自身当成单纯的知识体系或纯粹的专业性学科,同样也不把自身当做固定不变的现成存在,不把自身当成由各种抽象概念堆积的哲学理论体系,也不甘于沦落成自外于充满活力的生活世界的封闭性理念结构,而是始终置身于充满变易的世界之中,致力于自身生命活力的不断激发,使哲学自身的生命与其所处的世界融为一体,从而也使哲学思考的逻辑与世界变动的节奏之间产生共振性效应。正是这些共振性效应,向法国哲学家们持续提供思想创新的灵感。

　　在这种情况下,充满创新活力的当代法国哲学,一直把自身置于与他者以及与他国哲学相互对话的处境中。哲学的创新来自对话,来自它自身与自身内部各种创新要求的对话,来自它与他者的对话,特别是来自它与近邻存在的对话,与其自身的源初思想的对话。对于当代法国哲学来说,与近邻德国哲学的对话以及与其自身源初希腊思想的对话,乃是当代法国哲学获得一再重生的重要条件。当福柯探索"我们自身的历史存在论"(Ontologie historique de nous-mêmes)和研究性史的时候,当德里达思考和批判语音中心主义而进行

"解构"的时候,他们都回溯到希腊。"回到希腊去"几乎成为法国哲学一再更新的一个动力,也表现出法国哲学力图保持同其自身本源思想紧密联系的倾向:这是一种试图从其自身本源思想中寻求创新活水的努力。

列于本期第一专题"法国哲学与德国哲学、古希腊哲学"的首篇论文,是由法国巴黎第一大学荣誉教授安若澜(Annick Jaulin)撰写的《对亚里士多德〈形而上学〉的改造》,原文本是发表于上海交通大学欧洲文化高等研究院组织的国际学术研讨会上的发言稿,针对法国19世纪哲学家拉维松(Félix Ravaisson)对亚里士多德形而上学的批判,安若澜教授深入分析法国哲学同希腊的思想传承关系。安若澜教授把"关注于亚里士多德《形而上学》有关的'新精神'",当成"一桩更新时代观念的哲学事件"(événement philosophique)。同时,安若澜教授还进一步说明法国哲学与德国哲学的关系,通过拉维松对德国哲学的研究效应,揭示法国哲学对于他者思想的创新原则,这就是要关注于"思想、方法的展开本身"。正如拉维松所说:"泛泛而言,我们要展示、要重构的不只是想法的主体或其根本,而是思想、方法的开展本身,一言以蔽之,把作者的思考方式当作其学说来加以重构。所以我们应该深入那个让我们的分析成为真正意义上的转写的思想发展动态本身。"安若澜由此强调指出:"拉维松感兴趣作者的'义理',也感兴趣其'方式',这引导着他进入运思本身进而'转写'义理。"

显然,交流是哲学创新与发展的重要途径;交流意味着互动,意味着交流各方对各方活生生运思过程的关注,意味着哲学思想自身的生命的重建和更新,也意味着在交流中交融形成的哲学命运共同体的创建及其生命延续过程。

法德两国是欧洲的主要国家,也是欧洲文化和思想,特别是近现代西方哲学理论的最重要的创造基地。法德两国哲学的发展状况及其成果,在很大程度上,决定整个西方哲学和思想文化的性质及其发展方向。

法德哲学是欧陆土地上长成的两株思想奇葩。在西方哲学史和思想史上,两国哲学思想始终以其各自独立的创造力量和独特的风格,在相互争艳和相互借鉴的过程中,为推动整个西方哲学和人类思想的发展,扮演了非常重要的角色,发挥了重要作用。

法德哲学交流源远流长。早在古罗马时代,也即整个中世纪历史时期内,法德两国哲学就已经在双方吸取同一思想源头的同时,开展了水乳交融的思想对话。

因此,从两国的最早历史形成和发展脉络来看,两国由于都共属于罗马帝国而接受了由罗马人所传承的希腊文化和基督教文化;中世纪漫长的欧洲文化的融合过程,更使法兰西和日耳曼两大民族的文化,在罗马和基督教文化的历史洪流中,在罗马帝国所传播的拉丁语言的基础上,通过宗教和语言两大渠道的汇合,交互融合、彼此影响。

由此可见,两国哲学的最早理论根源,都共同地来自古希腊古罗马的文化及哲学思想。对于两国哲学的比较研究,将有助于我们更深入地了解和认识源自古希腊古罗马的思想和文化传统,究竟以何种方式以及经历什么样的历史过程而演变成西方目前丰富多彩的民族文化和多样的思想体系。

法德两国哲学,各自生长在不同的民族国土上,立足于两种相异的历史和文化传统基础,以各具特色的语言论述形式,呈现出迥然不同的思想内容和理论表达模式;但同时,由于它们都不同程度地渊源于古希腊古罗马的思想和文化,具有共同繁荣发展的强烈愿望,在长期曲折的演变中,特别是从启蒙运动开始,就积极地相互交流和相互竞争;双方既相互批判,又相互借鉴,为当代西方文化的发展,不仅输送了丰富的思想养料和精神力量,而且也为全人类的文化发展,提供了自主发展和共同繁荣的典范模式。

正因为这样,当代法德两国哲学的交流及其相互影响,不仅对于理解两国当代哲学的特征及其发展逻辑,而且,也对两国的整个社会文化的发展,甚至对整个欧洲文化及思想的研究,具有极其重要的战略意义。

当代法国哲学的创造精神及其伟大成果,已经引起西方哲学界和人文社会科学各个领域的充分注意,人们在探究当代法国哲学的性质的同时,也不得不注意到:在散发魅力的当代法国思想中,隐含着德国哲学的浓厚气息;那些在德国哲学中潜在的深刻思想,一旦被法国哲学家掌握和加以适当改造,就转变成为富有理论与实践双重威力的新哲学体系。更值得注意的是,在西方当代哲学史上,法德两国哲学的交流关系,同以往所呈现的历史表现形式相比,发生了新的有趣变化,显示了其特殊的意味深长的内容和逻辑。这一重要现象对于处在全球化和迫切寻求全球文化生命共同体的现代人而言,无疑是非常有吸引力的论题。

其实,从第二次世界大战以来,关于"德国哲学对当代法国哲学的影响"

这个论题,一直是法国哲学家们所关注的思考对象。这一讨论本身,已经直接成为当代法国哲学不断推进的一个重要动力。各个学派的思想家和哲学家对这一重大问题的探讨和争论,有利于深入理解当代全球化世界的文化重建及其未来的展望前景。

德里达曾经说:"关于法德关系问题,不仅曾经在第二次世界大战后至60年代时期是决定性的,而且迄今为止仍然是如此。……在这个问题上,存在一种非常复杂的交织关系。而且,我认为,在这个问题上还存在着公开的和掩盖的政治游戏,其中渗透着关于民族、民族主义传统、哲学和理论上的各种问题。当然,所有这些,都还穿插着两国大学制度的民族特殊性,也包含着这个教育制度中教学职业上的计谋方面的民族特殊性"(Derrida/Roudinesco, De quoi demain..., Dialogue, Paris, Fayard/Galilee, 2001: 35)。德里达的上述论断是意味深长的,因为它揭示了德国哲学对当代法国哲学的影响的复杂内涵及其政治的、文化的和历史的深远意义。

同德里达一样,福柯也多次重申德国哲学对他和他的同时代人的重要影响。福柯在谈到他的创造性思路时指出:正是"从黑格尔和谢林开始,人们才试图在基督教之外重新发现希腊的思想,而这种努力,后来又在尼采那里再次表现出来。所以,像尼采那样,我们今天又重新思考希腊的思想;但这并不是为了发现在希腊的道德中所存在的道德价值,似乎以为这些因素是我们进行思考所必需的。与此相反,这是为了使欧洲的思想,能够在希腊思想的基础上重新发动,并由此获得彻底的解放"。接着,福柯还强调:"海德格尔对我来说始终是最重要的哲学家。我开始的时候,是阅读黑格尔,然后马克思,接着我读海德格尔;那是在1951年到1952年,或者是在1953年,总之我记不清楚。然后我读尼采。就在这个时候,我注意到当初我读海德格尔时他对于尼采的注解(我记下了一大堆海德格尔的注解)。我从海德格尔那里所记下的注释,比我从黑格尔和马克思所记下的注解,对我来说还要重要得多。我之所以变成为哲学家,阅读海德格尔是决定性的。但是我承认,是尼采这个人,才让我得到海德格尔。……我的整个的哲学变化过程,都由阅读海德格尔所决定的。但我承认,是尼采把他带来的。……很有可能,如果我不读海德格尔,我就不懂如何读尼采。在50年代,我试图阅读尼采,但尼采单独一个人,似乎对我没有说出任何东西,一旦尼采和海德格尔连在一起,就立即造成了哲学上的震荡。当然,我从来没有写过关于海德格尔的文章,也只有很少的文章论述尼采。然而他们却是我阅读最多的两位哲学家"①。

福柯还说:"当我在五十年代仍然是大学生的时候,我读过胡塞尔、萨特和梅洛-庞蒂。……尼采对我来说,曾经是一种启示;当我读尼采时,我发现他同学校所教给我知道的所有作者都不一样。我以极大的热情读尼采,使我中断了我以前的生活,我也因此辞去了我在精神治疗医院的工作,……正是通过尼采,我才完全变成另一个人。"②

许多当代法国哲学家都确认:德国哲学为法国哲学家重新思考哲学的基本问题提供了启示。福柯曾经深刻地指出:近代哲学的基本问题,从18世纪末开始,发生了根本的变化。这一变化的特点就在于:哲学探讨的重点不再是传统哲学的老问题,诸如什么是世界? 什么是人? 真理是什么? 知识是什么? 怎样才能认识知识,等等;但现在哲学思考的重点是:"在我们所处的时代里,我们自己究竟是谁?"正是康德,首先在他的文本中概述了这个问题。福柯认为,只有从康德开始,才深刻地总结了近代哲学的基本问题,并把它归结为:"今天的我们,究竟是谁?"③

福柯肯定:从康德以后,近代哲学一直试图对我们自身进行历史反思。康德、费希特、黑格尔、尼采、韦伯、胡塞尔、海德格尔以及法兰克福学派,都试图沿这个方向思考哲学基本问题。正因为这样,福柯承认自己的思路属于这个路线。所以,他直截了当地说:"我是通过以下的方式来研究这个问题。首先,通过对于精神病、精神治疗学、犯罪现象以及惩罚手段的研究,我试图指出:我们是通过对某些犯罪和犯精神病的其他人进行隔离的手段而间接地建构起我们自己。另一方面,从现在开始,我还要研究:我们自己究竟采用哪些关于自身的道德技术手段,而由我们自己来建构我们自身的身份? 这样一种由自己建构自身身份的技术,也可以称为一种对于个人进行统治的政治技术;在西方,它是从古到今的历史中一直存在的一种技术。"④

接着,福柯针对他所始终关注的"真理与主体的关系"问题,也同样明确

---

① Foucault, M. Dits et Ecrits, Paris, Gallimard, 1994: IV, pp.455,702-704.

② Foucault, M. Dits et Ecrits, Paris, Gallimard, 1994: IV, p.780.

③ Foucault, M. Dits et Ecrits, Paris, Gallimard, 1994: IV, p.814.

④ Foucault, M. Dits et Ecrits, Paris, Gallimard, 1994: IV, p.814.

地说:"在近现代哲学史上很少有人研究这个问题,只有海德格尔和拉康是例外。但同拉康相比,海德格尔就更深刻地探讨了这个问题,因而,在这个意义上说,海德格尔对我产生了决定性的影响。"①

没有与德里达和福柯走在同一条思想道路上的利科(Paul Ricoeur),也从另一个角度承认,对他来说,他的思想和著作都或多或少打下了德国哲学的烙印。他说:"在开始的时候,我是从法国的角度接受胡塞尔的德国现象学、雅斯培的存在主义以及海德格尔的存在主义现象学。……"②

总之,当代法国许多哲学家,都或多或少地从德国哲学理论宝库中汲取思想养料,得到深刻的启示,以至可以说:在近半个多世纪影响着法国哲学的外国哲学中,德国哲学是占据首位和最显著的思想力量。

德国哲学对当代法国哲学的影响是全面的;也就是说,一方面,当代法国哲学的一系列重大争论及其思想成果,几乎无法脱离德国哲学的影响;另一方面,从德国哲学的角度来看,德国近现代的几乎所有重大的哲学流派及其重要代表人物,都可以在当代法国哲学的理论和思想体系中找到他们的烙印。从古典德国哲学、19世纪哲学到20世纪的德国哲学家,凡是取得重大理论成果的,都受到了法国哲学家的重视,并从中汲取了丰富的思想。

德国哲学对当代法国哲学的深刻影响,不是偶然的;这种影响经历了近四个世纪(从16到20世纪)漫长的历史准备,经历了长期交流、相互理解和消化的过程。即使是仅仅就黑格尔、弗洛伊德、尼采、马克思、胡塞尔、海德格尔等六位德国哲学的杰出代表对法国的影响而言,也要花费将近一百年的过程,相当于经历整整好几代人的接力棒竞赛游戏,真不愧为一段漫长艰苦曲折的历程。

以20世纪30、40年代后的情况为例,从被称为"第一代"的法国哲学家开始,即从庄·瓦尔、庄·依波里特、亚历山大·柯杰夫开始,到阿尔图塞那一代,再到福柯、德里达等第三代,共经历了五十年的工夫。从第一代被称为是"老师级"的历史人物到第二代,不但需要有一批有才华的继承人,而且还要具备成熟的历史和社会文化条件,才能谱写出20世纪下半叶由当代德国哲学

---

① Foucault, Hermeneutique du sujet, Paris, Gallimard, 2001, p.182.

② 高宣扬:《利科的反思诠释学》,上海:同济大学出版社2004年版,第4页。

所震荡的法国哲学大变革。

　　此外,还必须指出:德国哲学对当代法国哲学的影响,是在法德两国哲学和文化的双向交流的基础上实现的;也就是说,只有经历两国间的长期双向的文化和哲学交流,才有可能实现上述德国哲学对当代法国哲学的强烈影响。这是一场非常深刻的民族文化消化交流、消化学习和批判竞争的过程,经历了好几个世代的消化、理解和改造过程。

　　因此,在考察德国哲学对当代法国哲学的影响时,不能不更一般和更广泛地探索法德两国哲学的相互关系史,而把德国哲学对当代法国哲学的影响,放在这样的广阔历史背景下加以分析。

　　法德两国哲学关系史,从中世纪开始,中经文艺复兴、宗教改革和启蒙运动,到 19 世纪,发展到更全面的交流过程,直至 20 世纪,才达到成熟阶段。前后经历了一千多年的交往史;其间,经历了六大阶段,发生了两次转折性的变化。

(一)第一阶段是从中世纪到宗教改革

　　由于法国哲学在拉丁文化传统中原来所占有的历史优势,而后又在启蒙运动时期广泛地汲取了英国启蒙思想的优秀成果,使当时的法国哲学有可能以其强大的实践精神,直接推动整个欧洲的近代化进程,同时也以其批判原则促进了德国哲学的革新。与法国哲学相对照,当时在批判实践方面极其软弱的德国哲学,经历从理论方面缓慢地汲取笛卡尔的意识哲学和法国 18 世纪启蒙思想的成果之后,才在 19 世纪上半叶,经过康德和黑格尔的精心加工之后,以其独特的思辨能力和体系化的智慧,登上了西方哲学舞台的顶峰而显示其特殊的历史角色。

(二)第二阶段是从宗教改革到启蒙运动

　　这一阶段的法国哲学,从蒙台涅(Michel Eyquem de Montaigne, 1533 - 1592)、笛卡尔(René Descartes, 1596 - 1650)、帕斯卡(Blaise Pascal, 1623 - 1662)到卢梭(Jean-Jacques Rousseau, 1712 - 1778)、伏尔泰(Voltaire, 1694 -

1778)等启蒙思想家的哲学,伴随黑格尔所说的"在马背上的绝对精神"的拿破仑的东征,显然强烈地启发了德国古典哲学的理论创造。在充满实践批判精神的法兰西哲学的影响下,不仅德国哲学,而且也包括德国的文学艺术界,都在创作内容和思考方向方面,出现了史无前例的更新局面。

莱布尼兹(Gottfried Wilhelm von Leibniz,1646-1716)的理性主义单子论哲学,是这一时期德国哲学的创造性同法国哲学传统相结合的第一个历史典范。在莱布尼兹的哲学中,显示出他一方面发扬笛卡尔理性主义精神的思考路线,另一方面又表现出他对笛卡尔哲学的超越,试图克服笛卡尔的直觉理性主义及其过分夸大主体意识的缺点。

莱布尼兹所开创的事业,只有在德国古典哲学的最杰出代表人物黑格尔那里,才有可能充分地实现。从康德到黑格尔的德国古典哲学,作为德国思想的成熟表现形态,更是熟练地将自身的独创性同吸收外来影响结合起来,使德国哲学从历史上所处的弱势地位转化为理论上的强势力量。

作为德国古典哲学的创始者,康德首先一再地肯定当时法国哲学思想的强大威力,尤其高度估计法国哲学所隐含的人文精神。在法国人在巴黎巴士底监狱发动革命起义前夕,康德的《纯粹理性批判》和《实践理性批判》先后在里加发表。正如大家所知道的,在康德哲学的形成过程中,有三个外国人扮演了决定性的角色:牛顿、休谟和卢梭。而康德在谈到他的思想转折时强调指出:他从"前批判时期"到"批判时期"的转折,是直接受到卢梭的启发的。康德为此慷慨激昂地说,如果是牛顿启发他思考天上的星星的运转规律、而休谟使他从"独断论"的梦幻中清醒过来的话,那么,正是卢梭,使他懂得了人的尊严的至高无上的地位;康德甚至说,卢梭的著作教导他尊重最普通的劳动人民,并在他们身上看到了每个人都拥有的、不可让与的尊严。

在康德之后的黑格尔,更是以极大的热情赞赏法国大革命的精神,将它比喻成东方正在升起的一轮红日,为世界和德国思想界带来了希望和创造性的力量。针对法国启蒙运动所颂扬的理性与自由,黑格尔深刻地指出:"人类自身像这样地被尊重,就是时代的最好标志;它证明压迫者和世俗上帝们头顶上的光环已经消逝。"

黑格尔在青年时代,当他还在图宾根大学与赫尔德林、谢林结伴读书的时候,为了在德国扩散启蒙思想的影响,在他们三人共同创办的杂志《米涅瓦智慧女神》(Minerva)上,经常引介法国先进的思想及哲学研究成果。

　　当然,作为德国民族精神的最高理论总结,近代德国哲学,从它的最早启蒙者马丁·路德(Martin Luther,1483-1546)开始,主要是以其自身的创造精神作为基本动力,在充分发扬本民族文化传统的基础上,吸收法国哲学和拉丁文化遗产的优秀部分,发挥了它对于外来思想影响的成熟而灵活的消化能力。这一切,为19世纪之后德国哲学对法国思想界的启示,做好了历史的准备。

　　总之,到18世纪末为止,法德两大民族呈现出根本相反的精神面貌:法国人正忙于进行史无前例的社会政治革命,而德国人却以理论思辨的形式,创造了无以伦比的宏伟思想体系;当法国人积极地从事改造世界的革命活动的时候,德国人却以晦涩的逻辑语言从事对世界和历史的理论诠释。

(三)第三阶段是19世纪上半叶

　　从康德到黑格尔的德国古典哲学,与法国的意识形态理论家、实证主义和心灵主义等重要流派的交流,构成一个非常重要的历史基础,为20世纪法德两国哲学的交流及相互理解创造了稳固的前提。

(四)第四阶段是从1870年到20世纪初

　　第四阶段是一个过渡时期:一方面,法德两国各自进入了资本主义制度确立和工业革命的新阶段,两国思想家需要经历一段深思的过程,对本国历史和文化的传统重新进行反思;另一方面,经历近半个世纪艰苦思辨而创立的德国古典哲学,尽管取得了辉煌的理论成果,也需要给予思想家们一个缓慢的消化过程,才能使他们真正地分辨出其中的深刻道理,并从中发现西方哲学进一步发展的积极动力因素。

　　对当时的法国哲学来说,首要的问题不是立即接受和消化德国古典哲学,而是根据本国思想文化传统和社会发展的需要,创立适应于工业革命后所发生的社会巨变的思想体系。所以,正当德国人急急忙忙诠释和继承刚刚死去的康德和黑格尔的哲学的时候,法国哲学开始朝着有利于推动工业社会文明发展的实证主义哲学的方向。正是在这种情况下,圣西门和孔德着手奠定实证主义哲学的基础。在这方面,法国哲学几乎重演了启蒙运动时期英国哲学所演出过的精彩场面。也就是说,对于法国思想家来说,与其从社会改革起步较晚的德国吸收含有浓厚保守思想的理论思辨成果,不如借鉴同法国工业化步调较为一致的英国思想界的经验主义原则。所以,在这一时期,法国思想家反而更多地吸取了英国实证科学的精神,而对于充满思辨的德国古典哲学,仍然抱着冷漠的观望态度。

在这一时期,法国哲学对于从康德到黑格尔的古典哲学的消化过程是非常缓慢的。同德国人以极大的热情试图复兴德国古典哲学、而创建一系列新黑格尔主义和新康德主义的局面相反,在法国,只有少数一些人对德国古典哲学发生兴趣。

这是从两方面来说的。一方面,在法国哲学界存在着一批追随康德和黑格尔的思想家,他们试图同他们在德国的同人和兄弟们一样,掀起复兴康德和黑格尔哲学的运动,其中最主要的代表人物是库赞(Victor Cousin,1792-1867)、拉舍里耶(Jean Lachelier,1832-1918)、李诺维耶(Charles Renouvier,1815-1903)以及哈莫林(Olivier Hamelin,1856-1907)等人。这群人对于康德和黑格尔哲学的诠释,只能在法国哲学领域中投下思辨形而上学的微弱阴影,对于在法国复兴形而上学传统并没有发生很大的作用。

与此同时,发扬法国意识哲学传统的本土心灵主义者曼·德·比朗(Maine de Biran,1776-1824)、若弗鲁瓦(Thomas Jouffroy,1796-1842)和拉维松等人,较为成功地把德国观念论的某些成果吸收进来,创建了法国式兼有思辨和实证性质的新观念论。上述两股力量尽管没有在当时的法国哲学界掀起学习和复兴德国古典哲学的浪潮,但毕竟为19世纪末以后德国哲学扩大在法国哲学的影响创造了历史条件。

这一时期,在介绍德国古典哲学以及扩大其影响方面起着特殊作用的,还有著名的女作家斯泰尔夫人(Madame Stael,1766-1817)。这位才华横溢的女作家兼思想家,在她的著名著作《论德意志》(De l'Allemagne)中强调:"哲学精神在本质上是不可能普遍地传播于任何国家。但是,在德国却有这样一种反思的倾向,足以使整个德意志民族被当成最优秀的形而上学思考的民族。"歌德曾经为此豪迈地说:"如果德国的精神始终都对于法国人来说是一个难以接受的外来影响的话,那么,斯泰尔夫人的《论德意志》就具有史无前例的威力,足以横扫因阿尔卑斯山高峰和古罗马偏见所造成的、横放在法德两国之间的障碍。"斯泰尔夫人是在 1813 年拿破仑在莫斯科战败后的第二年,在伦敦发表她的光辉著作的。拿破仑的失败促使法国人冷静地沉思从启蒙运动以来的历史,使他们中的一部分清醒的思想家,仔细地阅读和理解斯泰尔夫人的这部著作,并把它同 1807 年发表于柏林的费希特《致德意志民族的信》联系在一起,反思他们的德国邻居所表现的特殊民族精神。正是在这个意义上说,斯泰尔夫人的这部著作,是法国哲学消化德国古典哲学的漫长历程的一个决定性起点。

在斯泰尔夫人的启发下,库赞意识到对于法国青年一代进行形而上学思辨训练的必要性,因此,他力促法国教育的改革,建议在整个大学范围内建立哲学形而上学教育制度。库赞本人为了亲身体会德国哲学的思辨创造精神,在 1817 年亲自访问海德堡,并在海德堡大学亲自聆听黑格尔的哲学讲演。但是,长期对于德国文化传统的偏见以及法国哲学传统的顽强对抗,使库赞未能真正把握德国古典哲学的内在精神实质。库赞从德国学成回国之后,在巴黎大学和巴黎高等师范学院任教以及担任公共教育部长时期,一直极力推广德国古典哲学。

在库赞之后,拉维松和李诺维耶前往德国,先后研究谢林哲学和新康德主义,后来也成为了在法国推广德国古典哲学的重要思想家。拉维松在 1861 年发表《法国十九世纪哲学》,强调德国古典哲学精神对于重建法国哲学的重要性。而李诺维耶则极力推广新康德主义,并在此基础上发展了具有浓厚康德伦理学色彩的人格主义(Personalisme éthique),他的著作《人格主义》(Personalisme,1903)产生了深远的思想影响。

(五)第五阶段是从 20 世纪初到第二次世界大战前夕

经历上一阶段缓慢消化过程,法国哲学在这一时期开始注意到德国哲学的创造精神。一方面,继续消化和吸收通过新黑格尔主义和新康德主义所发扬的德国古典哲学,另一方面,又注意到具有浓厚反形而上学色彩的尼采、狄尔泰的生命哲学和胡塞尔现象学。值得指出的是,在沟通法德两国哲学的过程中,这一时期的关键人物是柏格森。正是通过他这个焦点人物,法德哲学实

现了双向的交流:通过他,法国哲学既接受和发展了德国哲学传统,又反过来
影响着德国哲学的发展;同样地,也正是通过他,德国哲学接受了法国哲学传
统,并又反过来影响着法国当代哲学。

当柏格森着手创建他的哲学体系时,他不但考虑到法国哲学自笛卡尔以
来的传统,也充分注意到德国的理性主义和非理性主义的双重路线,他尤其注
重叔本华和尼采的意志论哲学以及胡塞尔的现象学。不仅如此,而且,对于法
国哲学发展具有重要意义的精神分析学理论,也是通过柏格森而实现了在法
德两国之间的双向交流。柏格森的《论意识的直接资源》(*Essai sur données
immédiates de la conscience*,英译本书名为《时间与自由意志》),实际上成为海
德格尔的《存在与时间》的法国哲学源流。

(六)第六阶段是从第二次世界大战结束至今

这一阶段,主要发生了3H和3M的具有典范意义的重要事件,加速和加
强了德国哲学对当代法国哲学的影响。

首先,以法国人通常称之为"3H"和"3M"的德国哲学作为典范,集中表现
德国哲学影响当代法国哲学的各种重要特征。

黑格尔(Georg Wilhelm Friedrich Hegel,1770-1831)、胡塞尔(Edmund
Husserl,1859-1938)和海德格尔(Martin Heidegger,1889-1976),这三位以 H
字母为首而命名的德国思想家,是当代法国思想家进行思想和理论革命的直
接启蒙者,常被法国人统称为3H,而强烈受到他们影响的法国哲学家则被称
为"3H 分子"。这三位伟大的思想家,从 30 年代起,引导法国思想家们更深
入地思考"人"、"理性"和"意识"本身,从原有的传统观念和思想体系中挣脱
出来。受他们影响的当代法国思想家,主要吸收了黑格尔的理性主义辩证法
及胡塞尔和海德格尔的现象学方法及其对于人的生存和日常生活的关怀精
神,更彻底地开展对于历史、社会、文化的批判,尤其深入开展对于西方传统形
上学、理性主义及人文社会科学方法论的批判。

正是由此出发,从第二次世界大战到 20 世纪 60 年代的时期内,受 3H 思
想影响的新一代思想家们,才能够进一步从另外三位被称为"怀疑大师"(法
语原文 3 Mâitres de soupçon 简称为3M)的马克思(Karl Marx,1818-1883)、弗

洛伊德(Sigmund Freud,1856-1939)和尼采(Friedrich Nietzsche,1844-1900)的著作中,汲取强大的精神力量,一方面同当时红极一时的萨特存在主义思想进行剧烈的争论,另一方面也酝酿新的创造和思想突破,从而造成了这一时期极其活跃的特殊历史局面,为60年代后的法国哲学和西方文化的又一次重要转折,奠定了基础。

3H和3M并不是同时代的思想家,而且他们的理论本来是存在很大的区别。但为什么这六位理论家的思想,会在同一时期中相互交错和相互补充地影响着法国相当大一部分哲学家的思路呢?要回答这个复杂的问题,必须结合当时法国历史和思想界的具体条件。

首先,是在20世纪30年代期间,法国社会和文化状况发生了根本的转变,面临着一系列危机,急需寻找恰当的思想力量,以便恰当分析和解决当时的危机。法国哲学会主席贝尔纳特·布尔乔亚(Bernard Bousgeois)教授在为拙著《当代法国哲学导论》所写的序言中说:法国的社会和文化,从第一次世界大战和第二次世界大战到60年代,发生了翻天覆地的变化,酝酿了极其深刻的危机。1968年的学生运动不过是这场长期累积的历史性危机的激化爆发形式。所以,他进一步指出:"法国在1968年的动荡,更多地导源于法国国内的原因,而且,更具有法国的特殊性质;更确切地说,这场动荡,比表面上所看到的,简直更明显地标志着一个转折点,因为它原本导源于法国哲学中刚刚发生过的事情,即直接导源于它的命运本身。"①

正是在这样的历史关头,先是黑格尔和胡塞尔,接着是海德格尔,出现在法国哲学家的视野之内。所以,最先应归功于靠科杰夫(Alexxandre Kojève,1901-1968)、依波利特(Jean Hyppolite,1907-1968)、列维纳斯(Emmanuel Levinas,1905-1995)、雷蒙·阿隆(Raymond Aron,1905-1983)、萨特(Jean-Paul Sartre,1905-1980)和梅洛-庞蒂(Maurice Merleau-Ponty,1908-1961)等人。他们从20年代末和30年代初开始,不但敏锐地发现了隐含在黑格尔和胡塞尔思想和方法中的积极因素,而且还创造性地找到了适用于法国具体状况的思想模式。

随着第二次世界大战所激发的社会和文化矛盾的暴露,法国思想家们将

---

①　高宣扬:《当代法国哲学导论》,上海:同济大学出版社2004年版。

3H 的理论和方法,进一步同"三位怀疑大师"的批判精神结合起来,导致从 20 世纪 40 年代中期到 50、60 年代时期对马克思、弗洛伊德和尼采的探索浪潮。应该说,当代法国思想家们对于马克思的研究兴趣,是由对于黑格尔哲学思想讨论所激发出来的。黑格尔著作的丰富意涵及其巧妙的辩证方法,使当代法国思想家的心胸和思路开阔起来,同时又激起他们对于西方文化内在矛盾的思索。如果说在 1930 年以前,黑格尔的"辩证法"一直是作为贬义的概念出现在法国哲学界,如果说黑格尔哲学此前始终都未能引起法国哲学家的兴趣的话,那么,在那之后,黑格尔的辩证法就相反地变成了受到人们肯定的哲学概念。

对于黑格尔思想的探索,激荡起法国思想界对于传统理性主义的批判浪潮。这是历史对于理性主义的一种公正的评判:黑格尔的绝对理性主义,扩大人们对于理性主义的观察视野(horizon),同时也启发人们更深入分析理性主义体系内部的各个支节和组成部分,人们在仔细地回味和反思它的同时,发现了其中存在的各种难点、疑问和矛盾以及局限性,不但没有重蹈 20 世纪的老黑格尔主义的覆辙,陷入对于绝对理性主义的崇拜,反而使人们大开眼界,延伸和扩大了理性主义本身的视野,进一步发现了理性主义所可能包含的各种因素及其潜在的思索方向,并引导人们反思存在于黑格尔理性主义与尼采、马克思和弗洛伊德批判精神之间的可能联系。关于这一点,依波利特正确地指出:黑格尔在向新一代法国人强调理性的同时,实际上也向他们暗示了走出理性的迷宫的道路,并使他们看到了转向理性界限之外的可能性。正因为这样,福柯在谈到依波利特时说:依波利特对他的最大启发,就是从黑格尔那里学会"越过哲学"和"逾越极限"的创造乐趣(Foucault,1994:I)。

深受黑格尔影响的马克思,对于法国思想界并非陌生。法国强大的工人运动以及与之紧密相联的社会主义运动,一直同马克思思想有特殊的关系。但从 19 世纪末起,马克思思想长期地被以苏联为首的"共产国际"的官方意识形态窒息,而在法国,也曾经被法共的官方思想家们的僵化思想方法扭曲,以致造成法共以外的当代法国思想家和知识分子对于马克思思想的误解。但是,从 20 世纪 30 年代开始,由科杰夫和庄·依波利特发动的研究黑格尔运动,打破了人们对于马克思思想的单纯独断局面的误解,激荡起对于辩证法研究的狂热兴趣;同时,也推动着青年一代法国知识分子,更深入地研究马克思的思想,试图在马克思思想中寻找解决当代社会问题的方案。在这方面,卢卡奇(György Lukacs,1885-1971)等人的青年黑格尔学派(les Jeunes-hégéliens;les hégéliens de gauche)的观点和方法,对于法国哲学家具有特别重要的启发作用。

当谈到50年代前后的法国思想界状况时,著名哲学家和社会学家布尔迪厄(Pierre Bourdieu,1930-2002)说:"当我还是大学生时,在50年代,现象学以其存在主义的变种,正处于其极盛的时期。我很早就阅读了萨特的《存在与虚无》,然后又阅读梅洛-庞蒂和胡塞尔。在当时的知识分子圈子里,马克思主义尚未真正取得如同现象学那样的地位,……这就是说,我在当时只把马克思著作当做课堂读物来学。我特别对青年马克思感兴趣,而且被《费尔巴哈论纲》所感动。但当时是斯大林主义取得胜利的时代。如今我的许多激烈反共的同学们,当时都还站在共产党一边。"①由此可见,在当代法国,黑格尔思想是在同马克思、胡塞尔和萨特的存在主义等思潮的联系中被重新解读、理解和改造。

显然,对于黑格尔思想的研究,并不只是推动了马克思思想在法国的传播,而且,也反过来又对黑格尔和胡塞尔现象学的学习浪潮推波助澜。

胡塞尔现象学是从20年代末起在法国传播的。胡塞尔在1929年所发表的巴黎演说《先验现象学引论》以及他在1931年以法文发表的《笛卡尔的沉思》,特别掀起了法国思想界学习现象学的旋风。当法国思想家们将现象学同黑格尔哲学结合在一起加以考察时,他们对于黑格尔辩证法研究的立足点与观察角度,也开始发生转向。这正是当代法国黑格尔研究不同于其他国家的特点所在。如果说黑格尔辩证法为法国新一代思想家奠定了对于传统理性主义的批判基调的话,那么,胡塞尔现象学就为他们带来更有效的反思方法、并指出了全新的批判方向。在这个意义上说,胡塞尔的现象学进一步加深了人们对于黑格尔辩证法的探讨和批判。胡塞尔曾经一再强调他的现象学所要思考的基本问题,就是"理论理性"。但胡塞尔探索理性的方式和方法,彻底颠覆了传统理性主义的论述方式。胡塞尔将"一切可想象的东西都回引到作为绝对存在领域和绝对构造领域的先验现象学的领域中",他向人们显示了

---

① Bourdieu,P. Choses dites. Paris:Editions de Minuit,1987,p.13.

不同于传统理性主义的现象学理性观,指明了进行理性反思的"另类"(alter-native)方向,这就把由黑格尔思想研究所激起对理性主义的批判推向更深的方面。

梅洛-庞蒂明确地说:"黑格尔是近一个世纪以来哲学上的一切伟大成果的根源;例如马克思主义、尼采、现象学、德国存在主义和精神分析学的成果,都是这样。黑格尔开创了对于非理性主义的探索尝试,并将非理性纳入更广泛的理性范畴之中,从而使对于这种更广泛的理性的探讨,变成为本世纪的重要任务。……"①

黑格尔的理性主义及其辩证法在法国的传播,同其他欧洲国家的哲学界相比,虽然为期过晚,但时间上的迟缓,却为法国思想家们带来更充分的思考机会,使他们能比其他国家的黑格尔主义者采取更广阔的视野,重新估计黑格尔思想,并跳出新黑格尔主义的模式,从中总结出一系列新观念。福柯指出:黑格尔哲学对当代法国哲学家的最重要启示,就是显示了哲学本身的自我批判精神的威力,表明哲学本身究竟可以在多大的范围内和多深的程度内,不断实现自我改造和自我逾越。福柯认为,对他们这一代法国哲学家来说,黑格尔的重要意义,不是他的绝对理性主义,而是他所启示的反理性主义的可能性,他对哲学所做的不断批判的创造活动。因此,黑格尔为当代法国哲学家提供了光辉的哲学革命的榜样。

科杰夫从20世纪30年代起所主讲的有关黑格尔哲学的讲座,其第一讲,就意味深长地以"同一个与另一个"(le même et l'autre,或"自身与他者")为主题而开始。这个主题很深刻地指明了此后半个世纪法国哲学的发展趋势:既有同一性,又有相异性;既有连续性,又有差异性和断裂性。从那以后,科杰夫所开设的黑格尔讲座,迅速地成为当时法国最活跃的思想家们聚集的地方。如前所述,法国学术界对于黑格尔哲学的研究,较西方其他国家晚些。黑格尔逝世以后,当德国和英国兴起新黑格尔主义的时候,法国哲学界并没有产生对复兴黑格尔思想的兴趣。从19世纪末到20世纪30年代,统治着法国哲学界的主要思想,仍然是传统的笛卡尔哲学、柏格森主义、实证主义及其各种变种。正如柯以列(Alexandre Koyré,1902-1964)在他的发表于1930年的《法国黑格

---

① Merleau-Ponty, M. Sens et non-sens, Paris, Nagel, 1948, pp.109-110.

尔研究状况》(L'État des études hégéliennes en France)一文中所指出：在严格
意义上说，法国并没有真正的黑格尔学派①。可是，当 1961 年柯以列重新发
表他的著作时，面对科杰夫等人研究黑格尔的新成果，他在他的新版"跋言"
中补充说，从 30 年代以后，法国黑格尔研究已经发生根本变化。当时的科杰
夫的讲座成为许多哲学家和文学家特别注意的论坛。

　　当法国思想家们重新同黑格尔哲学相遭遇的时候，从 19 世纪末开始兴起
的新黑格尔主义以及人文社会科学的各种新成果，使法国人幸运地获得了重
新反思的出发点和广阔无比的历史视野。科杰夫指出：世界的未来和当代的
意义以及过往历史的意涵，归根究底，都很可能仰赖于现代人对于黑格尔著作
的诠释②。

　　科杰夫的天才就在于：他不是以传统的黑格尔主义思想去诠释黑格尔。他
所强调的，与其是黑格尔的理性主义，不如是他的智慧。黑格尔的智慧使他看
到了世界的一切，其中包括已经消失的和未来将要出现的；包括那些看不见的、
隐藏的、可能的、突然的和潜在的。黑格尔所强调的世界的同一性，并不意味着
只是坚持相同的和实存的事物，而且也意味着包含于其中的一切不同的和异样
的因素；他不仅强调事物的自身的同一性，而且也强调与之对立的他者和他物，
而且，这些他者和他物，都不是与自身绝对对立或势不两立，而是可以在一定条
件下，经过某些中介的因素，发生相互转化：好的可以转化成恶的；正面的也会转
化成反面的；反之亦然。在黑格尔的思想创造中，只存在冒险的精神和创新的
尝试。黑格尔哲学体系本身所教导我们的，在科杰夫看来，是不断地以矛盾的
态度看待世界和看待自己；在所有肯定的方面，总是存在否定的可能性；在"同
一"的地方，也总是存在"差异"、"不同"和"另一个"。所以，黑格尔的哲学并不
是一成不变的和固定僵化的。它是革命和创造的思想。正是在科杰夫的启发
下，科洛索夫斯基和巴岱等作家，都尝试将黑格尔与尼采相结合③。

　　①　Koyré, A. Études d'histoire de la pensée philosophique. Paris, Librairie Armand Colin
(Bibliothèque des Annales). Réimpr. Paris, Gallimard;3e éd. 1990[1961], pp.205-230.

　　②　Kojève, A. Introduction à la lecture de Hegel. Leçons sur la Phénoménologie de l'esprit
professées de 1933 à 1939 à l'École des Hautes Études, réunies et publiées par Raymond Queneau. Par-
is, Gallimard, 1946.

　　③　Bataille, G. Sur Nietzsche. Volonté de chance Paris: Minuit. 1955;Klossowski, Nietzsche et le
cercle vicieux. Paris;Mercure de France.1969, p.32.

同科杰夫一样,庄·依波利特也是杰出的黑格尔著作翻译家,并对黑格尔的主要著作进行理论分析。他的著作包括《黑格尔精神现象学的产生及其结构》(*Genèse et structure de la phénoménologie de l'esprit de Hegel*,1947)、《黑格尔历史哲学导引》(*Introduction à la philosophie de l'histoire de Hegel*,1948)、《逻辑与存在》(*Logique et existence*,1952)、《马克思与黑格尔研究》(*Études sur Marx et Hegel*,1955)、《哲学思想的伟人》(*Figures de la pensée philosophique. Écrits de Jean Hyppolite*,2 Vols. 1971)。依波利特成功地将黑格尔哲学的菁华同时代的实际需要结合在一起,使他成为新一代青年思想家的导师,并将黑格尔的精神贯彻到现实的哲学改造工程中。他的许多学生后来成为了法国思想界的巨星。作为依波利特的学生,福柯曾经说:依波利特教导他们学会在黑格尔身上看到"另一个黑格尔",发现反对黑格尔的可能性。

黑格尔思想的最有效因素,是他的体系本身以及贯穿于其中的辩证法。所以,在1972年由"Tel Quel"(《如此原样地》杂志)所组织的研讨会上,几乎所有与会者都同意:在战后法国思想界所出现的"尼采、巴岱、拉康和马克思主义热",无非就是"黑格尔体系解体时所爆破出来的产物"。

德国的现象学是当代法国哲学的重要理论和方法论的源泉。但是,法国哲学家并不是原封不动地搬用了现象学。这使法国的现象学运动,从一开始,就富有法国的特色。

首先,胡塞尔现象学在当代法国哲学中的传播,并不是偶然的。当代西方思想和文化的危机,已经在20世纪20、30年代发展到严重的程度。一系列被奉为经典的科学,特别是数学和物理学领域,遭遇到危机。现代科学的基础被动摇了,指导着科学发展的理性也因此受到了普遍的怀疑。理性的危机使西方哲学家陷入了困境。正是在这种情况下,胡塞尔主张消除对科学理性的盲目崇拜,试图创立一个全新的哲学,强调按照事物本身呈现给我们的本来面貌来描述它们。所以,胡塞尔既反对实证主义和经验主义以及各种客观主义,又批判主观的观念论和心理哲学。由此可见,胡塞尔很明确地试图超越主客二元对立的思维模式,分别克服主观主义和客观主义的片面性。正因为这样,胡塞尔的现象学具有以下三个明显的特点:

首先,现象学强调了意识及其对象的不可分割性。世界既不是像唯物主义者所说的那样,是外在于或独立于意识而存在的客体,也不是像观念论所主张的那样,是存在于主体的意识中。也就是说,对象永远是我们的意识所意识到的客体,而意识则是针对对象的意识。胡塞尔把意识当成主客体相互依存的中介,并因此强调现象学必须把作为意识内容的"现象"当成研究的出发点。显然,在这里,所谓"现象",并不是康德所说的"物自体",也不是黑格尔所说的绝对精神的表象,同样也不是自然科学所指的那种"客观事实",而是以现象学的特定"悬挂"方式所把握、摆脱了主客观双重经验性的、真正完整地呈现在意识中的新型意识对象。其次,现象学要求摒弃一切经验之外的东西,将事物还原为意识的内容,转化成为纯粹的意识对象,使经验对象的给予物还原为现象本质。但现象的本质还原,不能通过逻辑推理,而只能通过"本质直观",在现象的多样性中直接把握意识对象的同一性。再次,现象学强调必须通过意向性构成主客体之间的本质关联。唯有通过意识的意向性,才能照亮一片混沌的、没有意义的世界。正是由意向性向世界的投射,才建构了对象世界。胡塞尔的上述现象学显然符合渴望创造冒险的当代法国哲学家的口味。

其次,现象学在法国传播的一个重要特点,就是它同现代存在主义的发展紧密联系在一起,而存在主义的生命力恰恰在于它对活生生的"人生在世"状态,进行"当下显现"的把握。这就使现象学方法与哲学生命自身的自我显现联系在一起。在某种意义上说,现象学虽然早已经对法国发生影响,但如果没有存在主义,就不会有后来规模的法国现象学运动。而在传播和发展存在主义哲学方面,海德格尔和萨特是两位关键人物。

胡塞尔现象学是在胡塞尔的现象学思想达到极端成熟的时候,同时也在海德格尔等人将现象学朝向应用于对于"此在"(Dasein)诠释的方向加以发展的时候,被引入法国的。所以,究竟如何对待现象学,在当时法国思想家们面前,实际上存在着两条可选择的道路:或者按照胡塞尔本人的原本观点,或者以海德格尔的模式。但在当时,存在着许多复杂的因素,使法国的现象学运动,首先从接受海德格尔的存在哲学开始。具体地说,第一,当时的历史的状况,使人们在某种程度上仍然无法辨认胡塞尔和海德格尔思想之间的真正差异。对某些人来说,特别是对于初学现象学的法国年青思想家,免不了会把胡塞尔同海德格尔的思想混淆起来。第二,法国思想家当时正急于探索走出社会异化危机的出路。海德格尔在1927年发表的《存在与时间》,以其独特的洞见,揭示了人的生存存在论结构,并通过对于生存的存在论诠释学,开创了现象学的新发展方向。海德格尔的新现象学,推动了法国思想家们对于传统形而上学的批判。第三,海德格尔通过对存在的探索,将传统理性主义原来所统治的"逻格斯"(logos)王国归还给语言论说本身,促使后来深受结构主义启发的法国哲学家,紧跟着"通向语言的路上",掀起了探讨语言论说、论述(discours)和话语同思想的相互关系的新热潮。

在胡塞尔和海德格尔的影响下,现象学采取多种形式在法国蓬勃发展起来。当然,最先接受、并创造性地研究现象学的第一代法国思想家,是列维纳斯、萨特和梅洛-庞蒂等人。萨特结合法国社会异化和希特勒入侵法国的特殊社会状况,以个人自由为核心,集中分析作为主体的个人意识在意向性引导下的主动创造精神,并试图探索这种主动性所能发挥的最高程度,揭示从"自在"(en-soi)转向"自为"(pour-soi)的个人存在同"他人"(des autres)之间的"黏稠"关系,因而在探讨人的生存本体论的过程中,创立和发展了他的人道主义的存在现象学。在完成了德国留学之后,萨特在他的《存在与虚无》中,将现象学方法用来探索人的生命奥秘和生存基础。而且,也是他带动了现象学方法在法国的进一步多元化。如果说,海德格尔以其《存在与时间》(1927)开创了运用现象学方法探讨人的生存问题的光辉先例,那么,萨特就进一步以其独创的形式,将现象学运用于人之存在的研究,使现象学在法国及整个人文社会科学界扩展开来。萨特在《存在与虚无》一书中,坚持胡塞尔提出的"返回事物自身"(zu den Sachen selbst)的基本原则,强调先从直接感受到的"显像"出发,然后揭示其所隐蔽的本质。在这个意义上说,"显像并不掩盖本质,而是揭示本质,甚至它就是本质。"但是,萨特不同于海德格尔,他把人的意识自由当成从显像到本质揭示的关键力量。就此而言,萨特不愧是法国自笛卡尔以来所建构的意识哲学传统的继承者和发扬者。

梅洛-庞蒂则发扬胡塞尔的最早主张:在"观看"(voir)和在"直观"(l'intuition)中把握事实本身,强调从身体(le corps)和精神之间的交互关系的角度,以胡塞尔所提倡的"主体间性"(intersubjektivität;intersubjectivité)的观察方式,发展现象学,创立"身体生存现象学"。梅洛-庞蒂的哲学与萨特存在主义有很大的区别。他首先反对像萨特那样将主体与客体、"自为"与"自在"对立起来。作为科杰夫的学生,或者,作为黑格尔思想的创造性诠释者,梅洛-庞蒂试图以新的形式,也就是以"身体生存现象学"的独特体系,改造黑格尔的历史哲学传统,强调胡塞尔现象学的特征,并非诉诸某种超越的意识行为,而是回归到生活世界(monde vécu),以身体(corps)与心灵(l'âme)之间的辩证关系,说明和描述"历史何以可能"的问题。

梅洛-庞蒂指出:对于"存在"(être)的问题,不管人是否认为它"是"或者"不是",存在永远都是存在本身。所以,对于存在,不应该提出"是什么"的问题。梅洛-庞蒂说,存在就是存在,不能说"存在""是什么"或者"不是什么"。"存在"是由存在自己决定其本质的;存在是靠其自身的自我展示显示其存在的。如果将"存在"说成为"是什么",就意味着有人这个主体,以他的意识的同一性而为"存在"下定义;这样的存在并不是原本意义上的存在本身,而是由人的主体性所人为决定的字面上的存在,是一种关于存在的概念罢了。这样给"存在"下定义,实际上违背了现象学关于"就存在论存在"和"返回事物本身"的基本原则。所以,梅洛-庞蒂认为,只有首先解决这个有关主体与客体的关系问题,才能正确解决历史何以可能的问题。

正因为梅洛-庞蒂不同意萨特的存在主义现象学,所以,他在1945年发表的《知觉现象学》一书中,特别重新提出了"什么是现象学"的问题。他认为,在胡塞尔的最初著作出版半个多世纪之后,"这个问题远没有解决"。梅洛-庞蒂明确地说:"现象学是关于本质的研究;在现象学看来,一切问题都在于确定本质:比如,知觉(perception)的本质,意识的本质。但现象学也是一种将本质重新放回存在,不认为人们仅仅根据人为性,就能理解人和世界的哲学。它是一种先验的哲学,它悬置自然态度的肯定,以便能理解它们;但它也是这样一种哲学:在它看来,在进行反省以前,世界作为一种不可剥夺的呈现,始终已经存在。所有的反省努力,都在于重新找回这种与世界的自然联系,以便最后给予世界一个哲学地位。……它试图直接描述我们的体验之所是,不考虑体验的心理起源,不考虑学者、历史学家和社会学家可能给出的关于体验的因果解释。然而,胡塞尔在他的晚年著作中提到了一种'发生现象学',乃至一种'构造现象学'。……现象学只能被一种现象学方法理解。因此,让我们尝试毫无拘束地、以著名的现象学诸主题在生活中自发联系方式,来建立它们之间的联系。"

在这里,梅洛-庞蒂提出了一个非常重要的问题:现象学必须靠现象学的方法来理解。现象学方法的首要原则,就是"问题在于描述,而不在于解释和分析"。描述就是"返回事物本身"。"返回事物本身,就是重返认识始终在谈论的那个在认识之前就存在的世界。"梅洛-庞蒂认为,现象学的世界不属于纯粹的存在,"而是通过我的体验的相互作用,通过我的体验与他人的体验的互动,通过体验对体验的互动所显现的意义。因此,主体性和主体间性是不可分离的。它们通过我过去的体验在我现在的体验中的再现,他人的体验在我的体验中的再现,形成它们的统一性"。

列维纳斯作为一位对犹太教教义有深邃洞见的思想家,从他者(des autres)、时间(le temps)和死亡(la mort)的关系发展现象学。他认为,人的思想,在本质上从不会从现存的世界出发进行思考,更不以"人"这个具体的存在者的生存作为其思索的基础。在他看来,思想之为思想,就在于它永远思考着与它相异的"他者"。思想是靠它的乌托邦性质而不断尝试开辟新的视野。列维纳斯不同意海德格尔以人的生存为出发点思考着哲学的使命。他说:"时间并非存在的界限,而是存在同无限的关系。死亡并非虚无化(anéantiser),它是为了使上述存在与无限的关系,即时间本身,有可能再产生出来的必要前提。"列维纳斯对于现象学的上述特殊旨趣,使他创立了一种特殊的现象学伦理学。

另一位杰出的法国现象学家是利科(Paul Ricoeur)。他的思想经历了从20世纪30年代到21世纪初漫长的发展演变过程。正是经历了漫长的思想成长的"绕道",经历从30年代到50年代的第一阶段、从60年代到80年代的第二阶段和从80年代中期到21世纪初的第三阶段之后,利科才从原来一位单纯追求人生自由平等的人文主义者,从最早深受观念论影响的青年哲学家,经过对雅斯培、海德格尔、马尔塞、纳贝尔特(Jean Nabert,1881-1960)、胡塞尔等人的哲学思想的探索,经过多次参与发生于西方人文社会科学界的重大理论争论,终于创立了自具特色的"反思的行动的诠释学(l'herméneutique réflexive de l'action)"和"新苏格拉底主义(Le Néo-Socratisme)"。

所以,利科的现象学更多地含有、或夹杂着其他哲学的因素。在一定意义上说,利科的现象学是他对于其他各种思想采取综合开放的态度的一个结果。但这丝毫都不影响利科在研究和运用现象学方面所取得的伟大成就。

利科研究和改造现象学的生涯,起自他在30年代留学德国、并师从胡塞尔的时候。第二次世界大战爆发后，利科精读和研究雅斯培哲学，与同在营中的法国哲学家杜夫连（Mikel Duffrenne，1910－1995）一起，共同研究胡塞尔的现象学，并以现象学的观点，对雅斯培哲学进行初步的批判，撰写了《雅斯培与存在哲学》。从 1950 年至 1955 年，连续翻译胡塞尔的著作《哲学是对于人性的意识》（*La philosophie comme prise de la conscience de l'Humanité*）、《反思录》（*Reflexion*）以及《现象学及现象学哲学的一个指导性观念（第一卷）：纯粹现象学导论》（*Idées directrices pour une phénoménologie et une philosophie phénoménologique pure. Tome premier. Introduction générale à la phénoménologie*）。1956 年至 1965 年，利科任巴黎大学教授，创建、并领导胡塞尔现象学研究中心，出版《巴黎胡塞尔文库》（Pariser Husserl Archiv）。在当代法国思想发展史上，利科可以算是胡塞尔现象学在法国的一个重要学派的首要代表人物：他是当代法国反思的现象学诠释学派的创始人。

　　为了深入探索诠释学的基本理论和方法，利科把诠释学同结构主义、精神分析学及现象学的关系，列为最优先思考的基本问题；而在探讨诠释学同结构主义、精神分析学及现象学的相互关系时，利科抓住了双重意义（le double-sens）、无意识（l'inconscient）以及象征（le symbole）等三大问题，作为深入分析的重点。

　　利科认为，结构主义、精神分析学及现象学的主要贡献，就是对"有意识的主体"、"自我"甚至"人文主义"的优先地位提出了质疑，它们都一致地重视、并探讨了意义的双重性问题（le problème du double-sens）、无意识及象征性的问题。首先，意义的双重性，并不是简单地归结为"两个意义"，而是指"一个意义之外还有另一个意义"。所以，双重意义就是指多重意义（sens multiple）。其次，意义的双重性也并不单纯限于语言学和语义学的范围，而是还包括语言之外的行动、思想、社会、文化及各种象征的多重性、歧义性、含糊性及其可相互转化性。利科认为，就其诠释学的层面而言，双重意义问题具有人生存在论的性质。"双重意义旨在对存在的一种运动进行译码（déchifrer un mouvement existentiel），……双重意义在这里是生存中的某一个确定的位置的探测器。"（Ricoeur，1969：68）

　　正如我们在概括利科思想脉络的时候所指出的，利科从 30 至 50 年代始终都非常重视胡塞尔的现象学。但是，利科所遵循的反思哲学的基本原则，使他从一开始就未能完全同意胡塞尔现象学对于诠释学的观念论立场。所以，在60年代利科进一步发展诠释学的时候，集中全力对胡塞尔现象学的观念论诠释原则进行再次的深入批判。为此，利科分两个步骤全面考察现象学与诠释学的相互关系。

首先，利科针对胡塞尔的《论观念》和《笛卡尔的沉思》两本书的基本观点，揭露胡塞尔的观念论原则。利科从诠释学的角度对胡塞尔现象学的观念论进行四个方面的批判。第一个方面是现象学未能依据科学本身的推理模式对科学进行批判，因此，利科认为胡塞尔在这方面的批判未能击中科学的要害。第二个方面胡塞尔只是从直观的角度强调科学的原则，并提出一个"经验的场域"的概念。利科认为这是一种观念论的思辨的建构。更严重的是，当胡塞尔强调"经验的场域"的时候，他所说的经验实际上不是在客观的世界中行动者所遭遇的经验，而是在纯意识的范围内所产生的内在直观，而且完全不同于自然的经验。利科认为，这种经验具有明显的先天性。第三个方面胡塞尔只是在主体性的范围内讨论直观性的问题，而且把一切超越性当做怀疑的对象而加以否定，只承认他所说的"内在性"是最可靠和最不可替代的。胡塞尔之所以反对超越性，是因为他把超越性归结为一种不可靠的概括。第四，胡塞尔把意识当做整个反思活动的基础，并由此出发建构起现象学的伦理学，总结出一种所谓"自身的终极责任性"的概念。所有这一切都体现了胡塞尔现象学的观念论性质。

其次，利科进一步分析了胡塞尔现象学与诠释学的对立关系。通过这个分析，利科试图说明，诠释学实际上并不排除现象学，而是需要现象学来作为它的基础；为此，诠释学必须批判现象学的观念论原则。对于现象学来说，它只有通过同诠释学的结合，才能"使现象学嫁接在诠释学的树干上"。利科认为，海德格尔的存在哲学在这方面作出了重要贡献。海德格尔的诠释学是以简短的路程完成了现象学同诠释学的结合。海德格尔提出、并建构了"理解的存在论"(l'ontologie de la compréhension)。海德格尔把理解当成一种存在的模式(mode d'être)，而不是认识的模式。海德格尔用"什么样的存在是理解的存在?"取代"一位认识的主体究竟以什么条件能够理解一个文本或历史?"的问题。这样一来，诠释学就变成了"此在"(Dasein)的分析的一个组成部分；这样的"此在"就是在理解中存在的一种存在。

　　然而,利科仍然认为,单纯延续海德格尔存在现象学的"短程"诠释学,是不够的;他主张进一步探索"长程"的诠释学,主张在存在论之外,在世界、文化、历史、语言、象征、文本、思想及行动的漫长的历程中,经过多种的迂回(détour),维持诠释学的根本任务,使诠释学成为现象学改造的重要领域。

　　利科指出,从根本上说,现象学本来就是反思的。他说:"现象学一方面是关于经验各个基本环节的最根本的描述方法,另一方面,也是在尽可能完满的程度内,一种在理智光辉明晰性内带根本性的自我创立。"胡塞尔所说的"还原"就是以一种自然的态度,首先把一切有关自身的问题,都加以括号的形式排除掉,以便把握意义的范围(l'empire du sens)。以如此方式从一切纯叙述的问题中得到解脱的意义范围,构成现象学经验的最重要的部分,即直观性的最核心的领域。康德,当他强调直观性的时候,很重视笛卡尔的反思原则,一方面指出对于一种先验性的理解的可疑性,另一方面则强调对于自身内在性的不容质疑性。关于现象学的上述反思性原则,利科后来曾多次在其重要著作《时间与记述》中反复论述。在利科看来,现象学包含着两个不可分割的部分。一方面,它怀疑所看到、听到和感觉到的部分,但它并不怀疑人的心灵和精神所固有的直接观察能力。这就是现象学对于"理智光辉明晰性"的绝对信赖,它构成现象学方法的支撑点。另一方面,人的感觉所直接观察和体验的观念,必须经过向自身的反思、还原法及其他各种必要的"中介",才能证实其可靠性,才能把握意义的范围。

　　如果说现象学严肃地提出了"意义"的范围问题,那么,诠释学的贡献就在于强调"理解"就是把握"意义"的基础。诠释学实际上告诉我们:在弄清"什么是意义"以前,首先必须弄清"什么是理解"。探究意义,显然必须以查究"理解"的概念作为前提。利科吸取了诠释学关于"理解"(Verstehen;la compréhension)与"生活世界"(Lebenswelt;le monde vécu)的概念的研究成果,进一步改造了胡塞尔现象学的核心概念"意向性"(l'intentionnalité)的内容。如果说,现象学是从认识和知觉的角度,观察意欲获知"意义"的"意向性"的话,那么,诠释学是在历史、文化及人文科学的更广泛的范围内,考察意义的发展机制及其与人的生活和认识的关系。所以,现象学和诠释学,是从不同的角度考察"意义"与"自身"的关系这同一个基本问题的(la même question fondamentale du rapport entre le sens et le soi);因此,两者都应该集中考察意义的可理解性与自身的反思性的关系。

利科认为,把意义的可理解性同自身的反思过程结合起来,就意味着两者的统一非经"中介"不可。利科指出:"没有通过信号、符号、象征及文本的中介化,便不是对自身的理解;对自身的理解,就其根本意义而言,就是同应用这些中介因素的诠释相符合。"

作为《活生生的隐喻》的姐妹篇,利科的另一部重要著作《时间与记述》所要探讨的,是以现象学的方法解析人类经验所赖以存在和发展的基本形态,也就是在时间中延续和自我扩大化的"叙述"。长期以来,利科一直关注着三个重要的问题。首先,是语言应用的广度、多样性和不可通约性问题。其次,是叙述游戏的扩散形式及其样态的集中问题。最后,是语言本身所固有的选择和组织能力问题。

利科一直主张语言的不可通约性。他和某些分析哲学家一样,反对通约论,因为这些通约论认为,一切完美的语言,都可以测定语言的非逻辑应用所能达到的意义和真理性的程度。但是,利科认为,语言的实际应用和潜在的应用范围是极其广泛的。为了研究语言的本质及其与人类文化的关系,利科集中探讨了语言和一切文化所共有的因素,即时间性。正是在时间性中,隐藏着语言与文化的主要奥秘。在《时间与记述》中所探讨的叙述性与时间性的相互关系问题,足以触及语言应用的实际的和潜在的领域的一切方面,其中包括历史知识的认识论问题、对于各种小说所进行的文艺批评理论的问题以及关于时间在宇宙论、物理学、生物学、心理学和社会学方面的理论问题。利科抓住人类经验的时间性问题作为轴心,全面展示"历史"和"小说"这两个侧面围绕这个轴心旋转的过程。换句话说,利科在《时间与记述》中,论述了小说、历史与时间的问题,借此阐明人类认识、生存、精神创造活动及社会生活这几个主要层面,围绕着语言这个中介而相互协调的过程和机制。

如果说叙述必须标示、连接和指明具有时间性的经验的话,那么,就应该在语言中寻找一种具有限定、组织和说明功能的场所。利科认为,作为论述的较长表现形态的"文本"就具有这些功能。"文本"由此而成为了有时间性的过往经验同叙述行动之间的中介。这样一来,人们可以通过文本而同以往的一切行动进行交往和沟通;历史的行动也因此而在文本的阅读中复活起来。就此而言,文本就是语言的一个基本单位,它一方面是作为论述的现实意义的最原初单位,即句子的延长;另一方面它又是具备组织及安排句子的功能,而这种句子间的组织功能是以各种形式通过叙述来完成。反之,人类叙述行动所采取的多种形式,也正好可以展示句子间被组织在一起的各种可能性。

在他的《时间与记述》第三卷中,利科终于再回复到从一开始就提出的基本论点上,即历史的叙述与小说的叙述在对比和交叉中,共同创立了时间的现象学经验的形象。这就是说,在该书第三卷中,利科成功地协调了他在第一和第二卷中所展示的三大矛盾方面:史书编纂学、小说叙述的文学理论以及时间现象学。这三大方面的协调,不再停留在内在时间性形象化的范围内,而是过渡到时间的日常生活经验的叙述式的再度形象化。

这就是说,思想活动通过一系列叙述性的形象化(configuration narrative),最终是在时间性经验的再形象化(refiguration de l'expérience temporelle)的作品中完成的。根据利科借自亚里士多德的三种模拟的学说,在叙述、行为和生活的三个层次之间的仿真关系中,上述时间性经验的再形象化的能力是同亚里士多德所说的第三个模仿因素相对应的。

但是,叙述功能并不是可以无限地展示其有效范围。利科在《时间与记述》三大卷中所作的论证,恰巧表明:时间作为人类生存的一个基本条件,同样也为叙述功能限定了条件。从奥古斯丁到海德格尔的漫长的哲学思想的发展历程中,对于时间的现象学研究,虽然不断地加深和有所扩展,但始终都未能彻底解决理论研究本身所遇到的难题。利科在《时间与记述》三卷本中所展开的关于"记述的诗学"的理论,发挥了历史与小说两种记述的交叉和相互联系所产生的功效,试图克服传统思辨哲学所未能解决的时间本体论的难题,但同时也恰如其分地显示叙述功能本身的有效限度。

在《时间与记述》第三卷的"结论"部分,利科指出,关于时间性的研究不能单靠现象学的直接论证,如以前的传统哲学所做过的那样;而只能通过"叙述"的间接论证的中介化,才获得对于时间作为人类生存的基本条件的恰当的认识。正因为这样,利科直截了当地说:"记述是时间的看守者。"(le gardien du temps)更确切地说,就时间作为"思想的时间"而言,只能是一种"被叙述的时间"。时间只有在"叙述"这个中介过程中,才能成为"思想的时间"。

所以,为了解决上述三大难题,在《时间与记述》三大卷之后,利科便将其思考焦点转向叙述的同一性(l'identité narrative)问题。利科将他关于这方面的思考成果,首先以《记述的同一性》为题,发表在《精神杂志》(Esprit)的1988年七、八月份的合订本上。

所谓记述的同一性,指的是借助于记述功能的中介化环节及过程,使一个人人得以在记述进行和完成的过程中实现与自身的同一。换句话说,记述的同一性理论所要解决的基本问题是:一个人是怎样地通过记述功能的中介而在记述的整体过程中做到首尾一贯的、连续的同一性?

关于记述的同一性的问题,利科反复强调说,是在《时间与记述》第三卷探索"历史记述"和"小说记述"的过程中,为了将上述两大类记述综合在一个基本经验中所发生的。

人类生存的历史,就其为人们所理解的意义而言,乃是"被叙述的时间";而这种被叙述的时间,或者是通过历史的叙述,或者是通过小说的记述。人类要理解自己的存在的过去、现在和将来,都必须借助于"语言"所组成的"文本"及其他不同类型的"记述";通过"记述",通过文本形式的记述,历史才被复原、被理解;人类生活的经验,也被"情节化"、"生动化"、"形象化"和"立体化",变成"可理解的"东西,变成在各个作为主体的个人之间可以相互沟通和相互理解的东西。

在这一点上,利科既批评胡塞尔否定制度功能的封闭式的"自我反思",也批评哈贝马斯夸大"共识"(consensus)功能的沟通原则。利科指出,胡塞尔提出了主体间性的概念,但如果不是以制度为中介,如果这个中介又不是依据传统,不依据柯热列克(Reinhard Koselleck)所说的那种"期待的层面",那么,从"主体间"到"沟通性的互动"的实现,又如何谈起呢?利科明确地说:"我对自我反思这个词是有怀疑的。这是由于我在诠释学的影响下而远离胡塞尔的原因。我一直担心着从自身到自身的短程循环(je crains toujours le court-circuit de soi à soi);在这个循环中由于自身与其自身的绝对符合,经他者的中介成为不必要的了。对我来说,反思是经过绕迂历史、文化,简言之,绕迂他者而实现。"

利科这种"经绕道式的反思过程而达到记述同一性"的理论观点,是他的现象学反思诠释学理论的核心。

在列维纳斯、萨特、梅洛-庞蒂及利科等人的带动下,法国现象学运动呈现出生动活泼的多元化局面,并取得丰硕的成果。利科通过诠释学的文化反思发展现象学;他成功地将现象学嫁接在诠释学这个非常厚实的树干上,使现象学从先验的纯意识进入人类文化的广阔时空中迂回反思。杜夫连(Mikel Louis Dufrenne,1910-1995)将现象学应用于艺术和美学的研究中,分析出美学经验的本质及其统一性,创立美学经验现象学(phénoménologie de l'expérience esthétique)。德里达(Jacques Derrida,1930-　　)和福柯(Michel Foucault,1926-1984)将现象学加以改造,使之同尼采哲学结合起来,形成声势浩大的解构主义运动。李欧塔(Jean-François Lyotard,1924-1998)从现象学出发,建立系统的后现代主义的哲学理论和方法。当然,受到现象学影响的法国当代思想家,并不只限于上述列举的几位;凡是从20世纪20年代末到50年代受到教育的年轻一代,几乎都无例外地将现象学当成重要的哲学理论和方法,作为他们观察世界和各种事物的有效手段。

当代法国现象学运动的伟大成果及其伟大意义,并不限于现象学本身的研究领域,而是扩及整个人文社会科学及自然科学,影响到整个欧洲20世纪下半叶的思想文化革命及其进程。挤身于当代伟大思想大师行列的福柯、德里达、李欧塔、罗兰·巴特(Roland Barthes,1915-1980)、布尔迪厄等人,无不是受到现象学启发,无不是以现象学作为最锐利和最深刻的观察和思想工具。

所以,这场现象学运动所带来的理论和方法革命,主要表现在以下几个方面:第一,现象学使法国思想家们找到了不同于传统理性主义和经验主义(empirisme)的原则,使他们敢于向传统彻底挑战。胡塞尔对于传统理性主义和经验主义的批判,对于自然科学的客观主义的批判,对于观念论主观主义的批判,都有效地推动了法国当代思想家们对于传统思想的颠覆活动。第二,现象学具体地揭露了客观主义和主观主义的弊病,以"主体间性"和"生活世界"的概念引发当代法国思想家们的进一步思考活动。第三,现象学对于语言及语言应用的重视和批判,促进了当代法国思想家们考察语言及语言论述(discours)的性质。第四,现象学对于当代科学技术方法及其迷信的批判,推动了人们深入反思科学技术的吊诡性及其潜伏的危机。第五,现象学的视野衬托出传统的"非此即彼"的二元对立模式的僵化性和狭隘性,为人们的思想、行为和日常生活方式的改造,提供多元的潜在模式及各种"另类"可能性,这就为人类文化在新世纪的彻底重建提供了充分的可能条件。

　　法国人是通过黑格尔而进一步了解马克思的。专门研究和讲授黑格尔哲学的依波利特自己曾说:"对于早就泛滥于整个欧洲的黑格尔主义,我们法国是接受得较晚。而我们是通过黑格尔青年时代的不太出名的著作《精神现象学》,通过马克思和黑格尔的关系认识黑格尔。在这以前,法国早已经有一些社会主义者和一些哲学家,但是黑格尔和马克思都还没有真正地进入法国哲学圈内。事情是现在才有的。从此以后,讨论马克思主义和黑格尔主义已经成为我们的日常活动。"对于法国当代思想家来说,引进黑格尔,不只是引进了黑格尔辩证法的革命叛逆精神,而且还引进了比黑格尔更激进和更有彻底批判精神的马克思主义。萨特在《辩证理性批判》一书中曾经指出,从 20 世纪 30 年代到 50 年代,黑格尔辩证法思想的入侵,开拓了一个新马克思主义所主导的"不可超越的地平线"(l'horizon indépassable)。当黑格尔和马克思的思想又进一步同尼采和弗洛伊德的思想汇合在一起的时候,就凝缩成威力无穷、能量无比的创造动力和源泉。

　　福柯 1970 年在法兰西学院发表其院士终身教授职务就职演说时指出:"我们的整个时代,不管是通过逻辑学或者通过认知论,也不管是通过马克思或者通过尼采,都试图超越黑格尔。……但是,在实际上,超越黑格尔,就意味着正确地估计脱离他所要付出的一切代价。这就是说,充分估计到黑格尔是在多远的范围之内接近于我们,这也是意味着我们究竟能在多大的范围内思考着反黑格尔和黑格尔主义;同时这也意味着,我们对黑格尔的反对可能是一种策略,促使我们期待并静静地思考。或者,如果我们感谢依波利特给我们带来比一个黑格尔更多的思想家的话,那么,这就意味着在我们中间展现了一个促使我们自己永不疲劳地奔跑思索的大道;而且,通过我们面前的这条路,我们慢慢地同黑格尔分开,并保持距离,但与此同时我们又感受到自己被带回到黑格尔那里,只是以另一种方式罢了。而后,我们又不得不从那里重新离开黑格尔。"

　　当福柯系统地总结自己的心路历程时,不要忘记在整整二十年以前,在同样的法兰西学院院士哲学终身教授就职演说中,福柯的前任梅洛-庞蒂,也在同一个大厅,发表了有关法国思想界从 20 年代到 50 年代为止的实际状况的演说。事隔二十年的前后两篇演说词,深刻地描述了从梅洛-庞蒂到福柯整整两代思想家所经历的思想陶冶成长过程。

三位怀疑大师的批判精神是交互渗透而发生作用的。马克思已经不是原有的马克思,更不是传统马克思主义的马克思;弗洛伊德和尼采在现代法国的重现,也不是他们在 19 世纪和 20 世纪初的简单复制。正如后现代主义思想家李欧塔所说,整个现代法国思想和文化的变革,实际上是"从马克思和弗洛伊德的思想所偏离出来"的产物。德里达也承认他们新一代的思想,并不重复说出尼采的原话,而是一种新尼采主义;它将尼采原有的非理性主义和权力意志进一步在现代社会条件下发扬光大。比德里达年长一点的福柯,则直接继承尼采的考古学(archéologie)和系谱学(généalogie),更深入地以"知识"(savoir)、"道德"(morale)和"权力"(pouvoir)作为"解构"现代社会文化的三大主题,试图"破解"控制着现代社会生活的各种占统治地位的"论述",例如知识的论述、道德的论述以及"性论述",等等。

另一位后现代思想家德勒兹,强调他是马克思、尼采和弗洛伊德思想的解构者,他所主张的,是从弗洛伊德出发、却又不同于弗洛伊德的"反俄狄浦斯"情欲推动力量。被改造了的三位怀疑大师的叛逆精神,构成强大的批判力量,一方面破解和解构旧的一切文化和思想模式,另一方面又提供和指明创造和革命的新思路和新方向。

阿图塞在重新阅读和诠释马克思著作的时候,从法国历史认识论系统中借用了"认识论的断裂"(rupture épistémologique)的概念,将马克思政治经济学重构成为与传统德国观念论哲学的人道主义系统相割裂的新理论结构。阿图塞还声称他所重构的马克思主义理论结构是当代历史科学的更新。他严厉批评了传统马克思主义,特别是列宁(Vladimir Ilich Ulyanov Lenin, 1870 - 1924)的布尔什维克主义对于马克思主义的窜改,强调马克思主义不容许政治的干预,也不容许将阶级斗争归结为理论。他对于马克思著作的重读和诠释,使他写出了《保卫马克思》(Pour Marx, 1965)和《读资本论》(Lire Le Capital. 1965)等重要著作,成为了结构主义在人文社会科学领域的重要代表人物。但是,他又特别谨慎地把自己的理论与萨特等人的"存在主义马克思主义"相区别,也反对以个人自由作为理论研究的基本目标。

由于阿图塞在战后相当长时间里曾任巴黎高等师范学院哲学教授,他的思想广泛地影响从 1945 年到 60 年代期间成长的青年思想家。甚至可以说,阿图塞成为法国战后第一代成长起来的大批哲学家和思想家的启蒙者和导师;他的学生包括了结构主义者罗兰·巴特和后结构主义者福柯、德里达等人。当然,他的学生很快地分化成许多学派,只有以巴里巴为代表的结构马克思主义学派继续继承阿图塞的思想。这一派人不但继续深入研究各种社会文化现象,而且也集中分析了当代民主制、公民社会结构、政治与宗教、民族和文化的关系的问题。因此,阿图塞的结构马克思主义也在社会理论研究中产生了深远的影响,其中包括新一代的结构主义的马克思主义人类学家哥德里耶、结构马克思主义社会学家阿兰·杜连(Alain Touraine,1925-　　)以及结构马克思主义政治学家普兰查(Nicos Poulantzas,1936-1979)在内。

弗洛伊德和尼采思想在当代法国的新生,是与对马克思思想的新诠释同时并进的。正如李欧塔所说:现代法国思想家们对于社会文化的各种批判和质疑,特别是对于现代性的批判,在本质上,都可以被理解为"从马克思和弗洛伊德的偏离"。这种"偏离",使新一代思想家们能够自然地在他们的思索和批判活动中,将对于传统理性主义的批判同对于权力、道德的批判连接在一起。关于这一点,李欧塔指出:"理性与权力,本来就是一码事。"将尼采的叛逆精神贯穿于当代思想批判活动中的最卓著成效者是福柯。他在60年代末及其后所发表的重要著作《语词与事物》、《论述的秩序》及《监狱与惩罚》等,成功地将尼采的思想转化成揭露现代社会和批判现代文化的锐利理论武器,使他成为了当代法国新尼采主义的最杰出代表人物。

当代法国思想界对于尼采和弗洛伊德思想的狂热,最早起于20世纪30年代;但当时主要表现在萨特及一部分文学家和艺术家的作品中。而且,对于尼采的理解也基本上以对于弗洛伊德思想的诠释为依据,往往首先靠弗洛伊德的精神分析学进一步发掘尼采的非理性主义精神。在40、50年代,当3H思想横扫法国思想文化界时,弗洛伊德精神分析学早已经被拉康等人彻底改造,而尼采思想则借助于海德格尔开始占据上风。60年代之后,不论是尼采还是弗洛伊德的思想,都同马克思思想一样,已经被当代法国思想家们彻底改造成他们独特的思想理论体系中的一个重要组成部分。

弗洛伊德精神分析学和精神治疗学在当代法国也同马克思思想几乎一样,经历了三大阶段;而弗洛伊德、拉康、福柯分别是这三大阶段的中心人物。所以,总的来说,弗洛伊德、拉康、福柯三位大师,是当代法国精神分析学发展历程中的三大"里程碑"。

　　20 世纪初到 30 年代是第一阶段。那时,萨特及一批文学艺术家,包括超现实主义者布鲁东(André Breton, 1896 - 1966)、阿拉贡(Louis Aragon, 1897-1982)、苏坡(Philippe Soupault, 1897-1990)等人,都热衷于弗洛伊德精神分析学,并将它应用于文学和艺术的创作中,取得了辉煌的成果,在社会上和学术界产生了广泛的影响。30 年代到 50 年代是第二阶段,主要是以拉康为首的精神分析学家和精神治疗专家试图克服弗洛伊德原有理论思想体系中的缺陷,创立适合于法国及西方现代社会的精神分析学和精神治疗学。这可以说是“后弗洛伊德主义”的开始。它同在美国及其他欧洲国家的新弗洛伊德主义有所不同,因为它不只是修正原弗洛伊德思想理论中的不足之处,而且,远远地超越了它,创立了自己的精神分析和精神治疗学体系。所以,在当代法国,所谓“后弗洛伊德时期”主要是指“拉康时期”。拉康同他的同时代人,包括波利兹(Georges Politzer, 1903 - 1942)、拉加斯(Daniel Lagache, 1903-1972)等人,冲破弗洛伊德原有理论的范围,一方面批判、甚至推翻弗洛伊德最重要的“恋母情结”及“自我”概念,另一方面又结合当代社会文化的特征以及对于精神分析的最新成果,对于潜意识同语言的关系及其结构作出了深刻的分析,创立了独特的精神分析和精神治疗理论和方法的新体系。

　　但是,在当代法国,所谓“后弗洛伊德主义时期”并不限于“拉康时期”,而且还包括“福柯时期”:如果说上述“拉康时期”是“后弗洛伊德主义时期”的第一阶段的话,那么,从 20 世纪 60 年代末开始到 80 年代,是“后弗洛伊德主义时期”的第二阶段,即“福柯时期”。在这一时期,福柯取代了拉康,成为法国精神分析学和精神治疗学的“明星”。福柯的杰出贡献在于打破弗洛伊德理论的体系,从尼采的权力意志出发,创立知识考古学、道德系谱学和权力系谱学,以致将弗洛伊德原来反理性主义的理论扩大成为彻底反西方传统和批判现代性的锐利思想武器。与此同时,福柯的朋友德勒兹也成为法国后弗洛伊德主义时期第三阶段的重要代表人物,他所提出的“反俄狄浦斯”(Anti-Œdipe)概念,深刻地揭露了弗洛伊德原有的“俄狄浦斯情结”(complexe d'Œdipe)的内在矛盾性。

　　与弗洛伊德思想同时传播的,是尼采反传统形而上学和传统道德的批判精神。尼采激发了新一代法国思想家们,使他们集中揭露现代社会文化的基本原则,更深入地解析指导着现代社会文化制度运作的深层思想模式及其基本论述结构。弗洛伊德和尼采的思想,就这样同对于权力、道德及其语言论述方式和策略的批判联系在一起。

尼采思想在当代法国的遭遇,也同马克思和弗洛伊德的思想那样,经历曲折的过程:从原来单纯对于尼采思想的诠释和专业性研究,然后,结合胡塞尔、马克思和弗洛伊德思想的传播,进一步同海德格尔思想融合在一起,使法国当代思想家们有条件以新的视野理解、并改造和超越尼采精神,最后,终于在 20 世纪 60 年代末,达到产生和创立新尼采主义的崭新阶段。

1966 年福柯的《语词与事物》以及次年德里达的《语音与现象》(*La voix et le phénomène*)、《书写与延异》(*L'Écriture et la différance*)、《论文本学》(*De la Grammatologie*)等三部代表性著作的发表,标志着法国新尼采主义的正式登场。所以,当代法国新尼采主义的杰出代表,就是福柯、德里达和德勒兹。

福柯非常重视尼采系谱学对"事件"的"突现"(Enstehung)的纯粹描述。福柯总是以尼采的"突现"(émergence)概念,来描述他所揭露的各种历史事件的系谱学意义,因为在尼采那里,Enstehung 一词,指的就是以突然冒现出来的形式所显示出来的事件形成过程;它意味着从一开始,一切事物的出现就伴随着其天然的本性和依据其特有的发生规则,并以人们所无法认识和无法表达的复杂形式产生于世界上。各种历史事件的突现,并不是像传统理论所说的那样,似乎都是依据必然的规则,或像自然科学的对象那样按照前因后果的所谓客观"逻辑"产生出来;而是以其自身无可预测的偶然性、断裂性、突发性和自然性形成的。为此,福柯强调"'突现'始终都是通过一个特殊的强力阶段而发生的(Emergence is always produced through a particular stage of forces)。所以,对于'突现'的分析,必须描述这个交互作用,描述这些强力相互抗拒交织而成的斗争,或者是抗拒对立的环境的斗争……"①。福柯指出:"系谱学力图重建各种征服及其从属体系,但不是那种抢先把握意义的强力,而是统治的冒险的作用。"(Ibid.:83.)福柯还指出,"在尼采那里,'突现'意味着一个发生对立的场所(Emergence designates a place of confrontation)②。"但是,这个场所并非一个封闭的地点,以为在那里可以看到两个相互对等的强力的斗争状态。

---

① M. Foucault, Nietzsche, Genealogy, History. In Rabinow, P. 1986, pp.83-84.

② M. Foucault, Nietzsche, Genealogy, History. In Rabinow, P.1986, p.84.

因此,这个出现的场所,勿宁是"一个'非场所'(non-place),是一种'纯粹的距离':在那里,相互对立的对手并非属于同一个空间场所。唯一停留在'出现'的'非场所'的悲剧,就是统治的无止境的'重演'。某些人对于另一些人的统治导致价值的分化;统治阶级产生自由的观念……"①。"人类并非在无止境的相互斗争中逐渐地进步;直到它到达一种普遍的相互关联性,似乎在那个阶段,人们便可以一劳永逸地以各种法规取代战争;但人们总是将这些暴力冲突纳入法规体系之中,以便实现从一种统治到另一种统治的转换过程(va ainsi de domination en domination)。"

福柯的《尼采、系谱学与历史》的论文,以论述知识同权力的勾结关系而告终。在他看来,"知识慢慢地脱离其经验的根源,离开它源自发生的最初需要,变成为只从属于理性的要求的纯思辨。……宗教一旦要求身体作出牺牲而献身的时候,知识便号召对我们自身进行试验"②。

在福柯的晚期著作中,对于"性论述"(discours sexuel)的批判以及对于监狱、监控和宰制(domination)的解析,成为批判传统理性主义和主体中心主义的基础。新尼采主义在福柯的晚期著作中呈现为更成熟的理论表达形式和斗争策略。他将研究重点转向人自身的"历史本体论",试图揭示西方人从古代时期"对于自身的关怀"(souci de soi)转向"主体中心"的演化过程,揭示基督教及近现代文化扭曲人的本能自然意向的策略技巧,分析批判西方人在实现"主体化"和"客体化"的双重过程中,各种权力关系、知识论述及道德规范制度对于人自身的规训和宰制的程序。正如福柯本人所说,他仿效尼采那样,紧紧"跟踪伟大的政治",把注意力集中到权力问题。但在福柯的新尼采主义著作中,可以看到一种完全崭新的概念和策略,其中尤其包括"论述"(le dis-cours)、"权力的统治心态"或"权力的统管术"(la gouvernementalité du pouvoir)、"生命权力"(le bio-pouvoir)等新概念的提出。福柯所说的权力的普遍性以及将权力批判扩大到政治权力以外的广阔领域,就是他在权力理论上的最值得注意的特殊贡献。所有这些,说明福柯的新尼采主义已经完全超出尼采的体系,真正创立了他自己的新的理论。很明显,在权力问题上,福柯虽

---

① M. Foucault, Nietzsche, Genealogy, History. In Rabinow, P.1986, p.85.

② M. Foucault, Nietzsche, Genealogy, History. In Rabinow, P.1986, p.96.

然继续尼采的权力批判路线,但不同于尼采,他将尼采的"权力意志"改造成为"权力的内在化"(le pouvoir intériorisé),以人自身的"向内折"和"向外折"的创造性论述形式,揭露权力的一系列非政权形式,集中探讨了三大论题:(甲)"惩戒"权力(通过惩罚机关的监视技术、规范性制裁和全方位环形敞视监督系统[le système de surveillance panoptique]等);(乙)生命权力(通过对于人口、生命和活人的管理控制);(丙)政府统治心态(通过国家理性和警察装置和技术)。另一方面,福柯还以其《性史》三卷本,试图以"性的论述"为主轴,深入探讨紧密围绕权力运作而旋转、并始终控制着西方人的"主体化"过程。

从上述新尼采主义的产生及演变过程中,我们看到:法国新尼采主义主要从颠覆形而上学、权力、道德系谱学等方面发展尼采的思想,使尼采原来对于现代性的批判,能够在新的历史条件下,呈现出崭新的面目。

由福柯和德里达所掀起的当代法国思想界的新尼采主义运动,至今并没有结束;它反而由于20世纪的结束及新世纪的到来而甚器尘上,由原来的"颠覆"、"解构"及"不断差异化"(différentiation)进一步转向更深入和冷静的反思,进一步表明尼采哲学对于人类文化重建和改造工作具有难以估计的深远影响。

总之,本期第一专题所展示的主要内容,虽然以"法国哲学与德国哲学、古希腊哲学"为题,但它的实际意义却远远超出德法两国的哲学交流的范畴;通过德法两国哲学的交流,我们集中地看到哲学之所以永远有存在的价值,就在于它的思想创造生命力,在于它的对话性和开放性,也就是它与生命之间的持续对话和永恒回归。

本期其他两个专题:艺术哲学以及哲学的教化效应,同样显示了当代法国哲学与生命运动的密不可分联系。

2017年的法国哲学远没有局限于以上四个专题的范围。当代法国哲学正随着新时代的到来,不但在内容上和方法上,而且也在根本性质上发生重大的变化。且以当代著名哲学家布鲁诺·拉图尔(Bruno Latour, 1947-)的思想成果为典范,可见一斑。

布鲁诺·拉图尔的哲学研究,把哲学与自然科学、人类学及社会学等学科联系在一起,集中探索当代社会中,突飞猛进的科学技术对哲学、社会生活以及文化创造活动的深刻影响,试图揭示当代社会各个成员的生活方式、思想创造及社会行动的新特征。为此,布鲁诺·拉图尔不满足于哲学抽象分析,而是深入到自然科学的具体学科领域,把哲学、科学社会学及人类学灵活地结合起来,以他自己在巴黎矿物高等学院所主导的"创新社会学研究中心"(Centre de Sociologie de l'Innovation)、巴黎高等政治学院和伦敦政治经济学院的"媒体实验室"为基地,探索科学家在他们的实验室内"社会地建构"各种思想和行为模式的奥秘。他的代表作《实验室生活:科学事实的社会建构》(*Laboratory Life*:*the Social Construction of Scientific Facts*,与英国社会学家 Steve Woolgar 合著),发扬了法国科学社会学家巴舍拉(Gaston Bachelard)的观点,强调科学家们始终无法跳出他们的实验室思维模式和行为模式,并通过科学家们的科学成果,决定性地影响了整个社会。后来,布鲁诺·拉图尔又在他的《行动中的科学:如何跟随科学家和工程师穿越社会》(*Science in Action*:*How to Follow Scientists and Engineers through Society*)一书中进一步指出:科学家和工程师们形成联盟,自命为整个社会的代表,共同形塑和控制整个社会。后来,布鲁诺·拉图尔又与米谢·加隆(Michel Callon)和约翰·劳(John Law)一起,应用美国社会学家哈罗德·加尔芬格尔(Harold Garfinkel)的种族方法论、法国符号论和语言学家格列马斯(Algirdas Julius Greimas)的生成符号论以及法国社会学家加布里尔·塔尔德(Gabriel Tarde)的社会学理论,提出"行动者—网络理论"(actor-network theory,简称 ANT),强调科技创新不是孤立的科技创造活动,而是具有建构性和操纵性的复杂行动网络,一种社会的、组织的、科学的和技术的多元多质结构,具有复杂性和组织性的社会文化事件。根据这种新方法,科技创新所涉及的一切社会的、组织的、科学的和技术的结构及相关事件的各种构成因素,都可以采用"物质—符号的方法"(a material-semiotic method)把它们连接"形成一种关系网络"(form a network of relations),由此把所有相互关联的事物之间的物质关系和概念之间的符号关系,同时地描画成一种发生交互作用的网络系统。

显然,布鲁诺·拉图尔在考察科技创新的性质及其可能性和可行性的时候,已经越出传统哲学的范围,首先突出全球化电子数字社会的极端复杂性质及其急速变动的特点,一方面把科技创新当成多学科、多领域的社会整体网络型组织活动,另一方面又突出科技创新的"物质—符号"关联性质,最大限度地发挥电子数字网络科技的最新成果,旨在高效率地动员和组织科技创新系统诸元素中每一个单元的积极主动创造性,克服传统科技创新模式过分突出创新者个人积极性的倾向,使企业科技创新成为网络社会的一部分,同时又凸显科技创新在当代社会的核心地位。

由此可见,当代法国哲学在 21 世纪新时代,继续领先地开创新思维和新方法,使整个哲学研究的性质、内容和方法,发生了根本性变化。这是值得我们特别关注的。

正如我们从一开始就强调的,真正的哲学源于生命的内在强烈创新的欲望;哲学只有成为生命的灵魂的呼喊,才能永远保持它的创作生命力。从当代法国哲学的不断创新及其一再突破旧有哲学框架而寻求新的思路和内容的趋势,我们看到了新时代所期待的新哲学的基本精神。正是在这个意义上说,研究当代法国哲学并进行中法哲学思想比较,对于把握当前全球化新时代的新精神、新思路和新文化,是具有重要意义的。

高宣扬

于上海交通大学

欧洲文化高等研究院

第一部分 法国哲学与德国哲学、古希腊哲学

La réception de la *Métaphysique* d'Aristote par Ravaisson(1813–1900)

Annick Jaulin

Contexte

Le contexte dans lequel s'inscrit l'*Essai sur la*Métaphysique*d'Aristote*de Félix Ravaisson[1] est, selon le mot de V. Cousin, celui d'une《sorte d'événement philosophique》. L'événement consistait dans la mise au concours de philosophie de l'Académie des sciences morales et politiques, par le même V. Cousin, en 1833, d'un sujet tel que《l'examen critique de l'ouvrage d'Aristote, intitulé*Métaphysique*》. V. Cousin manifestait ainsi sa conscience d'opérer une véritable rupture dans la tradition philosophique française en proposant ce thème de concours:

Depuis Descartes, la philosophie d'Aristote, après avoir régné si

---

[1] Le texte sera cité dans l'édition publiée par les éditions du Cerf(Paris)en 2007; on le désignera par EMA.

longtemps dans les écoles françaises, semblait avoir succombé avec la scolastique. Le XVIIe siècle lui enleva les esprits d'élite qui peu à peu entrainent la foule; et lorsqu'au XVIIIe siècle une philosophie qui se prétendait issue d'Aristote remplaça le cartésianisme, l'enthousiasme qu'elle excita, au lieu de remonter jusqu'à l'auteur supposé de cette philosophie et de le ramener sur la scène n'avait fait au contraire, en inspirant le dédain du passé, qu'augmenter et en quelque sorte consacrer l'indifférence générale pour un système déclaré inintelligible et aussi vain dans son genre que celui de Platon dans le sien. Le nom d'Aristote n'appartenait plus qu'à l'histoire naturelle.

Et voilà cependant qu'au XIXe siècle, une classe de l'Institut de France, une académie nouvelle et bien connue pour être dévouée à l'esprit nouveau, choisit pour le premier sujet de prix qu'elle propose en philosophie, l'examen de la *Métaphysique* d'Aristote. Un pareil choix était une sorte d'événement philosophique.①

Avec le《dédain du passé》, V. Cousin fait sans doute allusion au jugement de Voltaire sur Aristote, dans sa treizième lettre philosophique,《sur M. Locke》. Loin de rapprocher Locke et Aristote dans leur critique commune des idées innées, Voltaire retient seulement ce qui peut opposer Locke et Aristote:《Aristote, qu'on a expliqué de mille façons parce qu'il était inintelligible, croyait, si l'on s'en rapporte à quelques uns de ses disciples que l'entendement de tous les hommes était une seule et même substance [il s'agit de la thèse d'Averroès]》. Ainsi, seuls les spécialistes d'histoire naturelle se souviennent positivement du nom d'Aristote au XVIIIe.

De fait, même Condillac (1714–1780), théoricien du sensualisme, parti de l'empirisme de Locke, ne met pas en rapport Locke et Aristote pour expliquer la genèse des idées dans son《archéologie du savoir》. La réputation d'obscurité qui écarte la référence à Aristote tient à son œuvre métaphysique: l'inintelligibilité

---

① V. Cousin, *Rapport à l'Académie des sciences morales et politiques sur les mémoires envoyés pour concourir au prix de philosophie, proposé en 1833 et à décerner en 1833 sur la métaphysique d'Aristote, lu dans les séances du 4 et du 11 avril* 1833.

reprochée à Aristote vise la langue métaphysique :

Condillac partage le souci de sonépoque, qui fait de l'établissement d'une langue bien faite la condition d'une connaissance vraie ; autrement dit une science n'est qu'une langue bien faite. Mais cette langue bien faite ne peut pas être le langage technique des métaphysiciens, coupables d'apporter le trouble dans le bon sens des langues vulgaires①.

Attirer l'attention de 《 l'esprit nouveau 》 sur la*Métaphysique*d'Aristote était donc en effet un événement philosophique.

Certes, la rupture opérée par V. Cousin devait beaucoup à l'Allemagne. La vitalité de la recherche allemande ne lui échappa pas, lors du voyage qu'il fit en Allemagne en 1817, au cours duquel il rencontra Hegel. Il n'échappa pas non plus à Hegel que V.Cousin trouvait en Allemagne une source d'inspiration, puisqu'il disait que ce dernier venait en Allemagne faire ses 《courses philosophiques》. Sans entrer dans beaucoup de détails, on peut illustrer, par l'exemple de Leibniz, la persistance en Allemagne d'un intérêt pour l'ensemble de l'œuvre aristotélicienne. Certes, Leibniz n'était ni empiriste ni sensualiste [au tout début des*Nouveaux Essais sur Entendement Humain*, il rapporte le système de Locke à Aristote, et le sien à Platon], mais il cherchait, lui aussi, à construire un langage universel, la*lingua caracteristica universalis* ; or, loin d'affirmer une quelconque inintelligibilité aristotélicienne, il posait que Aristote était 《' le premier qui ait écrit mathématiquement en dehors des mathématiques ', c'est-à-dire le premier à avoir pris au sérieux les⟨négligences de forme⟩comme cause de l'erreur》②. Leibniz avait inspiré le modèle l'Académie des sciences :

La *Societas eruditorum Germaniae*dont il dressa le plan en 1697 n'était pas seulement un lieu de communication et d'échange de savoir, elle correspondait à un projet intellectuel de grande ampleur : rassembler la bibliothèque universelle et préparer un dictionnaire universel. La vision d'une science uni-

---

①   Encyclopédie Larousse en ligne.

②   François TRÉMOLIÈRES,《ORGANON, Aristote》, *Encyclopædia Universalis*[en ligne].

verselle au fil des ans restera prégnante dans les visages ultérieurs que prendra cette institution, et les hommages répétés des Académiciens à Leibniz ne sont pas de pure forme①.

Ce fut cette même Académie des sciences qui, début 1821, mit sur pieds une commission Aristote dont la perspective était de donner la meilleure édition du texte d'Aristote. Par cette édition (1831), l'Académie des sciences de Berlin décide du visage de l'Aristote du XIXᵉ siècle, et même du XXᵉ, puisque la nouvelle édition d'Aristote est toujours actuellement en usage en début de XXIᵉ, sous le nom d'édition Bekker. Brandis, auquel Ravaisson fait référence en plusieurs endroits, fut le premier éditeur moderne (1823) de la *Métaphysique* et très actif à l'Académie des sciences. Cousin poursuivra l'entreprise de réhabilitation d'Aristote et remettra au concours de l'Académie un sujet sur Aristote en 1837, sur l'*Organon* cette fois : ce fut J. Barthélémy-Saint Hilaire (1805 – 1895) qui remporta le prix②. Barthélémy-Saint Hilaire retraduisit par la suite, en 30 volumes, toute l'œuvre d'Aristote, en commençant par la *Politique*.

Projet

Celui qui fut à la hauteur de l'événement, constitué par le choix de la *Métaphysique* comme sujet de concours, fut donc Ravaisson. Dans son 《 Avant propos 》, Ravaisson décrit son projet qui est de faire 《 reparaître dans son vrai jour 》 la philosophie d'Aristote, dont 《 le caractère et l'esprit propres 》 sont contenus dans la *Métaphysique* (p.13). Ce qui suppose de la dégager 《 des voiles épais dont la scolastique l'avait enveloppée 》. Le projet qu'il décrit est de vaste envergure et la totalité n'en sera pas réalisée ; on ne trouve notamment pas l'étude de l'influence de

① Ces renseignements sont issus du livre de D. Thouard (éd.), *Aristote au XIXᵉ siècle* (Presses Universitaires du Septentrion 2004), notamment de son article 《 Aristote au XIXᵉ siècle : la résurrection d'une philosophie 》, op.cit.pp.14–15.

② On peut consulter les souvenirs de Barthélémy-Saint Hilaire dans *V. Cousin, sa vie et sa correspondance* (Paris 1895). En libre accès sur Gallica.bnf.fr.

la *Métaphysique* sur les systèmes ultérieurs des Temps modernes, ni la discussion de la part d'erreur et de vérité que comportent les analyses aristotéliciennes. En effet, limité au premier volume, le travail a pour finalité de《 rétablir la pensée d'Aristote》sans énoncer de jugement sur les doctrines exposées. Ce point est à souligner parce qu'il rend compte du style de l'*Essai*, celui de l'exposition.

En réalité, le《 rétablissement》de la pensée d'Aristote ne va pas sans déjà quelques jugements sur l'intérêt qu'elle présente. Ravaisson se démarque dès le début d'un certain nombre de représentations de l'aristotélisme qu'il juge fautives:

> On s'est représenté l'aristotélisme, depuis la chute de la scolastique, tantôt comme un système d'abstractions sans réalité et classifications logiques ou même purement verbales, tantôt comme un système d'empirisme analogue, dans ses principes psychologiques et dans ses conséquences morales, à l'épicuréisme antique ou au sensualisme moderne. Ce sont deux erreurs qui ne peuvent se dissiper entièrement que devant une exposition complète de la *Métaphysique* (EMA, p.13).

Il situe la philosophie aristotélicienne à un niveau qui dépasse tant celui de la sensation que celui du raisonnement; elle accède à un《 point de vue supérieur》, celui《 de la raison pure où le réel et l'idéal, l'individuel et l'universel se confondent dans l'activité de la pensée》, ce qui serait le niveau adéquat de discours pour la philosophie première. Un tel rétablissement comporte bien évidemment un jugement de valeur et utilise des concepts philosophiques issus de la modernité (la différence entendement/raison par exemple). Certes, on ne trouvera pas de jugements ponctuels sur des points précis de la doctrine, l'ensemble n'en n'est pas moins pris dans une problématique philosophique propre à l'auteur. On peut le vérifier par croisement avec les analyses de la thèse *De l'habitude* (1838)[1], où l'on trouve cette assertion qui représente assez bien les motifs de l'intérêt de Ravaisson pour la *Métaphysique* aristotélicienne:

> Le monde, la nature entière offre l'aspect d'une progression continue où

---

[1] l'*Essai* est de 1835.

chaque terme est la condition et la matière de tous les termes supérieurs, la forme de tous les inférieurs, et où chacun se développe, par conséquent, et se représente par parties et en détail dans toute la série qu'il enveloppe[1].

On verra que cette《progression continue》est l'un des schèmes dégagés par Ravaisson dans les traités métaphysiques. Ravaisson d'ailleurs ne se cache pas d'avoir effectué une véritable 《traduction》 de la pensée aristotélicienne. Cela signifie pour lui une adaptation du sens, ou son développement, plus que la reproduction de la lettre ou des thèses du texte, du moins peut-on le comprendre ainsi en lisant les propos conclusifs du chapitre 3 du livre II, qui porte sur l'étude 《de l'authenticité et de l'ordre de la Métaphysique et de ses parties》:

> Dans notre exposition en général, nous nous efforcerons de reproduire non pas seulement la substance et le fond des idées, mais le mouvement même de la pensée, la méthode, en un mot, la manière de l'auteur autant que sa doctrine. Il nous faudra donc entrer quelquefois dans des développements qui feront de notre analyse une véritable traduction (EMA, 89).

Ravaisson s'intéresse autant à la 《manière》 qu'à la 《doctrine》 de l'auteur, ce qui le conduit à des développements propres à《traduire》 la doctrine. On aurait donc tort d'entendre, dans ce contexte, la 《traduction》 comme une attention à la lettre; il s'agit plutôt d'une transposition. Les décisions d'interprétation se manifesteront nettement, par exemple par l'ordre établi entre les traités.

Schème général de l'interprétation

Le schème général de l'interprétation donnée par Ravaisson s'oppose, de manière cohérente, aux insuffisances notées dans les interprétations précédentes: les fondements de la métaphysique se situent à un niveau qui dépasse les abstractions rationnelles de l'entendement et l'examen empirique sensible, à un point de vue supérieur dont il donne la formule synthétique à la fin de son analyse:

---

① *De l'habitude*, p.59 (Paris, Allia, 2007).

C'était à un Asclépiade de la Thrace, nourri dans la médecine et l'étude de la vie, c'était au fondateur de l'anatomie et de la physiologie comparées, qu'il était réservé de sortir du cercle de l'abstraction mathématique et dialectique, de remonter de cette nature, sur laquelle nul n'avait jeté encore de si profonds regards, au principe véritablement différent et supérieur qu'elle suppose, et, par là, s'élevant au-dessus de l'entendement et du raisonnement comme au-dessus des sens, pour se placer au point de vue supérieur d'une intuition tout intellectuelle, identité de l'être et de la pensée, de poser enfin les fondements de la métaphysique(EMA, 415).

Ce point de vue supérieur, tantôt décrit comme celui de la raison pure (p. 13), tantôt comme celui de l'intuition intellectuelle(p.415), suppose un renvoi de la nature à son principe 《différent et supérieur》; autrement dit, on le verra, ce qui fait, sous ce point de vue, la valeur de la métaphysique d'Aristote est la manière dont il conjoint la vie et l'intellect, la vie et la pensée dans une théorie de la vie sous sa forme la plus haute, à savoir noétique.

Pour rendre compte du schème général, mis en œuvre par Ravaisson, il ne suffit pas de dire, comme A.Contini, que:《L'un des apports les plus stimulants de la lecture que fait Ravaisson d'Aristote réside dans l'hypothèse selon laquelle c'est l'Aristote biologiste qui aurait inspiré l'Aristote métaphysicien》[1], car il s'agit plutôt de renvoyer la 《 nature》 à son principe qui, lui, n'est pas naturel, puisqu'il est 《véritablement différent et supérieur》.En effet, d'une part, Ravaisson jugera, chez les successeurs d'Aristote, le rapprochement de la métaphysique et de la physique comme une 《lente dégradation》 de la synthèse aristotélicienne, consistant dans l'amoindrissement de l'acte de la pensée qui laisse 《le monde naturel subsister et se soutenir de plus en plus par lui-même》 (EMA, 425). D'autre part, ce qui intéresse Ravaisson dans la métaphysique aristotélicienne est la 《traduction》 qu'il peut en faire en termes de *Naturphilosophie* au sens de Schelling(1775-1854), càd au sens où la nature est autant *natura naturans* que *natura naturata*: 《 identité du

---

[1]   A.Contini, dans Thouard 2004.

produit et de la productivité》

La nature comme simple produit(*natura naturata*) , nous l'appelons la nature en tant qu'objet(c'est à elle seule que se rapporte toute empirie). La nature commeproductivité(*natura naturans*) nous l'appelons la nature en tant que sujet(c'est à elle seule que se rapporte toute théorie.①

Ravaisson a rencontré Schelling à Munich, et il en reprend la*Naturphilosophieau* sens d'une philosophie dynamique de la nature, qui est aussi une philosophie de la vie et de la pensée②.Il la reprend non sans la composer avec la tradition proprement française, comme en témoignent les analyses données dans*De l'habitude*où Maine de Biran(1766-1824) et son*Influence de l'habitude sur la Faculté de penser*permettent de situer dans l'effort la 《 source première de la connaissance 》 et dans le rapport action-passion, une limite commune des contraires où le 《 règne de la connaissance 》 apparaît 《 dans l'empire de la nature 》③.Ce schème de l'action/passion est souligné dans l'analyse que Ravaisson donne du mouvement chez Aristote.

La traduction

La《traduction》 de la métaphysique proposée par Ravaisson livre clairement sa structure et son sens par deux traits de nature différente, mais convergents dans leur projet : l'ordre donné aux différents traités constitutifs de l'ensemble, et le contenu de l'analyse la plus longue, celle du chapitre 2 du livre III.

---

① Schelling,《Introduction à l'Esquisse d'un système de*Naturphilosophie*》 ou 《Sur le concept de physique spéculative et l'organisation interne d'un système de cette science》, Paris, Librairie Générale française(livre de poche) , 2001, p.89. Les traducteurs, F. Fischbach et E. Renault, expliquent dans leur 《 présentation 》 que Schelling 《 préfère parler de*Naturphilosophie*plutôt que de*Philosophie der Natur*, dès qu'il adopte l'interprétation réaliste de cette science : la Nature est ainsi désignée comme sujet même de la construction de la nature ; c'est la Nature elle-même qui se construit dans le savoir philosophique sur la Nature 》(ibid., p.39).

② Henri Bergson dont il fut le maître en témoignera. Voir le compte-rendu des séances de l'Académie des sciences morales et politiques des 20 et 27 février 1904 où Bergson rend hommage à Ravaisson.

③ *De l'habitude*(2007) , p.24 et 30-32.

L'ordre des traités souligne l'importance du livre XII(Λ) qui, clef de voûte et conclusion des traités, est considéré par Ravaisson, contre l'ordre éditorial habituel, comme le dernier livre. L'intitulé des thèmes du chapitre 2 regroupe, sous l'intitulé 《 puissance et acte》, la chaine successive du passage de la Nature à l'Esprit ou de la Nature au divin :

> Puissance et Acte.
>
> Mouvement. Nature : corps et âme ; Puissances successives de la vie.
>
> Humanité, fin de la nature.
>
> Fin de l'humanité : pratique, spéculation.
>
> Science : démonstration ; induction ; définition ; intuition.

Il ne s'agit pas d'une juxtaposition de thèmes, mais d'un enchaînement progressif : il y a une échelle de la nature qui suit la hiérarchie des puissances de la vie dont l'humanité est la forme la plus haute, mais la puissance la plus haute de l'humanité est la vie noétique, et la forme la plus haute de la vie noétique, l'intuition. Autant que les contenus thématiques, le passage des uns aux autres est ce qui intéresse Ravaisson. Comme il l'a dit explicitement ce ne sont pas tant les thèses, mais le mouvement de la pensée, la méthode ou la manière d'Aristote qu'il cherche à restituer. Le ressort de la manière aristotélicienne pour Ravaisson semble être celui qu'il décrit de la manière suivante : 《 Partout l'analogie, partout ladifférence》(EMA, p.282). Il justifie cette assertion par plusieurs lignes de Met. XII[1] qui concernent les principes ; son commentaire est le suivant :

> 《les principes, identiques dans tous les genres de l'être, sont autres dans chacun ; identiques au point de vue de la relation et de l'universalité, ils sont divers dans la réalité. Partout l'analogie, partout la différence》.

L'*Essai* fait tenir ensemble, par un jeu d'analogies et de différences, les différentes parties du corpus aristotélicien dans un projet métaphysique structuré selon un ordre progressif des actions.

- L'ordre des traités

---

[1]   Successivement, 4, 1070a 31–32 ; b 17–20 ; b 25–27.

Les décisions de Ravaisson sur ce point sont données à la fin de la première partie de l'*Essai*, où sont examinées les questions relatives à l'histoire et à l'authenticité du traité①. Ravaisson est parfaitement conscient des questions d'édition des différents livres du traité, puisqu'il a cherché à restituer 《le véritable plan de la*Métaphysique*》. Il qualifie de 《conjectures》, non de 《démonstrations nécessaires》 les résultats auxquels il est parvenu. Ces résultats cependant lui 《semblent amenés à un assez haut degré de probabilité pour servir de base à l'analyse de la*Métaphysique*》(EMA, p.88). Ils sont les suivants:

Ainsi, en tête de l'ouvrage, nous mettrons le [...] livre V, en le considérant ainsi que nous l'avons dit, comme une sorte de traité préliminaire dont Aristote suppose la connaissance, ou auquel il se réfère expressément dans tout le cours de la*Métaphysique*. Nous renverrons l'$\overset{\prime}{\alpha}\varepsilon\lambda\alpha\tau\tau o\nu$ (livre II) dans une note à la suite du livre I; de la sorte, il ne rompra plus l'enchaînement de celui-ci avec le livre III. Nous négligerons, pour les raisons que nous avons exposées, l'analyse du livre XI en nous contentant d'en relever, soit dans le texte, soit en note, mais sans préjudice de nos conclusions, quelques passages remarquables. Quant aux premiers chapitres du livre X, bien qu'ils se rattachent mal à la*Métaphysique*, nous avons dit qu'on ne peut les en exclure, puisqu'ils devaient sans doute y être fondus en tout ou en partie. Nous les laisserons au lieu qu'ils occupent faute de pouvoir leur en assigner un plus convenable; mais nous renverrons en note un court extrait des quatre derniers chapitres. Nous placerons les livres XIII et XIV avant le livre XII. Enfin, il y a dans le livre I un long passage sur la théorie des idées qui est reproduit au livre XIII en des termes presque constamment identiques. Nous n'en ferons l'analyse qu'au livre XIII, où l'histoire et la critique de la métaphysique platonicienne forment un traité à part, complet et approfondi》

---

① 《Première partie. Introduction. De l'histoire et de l'authenticité de la 《métaphysique》 d'Aristote. Livre premier De l'histoire de la 《métaphysique》 d'Aristote. Livre II, De l'authenticité de la 《métaphysique》 d'Aristote》, pp.19-89. Ravaisson y examine diverses questions philologiques et historiques.

(p.89).

Ravaisson soulève les difficultés traditionnelles sur le statut des livres Δ(V), α(II) et K(XI). Il n'en conteste pas l'authenticité. Il trouve une suite cohérente entre E, Z, H et Θ, ce qui est aussi, la plupart du temps le cas, de nos jours, surtout pour les livres Z, H et Θ. Son absence d'intérêt pour le livre XI est assez partagée ; Ravaisson note qu'il n'y a pas de commentaire de Michel d'Éphèse de la fin de ce livre. Les trois derniers livres touchent enfin " le but de la philosophie première, la théorie de l'être immobile et immatériel ", soit sous la forme positive de la théorie du premier moteur, soit sous la forme de la réfutation des théories platonicienne et pythagoricienne de cet être immobile. Cette différence de forme justifie que l'on place le livre XII après les livres XIII et XIV, même si chronologiquement ils sont postérieurs. Ainsi le livre XII est vraiment le sommet de la *Métaphysique*.

Même si les positions de Ravaisson sur l'ordre des traités sont assez classiques, la manière dont il les justifie l'est beaucoup moins.

• Le contenu du système, et l'importance du second chapitre du livre III

Le livre III présente le contenu du 《 Système métaphysique d'Aristote 》. Le chapitre premier, assez court (pp.257-276) présente l' 《 objet de la métaphysique : les premiers principes, l'être en tant qu'être. Catégories. Oppositions ou analogies. Principes propres et principes communs 》 (p. 257). Les analyses sont brèves et aboutissent à 2 thèses principales :

a) La métaphysique n'est pas une science générale dont toutes les sciences particulières ne contiennent que les conséquences.

b) L'être n'est pas le genre suprême, mais un universel qui 《 repose sur l'Être en soi 》, par quoi Ravaisson entend la substance ; 《 les catégories sont ses [de l'être] genres, les oppositions ses différences : l'Être en soi est le fondement commun et des catégories et des oppositions 》.

Il en résulte une 《 unité réelle 》 de l'objet de la métaphysique qui coexiste avec 《 une universalité formelle 》 : 《 L'Être en soi est comme la tige qui produit tous les rameaux divers de l'être et du savoir [...]. Ainsi se concilient les deux éléments qui avaient été confondus par la dialectique ; l'unité formelle que réclame la science, et l'unité réelle qu'il faut à l'existence ; l'unité formelle, l'universalité, dans les analogies de l'être ; l'unité réelle, dans son individualité》(p.276).

À la sobriété de ce premier chapitre, on comparera la profusion du second(pp. 277 - 368) dont les analyses manifestent tout l'intérêt que Ravaisson prend à la manière aristotélicienne. On en dégagera donc la logique qui repose sur la mise en évidence du processus interne au mouvement, mouvement dont l'importance est pro-portionnelle à la primauté de la substance individuelle.

La primauté accordée à l'être en soi, autrement dit à la substance, conduit à la position première de l'individu 《 l'individu est la substance primaire, qui ne suppose rien, et par conséquent la seule vraie substance》 (p. 278). Mais 《l'expérience nous montre les individus dans un changement continuel》 (278). Même si le mouvement est triple (quantité, qualité, 《espace》), 《il y a quelque chose de général qui en fait l'unité : c'est le rapport des deux termes contraires entre lesquels chaque mouvement s'accomplit ; l'identité de rapports donne une proportion qui soumet les trois genres [de mouvement] à l'unité d'une mesure commune. Comme les oppositions de l'être et du non-être, de l'unité et de la multitude, le mouvement est une universalité d'analogie》(280), il est la réalisation du possible : 《le mouvement peut donc être défini, dans ses trois catégories : l'acte du possible en tant que possible》 (280). Tout repose donc sur le rapport de la puissance et de l'acte(286) dans l'analyse interne du mouvement.

La distinction de ces deux termes, de la puissance et de l'acte, ne peut sortir que de la considération du mouvement où ils semblent se confondre. […] Hors de l'être, la pensée ne peut trouver que la privation de l'être, le non-être, une absolue négation formant avec l'être une contradiction absolue. Mais le mouvement est d'expérience, et le mouvement est le non-être dans l'être, le non-être passant à l'acte. Ce n'est plus le rapport logique de l'exclusion réciproque des deux termes ; c'est un intermédiaire réel où ils sont liés ensemble comme les deux moments d'une même existence, et où l'un devi-ent l'autre […].

La puissance en elle-même est indéterminée […], mais elle se détermine dans le mouvement; le mouvement est le passage de l'indétermination de la matière à la détermination de la forme; la forme ou l'acte est la fin; le mouvement est le passage de l'indéfini, de l'infini à sa fin; ainsi la matière répond à l'infini. [...]. L'infini n'est que la puissance. [...]

Limiter un infini, c'est faire venir à l'acte, en lui donnant une forme, l'indétermination d'une puissance; mais limiter, c'est mesurer, unir; l'acte qui, en déterminant la puissance, en fait l'être, en fait donc aussi l'unité. Ainsi s'explique le principe de l'identité de l'unité avec l'être; c'est que l'être est l'acte et l'acte l'unité》(pp.286–87).

Le mouvement opère donc une limitation de l'infini et, en lui donnant une forme, lui donne une unité, une mesure : 《la mesure ne peut être réalisée que dans le mouvement》(288). Le résultat du mouvement est une possession de forme, une- *hexis* que Ravaisson traduit par 《 habitude 》; l'*hexis* n'est pas la forme la plus haute de l'être, car : 《 au-delà de la possession, il y a l'usage; au-delà de l'habitude, l'action. Mais de l'habitude à l'action, il n'y a plus de mouvement. 》(289). Par la mise en rapport de textes de la *Physique* et du *D.A.*, Ravaisson en est venu à poser comme équivalents l'être en soi et l'action : le corps de l'animal s'engendre par un mouvement, mais 《 la fin et la vraie forme du corps est l'action uniforme de la vie 》 (290). Il parle bien évidemment des êtres de la nature qu'il distingue les objets techniques. Or, dans les êtres de la nature, la nature est un principe de mouvement, la puissance active qui porte la chose en laquelle elle réside vers sa fin (299). D'où, la proposition qui va fonder tout l'édifice :

Nul corps ne se change soi-même qui ne vive. Le principe intérieur du changement, la nature, c'est le principe de la chaleur et de la vie, l'âme (301). [...]. L'âme n'est en elle-même que la première forme, le premier acte de l'organisme. La forme dernière, la fin suprême, est l'action même de l'âme, l'action indivisible, supérieure au mouvement et au repos(302).

Dès que l'équivalence entre nature et âme est posée et que l'action de l'âme est définie comme la fin dernière de la nature, on va pouvoir poser une échelle d'existences qui remplit, sans laisser de vide, toute la catégorie de la substance et de l'Être. C'est comme une même puissance qui, d'organisation en organisation, d'âme en âme, monte d'un mouvement continu jusqu'au point culminant de l'activité pure (303).

Ainsi, corpsélémentaires (eau, air, terre, feu), mixtes (homéomères), organisation ou synthèse des homéomères corrélative aux formes de vie, végétative en son premier degré, sensitive ensuite avec l'animal, raisonnable ensuite avec l'être humain se disposent selon une gradation continue: 《l'humanité est donc la fin de la nature》(314), et la sagesse, la perfection absolue de l'activité de l'âme humaine (337), qui veut 《une raison divine comme son objet même》(338), de sorte que

La fin de la nature est l'action parfaite de la pensée pure dans l'unité absolue de la spéculation (338).

À la marche synthétiquede la nature qui va 《de l'imperfection de la matière》à la 《perfection de la forme》, correspond, en sens inverse, la démarche analytique de la pensée:

La pensée, pour expliquer la nature, revient de la fin aux conditions; son point de départ est le point où la nature s'arrête; son point d'arrivée, le point d'où la nature est partie et d'où l'art devra repartir à son tour. [On peut reconnaître là une paraphrase de Z7, 1032b6-10] La spéculation et le mouvement représentent une analyse et une synthèse marchant en sens contraires l'une de l'autre. L'ordre du temps est l'inverse de l'ordre logique, et la fin de la nature est le principe de la pensée.

Ainsi, la science et la nature forment deux systèmes distincts, semblables, mais opposés. Des deux côtés, mêmes rapports, mais en deux sens contraires; la proportion ou l'analogie qui suppose l'identité de rapports, n'empêche pas la différence, même la contrariété, dans la disposition respective des termes (339-340).

Le mouvement est synthèse et la pensée analyse, d'où l'opposition des deux systèmes semblables de la nature et de la science. En outre, la pensée est hors du temps et du mouvement, elleconcerne des unités discrètes où le rapport entre les extrêmes ne se fait pas par un mouvement, mais par une 《 moyenne proportionnelle》 qui ne peut être qu'un troisième terme, à savoir le moyen terme (343). Telle est la formule syllogistique de la démonstration scientifique.

Le chapitre 3, malgré l'éminence de son objet, puisqu'il porte sur 《 le premier moteur du monde, Dieu, principe de la nature et de la science》 est aussi assez court(369–406). La définition la plus synthétique du premier moteur est que 《 en lui rien ne peut être que ce qui est》(390) ce qui est une traduction de son pur être en acte. Si le premier moteur meut comme objet de désir, c'est que le monde y tend comme à son bien. Ce bien ne saurait être quelque idéal que ce soit, analogue à celui auquel tend la raison pratique ou encore 《 un intelligible sans substance》. L'assertion est accompagnée d'une note(5, p. 392) qui, sur cette question renvoie aux 《 profondes dissertations de Cesalpini①》 dans ses *Quaestionum peripateticarum libri quinque*(livre paru à Florence en 1569). Andrea Cesalpino est réputé avoir embrassé la doctrine des Averroïstes, représentant Dieu, non comme la cause, mais comme le fond et la substance de toutes choses, ce qui le fit accuser de panthéisme. Le point de vue de Ravaisson n'en semble pas fort lointain, lorsqu'il écrit; 《 la nature tend donc de toutes parts au bien sans le voir au-dessus d'elle comme un lointain idéal, mais sous l'influence immédiate d'un désir aveugle》 (406).

La pensée spéculative, comme toute autre forme de vie, se définit par un acte : 《 l'essence et la dignité de l'intelligence n'est pas dans le pouvoir, mais dans l'acte de penser》(399). La primauté de l'acte et de l'action vaut également pour l'essence divine :

L'essence divine ne doit pas être pensée dans la virtualité d'une substance pensante, mais dans l'action; elle n'est pas intelligence(νοῦς), mais la pensée toute seule(νόησις)(400).

On sait qu'elle est même"pensée de la pensée(*noèsis noèseôs*)".

---

① Lequel se trouve être Andrea Cesalpino(1519–1603) médecin, philosophe et botaniste italien.

Conclusion

L'identité de l'être et de la pensée est donc la pointe de la*Métaphysique*aristotélicienne. Ce résultat est obtenu à la suite d'une déduction continue dont les étapes successives ont été les suivantes :

- L'Être a une unité réelle seulement comme substance, la substance réelle est l'individu.

- L'individu est lié au mouvement qui le produit, puisque le mouvement est passage de l'indétermination à la détermination, limitation et mesure. Ce qui produit un être produit aussi une unité.

- L'être et l'unité ne résident pas dans la possession, mais dans l'usage et l'action. C'est par les degrés de l'action que peut se construire une progression continue de la nature (équivalent à l'être) à la pensée.

Libérer la pensée aristotélicienne des voiles de la scolastique n'interdit pas de tendre vers un averroisme qui ne semble pas incompatible avec la*Naturphilosophie*. Ce qui pousserait à s'interroger sur l'éventuelle part d'averroisme méconnu que l'on peut trouver dans la philosophie contemporaine de l'immanence.

拉维松(1813—1900):
对亚里士多德《形而上学》的改造

安若澜/文 *　　曾　怡/译 **

历史语境

菲利克斯·拉维松《关于亚里士多德的〈形而上学〉的散论》①的背景,拿库赞的话来说,就是一个"哲学事件"。也就是 1833 年与库赞所在的道德与政治科学院的一场哲学研究的胜负之争,竞赛的主题是"题名《形而上学》的亚里士多德著作的考证"。库赞在对此的阐释权争夺战里提出如下观点,表明了他与法国哲学传统的决裂,他写道:

> 自笛卡尔以降,在亚里士多德哲学雄踞法国学院派如此长的时间之后似乎与经院哲学一道式微了。17 世纪就是他不断去精英化而为普罗大众所知的过程,而在 18 世纪,一种号称源自亚里士多德的哲学取代了笛卡尔主义,它激发出的热情并没有触及这一哲学的著述者本人,也没有要将其学说加以发展,相反,只引发了对这一旧学的轻视,加深了认为其无智性的陈见,视其为一种不知所谓的体系,就像亚里士多德本人对柏拉图思想的看法一样。亚里士多德的名字不再与博物志相关联。然而到了19 世纪,法兰西研究机构的一班学者,他们成立的新学院带着新精神,却选择了关于亚里士多德《形而上学》题名的考证作为哲学奖的第一个主

---

* 安若澜(Annick Jaulin),四川大学公共管理学院特聘教授。

** 曾怡,四川大学公共管理学院哲学系讲师。

① 文中所引该书皆自 2007 年 Cerf 版,记作 EMA。

题。这样一选择本身就是一个哲学事件。①

用"对这一旧学的轻视"一语,库赞带出了伏尔泰对于亚里士多德的评价,在他的第十三封"关于洛克"的哲学通信里,伏尔泰并没有在洛克和亚里士多德对内在理念的共同批评上找二者的关联,反而指出两者对立的方面:"亚里士多德,我们可以用千百种方式对之进行解说,因为他的思想毫无智性,所以,如果我们认为他思想的继承者代表了他的思想本身的话,他就是一个相信所有人类个体共享同样且唯一的实体的人"②,也就只有博物学家在18世纪会提及亚里士多德时才会有些正面评价。

事实上,孔狄亚克（1714—1780）,作为感觉论者,从洛克的经验主义出发,在其"知识考据"中却不把洛克和亚里士多德联系起来解释理念的产生。虽不对亚里士多德作引述,后者却因自身形而上学而获晦涩之名:因为对亚里士多德思想无智性的判词就因为他的形而上学:

> 孔狄亚克分享了他的时代的焦虑,他把真正的知识建基于精细语言表达的建构之上:换言之,科学就只是一种精细的语言表达……但这一精细表达不是形而上学家的技术性语言,后者总是在日用语言中带来理解障碍。③

所以,关注于亚里士多德《形而上学》有关的"新精神"也就实际上成为了一桩更新时代观念的哲学事件。

当然,库赞带来的断裂多半源自于德国。当他在1817年在德国游历之时,在黑格尔的课堂上,他察识到德国研究的生命力。在德国,他也发现了可以作为其思想资源的黑格尔,因为他说他是去德国上了黑格尔的"哲学课"。不必过度沉浸于历史细节,我们就能勾勒出德国对亚里士多德全集持久的研究兴趣,如以莱布尼茨为例。当然,莱布尼茨既不是经验主义者,也不是感觉论者[在《人类知识新论》的一开篇,他就将洛克的系统与亚里士多德挂钩,而将自己的与柏拉图作为同列],但他也同样在试图建构一门普遍语言,世界语（lingua caracteristica universalis）;而他并没有提及任何一点亚里士多德思想

---

① V.库赞:《呈政治与道德科学学院哲学奖报告》,1833年设奖主题关于亚里士多德《形而上学》,1833年4月4日、11日场宣读。
② 译注:这里其实指阿维诺伊对亚里士多德的理解。
③ 拉鲁斯百科全书[在线资源]。

的无智性，却说亚里士多德是"'第一个在数学之外以数学的方式写作的人'，也就是说第一个严肃对待作为错误的原因的'形式的缺失性'的人"①。莱布尼茨启动了建立科学学院的计划：

> 他在 1697 年启动的日耳曼学者联会计划不只是一个交流知识的场所，它还与一个极大范围的知识计划相配合：汇聚全世界的图书馆并准备一个包罗万象的辞典。构建一个普遍科学的想法在这一机构创立后的接下来的数年始终停留在构想层面没有真正实施，但科学院对莱布尼茨反复的缅怀也绝非纯形式上的。②

在 1821 年之初，正是这个科学院开始创立了亚里士多德研委会，旨在编订出一个亚里士多德哲学的最好版本。通过这一编订工作（1831），柏林科学院决定了 19 世纪、乃至 20 世纪的亚里士多德的面貌，因为贝克主持的这一新修订本直至 21 世纪初都还在被使用。拉维松数次提及的布朗第（Brandis），作为《形而上学》的第一个现代编校（1823）在科学院极为活跃。库赞追随了这一亚里士多德全集的编修，也在 1837 年向学院的竞赛提议过关于亚里士多德的主题，这次是关于《工具论》的，最后由巴特勒米-圣伊莱尔（1805—1895）赢得了奖项③。伊莱尔后来重新翻译了 30 卷本的亚里士多德全集，其中将《政治学》置于篇首。

计　　划

　　能升至"事件"的高度被对待的，正是参与了把《形而上学》作为竞赛主题的拉维松。在其"前言"，拉维松描述了他的计划，他计划将亚里士多德哲学"在其置身的历史中重现出来"，因为其思想的"特征乃至其精神本身"都在《形而上学》中了。他想将之与"经院哲学蒙上的厚纱"相剥离。他所描绘的计划相当恢弘，整体并没有被完全实现出来；我们更找不到《形而上学》影响

---

① 弗朗索瓦·特莫里尔：《亚里士多德〈工具论〉》，《大百科全书》[在线资源]。

② 参看 D.图阿尔（编）：《十九世纪的亚里士多德》（小熊星大学出版社 2004 年版），尤其是他本人在其中的《十九世纪的亚里士多德：一种哲学的复活》一文，文集，第 14—15 页。

③ 我们可以参看巴特勒米—圣伊莱尔在《库赞，其人及其通信》（巴黎 1985 年版）一书中的回忆[Gallica.bnf.fr 在线资源]。

对当代思想体系的研究,也找不到对亚里士多德分析的对错的讨论。其实,在第一卷的范围内,其工作旨在对义理不加判断地"重建亚里士多德思想"。这一点必须被强调出来,因为拉维松是考虑到《散论》的体例的,也就是一种说明性体例。

事实上,所谓"重建"亚里士多德思想,就已经带出了某种判断了,某种认为它包含可取之思的判断。拉维松一开始就与数种他认为对亚里士多德的错误判断拉开了距离:

> 我们自经院哲学衰落以来对亚里士多德主义的呈现,要么将之作为不实际的抽象系统和逻辑分类学甚或纯单词分类学,要么将之作为在心理学原则和道德后果间建立关联的经验主义,可比拟于古代的伊壁鸠鲁主义或现代的感觉论。这是两种错误,它们都只能在对《形而上学》完整的阐释面前消散殆尽。

他将亚里士多德哲学置于新的层次上,既超越了感官层次,也超越了逻辑层次;它达至一个"最高视点",也就是"现实和理念,个体和普遍在思想的活动中相融汇的纯粹理性"这一最高视点,这与第一哲学相应于同一个层次。这样一种重建也就显然包含了价值判断,并使用了现代的哲学概念(例如知性与理性之分)。当然,我们不能找到关于对亚里士多德思想的针对性判断,但就作者的哲学问题意识本身的总体,我们仍旧可以这么说。将之与《论习惯》(1838)①对照来看,就可以发现它很好地再现了拉维松对亚里士多德《形而上学》研究兴趣的动机:

> 世界、自然整体提供了连续发展的面向,其中每一个环节是更高环节的质料和条件,是一切更低层级的形式,并且其中每个都自行展开,所产生的结果由其各部分巨细无遗地在发展全过程中再现出来。②

我们会看到,"连续发展"这一用语是拉维松在形而上学研究中提炼出的表达范式。此外,拉维松也毫不掩饰他对亚里士多德进行的"转写"。这意味着,对于他而言,意义上的改变或他自己的发挥较之对字面和文本论题的重构工作要更多,至少我们可以在读到卷二第三章的时候这样来理解,这个部分涉

---

① 《散论》则写于 1835 年。

② 《论习惯》,巴黎:阿利亚出版社 2007 年版,第 59 页。

及对"《形而上学》真伪性和各篇目间次第"的研究:

> 泛泛而言,我们要展示、要重构的不只是想法的主体或其根本,而是思想、方法的开展本身,一言以蔽之,把作者的思考方式当作其学说来加以重构。所以我们应该深入那个让我们的分析成为真正意义上的转写的思想发展动态本身。

拉维松感兴趣作者的"义理"也感兴趣其"方式",这引导着他进入运思本身进而"转写"义理。所以我们可能会误会他所谓"转写"是着力于字面义的;而实际上它更是一种再阐释。以其编订的篇目次第为例,这一阐释的策略就可以清晰得见。

阐释的一般范式

拉维松阐释的一般范式以一种自洽的方式与此前的那些阐释的不充分性形成鲜明对比:形而上学的基础超越了知性的理性抽象和经验性的感官实例的层面,而达至一个高点,就这一点,他在分析的最终给出了一个综合性的表达式:

> 正是在被医学和对生命的研究所滋养的色雷斯医生那里,在解剖学与生理比较学的创始人那里,为他留出了数学和思辨的抽象性的解决之道,自然在如此深邃的目光打量下纤毫毕现,于其上,他逆溯出一个与它所设定的起源不同且更高的另一个起源,自此,它也就将自身提升到高于知性与理性,也高于感官的地位,置于一切智性机制的最高点,也就达至了思与在的同一性,并最终给出形而上学的基础。

这一最高视点,有时被描绘为纯粹理性的最高视点,有时被作为智性机制的最高视点,设定了一种从自然到其原理的复归,也即"不同且更高"之所谓;换言之,我们将看到,在这一观点下,让亚里士多德的形而上学具有价值的是那种他得以联合生命与智性的方式,生命和思想在关于生命的理论中以其最高形式——智性形式——得以合并。

要澄清拉维松进行阐释的一般范式,只像康提尼那么去理解是不够的,后者说过:"拉维松对亚里士多德进行的解读最具激发性的创见之一就在于他的假设,他假设作为生物学家的亚里士多德启发了作为形而上学家的他"①,因为这也就是把"自然"带回到原理层面去思考,而后者于他而言并非自然性的,因为它"不同且更高"。其实,一方面,拉维松会认为亚里士多德的后继者们把形而上学和物理学结合视作一种亚里士多德式合题的"渐次降级",这意味着思想活动的递减,它让"自然世界更为通过其自身而得以延续且自持"。另一方面,亚里士多德的形而上学让拉维松感兴趣的是通过"转写",他可以用谢林(1775—1854)意义上的自然哲学,也就是将自然作为能生的自然(*natura naturans*),也即生就的自然(*natura naturata*):"产物和将之产生者的同一性":

> 自然作为简单生长出的自然,我们称其为作为对象的自然(它仅与一切经验相关)。自然作为能生的自然,我们称其为作为主体的自然(它仅与一切理论相关)。②

拉维松在慕尼黑遇到谢林,并从那里接受了动态哲学意义上的自然哲学,它也同时是一种生命和思想的哲学③。他在接受这一点的时候也并非没有将之与法国传统相结合,《论习惯》中的一段分析可证,其中曼·德·碧朗(Maine de Biran,1766-1824)及其《习惯对于思想机能的影响》就被作为在克服阻力的努力中"发出认识的首要资源",而在施动—受动关系中,一种对立面的共同局限中"认识的主宰"是显现在"自然的经验"④之中的。这一施动/受动的范式也在拉维松对亚里士多德运动的分析中被强调了。

转　　写

拉维松对形而上学的"转写"自有其结构和意义,这通过两个不同的本质特征得以显现,而它们又汇合于一体,表现在以下方面:卷三第二章,对篇目次

----

① 　A.康提尼,见前图阿尔所编文集。

② 　谢林的《关于自然哲学体系的大纲的导论》或《关于思辨的物理学的概念及这一科学体系的内在机制》,巴黎:法普书局2001年版,第89页。译者在其前言中解释道:谢林喜欢用"自然哲学"这个表达甚于"关于自然的哲学",当他采用了这一科学的现实性的解释的时候,那么,自然就意味着建构自然的主体本身,自然自身在关于自然的哲学知识中被建构着。

③ 　亨利·柏格森作为他的学生也是这一点的证明。见政治与道德科学学院1904年2月20日及27日场的报告,其中有柏格森对拉维松的致敬。

④ 　《论习惯》(2007),第24、30—32页。

第排序及其内容讨论的长篇分析之中。

论题排列的次第突出了十二卷的重要性,它如建筑的拱顶,是这一研究的总结,拉维松认为它是最后一卷,而非如一般编辑者认为的那样。重组的第二章的论题被叫做"潜能与现实",是自然到精神或说从物理性自然到神性自然的连续性过渡:

　　——潜能和现实

　　——自然运动:身体和灵魂;生命的连续性潜能

　　——人性,自然的终极

　　——人性的终极:实践、思辨

　　——科学:论证、归纳、定义、直观

这不是对论题的简单并置,而是一个递进链:这是一个自然的阶梯,它根据生命能力依次递进,其中人性是最高形式,但人的诸能力中又以智性生命为最高,那么智性生命就是形式上的最高,即直观。与这些主题式的内容相应,它们从一个过渡到另一个的过程正是拉维松感兴趣的地方。正如他明确表示的那样,不只是这些环节,而是贯通这些环节的运思本身,其中亚里士多德将之贯通的方式方法才是他重点关注的。他对之描述如下:"类比随处可见,现差异各级可察"(EMA,第282页)。他用《形而上学》十二卷①关于原理的部分为之佐证,并做了如下阐释:

　　　　原理,在存在的所有属类中都一样,它们彼此却不同,说它们一样是就其关系性和普遍性而言,而它们在现实中则各个不同。类比随处可见,差异各级可察。

《散论》本身就是通过差异与类比这两个关键概念架构起整体的,构成形而上学研究计划的亚里士多德全集中不同的部分是根据活动的进程展开的。

现在谈谈论题的次第:

拉维松在《散论》第一部分的最后处理了这个问题,这涉及对诸卷真伪及历史的考察②。拉维松完全了解篇目编辑的问题,因为他试图恢复"《形而上

---

①　接下去就是 4,1070a 31—32;b 17—20;b 25—27。

②　"第一部分。引论,论亚里士多德《形而上学》的真实性及历史。第一卷,亚里士多德《形而上学》的历史。第二卷,亚里士多德《形而上学》的真实性",第 19—89 页。拉维松在此考察了语文学及历史学的诸多问题。

学》的真正研究图景"。尽管他形容他所得出的结果是"探索性的"而非"必然性的论证"。然而这些结论对他而言依旧"达到了分析《形而上学》的极致":

> 如此一来,我们就把第五卷作为著作的篇首,认为它就是我们之前所说的亚里士多德的准备工作,他假定了他要探寻的知识的存在,或说假定了他贯通《形而上学》的关注点。我们把第二卷作为第一卷的脚注,因为,它没有截断与卷三的关联。基于我们的分析,认为第十一卷将论题推展上升,或在正文中,或以注释的方式,但却没有提及我们的结论,而只是留下了一些要点的过渡性片段。而第十卷的第一章,即便它们与整个形而上学的关系不强,但我们已经说了,其实无法排除它们,因为它们可能是或零或整融入了整体思路的。所以我们的做法是在主线文本上去掉这个难以嵌入的部分,但在注释里给出这四章的内容摘要。第十三卷和十四卷被我们放在十二卷前面。而第一卷中关于理念论的长篇段落与第十三卷几近相同的段落被放在最后。我们的分析到十三卷为止,其中对柏拉图形而上学的历史的清理与批判是一个额外自成一体的篇章。

拉维松提及了第五卷、第二卷和十一卷的经典问题,却没有讨论其真伪性。他发现在 E、Z、H 和 Θ 卷之间有一个一以贯之的线索,这也与我们今天学界主流看法一致,尤其对于 Z、H 和 Θ 卷关联的看法。他对第十一卷不感兴趣也与今人相同,因为拉维松注意到这一卷的最后没有埃非西的米卡尔的注疏。最后三卷则涉及"第一哲学的目的,不动且无质料的存在论",它要么表达为与第一动者论有关的正面论说形式,要么表达为对柏拉图和毕达哥拉斯的不动者的批判形式。这一形式上的区别佐证了我们将第十二卷放在十三和十四卷之后的做法,即便在时序上它们是更为晚近的。如此一来第十二卷就成了《形而上学》的真正顶峰。

拉维松对于篇目次第的看法还是很传统的,而他对之进行说明的方式却远非传统式的。

接下来谈谈体系的内容及第三卷第二章的重要性:

第三卷展现了"亚里士多德形而上学体系"的内容。第一章以较短的篇幅介绍了"形而上学研究的对象:第一原理,作为存在的存在、诸范畴、对立或类比、原理本身或一般原理"。这些分析都很简短,且集中在两点:

a)形而上学不是一门普遍的科学,并不囊括仅包含结果的一切特殊科学。

b)存在不是最高属,但却是一个普遍存在,它"有赖于自为的存在",这是拉维松用于表达实体的惯用语;"诸范畴是[存在的]属,对立项则是其差异:自在的存在是诸范畴和对立项的共通基础。"

由此,他得出结论,认为形而上学对象的"现实的统一性"与"形式的普遍性"是共生的:"自在的存在就如主干,生发出所有的存在及其知识的分支……这样一来,就调和了两个要素之间的矛盾,这一矛盾是以辩证的形式被穿插起来的,科学所强调的形式统一性和实存所强调的现实统一性,以及存在的类比中的形式统一性和普遍性,还有在个体性之中的现实统一性。"(第276页)

上述第一章的有限篇幅,我们可以将之与第二章的充分展开相比,后者的分析完全展示出来拉维松对亚里士多德研究方式的兴趣。所以我们将其中的逻辑提炼出来,这一逻辑强调着运动的内在发展进程,这里所谓运动,要就其在不同层次上的个体性实体的优先性相对而言。

自在的存在的优先性,换言之实体,引出了个体的第一性的地位:"个体是最初的实体,它不有赖于任何前设,而是真正的仅有的实体"(第278页),只是"经验向我们显示为在连续的变化中的诸个体"(第278页)。即便运动是三联式的运动(它涉及三个方面:质、量和"种"),"存在着某种普遍物,它使得存在成为一个整体:这就是对立项之间的关联,其中两者的运动相辅相成而至完满;这一关联的同一性给出了一个比例关系,它让三种运动基于共通标准而趋于统一。也就像存在与非存在之间的对立,多样与统一的对立,而运动就是一种类比的普遍性"(第280页),就是可能性的现实化过程:"所以运动可以被规定,在三种范畴的意义上被定义:作为可能的可能之实现。"(第280)这一切都有赖于运动的内在分析中潜能与现实这一对概念的关联。

潜能和现实这两个词的区别仅在要对运动作出分析的时候有效,因为在真实的运动中两者往往是融合在一起的。在存在之外,思想只能找到存在的缺失,也就是非存在,一个纯否定形式,而与存在一道成为纯矛盾对立关系。但运动又是经验性的,运动也就是存在中的非存在,是现实化着的非存在。这就不再是逻辑层面上这两项之间相互排斥的状况了,这是一种真实的居中态,其中各项相联,就如同一个实存的两个环节,一个成为另一个……自在的潜能是无规定性的,但它却在运动中得以被规定,运动是质料的无规定性向形式的规定的过渡,形式或现实是终极,而运动是无定义者的过渡,从无限以达至其终极,如此一来质料就对应着无限……而无限仅仅是一种潜能……对无限者进行有限化,就是使其现实化,对之赋予形式,对一种潜能的无规定性予以限制,予以尺度、统合,规定着潜能的现实其实就是存在,其实也就是统一体。如此统一体的同一性原则就与存在一道被解释了,所谓存在就是现实和现实统一体"(第286—287页)。

那么,运动就使得无限者具有了有限性,对之赋予了形式,对之予以统合,对之给予尺度:"尺度只能在运动中现实化。"(第288页)运动的结果就是具备形式,拉维松把具有的状态(hexis)翻译为"习惯";具有的状态不是存在的最高形式,因为"在具有之外,还有使用,在习惯之外,还有行动。但从习惯到行动之间就不再有运动"(第289页)。通过把《物理学》和《论灵魂》的文本相关联,拉维松由此将自在的存在视作活动:动物的身体是通过运动而生衍而出的,但"身体真正的形式和终极是生命统一形式的活动"(第290页)。他很显然说的是与技术相区别的自然性的存在。而在自然性的存在中,自然是运动的原理,活动性的潜能把事物带向它的终极(第299页)。由此,整座思想的大厦得以建立:

> 任何自身改变着的身体都是活的。运动的内在原则,自然,就是生命和热力的原理,是灵魂(第301页)……灵魂就其自身而言只是第一形式,是器质性的第一现实。最后的形式,最高的终极是灵魂的活动本身,不可分离的活动,动与静的最高现实化(第302页)。

> 在自然和灵魂之间的等价关系建立之后,在灵魂的活动被定义为自然最后的终极之后,我们就可以建立起巨细无遗地充实了所有的实体和存在的范畴的实存性的等级。就如同样的潜能,它是机能活化着的机能活动,是灵魂在其自身的灵魂,是连续性运动的拔升,直至纯粹活动性的至高点(第303页)。

如此一来,要素性的基体(水、气、土、火),及其混合物(同质要素),机能活动或同质要素相对于生命形式而言的综合体,最原初为营养性的,接着是动物的官能性的,然后是人类的理性的,它们按照一个连续性等级分布:"所以人性是自然的终极"(第 314 页)，而智慧、人类灵魂的活动的纯粹性完美(第337 页)，它也就是"一种神性的理由也就是其对象本身"(第 338 页)，以至于："自然的终极就是思辨活动的纯粹统一体中的纯思的完美活动。"(第 338页)

自然的综合性步骤是"质料的不完美"到"形式的完美"，它反过来照应着思想的分析性步骤：

> 思想，为解释自然，它就要从终极出发而至于诸条件，它的出发点是自然自身止步之处，它所达到的，则是自然出发之所，由此技艺也才开始发展。[我们可以认为在 Z 卷的 1032b6—10 有这样的提法]思辨和运动代表着意义相反的分析和综合。时间序列正好与逻辑序列相反，而自然的终极就是思想的原理。

> 因此，科学和自然形成了两个各自分离的系统，弥近似，实际却相互对立。在两方面而言，是同一个关联，却有着矛盾的意义，比例或类比在这些项的互动设置中假设了关联的同一性，它并没有漏掉差异，甚至矛盾性也没有被漏掉(第 339—340 页)。

运动是合题和分析性的思想，由此看起来相似的两个对立体得以建立，也就是自然和科学这两个系统。此外，思想在实践和运动之外，它涉及离散性的统一体，两极之间的关联不通过运动而产生，而通过"等比中项"，它只能是第三项，也就是中间环节(第 343 页)。这也就是科学证明的三段论表达式为什么由三段构成的原因所在。

第三章，不论其宏大主题，因其涉及"世界的第一动者，神，自然及科学的原理"，本身却篇幅短小(第 369—406 页)。第一动者最为综合性的定义是"在其上，一切都只能是其所是"(第 390 页)，这是它现实态的纯存在的一种表达。如果第一动者施动，就如欲望对象那样，那世界就朝向第一动者所欲的，也就是朝向善。这一善不是任何理念性的，而是与实践理性或说"无实体的智性存在"所达至的终极是一样的，而实践理性所朝向的善与之可以类比，这里所谓实践理性就是"一种无实体的智性存在"。拉维松对这段论述有一个注释(第 392 页第五个注脚)，是与"切萨尔皮尼①的洞见"相关的，在后者

---

① 他可能是安德烈·切萨皮诺(1519—1603)，意大利的医生、哲学家及植物学家。

的《漫步学派问题卷五》。安德鲁·切萨尔皮尼(1519—1603)以对阿维诺伊的研究著称于世,在其中将神作为一切事物的基础和实体,而非作为原因来处理,他这样的处理在当时被认为是泛神论的。拉维松的观念却与之相近,因为他这样写道:"所以自然就是所有的部分朝向善而不将之视作遥远的理念、却将之视作对之无所察识的欲望的当下驱动。"(第406页)

思辨的思想,就如其他的生命形式,是被活动定义的:"智性的本质和荣耀不在于能力,而在于思的活动。"(第399页)活动和行动的优先性是同样作为神性的本质来看待的:

　　神性的本质不当被想成一个在思想的实体的潜在性,而在于其活动,它不是智性(nous),而是思想活动本身(noesis)。(第400页)
我们知道它就是"对思想的思想"(noesis noeseôs)。

结　　论

所以,思有的同一性就是亚里士多德《形而上学》的重点。这个结果是经历以下步骤而得出的:

1.存在是一个真实的统一体,仅当其作为实体的时候如此,真实的实体是个体;

2.个体与运动相关,后者让前者生发出来,因为运动是无规定性到规定性、有限性和尺度规范的过渡。生发出一个存在就等于生发出一个统一体;

3.存在和统一不在于过程,而在于其发生与活动。正是通过活动的层级,我们才能建立一个从自然到思想的连续进程。

拉维松要揭开中世纪经院哲学遮挡在亚里士多德思想之上的面纱,并不意味着要转向阿维诺伊主义,因为后者与启发他致思的自然哲学并不兼容。而我们今人于此中的教益,更多的是在于看到在强调内在性观念的当代哲学中,可以辨别出一种现代阿维诺伊主义,而我们的讨论也可以在此基础上展开。

Traduire les philosophes. Le cas de l'allemand

Christian Bonnet *

Si de nombreux textes philosophiques que nous lisons ontétéécrits dans des langues que nous ignorons, ce qui suppose que nous ayons recours à des traductions, nous ne devons toutefois jamais oublier que nous lisons des traductions qui ne sont jamais l'exact équivalent du texte original. Un même texte peut être traduit de diverses manières, parfois très différentes les unes des autres. Aussi traduire ne consiste-t-il pas au fond davantage à *interpréter-dolmetschen* en allemand①-le texte original plutôt qu'à le *transporter* d'une langue dans une autre, comme le suggère le mot français 《 traduire 》 qui vient du latin *traducere* et signifie littéralement 《 faire passer 》 ou 《 transporter d'un lieu en un autre 》, ce que disent également, à peu de choses près, les verbes allemands *übersetzen*, *übertragen* ou l'anglais *to translate*?

Avant d'être une question pratique, présentant des difficultés spécifiques pour chaque langue, la question de la traduction-autrement dit, 《 Qu'est-ce que traduire? 》-est donc une question théorique et philosophique. Et cette question, bien que théorique, concerne directement le traducteur, dans la mesure où la réponse qu'on lui apporte, c'est-à-dire la conception que l'on a de la traduction, a bien sûr des conséquences directes sur la manière de traduire et les choix de traduction.

Cette question théorique et philosophique de la traduction a donné lieu à de nombreuses réflexions et a une longue histoire. L'idée que nous nous faisons

---

* Université Paris 1 Panthéon-Sorbonne.

① Le verbe *dolmetschen* d'où vient le mot *Dolmetscher* (interprète) est celui qu'utilise Luther-traducteur de la Bible en allemand au 16ᵉᵐᵉ siècle et l'un des inventeurs de l'allemand moderne-pour désigner l'action de traduire.

aujourd'hui de la traduction est très différente de celle que l'on en avait par le passé. Et cette histoire des conceptions de la traduction se reflète du reste dans les différentes manières dont ont été traduits les textes, et en particulier les textes philosophiques, aux différentes époques.

Après une présentation du problème philosophique de la traduction, nous illustrerons notre propos sur le cas de la langue allemande et de la traduction des textes allemands. Outre la richesse du corpus philosophique allemand et sa place dans l'histoire de la philosophie, le cas de l'allemand-et plus précisément de la traduction de l'allemand vers le français-est intéressant à plusieurs titres. Nous avons là, en effet, deux langues européennes très différentes l'une de l'autre, tant du point de vue sémantique que syntaxique. La place singulière qu'occupe, par ailleurs, la philosophie allemande dans ce que l'on pourrait appeler l'imaginaire philosophique français fait que la traduction des textes philosophiques allemands a donné lieu, en France, à des débats très animés, voire à des polémiques, dont il n'y a guère d'exemple pour les autres langues. Enfin, la question de la traduction a été l'objet depuis deux siècles d'une réflexion nourrie et de nombreuses discussions chez les philosophes allemands eux-mêmes.

1. Qu'est-ce que traduire?

Le problème de la traduction est un problème que, dans l'Antiquité, les Grecs, peuple 《 fièrement monolingue 》-selon l'expression de l'historien italien de l'Antiquité Arnaldo Momigliano-ignorent. On note l'absence d'un mot signifiant traduire en grec classique, $\dot{\varepsilon}\lambda\lambda\eta\nu\iota\zeta\varepsilon\dot{\iota}\nu$ signifiant à l'origine 《 parler grec 》-et 《 parler correctement 》-et signifiant 《 traduire 》 seulement très tardivement pour désigner la traduction grecque de la Bible, la Septante[①]. Le problème de la traduction est en revanche un problème que l'on rencontre chez les Romains. Un auteur va ici jouer un rôle essentiel, pour la philosophie : Cicéron (106 − 43 av J.C.), à qui

---

① Chez Dion Cassius, historien romain d'expression grecque, au IIème siècle.

nous devons la traduction des principaux concepts grecs en latin et donc, pour une large part, l'invention de notre langue philosophique. Cicéron distinguait entre deux types de traduction : celle qui consiste à traduire *ut interpres*, c'est-à-dire comme simple traducteur et celle qui consiste à traduire *ut orator*, comme un écrivain. Il recommande, pour sa part, de ne pas traduire *verbum pro verbo*-c'est-à-dire mot à mot-et de privilégier le sens[1].

De manière générale, nous avons aujourd'hui des exigences philologiques, d'exactitude et de fidélité, qui n'ont pas toujours existé. Les classiques privilégiaient, comme Cicéron, le sens sur la lettre. D'où ce que l'on a appelé les 《belles infidèles[2]》.

La question de la traduction est l'objet d'une attention particulière en Allemagne à partir de la fin du 18ème siècle-intérêt qui s'est prolongé jusqu'au 20ème siècle, chez Heidegger ou Gadamer, par exemple[3]. A côté d'écrivains et poètes comme Schlegel, Goethe ou Hölderlin, deux des principaux protagonistes de ce débat-liéà une réflexion sur la nature du langage et sur la diversité des langues -sont Wilhelm von Humboldt(1767−1835)et Friedrich Schleiermacher(1768−1834).

Selon Wilhelm von Humboldt, philosophe, linguiste et lui-même traducteur, 《chaque traducteur doit immanquablement rencontrer l'un des deux écueils suivants : il s'en tiendra avec trop d'exactitude ou bien à l'original, aux dépens du goût et de la langue de son peuple, ou bien à l'originalité de son peuple, aux dépens de l'œuvre à traduire》. Sa propre conception de la traduction est étroitement liée à sa

---

[1] Cicéron, *De finibus*, I, 7. : 《Même si je me contentais de traduire [*vertere*] Platon ou Aristote, comme nos poètes ont traduit les pièces grecques, ce ne serait pas à mon avis, un mauvais service à rendre à mes concitoyens que de leur rendre accessibles ces génies divins en les transportant [*transferre*] jusqu'à eux...Il y a certains passages que je transporterai à ma convenance et surtout chez les philosophes que je viens de nommer, quand il sera possible de le faire harmonieusement, comme le faisaient Ennius avec Homère et Afranius avec Ménandre》.

[2] On doit l'expression à Gilles Ménage quidisait des traductions de Nicolas Perrot [dit] d'Ablancourt, traducteur de Cicéron, Tacite et César au 17ème siècle qu'elles lui rappelaient une femme qu'il avait aimée autrefois 《et qui était belle mais infidèle》.

[3] Cf. notamment sur ce point H.-J. Störig, *Das Problem des Übersetzens*, Darmstadt, Wissenschaftliche Buchgesellschaft, 1963.

conception du langage en général. Dans les réflexions sur la traduction dont il fait précéder en 1816 sa propre traduction de l'*Agamemnon*d'Eschyle il souligne que dans la mesure où《aucun mot d'une langue ne correspond parfaitement à un mot d'une autre langue》et où《des langues différentes sont à cet égard comme autant de synonymes①》,《on peut [...] affirmer qu'une traduction s'écarte d'autant plus qu'elle aspire péniblement à la fidélité②》. La traduction《porte nécessairement en soi une certaine coloration d'étrangeté [*eine gewisse Farge der Fremdheit*]③》 et doit donc, selon lui, rendre ce qui est《étranger》sans le gommer. Autrement dit, on doit《entendre》pour ainsi dire le grec dans une traduction en allemand ou l'allemand dans une traduction en français. Bref, on ne doit pas faire comme si l'auteur que l'on traduit avait écrit dans la langue dans laquelle on le traduit.

La réflexion sur la question de la traduction va de pair à cette époque, en Allemagne, avec une discussion sur les mérites respectifs dela《théorie allemande》 de la traduction et de la《traduction à la française④》. Cette dernière est caractérisée ainsi par Goethe en 1819:《le Français, tout comme il adapte à son

---

① *Introduction à l'*Agamemnon, traduction Denis Thouard*in*Wilhelm von Humboldt, *Sur le caractère national des langues et autres écrits sur le*langage, Paris, Seuil, 2000, p.33.

② *Op. cit.*, p.35.

③ *Op. cit.*, p.39.

④ Ainsi que sur les mérites respectifs du français et de l'allemand eux-mêmes et l'irréductibilité d'une langue à une autre. En 1797–1798, Humboldt est à Paris et il participe à des réunions à l'occasion desquelles il essaie d'expliquer Kant aux français. Le récit qu'il fait de ces réunions dans une lettre à Schiller du 23 juin 1798 suggère l'idée-promise à une longue carrière-selon laquelle le français serait impropre à restituer la profondeur de la pensée allemande:《S'entendre réellement est impossible, et ce pour une raison très simple. Ils n'ont pas la moindre idée, pas le moindre sens pour quelque chose qui serait hors des apparences; la volonté pure, le bien véritable, le moi, la pure conscience de soi, tout cela est pour eux totalement incompréhensible. Lorsqu'ils se servent des mêmes mots, ils les prennent toujours en un tout autre sens. Leur raison n'est pas la nôtre, leur espace n'est pas notre espace, leur imagination n'est pas la nôtre [...] Comme tous ces termes possèdent une double signification, l'une simplement logique, en tant que forme abstraite de nombreuses choses particulières, l'autre métaphysique, qui leur confère un contenu (à savoir par la conscience du moi, dont ils sont pour ainsi dire les actions immédiates), on se comprend toujours de travers, car ils n'ont toujours en tête que la signification logique alors que nous y mettons toujours plus》. Cité par François Azouvi et Dominique Bourel, *De Königsberg à Paris. La réception de Kant en France*(1788–1804), Paris, Vrin, 1991, p.110.

gosier les mots étrangers,fait de même avec les sentiments,les pensées et même les objets;il exige à tout prix pour chaque fruit étranger un équivalent qui ait poussé sur son propre terroir①》.Goethe écrit à une époque où la tendance est en effet en France de tout 《franciser》,même les noms propres.Dans le passage cité,Goethe évoque le cas de l'Abbé Delille(1738−1813)célèbre pour sa traduction de Virgile que l'on peut ranger au rang des 《belles infidèles》 et qui incarne,aux yeux de Goethe,la traduction 《à la française》.

Humboldt et Schleiermacher peuvent,par opposition,être considérés comme des théoriciens de la 《traduction allemande》.

Philosophe,théologien et lui-même traducteur de Platon en Allemagne, Friedrich Schleiermacher(1768−1834)est l'auteur,en 1813,d'un texte intitulé*Über die verschiedenen Methoden des Übersetzens*. Il y distingue deux manières de traduire:la première consiste à faire comme si l'auteur avait écrit dans la langue dans laquelle il est traduit,la seconde à faire comme si le lecteur connaissait ou était censé connaître la langue de l'auteur:《Ou bien le lecteur laisse l'écrivain le plus tranquille possible et fait que le lecteur aille à sa rencontre,ou bien il laisse le lecteur le plus tranquille possible et fait que l'écrivain aille à sa rencontre②》.Mais ces deux méthodes ne sont pas d'égale valeur aux yeux de Schleiermacher.Pour lui,《on peut dire que le but de traduire comme l'auteur aurait écrit originairement dans la langue de la traduction non seulement est inaccessible,mais est en soi vide et négatif》,car 《on ne peut absolument pas se poser la question de savoir comment on aurait écrit ses œuvres dans une autre langue③》.Le traducteur devra donc, selon Schleiermacher,《plier la langue de la traduction,dans la mesure du possible,àla langue d'origine [*die Sprache der Übersetzung nach der Ursprache beu-*

---

① Goethe,*West-östlicher Diwan*, Noten und Abhandlungen (《Übersetzungen》) [1819]:《Der Franzose,wie er sich fremde Worte mundrecht macht,verfährt auch so mit den Gefühlen,Gedanken,ja den Gegenständen;er fordert durchaus für jede fremde Frucht ein Surrogat,das aus seinem eigenen Grund un Bodengewachsen sei》.

② Friedrich Schleiermacher, *Des différentes méthodes de traduire*, trad. Antoine Berman et Christian Berner,Paris,Seuil,1999,p.49.

③ *Op.cit.*,p.75.

gen]①》.Ainsi 《[le] lecteur doit toujours avoir présent à l'esprit que l'auteur a vécu dans un autre monde et a écrit dans une autre langue②》.Autrement dit, la traduction doit sans cesse rappeler au lecteur qu'il lit une traduction.

L'opposition entre ces deux conceptions de la traduction a été formulée plus récemment par un traducteur de philosophie allemande et théoricien de la traduction, Jean-René Ladmiral sous la forme d'une opposition entre ce qu'il appelle les 《sourciers》 et les 《ciblistes》, c'est-à-dire les traducteurs qui privilégient la langue d'origine(langue-source)et ceux qui privilégient plutôt la langue d'arrivée(langue-cible)③.En ce sens, Schleiermacher est clairement un 《sourcier》.

Plus près de nous, cette conception a trouvé ses représentants chez d'autres philosophes, avec des nuances toutefois.Ainsi au 20ème siècle, Walter Benjamin, auteur d'un texte intitulé *die Aufgabe des Übersetzers*[*La tâche du traducteur*]④ estime que 《toute vérité a sa demeure, son palais ancestral dans la langue⑤》.Cette idée renvoie, chez lui à une véritable métaphysique du langage.La possibilité même de traduire suppose, selon Benjamin, une parenté originelle des langues, c'est-à-dire une 《langue pure》, une *reine Sprache* antérieure à toutes les langues existantes, impossible à atteindre ou à reproduire, mais où toutes les langues pour ainsi dire se rejoignent.

La tâche du traducteur est dès lors de faire de son texte le témoin et le fragment d'un ensemble mystérieux, incommunicable que seul l'ensemble de toutes des langues peut atteindre.Il faut toutefois noter que la pratique de la traduction de Benjamin est, en réalité, nettement plus 《cibliste》 que sa théorie ne le suggère.

Différents théoriciens de la traduction et traducteurs ont défendu, en France au

---

① *Op.cit.*, p.85.

② *Op.cit.*, p.87.

③ Cf.Jean-René Ladmiral, *Traduire : théorèmes pour la traduction*, Paris, Payot, 1979.

④ Texte qui sert de préface à sa traduction(partielle)des *Fleurs du mal* : Baudelaire, *Tableaux parisiens*.Deutsche Übertragung mit einem Vorwort über die Aufgabe des Übersetzers von Walter Benjamin, Heidelberg, Verlag von Richard Weißbach, 《Die Drucke des Argonautenkreises》, 5, 1923.

⑤ Walter Benjamin, Lettre à Hugo von Hoffmannstahl de janvier 1924.

20ème siècle, ce type de conception ou des conceptions voisines : Antoine Berman①,
dans une certaine mesure Henri Meschonnic, poète et traducteur qui a mis en
œuvre cette conception dans sa retraduction de la Bible ; ou encore un autre traduc-
teur de la Bible, André Chouraqui②. Il n'est du reste pas surprenant de trouver de
nombreux 《 sourciers 》 chez les traducteurs d'un texte sacré comme la Bible. Cette
question a en effet été, depuis l'origine, l'objet de nombreux débats, tels ceux qui
ont eu lieu autour de la Bible grecque des Septante au 3ème siècle avant J.-C. ou de
la Vulgate de Jérôme au 4ème siècle après J.C. Et c'est un fait que les traducteurs
ont souvent fait le choix dans ce cas de conserver l'étrangeté du texte original. C'est
le cas lorsque-en raison de l'ambiguïté du verbe hébreu *qaran* qui signifie à la fois
《 rayonner 》 et 《 avoir des cornes 》-le 《 Moïse rayonnant 》 de l'Exode③, devient,
dans la traduction de Jérôme, le 《 Moïse cornu 》 qui inspirera à Michel-Ange une
de ses œuvres les plus célèbres④.

2. Le cas de l'allemand

Alors qu'est développée en Allemagne à la fin du 18ème siècle et au début du
19ème siècle la thèse, selon laquelle la traduction doit plutôt privilégier la langue
d'origine, ou du moins 《 faire entendre 》 ou rappeler ce qu'elle a de spécifique
plutôt que de la faire oublier, des changements importants ont lieu, à la même
époque, dans l'usage que les philosophes allemands eux-mêmes font de leur langue.

Il faut ici se souvenir que la langue philosophique allemande est une langue
récente. Jusqu'à la fin du 18ème siècle, les philosophes allemands écrivent pour

---

①   Antoine Berman, *L'épreuve de l'étranger. Culture et traduction dans l'Allemagne romantique*, Par-
is, Gallimard, 1984.

②   Desclée de Brouwer, 1989. Chouraki traduit, par exemple, 《 adam 》 qui est le mot pour dire
《 homme 》 en hébreu par 《 le glébeux 》, afin que l'on entende le mot de la même famille 《 adama 》 qui en
hébreu signifie 《 terre 》.

③   Exode, 34, 29.

④   Il s'agit de du Moïse portant des cornes sculpté vers 1516 pour le tombeau du pape Jules II
dans l'Eglise San Pietro in Vincoli de Rome.

l'essentiel en français ou en latin. L'allemand-que le roi Frédéric II de Prusse, cont-emporain de Kant, tenait pour une 《langue barbare》! -leur semble même parfois inapproprié à un tel usage. Leibniz estime, par exemple, que la langue allemande est particulièrement appropriée à un usage technique, mais beaucoup moins en revanche lorsqu'il s'agit de l'abstraction①! Si d'autres, de Luther à Wolff, ont certes préparé le terrain, le véritable inventeur de la langue philosophique allemande est Kant. Bien que certains de ses contemporains lui reprochent d'inventer des termes barbares, Kant continue au fond à penser en latin. Afin d'être certain d'être bien compris, il met du reste très souvent le mot latin ou l'expression latine entre parenthèses. Quant à sa syntaxe, à la construction et au rythme de ses phrases-avec ses longues périodes-ils restent également très proches du latin.

Avec les romantiques allemands (Novalis, Schegel) puis ce qu'il est convenu d'appeler l'idéalisme allemand (Fichte, Schelling, Hegel), la langue philosophique allemande subit de profonds changements. Le cas de Hegel est très caractéristique et pose au traducteur des problèmes nouveaux. On peut en donner quelques exem-ples : l'introduction de nombreux néologismes (favorisée par les possibilités offertes par l'allemand) ; l'envahissement de la phrase hégélienne par des concepts formés à partir de pronoms : *an sich*, *für sich*, *an und für sich* (《en soi》, 《pour soi》, 《en soi et pour soi》), d'adjectifs ou d'adverbes substantivés-*das Hier*, *das Jetzt* (l'ici, le ma-intenant)-bref, de mots absents, du moins sous cette forme, du dictionnaire. Ce n'est sans doute pas un hasard, comme le souligne Jean-Pierre Lefebvre, s'il n'existe en allemand aucun équivalent pour le lexique hégélien de ce qu'est le *Kant-Lexikon* [1930] de Rudolf Eisler pour la langue de Kant②. Il arrive également à Hegel d'utiliser des termes qui peuvent avoir des sens contradictoires, et d'assumer ce caractère contradictoire. C'est le cas du célèbre verbe *aufheben* (et du substantif *Auf-hebung*) : 《*Aufheben* a dans la langue un double sens qui fait qu'il signifie à la fois

---

① Ce qui l'exact contraire d'aujourd'hui où c'est plutôt l'anglais que l'on aurait parfois tendance à vouloir cantonner au langage technique.

② Jean-Pierre Lefebvre, article 《Allemand》 *in* Barbara Cassin (dir.), *Vocabulaire européen des philosophies*, Paris, Seuil, 2004, p.57.

quelque chose comme conserver, garder et quelque chose comme faire s'arrêter,
mettre fin.Le fait de garder inclut déjà en soi le négatif, au sens où quelque chose
se trouve soustrait à son immédiateté et ainsi à un être-là [*Dasein*] ouvert aux in-
fluences extérieures afin de garder son être-là. Ainsi le *Aufgehobene* est-il en même
temps quelque chose de conservé, à ceci près qu'il a perdu son immédiateté, sans
pour autant l'avoir anéantie. [...] Pour la pensée spéculative, il est réjouissant de
trouver dans la langue des mots qui ont eux-mêmes une signification spéculative ; la
langue allemande en a plusieurs de cette sorte①》.

Or c'est à cette époque, c'est-à-dire celle du romantisme et de l'idéalisme alle-
mand, que les Français découvrent pour ainsi dire qu'il existe quelque chose que
l'on peut clairement identifier comme étant la philosophie *allemande*. Cette
découverte assez tardive, en ce sens que Leibniz ne semble pas avoir été perçu au
$17^{\text{ème}}$ et au $18^{\text{ème}}$ siècle comme un philosophe allemand au même titre que
Descartes l'était comme un philosophe français et Locke comme un philosophe ang-
lais②, date du moment au tout début du $19^{\text{ème}}$ siècle, où la France cesse de
regarder du côté de l'Angleterre, qui a été la référence dominante des Lumières
françaises et se tourne vers l'Allemagne. Cette découverte et cette identification de
la philosophie allemande comme *allemande* vont s'accompagner d'une forme
d'idéalisation de la philosophie allemande qui s'est dans une certaine mesure
prolongée jusqu'à aujourd'hui. *La* philosophie allemande, identifiée à quelques
grands noms et généralement à *une* certaine tradition philosophique (l'idéalisme alle-
mand et ses prolongements), est souvent considérée, en France, comme incarnant
plus que toute autre l'idéal philosophique.En forçant quelque peu le trait, on serait

---

① Hegel, *Science de la logique*, tome 1 *La logique objective*, livre 1, *La doctrine de l'être*, section 1,
chap.1.Sur *aufheben*, voir l'article de Philippe Büttgen, *in* Barbarin, Cassin (dir.) , *Dictionnaire européen
des philosophies*, Paris, Seuil, 2004.

② Si l'on suit Michel Espagne (*Les Transferts culturels franco-allemands*, Paris, PUF, 1999, p.
17) , il a d'abord fallu pour cela que 《 le terme de nation désigne dans l'espace germanique, un ensemble
englobant les germanophones dans un réseau de références communes, un sujet collectif 》 et que
s'affirme l'existence d'une authentique culture nationale allemande, ce qui n'est pas le cas avant le $18^{\text{ème}}$
siècle.

tenté de dire que*la*philosophie allemande est plus ou moins perçue comme une norme.

Un auteur et un livre ont ici joué un rôle décisif dans la formation de l'idée même de 《philosophie allemande》 en France:*De l'Allemagne*,publié en 1813 par Madame de Staël. Cette dernière y explique que 《la nation allemande peut être considérée comme la nation métaphysique par excellence》 et que 《la nouvelle philosophie allemande》-il s'agit de Fichte et de Schelling -《est nécessairement plus favorable qu'aucune autre à l'étendue de l'esprit;car,rapportant tout au foyer de l'âme,et considérant le monde lui-même comme régi par des lois dont le type est en nous, elle ne saurait admettre le préjugé qui destine chaque homme d'une manière exclusive à telle ou telle branche d'études. Les philosophes idéalistes croient qu'un art,qu'une science,qu'une partie quelconque ne saurait être comprise sans des connaissances universelles,et que depuis le moindre phénomène jusqu'au plus grand,rien ne saurait être savamment examiné ou poétiquement dépeint sans cette hauteur d'esprit qui fait voir l'ensemble en décrivant les détails①》.Le ton est donné et ce premier tableau de la philosophie allemande-profonde,idéaliste,et en un sens profonde parce qu'idéaliste,n'ayant commerce qu'avec l'universel et seule à même,à ce titre, de donner un sens aux autres activités de l'esprit -contient déjà bien des traits de la représentation idéaliste et idéalisée que l'on a,en France,de la philosophie allemande,et d'une certaine manière de la philosophie en général,ce pourquoi sans doute on l'identifie si facilement à la philosophie allemande, 《spéculative》 par nature, comparée à ces pauvres empiristes anglais si superficiels! Victor Cousin-qui entreprend en 1817,sur les conseils de Madame de Staël,le voyage en Allemagne,où il rencontre Schelling et Hegel qu'il va introduire en France -va largement contribuer à consacrer cette représentation.

Cette idéalisation de la philosophie allemande va souvent de pair,en France, avec une sacralisation de la langue allemande considérée comme la langue philos-

① Madame de Staël,*De l'Allemagne*[1813],troisième partie,chapitre 7,Paris,Garnier-Flammarion,1968,Vol.2,p.141 et 156.

ophique par excellence.Jean-Pierre Lefebvre parle à ce propos d'une 《pathologie française》.Cette pathologie se manifeste de différentes manières.On peut en donner quelques exemples:l'habitude de mettre les mots allemands entre parenthèses dans les traductions(phénomène que l'on observe peu ou pas dans les traductions anglaises,italiennes ou espagnoles),voire de laisser les mots allemands(*Dasein*) ou encore de traduire mot à mot en jargonnant,c'est-à-dire de parler(ou de croire parler)allemand en français;cette imitation de l'allemand en français produit d'autres effets bien connus: de conserver les majuscules des noms allemands-*Geist*, *Idee*, *Sein*-ce qui confère aux concepts français(*Esprit*, *Idée*, *Être*) une dignité ou une majesté supplémentaire;ou encore la manie de substantiver les verbes-le penser -, ce qui correspond à un usage courant en allemand-*dasDenken*-mais nullement en français.

Cette idéalisation de la langue allemande explique qu'un grand nombre de traducteurs de l'allemand puissent être rangés du côté de ceux que nous avons appelés,avec Jean-René Ladmiral,les traducteurs 《sourciers》.

Cette volonté de faire entendre la langue-source est accusée,parfois jusqu'à la caricature,chez les traducteurs français de Heidegger.Dans la postface à sa traduction de*Sein und Zeit*,François Vezin explique ansi que 《la première chose à dire de [sa] version française d'*Etre et temps*,c'est que l'idée d'une traduction qui prétendrait recouvrir le texte original,qui s'y substituerait en dispensant d'avoir à y recourir,constitue le contraire même du dessein que nous nous sommes proposés》. Selon lui,la pensée de Heidegger 《est une pensée questionnante [...] ,une pensée qui a décisivement mis en question,sinon brisé,l'idée même de traduction. Ce préambule n'a d'autre objet que d'inviter à la lecture bilingue de*Sein und Zeit* [...].Le principe sur lequel se fonde toute "lecture bilingue",c'est,bien sûr,la priorité donnée au texte original①》.D'où certains choix de traduction:《ouvertude》 pour*Erschlossenheit* (ouverture) , 《 util 》 pour*Zeug* (outil) , 《 insurprenance 》 pour*Unauffälligkeit*qui signifie la discrétion,le fait de passer inaperçu)-autrement

---

①   François Vezin,postface à la traduction d'*Etre et temps*,Paris,Gallimard,1986,p.515.

dit le recours à des mots français qui n'existent pas, pour traduire des mots alle-
mands, soit courants, soit du moins immédiatement doués de sens pour un germano-
phone.

　　Cela dit, la conception de la traduction d'Heidegger le situe lui-même claire-
ment du côté des traducteurs 《sourciers》:《Les paroles ne sont pas des termes, et
en tant que telles semblables à des seaux et à des tonneaux, d'où nous puiserions
un contenu existant. Les paroles sont des sources que le dire creuse davantage, des
sources qu'il faut toujours de nouveau trouver, de nouveau creuser, qui
s'encombrent facilement, mais qui de temps en temps jaillissent aussi à
l'improviste. Sans un retour continuel aux sources, les seaux et les tonneaux de-
meurent vides, ou leur contenu demeure éventé①》. Dans ces conditions, il ne s'agit
pas de traduire 《mot à mot [*wörtlich*]》, mais de rester 《fidèle à la parole》[*wort-
getreu*] originaire, 《car de simples mots [*Wörter*] ne sont pas encore des paroles
[*Worte*]②》. Heidegger n'est même pas loin de penser que toute traduction est im-
possible:《Pas plus que des poèmes, on ne peut traduire une pensée. On peut tout
au plus la paraphraser [*umschreiben*]. Dès qu'on se met à traduire tout est
transformé③》. Aussi Heidegger, pour qui 《 la philosophie parle grec [*die
Philosophie spricht griechisch*]》 considère-t-il comme un funeste événement le fait
que le vocabulaire philosophique grec ait été traduit en latin et nous ait ainsi
irrémédiablement coupés de la pensée grecque originelle.

　　Un autre exemple d'une conception voisine, bien que différente, de la
traduction nous est fournie par l'édition des œuvres de Freud aux Presses Universi-
taires de France, édition dont les principes de traduction ont été systématisés et
exposés par les responsables de l'édition④. Les deux principaux partis-pris des tra-
ducteurs sont ici:1) la traduction littérale décalquée de l'allemand. Ainsi*Zwangsvor-*

　　① Heidegger, *Qu'appelle-t-on penser?* Paris, PUF, 1959, traduction Aloys Becker et Gérard
Granel, p.142.
　　② Heidegger, Cours sur Héraclite du semestre d'été 1943.
　　③ Heidegger, Entretien avec le*Spiegel*, 1976.
　　④ André Bourguignon, Pierre Cotet, Jean Laplanche, *Traduire Freud*, Paris, PUF, 1989.

stellung qui désigne en allemand une « obsession » ou une « idée fixe » devient une « représentation de contrainte » ; 2) l'établissement d'un glossaire systématique de plusieurs milliers de mots et la décision de s'y tenir dans tous les cas, quel que soit le contexte dans lequel le mot est employé. Cela produit des effets et des choix de traduction parfois surprenants : les termes courants en allemand pour désigner la « sexualité » (*Geschlechtlichkeit*) ou les « relations sexuelles » (*Geschlechtsverkehr*) sont traduits par « sexuation » et « commerce sexué ». Les registres, fondamentaux chez Freud, du désir ou de l'imagination ne sont pas épargnés : *Wunsch* n'est plus traduit par « désir », mais par « souhait », souvent au prix d'un affaiblissement du sens. La *Sehnsucht*, terme qui signifie à la fois le désir et le regret nostalgique, devient-mot inventé pour la circonstance-la « désirance » ! Quant au terme *Phantasie*, qui désigne l'« imagination »-et que Freud lui-même utilise pour rendre « imagination » en allemand dans ses propres traductions de Charcot-il est ici rendu par « fantaisie ». On est très loin de la prose originale de Freud, qui refusait pour sa part tout jargon et dont on s'est généralement accordé à reconnaître les talents d'écrivain.

Ce parti-pris de littéralisme et ce choix d'un glossaire univoque ne vont pas sans difficulté. Il y a en effet un paradoxe à expliquer que chaque langue est un monde propre et à prétendre traduire univoquement chaque mot. Ne faut-il pas être plus souple et distinguer notamment, dans une traduction, ce qui est conceptuel-et dans ce cas, sans doute, en effet traduire toujours de la même manière afin que le lecteur puisse identifier le concept-et ce qui ne l'est pas ? Quant au littéralisme, il va de pair avec une essentialisation et une fétichisation ou sacralisation de la langue-source. Ce n'est donc pas un hasard, si le phénomène se rencontre tout particulièrement dans le cas de l'allemand ! De manière générale, l'obsession de la littéralité est toujours proportionnel à la dignité que l'on accorde à la langue que l'on traduit. La sacralisation de la langue d'origine-l'allemand ou le grec-n'est que la version sécularisée de l'élection d'une langue sacrée, telle la *veritas hebraïca* de Jérôme dans le cas la Bible. Jean-René Ladmiral parle à ce propos de théologie de la traduction. Et il critique ce qu'il appelle l'*étymologite*, que l'on observe tout particulièrement chez les traducteurs de philosophie allemande, s'inspirant en cela de la pratique des philosophes allemands eux-mêmes ou du moins de certains d'entre eux:《Il y a là une tentation intellectuelle à laquelle succombent bien des philosophes contemporains, sous l'influence d'une mode qui nous vient en partie d'outre-Rhin. Depuis Hegel en effet, et même depuis Luther, il semble qu'on soit porté là-bas à identifier la langue allemande au langage en général et à faire comme si le sens "premier" qu'est censée nous révéler l'étymologie prenait l'autorité d'un destin sémantique ayant pour ainsi dire le "dernier mot" dans un raisonnement philosophique①》. L'un des symptômes de cette 《étymologite》 est, par exemple, l'usage de traits d'union (ou de désunion) pour souligner l'étymologie ou le sens littéral d'un mot②.

3. Traduire malgré tout

Quelle que soit la pertinence philosophique de la thèse de l'indétermination radicale de la traduction de Quine③, selon laquelle l'idée d'une signification commune à des langues différentes est un mythe④-le 《mythe de la signification》, c'est-à-dire la croyance en un noyau commun dont chaque langue serait la traduction-il est de fait que nous traduisons. Ce qui présuppose que la traduction est possible. Bref, il n'y a pas *en pratique* d'irréductibilité indépassable des langues. Cela ne signifie bien sûr pas qu'il y ait une signification commune, dont les différents mots dans les différentes langues seraient les exacts équivalents. Il faut oublier le fantasme de la traduction parfaite ou idéale. La traduction a une dimension empirique irréductible. C'est une activité où l'on doit prendre des décisions à chaque

---

① J.-R. Ladmiral, 《Traduire des philosophes》 *in* Jacques Moutaux et Olivier Bloch, éd., *Traduire les philosophes*, Paris, Publications de la Sorbonne, 2000, p.52.

② Cet usage est fréquent dans l'allemand de Heidegger: *über-setzen*, *Da-Sein*, *Ex-sistenz*.

③ Quine, *Word and Object* [1960]: *Le Mot et la chose* [1960], trad. Joseph Dopp et Paul Gochet, Paris, Flammarion, 1977.

④ Comment un traducteur sans dictionnaire, ni interprète peut-il produire un manuel de traduction qui fasse correspondre les mots d'une langue inconnue à ceux de la sienne? Comment comprendre 《Gavagaï》 prononcé par un indigène, lorsqu'un lapin s'enfuit devant lui?

instant, faire des choix de traduction.

Le problème se pose cependant différemment selon les différents types de textes-du texte scientifique(avec, à la limite, la logique ou les mathématiques) au poème. Le texte scientifique-conceptuel-représente le cas-limite de la possibilité d'une traduction qui donne un équivalent(presque) parfait. La poésie peut donner, en revanche, le sentiment de l'impossibilité de la traduction, et ce n'est du reste pas un hasard si les 《sourciers》 se recrutent principalement chez les traducteurs de poésie. En forçant le trait, on pourrait ici opposer ce qui relève de la *vérité*, qui peut toujours être traduit, et ce qui relève du *sens*, souvent intraduisible.

Or les textes philosophiques se situent dans l'entre-deux, tendant tantôt plutôt d'un côté(disons les textes de logique ou d'épistémologie), tantôt plutôt de l'autre (Nietzsche, par exemple). Il est clair qu'on ne traduit pas Frege ou Carnap comme on traduit Nietzsche ou Heidegger, ou plus exactement que ces deux types de traduction posent des problèmes différents, ce qui ne signifie pas nécessairement que la traduction des premiers soit plus facile. Mais il en va ainsi pour toutes les langues.

Or la sacralisation de l'allemand évoquée plus haut donne le sentiment que l'allemand serait intraduisible par nature ou du moins qu'il serait infiniment plus difficile de le traduire en français que dans toute autre langue. Dans la postface, déjà citée, à sa traduction de *Sein und Zeit*, François Vezin évoque, à propos d'une traduction française du poète de Stefan George, le cas d'un allemand qui observait que 《ce qui était obscur en allemand devenait clair en français》. Et François Vezin de trouver fâcheuse cette clarté du français et de conclure sur ce qu'《il y a d'incompatible entre la langue de *Sein und Zeit* et le rationalisme de la langue française[1]》!

A l'opposé d'une affirmation de ce genre, nous pensons pour notre part que l'on peut être sensible aux ressources, notamment philosophiques et conceptuelles de la langue allemande, sans pour autant la fétichiser ou y voir la langue sacrée de la philosophie. Elle n'est pas en effet la seule à disposer de telles ressources. Toutes les

---

[1]   *Op.cit.*, p.517.

langues ont leur richesse, y compris conceptuelle. Que l'on songe, par exemple, à la distinction -éminemment philosophique-en espagnol entre les verbes*seretestar*①!

Outre qu'il n'est pas certain que l'allemand comporte plus de difficultés ou d'intraduisibles que les autres langues, et en tout cas rien qui justifie que l'on renonce à traduire ou que l'on invente à tout bout de champ des mots qui n'existent pas, il convient de se demander de quel allemand et de quelle philosophie allemande nous parlons. Il y a des philosophes allemands qui écrivent clairement, tel Schopenhauer qui, convaincu qu'《en philosophie la plupart des désaccords naissent du mauvaise usage des mots②》, se propose d'une certaine façon d'écrire en allemand comme Hume écrivait en anglais. Ces philosophes ne sont certes pas toujours les plus admirés, comme si un vrai et bon philosophe allemand devait être obscur, voire oraculaire! On notera en effet que la remarque de François Vezin sur le 《rationalisme de la langue française》 suggère que l'allemand ne serait pas une langue adaptée au rationalisme. Ce qui semble donc exclure par principe tout rationalisme de langue allemande!

Or l'histoire réelle de la philosophie allemande est infiniment plus complexe et plus nuancée. Les philosophes généralement invoqués à l'appui de la thèse du caractère intraduisible de la langue philosophique allemande sont loin d'incarner à eux seuls toute la richesse de la tradition philosophique de langue allemande. Dès les premières décennies du 19ème siècle, un certain nombre de penseurs, philosophes ou savants, ont vivement critiqué le recoursà un langage obscur par leurs contemporains. Ainsi, en 1832, le philosophe berlinois Friedrich Eduard Beneke note que 《la langue de chaque école est absolument incompréhensible aux autres et [qu']on n'est pas loin du moment où chacun ne parlera plus qu'avec lui-même③》 et il y voit une 《

---

① Ces deux verbes 《être》 en espagnol expriment l'un ce qui est stable, durable, et l'autre ce qui est changeant, circonstanciel.

② *Die Welt als Wille und Vorstellung*, 3ème éd. Leipzig, Brockhaus, 1859, Vol. 1, p. 617; *Le Monde comme volonté et comme représentation*, trad. Burdeau, revue par Richard Roos, Paris, PUF, 1966, p. 652.

③ Friedrich Eduard Beneke, *Kant und die philosophische Aufgabe unserer Zeit*, Berlin-Posen-Bromberg, Mittler, 1832, p. 10.

barbarie intellectuelle》 dont le flot menace de submerger l'Allemagne.Il déplore le fosséqui s'est ainsi creusé entre son pays et les autres.Tandis qu'au XVIII ème siècle les idées circulaient,les philosophes allemands,remarque-t-il,se sont pro-gressivement isolés et se sont faits une réputation de*Schwärmer*,c'est-à-dire d'exaltés,auprès de leurs voisins,notamment anglais,qu'eux-mêmes méprisent et considèrent comme dépourvus de sens philosophique.On aura compris qu'il ne part-age pas le point de vue de Madame de Staël-qu'il cite en note-selon lequel les Al-lemands seraient 《le peuple métaphysique par excellence》.

A la même époque Bernard Bolzano dénonce le*Geschwätz*,autrement dit le verbiage de penseurs comme Schelling ou Hegel.《Un des traits les plus étonnants des penseurs de notre époque-estime-t-il- est qu'ils ne se sentent pas du tout liés ou du moins ne satisfont que très médiocrement aux*règles*jusque-là en vigueur de la logique,notamment au devoir de dire toujours précisément avec clarté de quoi l'on parle,en quel*sens*on prend tel mot,puis d'indiquer à partir de quelles*raisons*on af-firme telle ou telle chose[1]》.

Schopenhauer,Beneke,Bolzano,et bien d'autres[2] nous suggèrent que le prétendu caractère intraduisible de la langue philosophique allemande pourrait au fond davantage tenir à un parti-pris dans la manière de s'exprimer propre à certains philosophes allemands qu'à la langue allemande elle-même.En dépit des difficultés spécifiques que présente la traduction de telle ou telle langue dans telle autre, traduire un texte consiste à en donner le meilleur équivalent possible afin de le rendre accessible aux lecteurs qui ignorent la langue dans laquelle il a étéécrit.Sauf à renoncer à l'idée même de la philosophie comme s'adressant en droit à tous,ni les textes philosophiques,ni la langue allemande ne sauraient faire exception.

[1] Bernard Bolzano,*Lehrbuch der Religionswissenschaft*,Sulzbach,Seidel,1834, § 63.
[2] On pourrait notamment citer les savants philosophes,comme Helmholtz,Boltzmann ou Mach, les néokantiens ou encore les représentants du Cercle de Vienne.

论哲学家之翻译：以德语为例

克里斯蒂安·博纳/文 *　　邓　刚/译 **

如果我们所阅读的许多哲学文本由我们所不认识的语言写成，这意味着我们得求助于翻译，然而我们永远不应该忘记我们所阅读的译本从来都不能完全等同于原本。同一个文本能够以多种方式加以翻译，有时各种方式完全不同。因此，翻译就其根本而言，与其说是一种诠释（*interpréter*，*dolmetschen*）①，毋宁说是一种从一种语言到另一种语言的转渡（*transporter*），正如法语词 *traduire* 来自于拉丁语 *traducere*，其字面意思是"使通过"或者"从此处转移至彼处"，德语词 *übersetzen*、*übertragen*，英语词 *to translate* 所说的差不多是同样的意思，是这样吗？

作为一个实践问题，每门语言都有一些特殊的困难，在此之前，翻译的问题——或者说，"什么是翻译？"——因此已经是一个理论的、哲学的难题。并且，这个问题虽然是理论的，直接与译者相关，因为译者所持的关于翻译的观念，当然也与其翻译方式、翻译时如何做选择等直接后果相关。

关于翻译的理论和哲学问题，有着漫长的历史，也导致了为数众多的反思。今天我们所具有的关于翻译的观念，是与人们在以前所持有的观念大相径庭的。此外，关于翻译的观念的这段历史，反映了文本被翻译的不同方式，尤其是在不同时代的哲学文本被翻译的方式。

在展示了翻译这一哲学问题之后，我们以德语和德语文本的翻译为例来提出我们的看法。不仅是因为德语哲学著作的丰富，以及德国哲学在哲学史

---

* 博纳，法国巴黎第一大学哲学系教授。

** 邓刚，上海交通大学人文学院哲学系副教授。

① 德语中动词 *dolmetschend'où* 来自于 *Dolmetscher*（译者），是路德所用的术语，用来指称翻译行为——正是路德在 16 世纪将《圣经》译为德语，并且路德亦是现代德语的奠基人之一。

的位置,德语本身在很多方面也是极为有趣的,特别是在德语翻译成法语的情况中。实际上,法语和德语是两种非常不一样的欧洲语言,无论是从语义学还是从句法学的角度来看。此外,德国哲学在我们所称之为"法国的哲学想象"(l'imaginaire philosophique français)之中也占据着特殊的位置,这使得对于德国哲学文本的翻译在法国引起了广泛的论争,甚至一些辩论,而在其他语言之中并没有这种情况。最后,翻译的问题,两百多年来,已经如德国哲学家本身那样成为众多讨论和反思的对象。

1. 什么是翻译?

据意大利历史学家莫弥里亚诺(Arnaldo Momigliano)①的研究,在古代,古希腊人作为"单一语言"的民族,不把翻译问题当做一个问题。有人注意到,在古典希腊语中,并没有一个词的意思是翻译,ελληνίζειν(ellenizein)一词的原意是"说希腊语"、"正确地说希腊语",仅仅是在较晚时期,才用来指关于《圣经》的希腊语翻译,七十士译本②(Septante)。与之不同,我们在罗马人那里遇到了翻译问题。对于哲学而言,有一位作家在此扮演了关键性的角色:这就是西塞罗(公元前 106—公元前 43),许多希腊哲学的概念的拉丁译名,都要归功于他,因此,很大程度上,他也是我们今天的哲学语言的创立者。西塞罗区分了两种类型的翻译:一种在于直译(ut interpres),即简单地作为翻译者,另一种则在于文译(ut orator),即作为一位作家来翻译。就他自己而言,他建议不要逐字翻译(verbum pro verbo),而应该关注其意义③。普遍说来,今天我们所要求的语义的准确性和忠实性,这两个要求并非一直都存在。古典作家和西塞罗一样,更关注意义而不是语词。由此出现了人们所说的"优美的不

---

①　莫弥里亚诺(1908—1987),意大利历史学家,研究古希腊史、犹太教、希腊化时代的专家。

②　见于 Dion Cassius,公元 2 世纪的一位用希腊语写作的罗马历史学家。

③　西塞罗 De finibus,I,7.:"即使我满足于如同我们的诗人们翻译希腊戏剧那样去翻译(vertere)柏拉图和亚里士多德,这也不是我的观点,这是一种用法,不能让我们的公民直接进入到这些神圣般的天才那里……当然,有一些段落,我根据适合我的方法来进行转变,尤其是对于我所说的这些哲学家,如果可能,尽可能地使之和谐,就如同 Ennius 对待荷马,Afranius 对待 Ménandre。"

忠实"(belles infidèles)①。

翻译的问题,从18世纪末开始,在德国就得到了特别的关注,对这一问题的兴趣一直延续到20世纪,例如海德格尔和伽达默尔。而在诸如施莱格尔、歌德、荷尔德林等作家、诗人身旁,还有两位关于翻译问题的论争的先驱:洪堡(Wilhelm von Humboldt,1767-1835)和施莱尔马赫(Friedrich Schleiermacher,1768-1834)——这一论争关涉到对于语言的性质、对于语言的多样性的反思。

在语言学家、哲学家、翻译家洪堡看来,"每位译者都不可避免地遇到下列两种危险之一:他将准确性或者过多地倚重于原本,而不顾本民族语言的情趣,或者过多地倚重于本民族语言,而不顾待译作品"。而他本人的翻译观念,又与其关于语言的一般观念有着密切的联系。在1816年他自己关于埃斯库罗斯的《安提戈涅》的译本之前,他写了他关于翻译的反思,他强调,"一门语言的一个词不可能完全地对应另一门语言的一个词",就此而言,"不同的语言如同众多的同义词"②,"人们可以肯定,一件翻译越是想要忠实却越发远离"③。"翻译必然地在自身之中有着某种陌生化的色彩"④,因此应该保留这种陌生化的东西而不是将其抹去。或者说,我们应该在一部德文译作中"听到"希腊语,或者在一部法文译作中听到德语。简言之,我们不应该让所翻译的作者似乎是曾经在被翻译的语言中进行写作。

在这个时期的德国,关于翻译问题的反思,伴随着关于翻译的"德国理论"以及"法国特色的翻译"⑤的各自的贡献。歌德也在1819年描述出法语的特色:"法国人总是把外国语词转化成自己的,转化成同样的情感、同样的思

① 这个表述,要归功于梅那吉(Gilles Ménage),当他谈到达兰库(Nicolas Perrot [dit] d'Ablancour)的翻译时,后者在17世纪时翻译了西塞罗、塔西陀、恺撒,他的翻译让人联想到一位美女,"她是美艳的,却并不忠实"。

② Introduction à l'Agamemnon, traduction Denis Thouard in Wilhelm von Humboldt, Sur le caractère national des langues et autres écrits sur le langage, Paris, Seuil, 2000, p.33.

③ Op.cit., p.35.

④ Op.cit., p.39.

⑤ 以及关于法语和德语的互相间的贡献以及两门语言之间的无法通约性。在1797—1798年间,洪堡在巴黎,参加了一些会议,并试图在会议之中给法国人解释康德。在他于1798年6月23日写给席勒的信中,叙述了这些会议,揭示出如下的观念——在他看来,法语不足以重建德国思想中的深度:"真实的理解是不可能的,这基于一个很简单的理由。关于那些在表象之

想、同样的对象;对于每一种外国水果,法国人都要不惜在其本土找到对应
物。"①在那个时代,法国的趋势是将一切都"法国化",甚至人名也这样处理。
在所引用的段落中,歌德提到了德里尔神父(Abbé Delille,1738—1813),德里
尔翻译了维吉尔的史诗,可以归入"优美的不忠实"的行列,在歌德眼中,这代
表了"法国特色的翻译"。

作为对立面,洪堡和施莱尔马赫可以被视作"德国翻译"的理论家。

作为哲学家和神学家的施莱尔马赫,他本人也是一位翻译家,将柏拉图译
为德语,他在 1813 年写了一篇题名为《论翻译的不同方法》(Über die ver-
schiedenen Methoden des Übersetzens)的论文。他区分了两种翻译方法:一种在
于这样做,似乎作者在用被翻译的语言写作,第二种在于使得读者似乎认识作
者的语言:"或者读者尽可能让作者安静,使得读者与之相遇,或者让读者尽
可能安静,让作者与之相遇。"②但是,这两种方法,在施莱尔马赫眼中并不具
有同等的价值。对他来说,"我们可以说,让作者如同原本就是在被译语言中
写作一样,抱着这种目的的翻译既是不可能达到的,而且就其本身而言也是空
洞的、消极的",因为"根本就不应该提出这样的问题:一个人如何在另一门语
言之中写作其作品"③。因此,在施莱尔马赫看来,译者应该"尽可能让翻译的
语言靠近原本的语言"④。这样,"读者就能够总是心中想到作者生活在另一
个世界、用另一门语言写作"⑤。也就是说,翻译应该让读者想到他读的乃是
翻译作品。

外的东西,诸如纯粹意志、真正的善、自我、纯粹自身意识,法国人完全没有观念,这些东西对于他
们而言是完全无法理解的。当他们使用这些词时,他们总是在完全不同的另一种意义上使用。
他们的理性不同于我们的理性,他们的空间不同于我们的空间,他们的想象不同于我们的想
象……因此这些术语都有双重的意义,一方面是纯粹逻辑的意义,作为众多特殊事物的抽象形
式,另一方面是形而上学的意义,赋予这些术语某种内容(例如,自我意识,首先意味着直接的行
动),于是人们的理解总是有所偏差,因为他们头脑中总是首先只有逻辑的意义,然而,我们德国
人却赋予更多的意义。"引自(François Azouvi et Dominique Bourel, *De Königsberg à Paris. La
réception de Kant en France*(1788—1804),Paris,Vrin,1991,p.110)。

①　Goethe,*West-östlicher Diwan*,Noten und Abhandlungen(《Übersetzungen》)[1819].

②　Friedrich Schleiermacher, *Des différentes méthodes de traduire*, trad. Antoine Berman et
Christian Berner,Paris,Seuil,1999,p.49.

③　*Op.cit.*,p.75.

④　*Op.cit.*,p.85.

⑤　*Op.cit.*,p.87.

　　这两种翻译观念的对立,最近由一位翻译德国哲学的译者、翻译理论家,拉德米哈尔(Jean-René Ladmiral)用他所说的"源头主义者"和"目标主义者"的对立来揭示出来,也就是说译者们,或者更重视原来的语言(源头语),或者更重视翻译所朝向的语言(目标语)①。就此意义而言,施莱尔马赫不折不扣地是个"源头主义者"。

　　与我们更近一些的时候,这种观念在另一些哲学家那里得到了更精深的表达。在 20 世纪,本雅明,著有《译者的任务》②,他说"一切真理,在语言之中有其家园及其古老的宫殿"③。在他那里,这种观念指出某种语言的形而上学。在本雅明看来,翻译的可能性意味着,不同语言之间的原始亲缘性,也就是说,有一门"纯粹语言",一种先于一切现存的语言的"纯粹语言",尽管无法达到或者再次生成这种纯粹语言,但是所有的语言都因此而可以相聚。

　　于是,译者的任务,就是使得他的译本成为这种神秘的、不可沟通的集合的见证和片断,只有诸语言的集合才是可以抵达的。然而,必须注意到,本雅明的翻译实践显然更为"目标主义",相对于他的理论所强调的而言。

　　在 20 世纪的法国,不同的翻译理论家和翻译者,都捍卫着上述这种观念或者与之相近的观念:安托万·贝尔曼(Antoine Berman)④,以及一定程度上的亨利·梅肖尼克(Henri Meschonnic),在其对《圣经》的重新翻译中,将这种观念付诸实践;或者还有另一位《圣经》的译者,安德烈·肖拉基(André Chouraqui)⑤。此外,在这些译者对诸如《圣经》这样的神圣文本的翻译中,能够看到为数众多的源头主义者,这一点毫不奇怪。实际上,这个问题,从一开始,就成为许多论争的对象,例如围绕着公元前 3 世纪的七十士子希腊文《圣经》译本,以及在公元 4 世纪圣哲罗姆的武加大译本。译者经常在这些情况

---

① Cf.Jean-René Ladmiral, *Traduire:théorèmes pour la traduction*,Paris,Payot,1979.

② Texte qui sert de préface à sa traduction(partielle) des*Fleurs du mal*:Baudelaire,*Tableaux parisiens*.Deutsche Übertragung mit einem Vorwort über die Aufgabe des Übersetzers von Walter Benjamin,Heidelberg,Verlag von Richard Weißbach,《Die Drucke des Argonautenkreises》,5,1923.

③ Walter Benjamin,Lettre à Hugo von Hoffmannstahl de janvier 1924.

④ Antoine Berman,*L'épreuve de l'étranger.Culture et traduction dans l'Allemagne romantique*,Paris,Gallimard,1984.

⑤ Desclée de Brouwer,1989.Chouraki traduit,par exemple,《adam》qui est le mot pour dire 《homme》en hébreu par 《le glébeux》,afin que l'on entende le mot de la même famille 《adama》qui en hébreu signifie 《terre》.

下选择保留原始文本的陌生感，这是一件事实。由于希伯来文词的模糊性，qaran 一词既意味着"光照"、也意味着"有角"——于是，在《出埃及记》中的"光明的摩西"①，在圣哲罗姆的译本中，变成了"有角的摩西"，从而给予米开朗基罗以灵感②，成为他最著名的作品之一。

2. 以德语为例

在 18 世纪末和 19 世纪初，在德国发展出这样一种命题：翻译应该更注重源头语言，或者至少让人理解到源头语言的特殊性而不是让人忽视这种特殊性，但是在同一时期，另一些重大的变化也产生了，也就是在德国哲学家对他们自己的语言的使用之中产生了这些变化。

在此，我们必须回顾一下，德语作为哲学语言是晚近的事情。直至 18 世纪末，德国的哲学家，仍然主要用法语或者拉丁语写作。德语——作为康德的同时代人、普鲁士国王斐特烈二世，仍然将德语视作"野蛮人的语言"！——对于德国人而言，似乎并不适合于哲学这一用途。例如，莱布尼茨认为，德语特别适合于用于技术，相反，当涉及抽象的事物时，就不适用了③。此外，从路德到伍尔弗（Wolff），当然也提供了新的平台，但是德语作为哲学语言，真正的奠基人是康德。虽然康德的同时代人，指责他发明出一些粗俗的术语，康德仍然基本上用拉丁语思考。为了能够更好地得到理解，他经常使用拉丁词或者在括号内加入拉丁式的表达。至于他的句子的句法、结构、节奏，仍然与拉丁语非常接近。

正是通过德国浪漫派（诺瓦利斯、施莱格尔），以及德国观念论（费希特、谢林、黑格尔），德语作为哲学语言才获得了深刻的改变。黑格尔的例子是典型，并且向译者提出了新的问题。我们可以举几个例子：引入新的术语（只有德语才有可能给出）：从一些人称出发形成的概念：如自在（*an sich*）、自为（*für sich*）、自在和自为（*an und für sich*），形容词和动词的名词化［此地（*das Hier*）、

---

① Exode,34,29.

② 指米开朗基罗在 1516 年左右完成的《摩西像》的雕塑。

③ Ce qui l'exact contraire d'aujourd'hui où c'est plutôt l'anglais que l'on aurait parfois tendance à vouloir cantonner au langage technique.

现在(*das Jetzt*)]——简言之,这是一些字典中不存在的词语,至少是并不以上述形态存在。毫无疑问,正如列斐伏尔(Jean-Pierre Lefebvre)所强调的,如果说并不存在对等于艾斯勒(Rudolf Eisler)所作的对于康德语言的《康德词汇表》(*Kant-Lexikon*)的黑格尔词汇表①,这并不是一种偶然。对于黑格尔而言,同时还有使用一些具有矛盾意义的词语,并且包含这种矛盾特征。这正是诸如的"扬弃"一词的情况:"扬弃在语言中,有双重意义,即意谓保存、保持,又意谓停止、终结。保存自身已包括否定,因为要保持某物,就须去掉它的直接性,从而须去掉它的可以受外来影响的实有。所以被扬弃的东西同时即是被保存的东西,只是失去了直接性而已,但它并不因此而化为无。扬弃的上述两种规定也可以引用为字典中的这个字的两种意义。一种语言意可以将同一个字用于两种相反的规定,是很可以注目的事。语言中可以找到自身就有思辨意义的字眼,这对于思辨是很愉快的:德语就有很多这类字眼。"②

然而,也正是在这个时代,在这个浪漫主义和观念论的时代,法国人发现了,某种可以定义为"德国哲学"的东西。这种发现可谓相当滞后,在这个意义上,莱布尼茨在17、18世纪并没有像笛卡尔作为法国哲学家、洛克作为英格兰哲学家那样被视作一位德国哲学家,对德国哲学的发现,开始于19世纪初,这时法国停止去关注曾经作为法国启蒙运动的参照物的英国,而是转向德国。这种发现和对于德国哲学的这种指认,伴随着对于德国哲学的某种观念化形式,这种形式在某种程度上一直延续到今天。德国哲学,是与某些伟大的人名以及某种特定的哲学传统相联(德国观念化及其扩展),在法国经常被视为比任何其他传统更能体现哲学之理想。在一定程度上,德国哲学或多或少被视为一种规范。

在此,有一位作家和一本书,对于法国的这种"德国哲学"的观念的形成起到了关键性的作用:这就是斯塔尔夫人(Madame de Staël)在1813年出版的《论德国》。在这本书中,斯塔尔夫人解释说,"德国民族可以被视为最杰出的

---

① Jean-Pierre Lefebvre, article 《Allemand》*in* Barbara Cassin (dir.) , *Vocabulaire européen des philosophies*, Paris, Seuil, 2004, p.57.

② Hegel, *Science de la logique*, tome 1 *La logique objective*, livre 1, *La doctrine de l'être*, section 1, chap. 1. Sur*aufheben*, voir l'article de Philippe Büttgen, *in* Barbarin, Cassin (dir.) , *Dictionnaire européen des philosophies*, Paris, Seuil, 2004.此处译文采自黑格尔《逻辑学》上卷,杨一之译,北京:商务印书馆2003年版,第98页。

形而上民族"，"新的德国哲学"——也就是费希特和谢林的哲学——"必然比任何其他哲学都更有利于开拓精神；因为，把一切都关联到心灵，将世界本身视作受到在我们之中的规则的掌控，这种哲学不承认任何一种先见。观念论哲学相信，如果缺乏普遍的认识，任何一种艺术、一门科学以及任何一个部分都无法得到理解，没有这种从细节看到整体的精神高度，无论是最小的现象还是最大的现象都无法得到科学的考察或者诗意地描述"①。这是关于德国哲学的第一幅图景——既是深刻的，又是观念论的，在一定程度上，之所以深刻是因为它是观念论的，仅仅与普遍相交流，从而给其他精神活动以意义——这一图景，已经包含着法国人对于德国哲学甚至对于一般意义上的哲学的观念论和理想化的呈现的许多特征，因此轻易地就将德国哲学定义为"思辨的"哲学，特别是相较于轻浮的英国经验主义而言！在斯塔尔夫人的建议下，古赞（Victor Cousin）在1817年前往德国旅行，并与谢林和黑格尔见面，并且将两人引入法国——古赞也很大程度上促成了这种表象。

在法国，对于德国哲学的这种观念化，往往同时伴随着对于作为完美的哲学语言的德语语言的神圣化。就此，列斐伏尔谈到一种"法国病"（pathologie française）。这种法国病通过不同的方式显现出来。我们可以给出几个例子：在翻译时，我们习惯将德语词置于括号之中（在对于英语、意大利语、西班牙语的翻译中很少有这种情况），甚至保留德语词（如 Dasein），或者逐词翻译，也就是说用法语来说德语；用法语来模仿德语，造成了其他一些众所周知的效果：保留德语名词的首字母大写——如 Geist, Idee, Sein——这似乎赋予一些法语概念（Esprit, Idée, Être）更多的价值或者尊贵；或者将动词加以名词化——如 le penser——这对应于德语中常见的用法——das Denken——但是，法语中原本不存在这种用法。

这种对于德语的观念化，可以解释，相当数量的德语译者都能够被归为我们所说的"源头主义者"一侧。

在海德格尔的法语译者那里，这种想要使源语言得到理解的意愿，有时到了夸张的程度，从而也受到了批评。在《存在与时间》的译本的后记中，维真

---

① Madame de Staël, *De l'Allemagne*[1813], troisième partie, chapitre 7, Paris, Garnier-Flammarion, 1968, Vol.2, p.141 et 156.

(François Vezin)如是解释说:"关于《存在与时间》的法语版,首先要说的是,宣称要覆盖原始文本、取代原始文本这样的一种翻译观念,是与我们在这里所做的完全相反。"在维真看来,海德格尔的思想,"是一种不断追问的思想……这种思想对于翻译的观念,如果不是加以粉碎至少是加以置疑。这个序言的目的不是别的,而是请读者进行对《存在与时间》的双语阅读……一切'双语阅读'都建立在这样一个原则之上,即赋予原始文本优先性"①。由此就导致在翻译时所做的一些选择:用 ouverture 来译 Erschlossenheit(ouverture)[展开状态],用 util 来译 Zeug(outil)[用具],用 insurprenance 来译 *Unauffälligkeit*——或者说,求助于一些根本不存在的法语词,来翻译这些德语词,而这些德语词原本是一些日常用语,或者至少对于说德语的人而言是具有某些意义的。

这意味着,海德格尔本人的翻译观念也将海德格尔直接置于"源头主义"这边:"话语不是词汇,而是类似于一些水桶和酒桶,从中可以汲取存在的内容。话语是一些言说所探索的水源,是必须不断重新去寻找、重新去探索的水源,这水源极易被堵塞,却常常出其不意地涌出水来。没有这种持续不断回到水源的努力,水桶和酒桶就仍然是空的,其内容就仍然有待去发现"②。在这种条件下,不再是要去"逐词逐句"地翻译,而是"忠实于原初的话语","因为简单的词语还不是话语"③。海德格尔也远远没有走到认为一切翻译都是不可能的:"不只是诗歌,人们也无法翻译思想。人们顶多可以造出一些句子。翻译一旦开始,一切都发生改变。"④因此,对于海德格尔而言,"哲学说希腊语",他认为哲学词汇被翻译为拉丁语是一件可悲的事件,使得我们无可救药地远离了原初的希腊思想。

另一个相似观念下的例子,虽然情况有所不同,是由法国大学出版社所提供的弗洛伊德全集版的翻译,这一版本的翻译原则是由全集的负责人加以系统化地展现。在这里翻译得遵守两个原则:1)基于德语进行文字的翻译。这样在德语中意味着"心结"(obsession)、"顽固的观念"(idée fixe)的词 *Zwangs-*

① François Vezin,postface à la traduction d'*Etre et temps*,Paris,Gallimard,1986,p.515.
② Heidegger, *Qu'appelle-t-on penser?* Paris, PUF, 1959, traduction Aloys Becker et Gérard Granel,p.142.
③ Heidegger,Cours sur Héraclite du semestre d'été 1943.
④ Heidegger,Entretien avec le*Spiegel*,1976.

vorstellung 被译为"强迫表象"（représentation de contrainte）。2）建立了一个涵盖了数千个词的词汇汇编，在任何情况下都按图索骥地按汇编翻译，而不顾词汇被使用时的上下文如何。这就导致了令人无比诧异的翻译效果：在德语中用来表述性（*Geschlechtlichkeit*，sexualité）或性关系（*Geschlechtsverkehr*，relations sexuelles）的词，被翻译为 sexuation 和 commerce sexué。在弗洛伊德处苦学关系的欲望或者想象的层次也未能幸免：Wunshc 不再被译为欲望（désir），而是被译为希望（souhait），通常是付出了意义被弱化的代价。渴望（*Sehnsucht*）一词既意味着欲望又意味着乡愁式的遗憾，变成了 désirance。至少想象（Phantasie）一词，意味着想象（imagination）——弗洛伊德本人在他翻译法国心理学家夏柯（Charcot）的作品时就用这个德语词来翻译想象（imagination）——但在这个版本中被译为 fantaisie。于是我们就远离了弗洛伊德的原初文本，而弗洛伊德是拒绝使用过多专业术语，其写作才华也是大家公认的。

    采纳这种字面主义以及选择唯一的词汇汇编并不是没有困难的。实际上这里有一个有待解释的悖论。每门语言都是一个自成一体的世界，都宣称要独一无二地翻译每个词。然而，在翻译中，是不是应该更灵活地去区分，哪些是概念性的，哪些不是概念性的？对于概念性的，毫无疑问，总是应该以同样的方式来翻译。字面主义，伴随着对于源语言的某种本质化和某种拜物教式的崇拜。因此，如果在德语中特别容易见到这一情况，这不是偶然的。从普遍的角度来看，字面主义的情结总是与人们赋予所翻译的一门语言的尊贵性相应的。对于源头语言的神圣化——德语或希腊语——只是对于某种神圣语言的选择的世俗版本，也就是圣哲罗姆在翻译《圣经》是所说的"希伯来真理"（*veritas hebraïca*）。就此，拉德米哈尔谈到一种翻译的神学。他批判了他所说的词源学，特别是在德语哲学的翻译者那里可以观察到：他写道："有一种心智的诱惑，受到某种流行时尚的影响，许多当代哲人都屈从于这种诱惑，这种时尚来自于德国。实际上，从黑格尔开始，甚至可以上溯到路德，人们似乎就把德语和普遍的语言同一起来，使得词源学所揭示出来的'第一义'采取某种语义学命运的权威，也就是哲学推理的'最后的词'①。这种词源学的征候之

一,就是连接符的使用,用来强调一个词的词源学意义或者文字意义。"①

3. 无论如何,还得翻译

奎因提出了翻译的不确定性命题②,姑且不论这一命题哲学上是否恰当,根据这一命题,不同语言拥有关于同一个意义的观念是一个神话——"意义的神话"③,也就是说,每门语言有一个共同的核心,相信这一点就是翻译——事实上我们还是进行了翻译。这预设了翻译是可能的。简言之,实际上,并没有关于各门语言的不可超越的不可还原性。当然,这并不意味着,有一种共同的意义,在不同语言之中的不同的词将是其准确的对等物。有着完美翻译或者理想翻译,必须抛弃这样的幻想。翻译有着不可还原的经验维度。这是一个人们在每一步都要作出决定、作出选择的活动。

根据文本的类型,人们以不同的方式来提出这个问题——文本的类型,包括从科学文本到诗歌。科学文本代表着某种可以给出相对完美或者几乎完美的对应译本的可能性。相反,诗歌则造成了翻译的不可能性的印象,如果"源头主义者"主要是在诗歌的翻译者那里出现,这不是偶然的。在这里,我们可以将那些诉诸真理和诉诸意义的对立起来,真理总是可译的,而意义常常是不可译的。

然而,哲学文本位于二者之间,有时朝向这一头(如逻辑的、认识论的文本),有时朝向那一头(如尼采)。翻译弗雷格、卡尔纳普,不同于翻译尼采或海德格尔,这一点是很清楚的,更确切说来,这两种类型的翻译提出了不同的问题,这并不必然意味着,对于前一类文本的翻译更容易。而且,对于所有的语言也可以这样说。

然而,对于上述所提到的德语的神圣化,引发了这样的感受:德语从根

---

① Cet usage est fréquent dans l'allemand de Heidegger:*über-setzen*,*Da-Sein*,*Ex-sistenz*.

② Quine,*Word and Object*[1960]:*Le Mot et la chose*[1960],trad.Joseph Dopp et Paul Gochet,Paris,Flammarion,1977.

③ 一个手头没有字典的译者,也没有任何一本翻译手册,在此情况下,如何在一门完全未知的语言和我们的语言之间建立起一种语词的对应关系? 当一只兔子在他面前跑开,一位土著喊出 Gavagai 一词,对此应该如何理解?

本上来说是不可译的，至少相对于其他语言而言要难得多。在我们之前引用过的《存在与时间》的后记中，维真（François Vezin）提到了关于诗人格奥尔格（Stefan George）的法文翻译，一位德国人发现，"在德语中含糊晦涩的东西，在法语中变得明晰起来"。对于法语的这种清晰性，他感到生气，他断言"在《存在与时间》的语言与法国的理性主义之间，有着无法兼容的东西"①。

与这种肯定的说法相反，我们认为，我们可以对源头变得敏感，特别是对于德语的哲学和概念，但并不需要因此将德语加以崇拜并且将它视作哲学的神圣语言。实际上，德语并不是唯一的具有这些资源的语言。所有的语言都有其财富，包括概念方面的财富。例如，如果我们想一起在西班牙语中关于动词 ser 和 estar 的区分，这显然是一种非常哲学的区分②。

此外，德语比其他语言包含着更多的困难或者难以翻译之处，这样的说法并不可靠，无论如何，没有什么能够证明我们应该放弃翻译或者我们应该为了翻译而去发明许多新词，更适合地在于去追问，我们要谈论怎样的德语和怎样的德国哲学。有一些以清晰的方式写作的德国哲学家，如叔本华，他认为"在哲学中，大部分的分歧都来自于对于词语的错误使用"③，他建议像休谟用英语写作时那样的方式来用德语写作。当然，这些哲学家并不是最受赞赏的，似乎一个真正的好的德国哲学家就应该是晦涩的、神谕式的！实际上，我们注意到，维真关于"法语的理性主义"的点评暗示说德语并不是一种采用了理性主义的语言。因此，这似乎从语言上就排斥了德国的理性主义。

然而，真实的德国哲学的历史，却更为复杂、更为曲折。那些普遍看来诉诸德语哲学语言的不可译特征的哲学家，远远不足以体现德语哲学传统的全部财富。从 19 世纪初开始，就有不少的哲学家或者学者，激烈地批评其同时代人在哲学中使用晦涩的语言。在 1832 年，柏林的哲学家贝内克（Friedrich Eduard Beneke）注意到"每个学派的语言，对于另一个学派而言都是无法理解

---

① *Op.cit.*, p.517.

② 这两个词都是系动词，ser 指的是那些持续着的、稳定的，而 estar 则是指那变化着的、境遇的。

③ *Die Welt als Wille und Vorstellung*, 3ᵉᵐᵉ éd. Leipzig, Brockhaus, 1859, Vol.1, p.617; *Le Monde comme volonté et comme représentation*, trad. Burdeau, revue par Richard Roos, Paris, PUF, 1966, p.652.

的,我们离自说自话的时代不远了"①,他看到了某种"理智的野蛮",其浪潮即将淹没整个德国。他也注意到了在德国与其他国家之间的鸿沟。然而,他注意到,在各种观念不断扩散的 18 世纪,德国哲学家渐渐地变得孤立,变成了某种幻想家(*Schwärmer*),相对于其邻居而言,特别是相对于英国人而言,英国人轻视这些并且认为没有哲学意义。显然,他并没有分有斯塔尔夫人的观点,即德国人是"最杰出的形而上学民族"。

在同一个时代,博尔扎诺(Bernard Bolzano)反对闲话(*Geschwätz*),或者说反对诸如谢林、黑格尔那样的思想家的废话连篇。"我们时代的这些思想家最令人惊讶的特征之一就在于,他们并没有感觉到或者至少并不满足于要服从严格的逻辑规则,以及总是带着清晰来谈论事物的义务,在何种意义上要采用某词以及概括何种理由来肯定这一事物或那一事物。"②

叔本华、贝纳克、波尔扎诺,以及其他一些哲学家,向我们暗示,所谓德语哲学语言的不可译的特征,就其根本而言,在于某些德国哲学家所特有的表达方式,而不在于德语本身。虽然有着在这种或者那种语言之中进行翻译所呈现出来的种种特殊的困难,翻译一个文本,仍然在于尽可能地给出最好的对应文本,从而使不识得这门语言的读者得以进入这个文本。但是,我们要放弃这样一些观念:把哲学视作放诸四海而皆准的理念——这种放弃,对于哲学文本和德语也同样有效。

———————

① Friedrich Eduard Beneke, *Kant und die philosophische Aufgabe unserer Zeit*, Berlin-Posen-Bromberg, Mittler, 1832, p.10.

② Bernard Bolzano, *Lehrbuch der Religionswissenschaft*, Sulzbach, Seidel, 1834, § 63.

从海德格尔对萨特人道主义的批判看主体—人的终结[*]

程党根[**]　金　斌[***]

摘要：主体与人的结合在西方哲学史上是一个重大的标志性的事件，具有里程碑式的意义。海德格尔以存在为武器，主张用自己的"非人的"人道主义取代萨特的"无人性的"人道主义，解构存在者层面上的各种形式的人道主义，拆卸包裹在人道之人身上的主体性外衣。海德格尔的人道主义是人道主义的一种新形式，思的是存在的人道，即人作为存在的看护者的人道。它以存在而非人为旨归，主张原始地从存在的真理出发来思人道主义，反对形而上学地思人道主义。从海德格尔对人道主义的这种解构中，我们可以初步窥见作为形而上学主体的"人"在现代西方哲学中逐渐被淡出和消解的趋向。

关键词：人道主义　海德格尔　萨特　存在　人　主体

众所周知，主体与人的结合在西方哲学史上是一个重大的标志性的事件，具有里程碑式的意义。1961 年，海德格尔在为其著作《尼采》（主要是海德格尔 1936—1940 年间在弗莱堡大学的讲座稿）对此进行了回顾，认为在笛卡尔的思维之我中，一种新型的主体性被引进了西方哲学，"通过笛卡尔、并且自笛卡尔以来，在形而上学中，人即人类'自我'（Ich）以占据支配地位的方式成

---

　　* 此文为江西省社科研究"十二五"（2013 年）规划重点项目"主体性与人道主义关系研究"、2013 年度江西省高校人文社科项目"主体性和人道主义关系研究"、江西省教育科学"十二五"规划课题"法国哲学教育变迁研究"（11ZYZYB006）的阶段性成果。
　　** 作者简介：程党根（1966—　），男，江西丰城人，教授，哲学博士，从事现代西方人本主义和后现代主义研究。
　　*** 南昌大学人文学院哲学系外国哲学硕士研究生。

为'主体'(Subjekt)'。"①人(自我)由此而跃升为主体性的占有者、实行者、管理者和承担者,主体概念则在其新含义中成了表示人(自我)的专用名词。

海德格尔在此向我们传达了一个明确的信息:"主体—人"概念的合成是一个重大的形而上学事件,自此之后,形而上学开始采取"拟人论"或"人类学"的形式。如果我们用海德格尔的这个观点审视他的《关于人道主义的书信》(Letter on Humanism),就会猛然醒悟到这封"书信"的非同一般的意义。与国内学者一般从海德格尔前后期思想之间的"断裂"和转向的角度来看这封书信的意义②不同,本文尝试从海德格尔思想一贯性和继承性的角度来探讨这封书信,并把它看成是海德格尔解构形而上学和主体主义的一贯性做法的接续。从海德格尔对萨特人道主义的批判和对各种形而上学人道主义的解构中,我们可以初步窥见作为形而上学主体的"人"在现代西方哲学中逐渐被淡出和消解的命运。

一

海德格尔和萨特既同沐现象学阳光,又是泽被和受惠的关系,萨特的现象一元论或现象学—存在主义某种程度上出自海德格尔的基础存在论。正如著名海德格尔学者汤姆·洛克莫(Tom Rockmore)所言:"在《存在与虚无》中存在着无数的海德格尔的影响,包括'介入'(engagement)和责任(responsibility),二者都是海德格尔决断(resoluteness)观点的仿造。"③然而,就在萨特发表《存在主义是一种人道主义》的著名演讲从而掀起所谓的"存在主义狂热"后不久,他们之间的和平关系走到了尽头,其标志是海德格尔《关于人道主义的书信》的发表。洛克莫把他们之间关系决裂的原因归结为:"尽管萨特倾心研究胡塞尔和海德格尔的著作,但却经常误解海德格尔的思想,或

---

① 海德格尔:《尼采》(上、下),孙周兴译,北京:商务印书馆2002年版,第773页。
② 参见张旭:《海德格尔论人道主义的双重意义》,《中国人民大学学报》2009年第2期。中国人民大学的张旭教授在该文中认为《关于人道主义的书信》是海德格尔对自己的早期思想与纳粹意识形态之间亲和关系所作的自我检讨。
③ Tom Rockmore, *Heidegger and French Philosophy*, London and New York: Routledge, 1995, p. 55.

者总是通过他自己的成见来把握它。"①

很多学者,包括海德格尔自己,认为《关于人道主义的书信》(1946 年)是他 1930—1946 年间心路历程的一个阶段性总结。② 然而,如何看待这一"总结"? 如果我们不以一种结构主义的视角来看待海德格尔的这封书信,即不认为海德格尔前后期思想之间由于所谓的"思想转向"而存在巨大的思想"断裂",那么我们就会把海德格尔晚期思想的演进看作是很大程度上由一系列从进化的视角对《存在与时间》进行的重新解读和诠释所构成,把他的这封书信看作是《存在与时间》的"阅读导航"。这封书信是海德格尔 1946 年秋写给他的法国追随者让·波夫勒(Jean Beaufret)的,披露之后曾经轰动一时,人称"20 世纪最著名的书信"。正是在这篇以书信的形式写成的著作中,海德格尔重申了他关于存在的首要性的信念,公开地就波夫勒提出的我们如何赋予一种新的意义到"人道主义"、存在论与一种可能的伦理学的关系等问题作出了回答。③

在书信中,海德格尔借以评判各种形式的人道主义的标准,仍然是《存在与时间》中关于"存在者的(ontisch, ontical)"和"存在论的(ontologisch, onto-logical)"的区分。正如海德格尔对死亡的分析受到存在者层次上的东西对存在论上的东西的不断污染的困扰一样④,海德格尔对人道主义的分析也受到存在者层次上的人道主义的困扰,不得不一再重申自己建立在存在论基础上的人道主义不仅不同于而且先于包括萨特的人道主义在内的各种形式的存在者层次上的人道主义。

依据此一标准,海德格尔对萨特的存在主义的人道主义展开了尖锐地批判。严格说来,海德格尔和萨特在人道主义问题上并非没有一点共性。如同海德格尔说人除了生存之外没有现成的本质一样,萨特在其作为《存在与虚无》微缩版的著名演讲《存在主义是一种人道主义》中,也说没有所谓永恒不

---

① Tom Rockmore, *Heidegger and French Philosophy*, London and New York: Routledge, 1995, p. 77.

② 海德格尔:《尼采》(上、下),孙周兴译,北京:商务印书馆 2002 年版,第 2 页。

③ Tom Rockmore, *Heidegger and French Philosophy*, London and New York: Routledge, 1995, p. 95.

④ Brent Adkins, *Death and Desire in Hegel, Heidegger and Deleuze*, Edinburgh: Edinburgh University Press, 2007, p. 8.

变的人性。不仅如此,他们还同样拒斥不能令人满意地回应社会关注的传统的人道主义,支持一种在社会上有用的新的人道主义。① 然而,这种有用的人道主义究竟应该是一种怎样的人道主义? 在对这个问题的回答上,海德格尔和萨特走上了公开的对抗。大致说来,海德格尔对萨特人道主义的批判主要体现在如下几个方面:

首先是海德格尔对萨特无神论思想的批判。

在《存在主义是一种人道主义》中,萨特把存在主义者分成两类:一是基督教的存在主义者,如雅斯贝斯和马塞尔,另一类是存在主义的无神论者,如海德格尔和他自己。从其现象学存在论的立场出发,海德格尔不同意萨特的这种划分,认为自己是一个用现象学方法进行基础存在论研究的哲学家,自己进行的基础存在论研究不同于并且先于存在者层次上的包括神学和存在主义在内的实证科学,因此既不可能是一个把人作为存在者进行研究的存在主义者,也不可能是对神这种存在者是否存在进行研究的无神论者。因此,"如果有人硬说从人的本质对存在的真理的关系来讲人的本质就是无神论,那就不仅是太急躁,而且已是在这种做法中犯错误了。"②

其次是海德格尔对萨特关于人是"human reality"(人的实在)的观点的批判。

既然海德格尔既不认为自己是个无神论者,也不认为自己是个有神论者,那么以无神论或有神论为前提进行的任何推论,都可以说是违反海德格尔意图的。"存在先于本质"这个所谓的"存在主义的第一命题"就是从这一推论中得出的。根据萨特本人说法:"如果上帝并不存在,那么至少总有一个东西先于其本质就已经存在了;先要有这个东西存在,然后才能用什么概念来说明它。这个东西就是人,或者按照海德格尔的说法,人的实在(human reality)。"③

---

① Tom Rockmore, *Heidegger and French Philosophy*(M), London and New York: Routledge, 1995, p.96.

② 海德格尔:《海德格尔选集》(上、下),孙周兴选编,上海:上海三联书店 1996 年版,第393 页。

③ 萨特:《存在主义是一种人道主义》,周煦良、汤永宽译,上海:上海译文出版社 2005 年版,第5 页。

　　萨特在此推论中把海德格尔的"此在"（Dasein）概念说成是"人的实在（human reality）"，这是对海德格尔思想的严重误解。在《存在与时间》中，海德格尔确实说过"每一此在总都就作为实际此在而存在"类似的话，他称之为此在的"实际性"，"实际性这个概念本身就含有这样的意思：某个'在世界之内的'存在者在世界之中，或说这个存在者在世；就是说：它能够领会到自己在它的'天命'中已经同那些在它自己的世界之内向它照面的存在者的存在缚在一起了。"①

　　如此看来，此在的"实际性"并不等同于现成事物的"现成性"。它一方面因为其曾经的实际性而"在世界之内"，另一方面又因其操劳着存在的当前的"实际性"而"在世界之中"。此在就这样在其"实际性"的情况下领会着自己在世之在的"天命"，它在存在论上与一块石头的现成存在判然有别。从此在存在的时间性来看，此在的"实际性"由此在曾在和当前两种绽出的时间样态构成，它源于此在存在的将来性，因为此在本真地从其将来而是其曾在和当前。因此，由曾在和当前两种时态所构成的此在的"实际性"并不是此在存在的根本性质，其根本性质是由将来构成的可能性（能在），即它首先是作为一个不断先行于自身向其未来伸展的存在者而存在。这种从将来来到自身（实际性）的存在，海德格尔称之为生存。

　　因此，海德格尔所说的此在的"实际性"并不会造成萨特所说的经过主观的"自由选择"而造就的"人的实在"，即经过其主观选择所造就的是资本家还是流浪汉那样的存在者层次上的现成本质。正由于此，洛克莫（Tom Rockmore）和波夫勒指责萨特把海德格尔的"此在"（Dasein）误解为"人的实在"（human reality）是犯了严重错误。②

　　依海德格尔之见，人道主义（humanism）"这个词中的'人道'是指人道，指人的本质。'主义'是指人的本质要被认为是主要的"。③ 那么，什么是人的

---

　　① 海德格尔：《存在与时间》（修订译本），陈嘉映、王庆节译，北京：生活·读书·新知三联书店 2014 年版，第 65—66 页。

　　② Tom Rockmore, *Heidegger and French Philosophy*（M），London and New York：Routledge，1995，pp.92—93.

　　③ 海德格尔：《海德格尔选集》（上、下），孙周兴选编，上海：上海三联书店 1996 年版，第 388 页。

"本质"呢？海德格尔在《存在与时间》和《关于人道主义的书信》中表达了同样的意思,即人(此在)的"本质"是它"去存在"或"生存"。这个"本质"不是传统形而上学意义上的"本质",即不是实体之类的现成的东西,而是通过生存显现出来的存在的可能性。人(此在)不是实体,不是主体,也不是客体,没有固定不变的现成"本质"。它是把自己交托给它的存在的存在者,其本质无可置疑地由其存在即生存决定。

在海德格尔的语境中,生存是形式显示,既有意向性的含义,也有超越的含义。人的存在是一种达至世界的在世之在,是出离于自身之外而对它的存在者状态的超越,因此,"在把人的人性规定为生存的时候,事情要归结为:人并非本质性的东西,而作为生存的出窍状态的这一度的存在才是本质性的东西。"①人生存的这种"出窍状态",是一种被抛于世的先行于自身的出离状态。人被抛入世界之"此"中,并以"此"作为理解自己存在和展示自己存在的境域,把看似"天命"的被抛入世界之中作为它的可能性存在并且展开它存在的可能性,这就是它的生存,也即它的"本质",它的"人性"。

最后是海德格尔对萨特关于人的本质的观点的批判。

对萨特现象学一元论而言,人是人的实在,是人的意识,"意识是一种真实的主观性,而印象则是主观的充实物"。②因此,人道主义的出发点是人的主观性,作为存在主义的人道主义的"哲学必须从主观开始"。③人之所以命定是自由的,乃在于人的意识或人的主观性的本质是自由,它先于人的本质或人性,由此出发,在经过受意识或主观性支配的自由选择之后,人才能获得其本质,即他最终变成了他想要变成的人。

必须明确的是,萨特所说的"选择"并不同于海德格尔所说的"筹划"。海德格尔所说的筹划属于生存之领会,是前理论、前主题地领会着存在的存在方式、是一个"生存论结构的"概念。换言之,它不是指存在者层次上的主观的

---

① 海德格尔:《海德格尔选集》(上、下),孙周兴选编,上海:上海三联书店1996年版,第377页。

② 萨特:《存在与虚无》,陈宣良等译,北京:生活·读书·新知三联书店2007年版,第19页。

③ 萨特:《存在主义是一种人道主义》,周煦良、汤永宽译,上海:上海译文出版社2005年版,第4页。

认识和行为方式,不是胡塞尔或萨特意义上的意识行为,而是指存在论层次上的存在方式,它展开人存在的可能性,组建人的在世存在。人作为被抛的人被抛入筹划活动的存在方式中,只要人存在,它就筹划着,即从其可能性来领会着自身。这种领会并不把它向之筹划的东西,即可能性,作为专题来把握。

在《存在与时间》中,海德格尔把自己的生存论存在论层面的筹划与存在者层次上"从主观开始"的自由选择进行了严格的区分:"此在拟想出一个计划,依这个计划安排自己的存在,这同筹划活动完全是两码事。"①在《关于人道主义的书信》中,海德格尔再一次澄清了生存、本质和筹划的关系:"因为生存既不是本质的实现,生存甚至也不促成与设定本质的东西。"②因此,不能把筹划理解为臆想的设定,把筹划看成是主观方面的成就,否则,筹划就不成其领会之筹划了,筹划也就变成了主观意识支配下的存在者层次上的事务而非存在论生存论层次上的存在方式了,筹划也就不会被领会为存在的"澄明"和"出窍"了。

有鉴于此,海德格尔认定萨特的《存在主义是一种人道主义》是形而上学人类学和主体哲学的新形式。在《关于人道主义的书信》中,海德格尔直截了当地对萨特的存在主义第一命题进行了尖锐的批判,其方法是用萨特的策略反对萨特自己。当萨特说"存在先于本质"的时候,他实际上是毫无分辨地取用了形而上学的意义之下的 existentia 与 essentia 两词。自柏拉图以降的形而上学和神学都奉 essentia 先于 existentia 为圭臬,萨特只不过是把这个命题倒转过来而已。依海德格尔之见,一个颠倒了的形而上学命题依然是一个形而上学命题,它和形而上学一起固执于对存在的真理的遗忘之中。③

在这个问题上,海德格尔坦承自己有一定的责任,即当他在《存在与时间》中提出"此在的'本质'在于它的生存"之时,由于"还在准备先行的东西",还不能完全说出 essentia 与 existentia 的关系,而且对它们的关系也处理

---

① 海德格尔:《存在与时间》(修订译本),陈嘉映、王庆节译,北京:生活·读书·新知三联书店 2014 年版,第 169 页。
② 海德格尔:《海德格尔选集》(上、下),孙周兴选编,上海:上海三联书店 1996 年版,第 372 页。
③ 海德格尔:《海德格尔选集》(上、下),孙周兴选编,上海:上海三联书店 1996 年版,第 372 页。

得"十分笨拙",误导萨特提出了 existentia 对 essentia 的优先地位。① 事实上,"此在的'本质'在于它的生存"并不是表示 existentia 与 essentia 这两个形而上学的规定之间的对立,而是说人是这样成其本质的:人是"此"之在,即人是存在的澄明。人只有成为此在,它才会有生存的基本特质,这就是说,才会有出窍地立于存在的真理之中的基本特质。不是因为人才有存在的真理,而是因为人出窍地立于存在的真理之中,归属于存在的真理,它才能有其作为生存的本质。

海德格尔在存在论层面上把生存作为人的本质,而萨特因其只知有人而不知有存在的真理,在存在者层次上看人,错把人在其生存过程中所获得的身份、地位、职业等存在者层次的东西当做人所获得的"本质",才会有把"此在的'本质'在于它的生存"这句话解释为好像是把基督教神学关于上帝所讲的一种思想(上帝是自己存在)还俗来移用于人这种"迷乱到极点的想法"。生存本身就是人的本质,它与萨特所说的身份、地位、职业等人作为存在者层次上作为本质的东西判然有别。前者是人存在论层次上的本质,后者是人存在者层次上的本质,前者优先于、高于后者并派生后者。

总之,依海德格尔之见,人道主义的出发点是人的存在。"人在人的本质中被存在要求着,而人只有在这种人的本质中才成其为本质。"②海德格尔与萨特在人道问题上的分歧,归根结底是在存在者层次上处理人道问题还是在存在论层次上处理人道问题的分野。就萨特而言,他的存在主义的人道主义说的是人的尊严,谈的是如何才能不使人成为物,而海德格尔的人道主义说的则是人的存在,谈的是人如何在存在的规定下成其为人。关于人的存在的现象学不是对作为存在者的人的存在者层次上的属性进行认识,而是要确定人作为存在者的存在的结构。包括萨特人道主义在内的传统形而上学人道主义满足于知性地认识人道,认识人存在者层次上熟知的东西,把人的存在给遮蔽甚至遗忘了。

任何拘执于人这种存在者而不曾深入追问这种存在者的存在的人道学

---

① 海德格尔:《海德格尔选集》(上、下),孙周兴选编,上海:上海三联书店 1996 年版,第373 页。

② 海德格尔:《海德格尔选集》(上、下),孙周兴选编,上海:上海三联书店 1996 年版,第368 页。

说,都不可避免地要泥陷于某种形式的伦理学。诚如萨特自己所声明的,他的人道主义是"用行动说明人的性质的"的伦理学,是"一种行动的和自我承担责任的伦理学"。① 而在海德格尔看来,思人道的存在论先于任何形式的伦理学。如果硬要把自己思人道的存在论看成是伦理学,这种伦理学也只能是一种"把存在的真理作为一个生存着的人的原始的基本成分来思"的原始的伦理学。② 萨特伦理学立足于意识的自由特性,奉行一种在选择和责任二元结构内进行介入的行动伦理学,归根结底像任何一般伦理学一样属于人存在者层次的生存上的规定,而海德格尔的"原始的伦理学"则是存在论层次上的生存论建构,它先于和派生出一般伦理学。因此,我们决不可把海德格尔所使用的貌似具有伦理学性质的诸多概念如"本真状态"、"非本真状态"、"自由"、"罪责"、"良知"、"沉沦"等看作是伦理学概念并作一般伦理学的理解。

二

海德格尔对人道主义的批判不止于萨特,而是指向包括萨特人道主义在内的一切形式的传统人道主义。在他看来,传统人道主义的共通之处,乃在于"一般地把人道主义了解为努力使人为自己的人性或人道而成为自由的以及在自己的人性或人道中发现自己的尊严"。萨特尽管从其"存在先于本质"的既定立场出发,认为"人仍旧在形成中",反对人具有上帝所规定的永恒不变的人性,主张一种无普遍人性的人道主义,但在海德格尔看来,这种人道主义仍然十分肤浅。他更其深刻地看到,传统人道主义也许在目标、根据、实现的方式和手段上会有所不同,但在这一点上却是一致的,即"人道的人的人性或人道,总是从一种已经确定了的对自然、对历史、对世界、对世界根据,也就是说对存在者整体的讲法的角度来规定的"。③

① 萨特:《存在主义是一种人道主义》,周煦良、汤永宽译,上海:上海译文出版社2005年版,第20页。
② 海德格尔:《海德格尔选集》(上、下),孙周兴选编,上海:上海三联书店1996年版,第398页。
③ 海德格尔:《海德格尔选集》(上、下),孙周兴选编,上海:上海三联书店1996年版,第365页。

　　传统人道主义的人性或人道的"根据"是人，是以人作为价值中心和最高目的，从人的角度来讲自然和历史，把人放在世界即存在者整体的对立面进行表象和处置，从而造成人与自然、世界的撕裂和二元对立。在海德格尔看来，任何从存在者而非存在的角度进行思考，遗忘或逃避存在的做法都是形而上学，一部形而上学（哲学）的历史就是一部存在的遗忘史，因此，一切种类的人道主义的根源都在于形而上学："任何一种人道主义要不是奠基于一种形而上学中，就是其本身即为一种形而上学的根据。"①无论怎样规定人的本质，如果这种规定不是追问存在的真理而是追问包括人在内的存在者的定义的话，那么这种规定就都是形而上学的。形而上学地规定人的本质，反过来又使一切形而上学都表现为人道主义。如此，形而上学和人道主义扭结在一起：人道主义被形而上学规定，形而上学表现为人道主义。

　　对存在的真理不加追问而以存在者的定义作为前提的形而上学人道主义，其显著特征都是把人看成有理性的动物。形而上学人道主义就是这样从生物方面、从人作为存在者方面来想人，殊不知人在人的本质中被存在要求着，人只有在这种人的本质中才成其为本质。海德格尔认为，这种对人的本质的规定也许并不是错误的，但却是形而上学的，因为它在规定人的本质的时候不仅不追问存在对人的本质的关系，甚至还阻止这种追问。对存在的真理进行追问，这是被形而上学人道主义遗忘了的问题。形而上学不思存在者和存在二者之别，不追问存在本身的真理，不问人的本质是以什么方式属于存在的真理。换言之，在谈到"人"这种存在者的本质规定的时候，形而上学人道主义始终遗忘了这种存在者的存在问题。

　　形而上学从生物方面来想人，表明了这种形而上学人道主义所具有的"人类学"倾向。在《存在与时间》中，海德格尔指出了传统人类学的两个源头：其一是古希腊源头，把人理解为逻各斯或理性的动物，其二是在此基础上产生的神学的源头：把人理解为上帝的被造物，上帝依照自己的形象和样式造人。②从这两个源头可以看出，在谈到人这种存在者的本质规定的时候，传统

────────────────

　　①　海德格尔：《海德格尔选集》（上、下），孙周兴选编，上海：上海三联书店1996年版，第366页。
　　②　海德格尔：《存在与时间》（修订译本），陈嘉映、王庆节译，北京：生活·读书·新知三联书店2014年版，第57页。

人类学要么是遗忘了这种存在者的存在问题,要么是把这种存在者的存在理解为和其他受造物的现成存在一样的现成存在。而在近现代人类学中,这两个源头又同笛卡尔的 res cogitans、意识等纠缠在一起。依海德格尔之见,笛卡尔被称为近现代西方哲学之父,尽管他揭示出了 cogito sum[我思故我在]这一近现代哲学发问的出发基点,在某种限度内探索了 ego 的 cogitare,并把 sum 设定为是同 cogito 一样源始,但由于他对人的看法仍局限于古希腊和神学的框架之内,既把人看成是理性动物又把人看成是神造物。正因为如此,笛卡尔根本就看不到 sum 的问题,人或 cogitationes 的存在对他来说完全是不言而喻的,追问人或 cogitationes 的存在问题完全是多余的。笛卡尔的这一耽搁是决定性的耽搁,自此之后几乎所有哲学家,都始终在这个根本性的问题上裹足不前,遂使 cogitationes 本身在存在论上始终未能得到规定。由此之故,海德格尔认为人类学问题的提法在其决定性的存在论基础上始终是一个空白地带。

非但如此,笛卡尔还把存在者规定为表象的对象性,把真理规定为表象的确定性。自此之后,包括尼采形而上学在内的整个近现代形而上学,一以贯之地沿袭笛卡尔所开创的存在者阐释和真理阐释的理路,把每个存在者都带到人自身面前来,使之成为可对象化的、可计算的和可确定的表象,"作为研究,认识对存在者作出说明,说明存在者如何和在何种程度上能够为表象所支配。……只有如此这般地成为对象,如此这般地是(ist)对象的东西,才被视为存在着的(seiend)。"①

沿着笛卡尔所开辟的我思的既定路线前行、并未在存在论上得到规定的近现代人类学,既是"人类中心主义",又是"主体主义"。在《尼采》一书中,海德格尔就指出:现代形而上学采取了人类学的形式,形而上学是根据人的形象对世界赋形和直观的"拟人论(Anthropomorphie)":"有一种思想是人人都熟悉的,那就是'人类学的'思想。这种思想要求:世界要根据人的形象来解释,形而上学要由'人类学'来取代。"②其结果是,形而上学"为人类学的思想方式所操纵,……作为形而上学的'人类学',乃是形而上学向其最终形态即'世界观'(Weltanschauung)的过渡"。③

---

① 海德格尔:《林中路》,孙周兴译,上海:上海译文出版社1997年版,第82—83页。
② 海德格尔:《尼采》(上、下),孙周兴译,北京:商务印书馆2002年版,第762页。
③ 海德格尔:《尼采》(上、下),孙周兴译,北京:商务印书馆2002年版,第833页。

　　海德格尔这里所讲的"世界观",乃人作为主体对世界的整体看法和由这些看法所构成的世界图像。世界观和世界图像的形成,和主体的人化密不可分。海德格尔认为,在人成为主体(Subjekt)之际,其本质发生了根本变化。在希腊意义中,"一般主体"(Subfectum)指的是"根据"、"基础",指的是眼前现成的东西,它作为基础把一切聚集到自身那里,任何一种作为基础的现成的东西都可以作为主体。主体概念的这一形而上学含义最初并没有突出其与人的关系,尤其是,没有任何与自我的关系。任何存在者都是主体,人只是诸多存在者中的普通一员,并不具有决定和支配其他存在者的中心地位。然而,当人成了第一性的和真正的一般主体之后,人就成了存在者之间关系的中心,人之外的其他一切存在者都把其存在方式和真理方式建立在人这种存在者之上。在海德格尔看来,"一般主体"(Subfectum)成为主体(Subjekt),成为专指人这种突出的存在者,乃是笛卡尔确立主体地位的结果。笛卡尔把我思引入哲学,必然会使哲学变成哲学人类学。他把我思规定为主体,也就意味着人成了一般主体,人便可以按照他对自身的理解和意愿来规定和实现他的主体性本质。因此,世界之内的存在者成为图像的过程,就是人在存在者范围内成为主体的过程,世界之内的存在者因此就成了人所表象的图像,这也就是世界观的形成过程。

　　从本质上看来,世界图像并非意指一幅世界自身所呈现的图像,而是指世界被主体把握为图像。在这幅被把握为图像的图像中,存在者整体被以如下方式看待:存在者之所以存在,就是因为它们存在于被具有表象和制造作用的人摆置中,舍此,存在者不会被看作存在。世界图像体现着主体—人关于存在者整体的本质性决断,存在者的存在是在人关于存在者的表象中被寻求和被发现的。因此,世界成为图像和人成为主体是对近现代本质具有决定性意义的两大历史进程,它们一起照亮了海德格尔眼中"近乎荒谬的"近现代历史进程。主体—人对越是广泛和深入地征服和支配世界,主体—人就越主观地表现其主体性,客体就越客观地向主体—人呈现其客观性,世界观和关于世界的学说也就越无保留地变成一种关于人的学说,变成人类学。对此,海德格尔伤感地写道:"毫不奇怪,唯有在世界成为图像之际才出现人道主义。正像希腊的伟大时代中不可能有世界图像这类东西,同样地,那时也不可能有一种人道主义发挥作用。所以,比较狭窄的历史学意义上的人道主义,无非是一种伦理学—美学的人类学。"①海德格尔言下之意是,近现代意义上的人道主义作为一种伦理学—美学形式的人类学,乃是近现代主体哲学的晚近发明,是作为主体的人傲然耸入于世界存在者之巅的悲惨性事件的结果。

　　依照海德格尔的这种思路,萨特所谓的存在主义的人道主义究竟是什么就不言自明了。萨特本人也承认了自己人道主义的笛卡尔前提:"除掉人的宇宙外,人的主观性宇宙外,没有别的宇宙。……这就是我们叫做的存在主义的人道主义。"②可以说,没有笛卡尔所确立的主观性,萨特的人道主义就是没有基础的空中楼阁,因为其出发点是正是笛卡尔的"我思故我在"所确立的主观性。无怪乎海德格尔会说,只有当人本质上已经是主体,人才有可能滑入萨特式的个人主义意义上的主观主义的畸形本质之中。③

<h2 style="text-align:center">三</h2>

　　海德格尔反对形而上学的人道主义,并非意味着他要鼓吹某种形式的非人道主义,而是要建立一种"非人"的人道主义。这种"非人"的人道主义反对形而上学地思人道主义,是原始地从存在的真理出发来思的人道主义,用海德格尔自己的话来说,这种人道主义不是萨特所说的那种"其上只有人的平面"的人道主义,而是"其上主要有存在的平面"的人道主义。④

　　从海德格尔以上对人道主义的批判中,我们已经明见了人道主义的形而上学本质,因而尽管人道主义这个词还有其历史意义,但由于它是从存在者层面形而上学地思人的本质,"忘在"地不追究甚至堵塞存在的真理问题,其现实意义已经无可挽回地丧失了。当然,如果我们硬是要对"人道主义"这个词怀恋不舍的话,这个词也不是不可用,但要对之进行重新赋义,以带领我们去更原始地思人的本质:"假若我们决心坚持'人道主义'这个词的话,那么现在

---

　　① 海德格尔:《林中路》,孙周兴译,上海:上海译文出版社1997年版,第89页。
　　② 萨特:《存在主义是一种人道主义》,周煦良、汤永宽译,上海:上海译文出版社2005年版,第31页。
　　③ 海德格尔:《林中路》,孙周兴译,上海:上海译文出版社1997年版,第89页。
　　④ 海德格尔:《海德格尔选集》(上、下),孙周兴选编,上海:上海三联书店1996年版,第377—378页。

'人道主义'的意思就是:人的本质是为存在的真理而有重要意义的,所以,事情因此恰恰不是视仅仅是人的人而定。"①被重新赋义的人道主义,是一种新形式的"人道主义",即一种别样的"非人的"人道主义。这种"非人的"人道主义主张不从人作为存在者的平面来看人,而要从人的存在的平面来看人,因此,它"虽然完全没有主张非人道的东西,但所说的却是反对迄今为止的一切人道主义的"。②

　　这种"非人的"人道主义与萨特的"无人性的"人道主义相对。"无人性的"人道主义是萨特所认可的一种新的人道主义,它要求以主观之个人为基础,每个人对一切人负责,对整个世界负责。依海德格尔之见,这种人道主义事实上并不"新"或者只是伪称"新",是传统的、不能令人满意的人道主义种类的另一种类型。③ 他意欲以一种后形而上学的人道主义取代旧的人类学的、形而上学的人道主义,主张一种采取了"思(thinking)"的形式新的人道主义。这种"思"的人道主义或者超哲学之思建基于存在之上,在许多方面将使人放心:它远避了通过主观性来理解人,把存在者显现为劳动材料的唯物主义、唯心主义、实用主义、技术主义、甚至作为人类主义的美国主义,它们都与对存在的遗忘有关。通过接近存在,它不再是与理论和实践有关的哲学,而是比哲学(它作为形而上学)由于未能解决、事实上也无法解决因为脱离存在而产生的人的问题思得更深。在这种人道主义观照之下,人的命运通过存在的历史而得到揭示。④

　　对海德格尔来说,通过存在的历史而得到昭显的人的命运,是人的异化(alienation)。人异化的根源在于对存在遗忘,其症状是"现代人的无家可归"。⑤ 在对传统形而上学人道主义的分析中,他一方面假定了我们对他的存

---

　　① 海德格尔:《海德格尔选集》(上、下),孙周兴选编,上海:上海三联书店1996年版,第388页。

　　② 海德格尔:《海德格尔选集》(上、下),孙周兴选编,上海:上海三联书店1996年版,第388页。

　　③ Tom Rockmore, *Heidegger and French Philosophy*, London and New York: Routledge, 1995, p.96.

　　④ Tom Rockmore, *Heidegger and French Philosophy*, London and New York: Routledge, 1995, p.97.

　　⑤ Tom Rockmore, *Heidegger and French Philosophy*, London and New York: Routledge, 1995, p.97.

在论观点的事先承认,另一方面采取了异化和消除异化的二元论的论证形式,颇似于基督教把人类历史看成是堕离和重返上帝的历程的做法。传统的人道主义是形而上学,而形而上学脱离存在,导致人的无家可归和异化。海德格尔为此开具的疗方,是通过用一种新的形而上学折回到存在来倒转这种脱离,使我们最终克服人的异化和重新赢得存在的家园。①

这种新的形而上学,就是采取了"思"形式的人道主义。它思的是存在的人道,即人作为存在的看护者的人道。思人道的人的人道,用海德格尔的话来说,就是思人的存在的真理。这样原始地来思人道即人的本质,就会看到人不光是存在者层次上的理性的生物的人,他更是以生存的方式存在的存在论层次上的人,因此后者比前者更多;同时,他不光是从主观性上来理解自身的人,更是被抛入世界之中以非理论、非专题的方式理解自身存在的人,是以理解存在的方式存在的人,因此后者比前者更少。人的日常经验不是由一个孤立的主体与一个孤立的客体打交道的理论关系构成,而是由容许其完成其事情的与其他人和用具的日常实践关系构成。② 在人的这种日常的存在之维中,他与其他存在者处于日常互动中,只是与其他存在者相比在存在论上具有优先地位,而不是其他存在者的理论(认识)上的主人,更不是存在者的中心、目的、尺度和原则。他是存在的看护者,居住在存在的近处,是存在的邻居。

"人是存在的看护者"反对"人是存在者的主人",反对的是"从主观性"方面来理解人。在笛卡尔以前,人不是主体;人在其存在中也从来不是主体,即不是寄居于主客体关系中的主体,无论这个主体是作为"我"还是"我们"。人必须先行于自身生存到世界之中存在的敞开状态中去,才能与世内存在者相遇、照面并操劳它们,然后才会有人与它们之间的认识关系即主客体之间的关系。因此,人作为主体和人作为存在的看护者相比,始终是第二性的。存在的天命在经历主客关系所主宰的人道主义灾难频出和生态危机日趋严重之后,在形而上学思维导致技术"座架"日益专横的统治之后,必然要求从笛卡尔立场后退,剥去裹罩在人身上的主体性外衣,让主体和客体恢复其作为在世

---

① Tom Rockmore, *Heidegger and French Philosophy*, London and New York: Routledge, 1995, p.97.

② Brent Adkins, *Death and Desire in Hegel*, *Heidegger and Deleuze*, Edinburgh: Edinburgh University Press, 2007, p.42.

界之中存在之此在和在世界之内存在的存在者的本来面目。届时,"当人已然克服了作为主体的自身,也即当人不再把存在者表象为客体之际,人就被转让(ubereignet)给存在之真理了。"①

消解主体—人的人道之思是对人的本质的无家可归状态的思。人的本质的这种无家可归状态是由形而上学造成的,是在存在的天命中由形而上学产生、巩固,被形而上学作为无家可归状态掩盖起来的。人的本质的这种无家可归状态,究其实质,乃基于人作为主体离弃和遗忘存在,无家可归状态就是这种离弃和遗忘的标志。由于离弃和遗忘,人作为主体之人而非存在之人存在,人的本质未被作为存在的真理而深思。主体—人总是指表象与处理存在者,或把存在看作是存在者的"最普通的东西",或认为是无限存在者的创造,或认为是有限主体的滥造,致使人陷入无家可归和连根拔起的状态。

摆脱人道无家可归和被连根拔起状态的途径,是为人道找到能筑居于其中的家,这个家就是存在的家,"从存在本身方面来规定的人的本质才有在家之感"。② 如此来思的"非人的"人道,海德格尔称之为"人道的人的人道"。这是任何形而上学人道主义都没有思过的人道,是最充分的意义之下的人道,是从通向存在的近处来思人之所以为人的人道。在海德格尔的这种人道主义中,不是作为主体的人,而是作为此在的人的历史性的本质在其出自存在的真理的出身中在演这场戏。它预告了包括萨特人道主义在内的各种形而上学人道主义的黄昏,敲响了形而上学主体—人的丧钟,用得到海德格尔赏识的约克伯爵的话来说,即"'现代人',亦即文艺复兴以来的人,已行将入墓"。③

经由波夫勒等法国的海德格尔者的宣传,海德格尔反形而上学人道主义的思想对法国知识界产生了巨大的影响,直接帮助法国人驱散了笼罩在人身上的为笛卡尔所开创而又为萨特所继承的主体性迷雾。福柯在访谈中对这一历史进程进行了精彩地回顾:"人们突然地、没有明显理由地意识到自己已经

---

① 海德格尔:《林中路》,孙周兴译,上海:上海译文出版社1997年版,第110页。
② 海德格尔:《海德格尔选集》(上、下),孙周兴选编,上海:上海三联书店1996年版,第389页。
③ 海德格尔:《存在与时间》(修订译本),陈嘉映、王庆节译,北京:生活·读书·新知三联书店2014年版,第453页。

远离、非常远离上一代了,即萨特和梅洛-庞蒂的一代。"①海德格尔对萨特人道主义的批判对像福柯这样的年青一代产生了润物无声的影响,使他们不自觉地拉开了与萨特人道主义、主体主义的距离,不再用人,而是用无作者思想,无主体知识,无同一性理论来思考。这是海德格尔思想激荡法国思想进程的时代,是意识主体结束和"无主体的匿名体系"降临的时代。② 在经历了福柯的"人之死"、巴特的"作者之死"、德里达的"人的名字的终结"和德勒兹的"非人的生成"(non-human becoming)的阵痛之后,人身上的主体性和人类学的铅华落尽,最终回归其立于世界之中存在的、作为存在的看护者的本位。

① J.M.布洛克曼:《结构主义》,李幼蒸译,北京:中国人民大学出版社 2003 年版,第 2 页。
② 莫伟民:《词与物》译者引语,上海:上海三联书店 2001 年版,第 7 页。

从"泛性论"到"不存在性关系"

——论拉康对弗洛伊德"**Trieb**"概念的重释*

胡成恩**

摘要：与试图弱化弗洛伊德理论的"泛性论"色彩，从而将其核心概念"*Trieb*"理解为"本能"并加以修正的英美精神分析学派不同，以拉康为代表的法国精神分析学派则认为，"*Trieb*"不能被译成"*L'instinct*"（本能），而应译作"*la pulsion*"（冲动）或英语中的"*drive*"（驱力）；因为它所指的恰恰是人身上区别于本能，甚至超越、反对本能的特质。拉康认为，弗洛伊德的 *Trieb* 是人作为有性繁殖者在性化过程中必然遭受的"永生丧失"，是其"存在性欠缺"的具体表征；正是由于它，人类的性观念和性别认知才需要文明或文化的引导与规范。因而，与一般"泛性论"的理解相反，拉康从弗洛伊德的 *Trieb* 及其性学理论得出的结论恰恰是"不存在性关系"这一著名论断。

关键词：冲动　本能　欠缺　泛性论　性关系

在弗洛伊德身后，以拉康为代表的法国精神分析学派和以安娜·弗洛伊德为代表的英美精神分析学派，一直在理论和组织上进行着争夺作为弗洛伊德事业和理论之"合法继承人"的斗争。这种斗争除去政治意义上组织归宿问题之外，更多地源于双方对弗洛伊德理论的理解、继承与发展方面存在的差异。而纵观弗洛伊德在中国的传播史，学界大多是从英美精神分析学派或自我心理学派那里去认知和了解弗洛伊德的，这致使我们与欧洲大陆对弗洛伊

　＊　本文属于教育部人文社科规划项目青年基金"现代性的欲望拓扑学：拉康伦理思想研究"（项目批准号：17YJC720011）阶段性成果。

　＊＊　胡成恩：温州医科大学哲学咨询与人文治疗研究所，讲师，哲学博士。

德的理解存在着很大的差异甚至冲突。① 所以,虽然弗洛伊德的理论传入中国已近百年,其间也大致经历了两次传播和研究的高潮,但时至今日,国内对其理论及其后学的研究似乎已经停滞,原因之一就是,学界对弗洛伊德的研究和评价似乎已经完成并达成共识,诸如最为常见的"泛性论、生物决定论和心理决定论"等评价。也因此,当我们去探究欧洲大陆的弗洛伊德研究和法国当代各种理论思潮之时,看到了的却是另一个完全陌生的弗洛伊德。所以,引介和研究法国精神分析理论,对于学界重新认识弗洛伊德具有十分重要的理论意义,而其中最值得关注的代表人物就是被誉为"法国弗洛伊德"的拉康,他对弗洛伊德理论的重释和评价,与学界一贯秉持的"弗洛伊德印象"几乎是大相径庭;而在这种差异中,至关重要的一个部分就是关于"泛性论"问题的争论,它直接涉及弗洛伊德理论的一个核心概念——*Trieb*。为此,本文将主要从四个方面来介绍拉康对弗洛伊德 *Trieb* 概念的重释。第一部分将就各方对 *Trieb* 一词在翻译上存在的差异作一简要介绍;第二部分将就弗洛伊德自己对 *Trieb* 的理解及其主要特性作一概括;第三部分将就拉康把 *Trieb* 理解为"存在性欠缺"(*Le manqué de l'être*)②所作的理论引申进行阐释;从此理论出发,第四部分将就拉康对弗洛伊德理论的"性色彩"和一般"性观念"的解构作一简要阐述。最后,我们会以拉康对精神分析与现代性的关系之理解来作结语,因为此理解正是拉康对弗洛伊德的 *Trieb* 及"无意识"等概念进行重释和发展的理论背景。

一、Trieb 的翻译问题:冲动、驱力还是本能?

Trieb 理论是弗洛伊德精神分析理论的三大支柱之一,另外两个是:早期的无意识、前意识和意识的心理结构理论;后期的本我、自我和超我的人格结

---

① 可参见拉萨尔·雅克比专门批判精神分析"修正主义"的著作。见:Russell Jacoby, *Social Amnesia:A Critique of Conformist Psychology from Adler to Laing*,Brighton:Hoarvester,1977。

② *Le manqué de l'être* 一词意为"存在的缺场或缺失",它可被理解为人在"本质—先验"意义上的一种构成性缺失或欠缺,作者在此将其意译为"存在性欠缺"。Jacques Lacan,*The Ego in Freud's Theory and in the Technique of Psychoanalysis*1954 – 1955, translated by Sylvana Tomaselli, Norton&Company,New York · London.1988.p.223.

构理论。在从早期的无意识理论向后期的人格结构理论的过渡中，*Trieb* 理论的提出和发展起到了至关重要的作用。可以说，正是从《性学三论》(1905)首次提出 *Trieb* 概念开始，弗洛伊德才逐渐进入到从前期向后期的过渡。从其全部理论的关联和结构上来说，*Trieb* 理论也构成了另外两个理论的基础和它们之间的联系纽带。众所周知，在弗洛伊德最为著名的三本症状阐述学著作中，即《释梦》(1900)、《日常生活心理病理学》(1904)、《诙谐及其与无意识的关系》(1905)，弗洛伊德是以无意识和前意识、意识之间的对立关系作为阐释基础的。在这一阶段中，弗洛伊德还没有正式提出 *Trieb* 这一概念。从《性学三论》(1905)开始，弗洛伊德开始探讨 *Trieb* 和力比多(*libido*)概念，并因此将前期中无意识和意识之间的对立关系回溯性地定性为 *sexultrieb* 和 *Ichtrieb* 之间的对立。到中期阶段，也即以《论自恋:导论》(1914)和《*Trieb* 及其变迁》(1915)等著作为代表的那个时期，随着自恋概念的引入，弗洛伊德用"自我力比多"(*Ichlibido*)与"客体力比多"(*Objektlibido*)的二元对立修正和补充了前一个二元论。在其理论发展后期，即以《超越快乐原则》(1920)和《自我与本我》(1923)为主要标志的时期，弗洛伊德正式提出"爱欲"(*Eros*)和"死欲"(*Todestrieb/Thanatos*)的二元论，并以此为基础提出了"本我、自我和超我"的人格结构理论。在这一发展进程中，"*Trieb*"构成了整个理论进程中的核心线索和基础部分。在名为《精神分析的伦理学》的研讨班上，拉康更将弗洛伊德的 *Trieb* 定性为"一个绝对基础性的本体论概念"。① 因而，可以说，如果缺乏对 *Trieb* 的充分了解，我们将很难把握弗洛伊德的无意识理论和人格结构理论的基础及其相互关系，也更难以对"*Trieb*"所涉及的性学理论进行正确的认知和评价。

但是，国内对弗洛伊德 *Trieb* 概念的理解还大都处在将其与"本能"(*instinkt/instinct*)相混淆的错误观念之下，这种误解也直接导致了我们至今仍然局限于对其全部理论作"泛性论"和"生物决定论"的定性和评价。这种前见也主要源于我们对英美精神分析理论、心理学及其相关译著的迷信，以及对欧洲大陆精神分析理论发展方面研究、引介的匮乏。其实，从对这个概念的翻译上，就可以看出英美、法国和国内学界对弗洛伊德相关理论在理解方面存在

---

① Jacques Lacan, L'éthique de la Psychanalyse 1959–1960, Paris, Seuil, 1986. p. 152.

的差异。

Trieb 一词在德文中兼有本能、内驱力、欲望、冲动等含义,此概念的多义性或说歧义性,给我们准确地理解弗洛伊德相关理论带来了一定的含混性,也给其翻译方面带来了很大的麻烦。例如,弗洛伊德著作英文标准版全集将著作中的 Trieb 和 instinkt 都直接翻译成了"本能"(instinct),并在"Triebe und Triebschicksale"一书的"译者前言"中给出了作此翻译的具体原因。① 而另一方面,在对弗洛伊德的重读和阐释中,拉康则明确反对英美学界用 instinct 一词来翻译 Trieb,他建议在法语中用 lapulsion(冲动)或 la dérive(有偏航、漂移等意思)来翻译,在英语中则应译成 drive 一词。② 在中国学界,一方面,弗洛伊德著作大都是从英文标准版全集翻译过来的,因此 Trieb 一词就直接从英文 instinct 被译成了"本能"。这一译法很容易让人联想到生物学,其导致的负面后果影响巨大。在由欧洲精神分析联盟所编撰的《精神分析词典》中,拉康早期弟子,法国精神分析学家拉普朗斯(Jean Laplanche)就曾说道:"在精神分析的发展过程中,英文'标准版'已在全世界范围内作为'正宗'的弗洛伊德著作,通过这样的标准化,那些最初概念的结构、相互之间的关系便不复存在了。这甚至导致了一种愚蠢现象:那就是与弗洛伊德有关的词汇索引英文版的出版,意味着在理解概念含义的起点上,就与弗洛伊德不同。"③另一方面,拉康研究方面的译文和著述,大都将其理论中对应于弗洛伊德 Trieb 一词的法文词汇 lapulsion 译成"冲动",将英文版译文中的 drive 译作驱力、内驱力。因此,在我们接触的精神分析著作中,这种翻译上的差异或说混乱,给我们的阅读和理解造成了很多的不便。

其实,翻译的问题不仅仅是个语法或语文学的问题,在其背后,更为重要的是对概念及其相关理论的理解、解释的问题。因为无论如何,翻译的准确性首先要以理论理解上的准确性为前提。可以说,"Trieb"概念是弗洛伊德留给其后继者的一个"考验词"(shibboleth)。拉康在其第一期研讨班上就曾说过,

---

① 弗洛伊德:《本能及其变化》,见《弗洛伊德文集》(5),宋广文译,北京:九州出版社 2014 年版,第 189—194 页。

② Jacques Lacan, L'éthique de la Psychanalyse1959-1960, Paris, Seuil, 1986. p.108.

③ 欧洲精神分析联盟(EPF)编撰:《汉、德、英、法精神分析词典》,李晓驷译,上海:上海科学技术出版社 2006 年版,第 11 页。

"对那些想要真正理解弗洛伊德的人来说,弗洛伊德的诸多概念都成了难以应付的考验词。"①在 Trieb 这一考验词面前,与试图弱化弗洛伊德理论"泛性论"色彩,从而将弗洛伊德理论的核心概念"Trieb"理解为"本能"并加以修正的英美精神分析学派不同,以拉康为代表的法国精神分析学派则认为,"Trieb"不能被译成"L'instinct"(本能),而应译作"冲动"(lapulsion)或英语中的"驱力"(drive);因为它所指的恰恰是人身上区别于本能,甚至超越、反对本能的特质。拉康认为,弗洛伊德的 Trieb 是人作为有性繁殖者在性化过程中必然遭受的"永生丧失",是其"存在性欠缺"的具体表征;正是由于它,人类的性观念和性别认知才需要文明或文化的引导与规范。因而,与一般"泛性论"的理解相反,拉康从弗洛伊德的 Trieb 及其性学理论中得出的结论恰恰是"不存在性关系"这一著名论断。

二、弗洛伊德的发现:"多形—倒错"的冲动

1876 年至 1882 年,弗洛伊德在布鲁克(Ernst Brücke)的生理学实验室从事动物神经学的研究,并于 1882 年获得医学博士学位。之后,弗洛伊德又跟随著名的脑解剖专家梅纳特(Meynert)从事人类的中枢神经系统研究,并逐步转向对神经系统疾病和精神病学的研究领域。② 与此同时,弗洛伊德还深受当时流行的以费希纳(Fechner)为代表的"心理物理学"(psychophysics)的影响,例如,弗洛伊德就曾借用费希纳的术语"另一场景"(ein anderer Schauplatz)来描述"无意识"相对于意识所处的位置,并在自己的著作中广泛地涉及他③。可以说弗洛伊德是他那个时代试图以科学范式来处理身心关系的一个专家。因此,这种生物学或心理物理学提供的全新范式成了弗洛伊德对冲动现象和无意识现象进行研究的一个理论出发点。在这种学科背景下,不同于亚里士多德对生命体的目的论设想和 18 世纪对生命体的唯物主义机

---

① Jacques Lacan, *Freud's Papers on Technique* 1953–1954, transl. by J. Forrester, Norton & Co., New York, 1988. p. 128.

② 弗洛伊德:《弗洛伊德自传》,廖运范译,北京:东方出版社 2009 年版,第 4—8 页。

③ 弗洛伊德:《释梦》,孙名之译,北京:商务印书馆 2008 年版,第 45、537 页等。另见拉康的相关论述,Jacques Lacan, *Écrits*, Éditions du Seuil, paris. 1966. p. 548.

概论设想,弗洛伊德时代所理解的生命体与外部世界已处在断裂孤绝的状态,它与外部世界不再具有任何天然和谐的关系,也不具有任何外在于自身的目的。在此情况下,事物被区分为"有机体"和"无机体",它们的区别只在于是否能够对外部"刺激"做出反应。所以,弗洛伊德才将人的身体"想象为几乎无助的生物体,在世界上毫无目标,其神经物质却在接受刺激。"①生命体已沦为一种只对偶然性刺激作被动反应的神经装置。但是与同时代的生物学和心理物理学相关理论不同,在弗洛伊德看来,人这种有机体对刺激的反应原则并非单纯出于自我保护的本能。弗洛伊德通过对大量神经症和无意识现象的研究发现,作为无意识之核心和动力来源的"冲动"(Trieb)并不遵循本能性的"自我保存"原则,它有着自己独立而恒常的活动原则——快乐原则。于是,弗洛伊德在动物性的本能之外又区分出了"冲动"(Trieb)。

弗洛伊德认为"冲动"介于心理与躯体之间,是源于有机体内部的刺激的心理表征,它表现为一种需要被释放和满足的兴奋量或需要量,以缓解因它带来的张力和不愉快,并从满足中获得快乐。② 弗洛伊德也将冲动所带来的这种类似于"饥饿"感的需要及其能量称为"力比多"(libido)。③ 因此,弗洛伊德的"冲动"也就是"性冲动",不过这里的"性"经过了扩展,除正常的人类性活动之外,它还包括"性倒错"、神经症等现象中的性表现。弗洛伊德对性欲的这种扩展,充分反映出"冲动"区别于"本能"和动物"性本能"的特点。

首先,冲动或说性欲力比多并不具有天然的性客体,其目的只在于通过无论什么"客体"来摆脱刺激和兴奋带来的不愉快,从而获得满足和快乐。冲动的客体"具有最大的可变性,与冲动没有根本的联系,只是在使本能满足具有可能性时才与冲动联系起来"。④ 并且,冲动并不会在意什么自我—保护,它独立于有机体的生物学功能,例如,它会在饥渴等生理性需要(生物性的本能

①　弗洛伊德:《冲动及其变化》,见《弗洛伊德文集》(5),宋广文译,北京:九州出版社2014年版,第197页。文章译名有改动。
②　弗洛伊德:《冲动及其变化》,见《弗洛伊德文集》(5),宋广文译,北京:九州出版社2014年版,第199页。
③　弗洛伊德:《性学三论》,见《弗洛伊德文集》(5),宋广文译,北京:九州出版社2014年版,第12页。
④　弗洛伊德:《冲动及其变化》,见《弗洛伊德文集》(5),宋广文译,北京:九州出版社2014年版,第200页。

需要)被满足的过程中找到自己的快乐,并将力比多固着(fixated)其上。也是在这种意义上,力比多有着倒错的(perverse)性质,它会败坏性地使用任何它所寻找到的客体。其次,对冲动而言,任何满足和快乐都是暂时的,作为一种恒常的需求量,它会不断地自我恢复并向身体和心灵提出诉求。对此,弗洛伊德说道,"冲动体现着作用于心灵的肉体欲求。冲动虽是所有活动的终极原因,但其本质具有守恒性,有机体不论达到什么状态,均产生一种趋向,即那种状态一经消除,就会重新建立起来。"①再次,由于冲动先于意识与无意识,所以它总是局部性的,具有多种表现形态,因而它不会从整体上顾及有机体,因为这是自我和意识的责任。这就是弗洛伊德在关于幼儿性理论中提出的"自体性欲"阶段所涉及的东西,②弗洛伊德也将其称作"组元冲动"③。这些源自身体不同器官的冲动是在生物性的生理需要被满足的过程中寻找自己的快乐和贯注之客体的,所以它们与"本能"紧密联系在一起,似乎很难区别开来,因为"起初它们好像与自我保护本能相连,然后才渐渐分离出来,就是在对象选择上,它们也步自我本能的后尘"。④ 例如,饮食是为了单纯满足生物性本能的需要,但在饮食的过程中,我们的冲动可能会在某种食物那里找到自己的快乐,并将力比多固着其上,产生特定的偏爱甚至嗜好。类似的冲动现象不胜枚举,如抽烟、嗜酒等。因而,冲动的特征可以被总结为"多形态—倒错的"(polymorphous-perverse)。按照拉康的理解,这是弗洛伊德学说的核心,而弗洛伊德之后的许多学派和思想家都在试图否认、压抑和修正弗洛伊德发现的这一"丑闻"。⑤ 最后,无意识就源于文明及其代理——"自我意识"对冲动所进行的"压抑"和"综合"。压抑的对象就是"俄狄浦斯情结"消退之前出现的这些

---

① 弗洛伊德:《精神分析纲要》,见《弗洛伊德文集》(8),葛鲁嘉译,北京:九州出版社 2014 年版,第 286 页。

② 弗洛伊德:《性学三论》,见《弗洛伊德文集》(5),宋广文译,北京:九州出版社 2014 年版,第 59—60 页。

③ 弗洛伊德:《性学三论》,见《弗洛伊德文集》(5),宋广文译,北京:九州出版社 2014 年版,第 37 页。

④ 弗洛伊德:《冲动及其变化》,见《弗洛伊德文集》(5),宋广文译,北京:九州出版社 2014 年版,第 202 页。

⑤ Jacques Lacan, *Écrits*, Éditions du Seuil, paris. 1966. p.523. 另可参见 Marc De Kesel 的相关讨论, *Eros and Ethics: Reading Jacques Lacan's Seminar VII*, Translated by Sigi Jöttkandt, State University of New York, 2009. p.16.

冲动的观念(idea/vorstellung)、表征(Reprgsentant)和行为,其任务是让这它们离开"意识",并将固着其上的力比多进行转移和升华,其目的在于对"多形—倒错"的冲动进行"综合—矫正",让其服从文明及其性道德的要求,而被压抑的这些观念则逐步形成无意识的主要内容。

三、拉康的重释:作为"存在性欠缺"的冲动

弗洛伊德的冲动理论开始于《性学三论》中对性欲观念的扩展。弗洛伊德通过对性倒错者和儿童性欲活动的研究观察,将通常只包括成人正常意义上的性欲概念作了大胆的扩展,以便用以涵盖很多未被归类到生殖功能范围之中的性欲现象。在扩展之后的性冲动概念下,弗洛伊德将整个文明的成就都奠基在"爱欲(eros)"之上,并认为个体从幼儿开始就具有普遍而强烈的性冲动及其各种表现。之后,在俄狄浦斯情结的理论中,弗洛伊德将这种"爱欲观"发展到了顶点,即,俄狄浦斯情结是所有神经症症状的核心情结,这些症状都是与父母的爱欲关系不正常发展所导致的后果。这一"性冲动"及其相关观念"在一个严肃而又体面的,或者只是虚伪的世界中引起了相当大的骚动"。①

为了证明自己"性冲动"理论的合理性,并试图缓和外界对自己所进行的"泛性论"和"生物决定论"的指责与攻击,弗洛伊德在其著作中不得不多次求助于来自哲学领域中相似观念的声援。在《性学三论》、《超越快乐原则》等著作中,每每涉及他对性欲概念的扩展和阐述,他总要再三强调,他的"性欲"概念和先哲柏拉图的"爱欲"观具有极其相近的含义。② 柏拉图的这个"爱欲"观,指的是《会饮》中阿里斯托芬说的那个神话性寓言所表达的爱欲起源观。其大意是说,人在原初的时候有三种性别,男、女和雌雄同体,他们都是一个完整的圆球,后因为人的能力太大并有试图冒犯神的倾向,宙斯命阿波罗将所有的人都切分成了两半。此后,人才变成了现在这样,并由于这种切分,人终生

---

① 弗洛伊德:《超越快乐原则》,见《弗洛伊德文集》(9),杨韶刚译,北京:九州出版社 2014 年版,第 60 页。

② 弗洛伊德:《性学三论》,见《弗洛伊德文集》(5),宋广文译,北京:九州出版社 2014 年版,第 11 页。

都在寻找被切分而离散的另一半,这种由神的"切分"所导致的丧失和回复完整状态的努力被阿里斯托芬用以阐释人身上的爱欲。① 在《超越快乐原则》中,弗洛伊德简要引用和叙述了上述"爱欲"观,并借此线索,作出了如下假设,即,人这种生物在其获得生命的那一刻就被分裂成了小的薄片,从那时起,它们就力图通过性冲动来寻找丧失的另一半而重获统一。② 借由这种假设,弗洛伊德认为,在人与生俱来的生命之中便有了一种回复到原初完整统一状态的原始冲动。通过各种具体方式,这种原始冲动试图实现回复自然状态的目的和获得合二为一(One)的快感。这个爱欲被其置于生命的起源之处,相当于弗洛伊德理论体系中的"本体论"假设。

　　拉康对弗洛伊德扩展后并命名为"冲动"的性欲观作了更为哲学化的抽象,并借此将弗洛伊德赋予此概念的独特含义和地位与一般意义上的生物学"本能"严格区别开来。对此拉康曾明确说道:"弗洛伊德的冲动与本能没有任何关联(没有任何弗洛伊德的表述允许这种混淆)。"③在拉康看来,本能是与生俱来的先天性行为模式,但人之所以为人,恰恰在于人具有超出自然本能限制和规范的可能与能力,这一可能与能力是推动人从自然状态进入文化状态的根本原因之一,弗洛伊德及其精神分析理论所要追问和探究的正是这一不同于,甚至超越于本能之外的人之独特性。弗洛伊德将这一独特性设想为人由于体验和认知到某种欠缺而试图回复自然完满状态的原始冲动,④拉康则将驱使此原始冲动的欠缺抽象为人在本质上的"存在性欠缺"。

　　同样借助于阿里斯托芬的寓言,拉康将"冲动"理解为人必然要经受某种"永生丧失"的产物,⑤这一"丧失"以"欠缺"的形式成为生命的一个"无身体的器官"⑥。在拉康的解释中,这种"永生丧失"是人作为有性繁殖的生物在

---

　　① 柏拉图:《会饮》,刘小枫译,北京:华夏出版社2003年版,第49页。

　　② 弗洛伊德:《超越快乐原则》,见《弗洛伊德文集》(9),杨韶刚译,北京:九州出版社2014年版,第61页。

　　③ Jacques Lacan, *Écrits*, Seuil, paris.1966.p.851. 以及 Jacques Lacan, *les Quatre Concepts Fondamentaux de la Psychanalyse*, Seuil, paris.1973.p.49.Jacques Lacan, L'éthique de la Psychanalyse, Paris, Seuil, 1986.p.108.

　　④ 弗洛伊德:《文明及其不满》,见《弗洛伊德文集》(12),杨韶刚译,北京:九州出版社2014年版,第128页。

　　⑤ JacquesLacan, *Écrits*, Seuil, paris.1966.p.845.

　　⑥ Jacques Lacan, *les Quatre Concepts Fondamentaux de la Psychanalyse*, Seuil, paris.1973.p.179.

其性化的过程中必须经历的丧失,它是人进入"实存"状态所必须付出的代价;它也同时注定了人必死的宿命,而人对此种"永生丧失"的否认,对无欠缺状态的向往和追求则构成了一切乡愁的原型。[①] 因而,这种欠缺,不是缺这个或那个,而是一种本质性欠缺,拉康称其为"存在性欠缺"[②]。经过这种处理,冲动在拉康那里成了以"欠缺"的形式起着动力源泉作用的核心装置。拉康说,"存在(l'être/being)进入实存(l'exsistence)正是以这种欠缺所具有的精确功能来实现的",[③]而冲动发现的每一个客体和对这种欠缺的每一次填补,都同时意味着对存在本身的遮蔽和对此欠缺的缝合。"存在性欠缺"已经将作为有限存在者的人置于一种"不可能性"之中。一方面,这种欠缺将人抛入到一个阿波罗式的"个体化"方向之上,对完满和存在的回归既令他渴望和欢喜,也令他憔悴和焦虑,因为确切地说,这种回复是根本不可能的。另一方面,他只有通过自身的个体化成为一个单一而独立的存在者,并在欠缺启动的力比多机制的驱动之下,才能努力地去填补欠缺,突破个体化的种种界限,最终在幻想式建构和误认中拿回一点点剩余快感。

也是在这种更为哲学化的抽象层面上,拉康才说,"被我称为'冲动'的主体中的主动性(activité),就存在于试图通过那些客体来恢复主体自身原初丧失的努力之中。"[④]对此,拉普朗斯也曾说道,"Trieb(驱力):几乎根本不可能与 instinkt(本能)一词相互替换。后者指某种先天性的行为,而前者则是可变的,后天形成的,与目标和客体有关的行为。"[⑤]这里的"可变性"指的就是冲动在现实中寻找客体和目标的可变性,因为人并不能由本能的先定性安排而进入正确的性欲和欲望模式。在不正常的成长环境下,人可能将任何事物作为冲动的目标和客体,否则也不会存在如此繁多的性倒错现象。而被我们通

① Jacques Lacan, *Autre écrits*, Seuil, paris.2001, p.36.

② Jacques Lacan, *Écrits*, Seuil, paris.1966, p.528.

③ Jacques Lacan, *The Ego in Freud's Theory and in the Technique of Psychoanalysis*, translated by Sylvana Tomaselli, W.W.Norton&Company, New York・London.1988.p.224.

④ Jacques Lacan, *Écrits*, Seuil, paris.1966.p.849.

⑤ 欧洲精神分析联盟(EPF)编撰:《汉、德、英、法精神分析词典》,李晓驷译,上海:上海科学技术出版社 2006 年版,第 12 页。另可见 J.Laplanche and J.B.Pontalis, *The Language of Psycho-Analysis*, Translated by Donald Nicholson-Smith, The Hogarth Press and the Institute of Psycho-Analysis. London.1973.pp.214-216.

常理解为"泛性论"的冲动的"性色彩",只是冲动在现实中与其目标和客体所发生的关系性后果,这种关系已远远超出正常性观念所理解的范围。

四、无法填补的欠缺:不存在性关系

在将冲动严格区别于本能并将冲动引申为"存在性欠缺"之后,拉康对冲动所具有的性色彩也作了抽象化的分离。在拉康看来,在人类的自然本性中并不存在一种确定、先验的行为准则,它可以合理地规范个体的性欲观念及其行为,否则,这个世界里的性欲现象也不会沦落到现在这样混乱和倒错的地步。因而,性欲观念及其行为是一个伦理问题而属于实践理性的范围。而在这个范围中,人似乎得到了某种过度的自由,它使得人类对爱欲的实践变得如此多样和混乱,而除了来自文明世界的道德规范和法律强制之外,似乎它再也找不到一种终极的参考或先验规则来遵循和协调。所以,冲动及其能量的量化概念——力比多,都不能被理解为生物学意义上的性本能。对此,拉康说道:

> 力比多不是性本能,……其性的色彩——由于它被铭刻在其最隐秘的本质中而得到弗洛伊德相当明确的维护——只是空的色彩:它悬置在一个缺口的光亮之中。这个缺口就是欲望在强加给它的限制上所遭遇的东西,这个限制是由被讽刺地称作快乐的原则被委托给现实之后所强加给欲望的,事实上,现实仅仅是个实践的领域。①

在拉康看来,"性欲"是一种关系,它是力比多冲动与其试图寻找到的,用以填补"存在性欠缺"来回复自然状态的"客体"之间的关系。在外部世界或其自身中,力比多所找到、贯注的具体客体,事实上只是拉康意义上"存在性欠缺"之空位的占位者或说增补量。力比多与这个客体的关系呈现出一种性欲的色彩,这种性的色彩不过是其背后更加隐秘的本质所产生的延伸结果。弗洛伊德在此并未清楚、明确地深入到这个隐秘的本质之中,所以他停留在这个性的色彩上,并明确地主张和维护了它。因而,拉康才说,性的色彩只是一个空的色彩,它悬置在"存在性欠缺"造成的缺口之光亮中。之所以说它是空

---

① Jacques Lacan, *Écrits*, Seuil, paris.1966. p.849.

的色彩,如佛家说的"色即是空"的梦幻泡影,根本原因在于,在现实的"存在者整体"之在世中,"存在性欠缺"是无法被任何具体事物或客体完美填补或缝合而达及存在之完满的,冲动所追求的目标是根本不可能的。这种欲望一旦达成,它也将意味着主体的死亡和毁灭,这也是拉康说"每一种冲动都是死亡冲动"的原因所在。①

由于在本质上,"占位客体"占据的只是一个本质性的缺口,因而,每一个主体放在其"存在性缺口"之上的客体都可能不同。因为,在这个缺口的本质中,它并未给出确定的条件和限制,用以规范力比多只同某种客体发生或保持所谓的正常关系。在这个缺口中,客体处在不确定的偶然状态,主体因此而承担着所谓因拥有自由而带来的风险。因而,任何一种客体都可能占据这个位置而成为性欲关系中的"对象",也因此才会产生各种各样偏离所谓正常性观念的性欲观及行为。而"正常的"性欲和性关系只能由"快乐原则"委托给文化之后所延伸的"现实原则"来加以限制和规范。现实原则通过俄狄浦斯情结中对主体的象征规训和享乐去势,给主体树立了正确的行为界限和性欲规范。只有经由这个来自文化、文明(拉康称其为象征秩序或大他者)领域的教导和规训,个体的性欲才能实现"正常化",才能在现实领域中找到如何做一个男人或女人的道路与方法。简言之,人并不是生而知道男女之别,以及该如何做一个男人或女人,只有特定的父母、文化和教育才能告知他。因而,"在人类的心理现象中,并不存在主体可以借以将其自身定位为男性或女性存在的东西。在其中,主体只能位于生殖功能的等价物——主动和被动性之中。"②

联系于拉康对冲动和力比多做的深化重释,不难看出,弗洛伊德意义上呈现于心理之中的性欲,是从某种不是性欲本身的东西中被推演出来的,"性欲是通过一种与欠缺有关的方式而被确立在主体领域之中的。"③这个欠缺不仅体现为主体自身的"存在性欠缺",也体现为文明世界本身的不足。很显然,如果文明的性道德足够强力和有效的话,也不会出现非正常的性欲现象。文明中的性规范没有其最终的可靠保证,这个本质上的欠缺或不足,导致了它自

---

① Jacques Lacan, *les Quatre Concepts Fondamentaux de la Psychanalyse*, Seuil, paris.1973.p.232.

② Jacques Lacan, *les Quatre Concepts Fondamentaux de la Psychanalyse*, Seuil, paris.1973.p.186.

③ Jacques Lacan, *les Quatre Concepts Fondamentaux de la Psychanalyse*, Seuil, paris.1973.p.186.

身的权威可能面临个体冲动的造反而陷于无力之中。在这两种欠缺的交叉重叠之中,才出现了所谓的"正常性欲"与"倒错现象"。所以,在拉康看来,力比多冲动在趋向"对存在之总体性的完满性模拟"①的过程中,其最终的目标是一个"无性的第三客体",而不是《会饮》中阿里斯托芬所说的另一个有性别的、爱的客体。所以,当主体面临着他追求最终目标必然失败的宿命之时,他所贯注的客体,在其"性欲"中确立的关系,他对自身性别的认同,都只是他努力完成整体化过程中遭遇失败的结果和类型。用齐泽克的话来说就是,"'男人'和'女人'不是整体(Whole)的两个互补部分,而是这种追求整体象征化的两种(失败)的尝试。"②正常的性欲关系就是基于这种"客体的不确定性"所做的规范和引导之结果,否则,人可能选择任何一种人或事物与之确立起同存在性欠缺、丧失客体的想象性增补关系。也是从这样的理论视角出发,拉康才提出了"根本不存在什么性关系"的著名论断。③

　　由此,按照拉康对弗洛伊德冲动理论的重读,弗洛伊德扩展引申后的"性"观念与我们通常所理解和排斥的性观念已大不相同。弗洛伊德的"冲动"是人所具有的一种区别于本能的特性,它是性观念、性别认知和性行为分化成"正常"或"非正常"的根源所系。弗洛伊德思考的是人类性观念和性行为所以可能的条件,而不是在以正常人所厌恶、抵制的性观念来解释特殊的精神障碍或普遍的社会现象。只是在对这个概念的阐述及其合法性的求证中,弗洛伊德还在试图从生物学理论的发展中获得一些证据和参考。这种参考不免让人误以为性冲动概念就是弗洛伊德假设的"性本能"。这一混淆,也是导致学界对"冲动"概念和弗洛伊德理论作"泛性论"和"生物决定论"评价的原因之一。

五、结　语

　　从前文的分析中可以看出,拉康与极力想要弱化弗洛伊德理论中"性学

---

①　Jacques Lacan, *Autre écrits*, Seuil, paris.2001.p.30.

②　Slavoj Žižek, *The Metastases of Enjoyment*, Verso.1994.p.160.

③　Jacques Lacan, *Encore*, Translated with Notes by Bruce Fink, Norton & Company, New York · London, 1999.p.71.以及 Jacques Lacan, *les Quatre Concepts Fondamentaux de la Psychanalyse*, Seuil, paris.1973.p.175.

色彩"的那些学派的差异是极为巨大的。要理解这种差异,就要进一步地明确拉康对精神分析本身的历史性把握。在拉康看来,在西方近代以来以主体理性为主导的思想进程中,弗洛伊德的冲动概念及其无意识理论是现代性的断裂所导致的离心化的产物。正如弗洛伊德自己所总结的那样,人类的自尊心或说自恋幻觉曾先后从科学那里受到哥白尼、达尔文的两次重大打击,而第三次则是弗洛伊德的无意识理论对主体理性自治、自主之幻觉的破除。① 在.精神分析看来,这种自恋幻觉的不断破除,已证明启蒙理性的自治理想不过是一种心理主义的"自恋文化"。以这三次打击为标志的,近代以来的主体概念和哲学社会科学的发展构成了一个逐步离心化的历程。因而,"精神分析所特有的'主体的离心化',是我们的整个世界图景在现代性开端之处所遭受的离心化的延伸。"②受科耶夫的启发,拉康认为这种离心化源于 17 世纪与"实在界"(l'réel)的断裂,③它对整个现代性具有决定性的影响。在自然科学那里,我们可以看到它最直接的表现及其带来的成功。一方面,在伽利略和牛顿那里,自然科学不再关心事物的本质(essence)和成因(cause),即,将传统形而上所追问的"本质—先验"之维和神学所关心的"实存—超验"之维排除在科学考察的范围之外,而只关心介于现象与本质之间的运动规律;另一方面,对事物或说现实所采取的形式化、数学化的处理,让科学获得了自身的确定性和有效性,并最终在康德那里获得了哲学合法性。拉康在研讨班上多次阐述了这一断裂及其影响对理解精神分析的产生或说弗洛伊德之发现的重要性。④ 这种断裂所带来的效应让哲学、政治以及伦理等领域丧失了其原本在传统理论中所具有的外部根据和参照点,这在为它们带来"自治"幻想的同时,也促使它们开始"内在性转向"去寻求新的根据和参照点。但在这种试图将科学当作榜样,将"数学的东西"移植到自己的研究领域之中以追求"确定

---

① 弗洛伊德:《精神分析引论》,高觉敷译,北京:商务印书馆 2009 年版,第 225 页。

② Marc De Kesel, *Eros and Ethics: Reading Jacques Lacan's Seminar VII*, Translated by Sigi Jöttkandt, State University of New York, 2009. p.59.

③ Alexandre Koyré, *études d'histoire de la pensée scientifi que*, Paris: Gallimard. (1973 [1966]), p.211.

④ Jacques Lacan, *The Ethics of Psychoanalysis*, 1959-1960, *The Seminar of Jacques Lacan*, translated with notes by Dennis Porter, London: Routledge. 1992. p. 75, 122, 313. 以及 Jacques Lacan, *La relation d'objet*: 1956-1957, Paris, Seuil. 1994. p.429.

性"和"科学性"的努力中,①其结果却是愈发严重的"去中心化",是从主体到他者,从自治到他律,从身心到语言的发展趋势,其最终结果则是主体的消失和人的死亡。在拉康看来,弗洛伊德的发现——冲动和无意识就是这种现代性断裂所导致的脱节与离心现象的衍生物,对它们的理解也必须放入这个现代性的离心化过程中去考察,否则"我们将违背精神分析调停的规则和途径而将其变成一种妥协的操作,事实上这种妥协已经发生了,而无论从其内心还是从其著作的文字上来看,这都是弗洛伊德最为反对的"。② 在拉康看来,这种妥协就是英美精神分析学派对弗洛伊德理论所进行的修正,而对弗洛伊德的冲动及其性学理论的压抑正是这种修正和背叛的集中表现。

---

① 参见海德格尔在《物的追问》中对"数学的东西"所进行的阐释,其中也涉及了伽利略和牛顿以"数学的东西"对传统形而上学之超越维度的排除。见海德格尔:《物的追问:康德关于先验原理的学说》,赵卫国译,上海:上海译文出版社2010年版。

② Jacques Lacan, *Écrits*, Éditions du Seuil, paris.1966.p.525.

政治形式——马南政治哲学研究

周惜梅*

摘要:政治形式(forme politique)是马南政治哲学的核心概念。马南将西方政治史梳理为政治形式史,欧洲从古希腊至今历经四种政治形式:城邦、帝国、大公教会和民族国家(nation)。每种政治形式有其各自的特征,对应着一种特殊的人性和生活方式。马南试图通过研究每一种政治形式的活力及其局限性为貌似断层的古今政治科学寻找一种延续性,为处于政治危机的欧洲寻找突破口。

关键词:政治形式　城邦　帝国　教会　民族国家

皮埃尔·马南(Pierre Manent)——1949 年出生于法国的南方城市图鲁斯,毕业于以培养哲学大家闻名的巴黎高师哲学系,是法国当代最重要的政治思想家之一。从 20 世纪 70 年代开始,马南潜心研究、介绍和评论西方现代史上的重要政治哲学家如马基雅维利、霍布斯、卢梭、贡斯当、托克维尔等,21 世纪以来开始建构自己的政治哲学体系。50 年的学术研究过程中马南发表了一系列著作,主要有:《现代政治的诞生:马基雅维利、霍布斯和卢梭》 *Naissances de la politique moderne:Machiavel,Hobbes,Rousseau*(1977),《托克维尔和民主的本质》*Tocqueville et la nature de la démocratie*(1982),《自由主义思想史十讲》*Histoire intellectuelle du libéralisme:dix leçons*(1987)、《人的城邦》*La Cité de l'homme*(1994),《民族国家的理性》*La raison des nations*(2006),《探究民主:政治哲学研究》*Enquête sur la démocratie:Etudes de philosophie politique*(2007),《城邦的变形:论西方的活力》*Les Métamorphoses de la cité. Essai sur le*

---

* 周惜梅:浙江省奉化市人,同济大学人文学院外国哲学专业博士研究生。

dynamique de l'Occident（2010），《政治视野：访谈录》*Le Regard politique，entretiens avec Bénédicte Dolorme Montini*（2010）等。

贯穿于这些研究当中，马南提出了"政治形式"的概念，尤其在《城邦的变形》一书中对此做了详细的阐述。通过对政治发展史的研究马南发现，人类社会最深切的渴望之一是获得良好的治理，但这并不意味着人类就能轻易地获得良好的治理或建立完善的秩序，相反人类常常陷入糟糕的治理和无秩序的混乱当中，对善治和优良秩序的渴望推动着人类为其共同生活确立某种形式，并在其中安顿身心。这种人类在某个历史时期发展出来的共同生活方式被马南称为政治形式。政治形式是马南政治哲学独有的概念。马南考察了欧洲历史上每一种政治形式的产生和变化，他认为欧洲历史上一共出现过四种政治形式：城邦、帝国、教会和民族国家，"每一种政治形式都有某种特征，也就是对人性和人类共同生活方式的理解。"①

一、城　邦

政治形式的第一形态是城邦，对于欧洲而言，城邦是其最初的政治形式，城邦的诞生意味着人从霍布斯、洛克所谓的自然状态走向了共同体生活，并在其中实践和完善人类的政治理性。在马南看来城邦的诞生是人类历史上的一个里程碑，一次质的飞跃，人在城邦中实现了第二次诞生。

城邦由"一、少数人和多数人"构成，即君主、贵族和平民，即便没有君主，即"一"，至少存在少数人和多数人，即富人和穷人。为了分析前政治时代的人如何从个体变身为共同体的成员，马南回到了人类共同体形成之初，去探讨城邦中"一、少数人和多数人"的形成。马南赞同意大利著名人类学家维柯（Giovanni Battista Vico）的观点，认为在"一、少数人和多数人"这三类人中："一"的前身是家族制中的首领；少数人来自走向联合的家族首领们；而多数人对应着原来的家奴。家奴们身陷奴隶的境地，长期被压迫导致不满和愤怒，根据被统治的人希望从奴隶地位中解放出来的自然规律，家奴们会联合起来

① Pierre Manent, *Le Regard politique, entretiens avec Bénédicte Dolorme-Montini*, Paris, Flammrion,2010,p.151.

反抗家族首领,这是政治运动的原动力所在。为了应对家奴的反抗,家族首领们联合起来抵御造反的家奴,自愿放弃各自唯我独尊的地位,成为城邦中的少数人。在追求更多利益的欲望驱动下,家族首领们走向联合,成为共同体中最初的公民,这无关高尚,无关罪恶,只关乎人趋利的本性。

针对首领们走向联合的过程,马南提出一个重要问题:城邦作为一个共同体必须要有某些共有物,家族首领们的私利和共同体的利益如何调节,自私的家族首领们可以成为公民吗? 马南指出如果人们习惯于这类表述,常常陷入一种非此即彼的选择:要么做自私的家族首领,要么做无私的公民,"这种非此即彼的选择从我们将美德等化为无私以来对我们来说很熟悉,但是这对于我们理解家族首领转变为公民的过程中灵魂的转变是毫无益处的。"①马南提出对于家族首领们而言,只有他们拥有城邦公民的身份,他们自身的最高利益和城邦的最高利益是等同的。因此,他们可以毫不踌躇地牺牲自己和家族的利益去维护城邦的安全,而城邦可以保障每个家族首领对其自己的家族实行君主式的独裁统治。于是,家族首领们在追逐私利的同时无形中也创造了公共利益,创造了共有物。人的自私与骄傲不经意间让家族首领们变身为公民,人类第一次开始共同体的生活。

进入城邦后,城邦承担起了培育公民的职责,公民也要承担起建设城邦的义务,这就使得原本出于私心走向联合的个体逐渐拥有了公民德性,随着城邦的发展,公民的理性和力量也得到增强,城邦对人的"改造"功能凸显了出来。马南赞同亚里士多德"人是政治动物"的论断,认为城邦起源于人的本性。人虽然是理性动物,但是个体的人拥有的理性和能力是有限的,无法实现自足,因此人需要聚集在一起,在共同体中生活。由于城邦是由理性的人组成,统治与被统治、自由与服从是相一致的,因此城邦生活本质上就是政治生活。共同体的生活并不意味着城邦中所有人的诉求是一致的,少数人与多数人的差异始终存在,富人和穷人的冲突从未停止。富人幻想的是建立一个仅有富人为公民的城邦,而穷人幻想建立一个仅有穷人为公民的城邦,但事实上,富人和穷人要生活在同一个城邦里。在城邦内部,富人和穷人之间的斗争构成了政

① Pierre Manent, *Les Métamorphoses de la cité. Essai sur le dynamique de l'Occident*, Paris, Flammrion, 2010, p.94.

治生活的主要内容:富人想要保存和增加他的财富,穷人则希望能分享富人的财富;富人希望自己的言说决定城邦的行动,穷人希望获得富人一样的政治身份,参与城邦生活。马南指出:"这种政治运动使得这些人和那些人都成为公民,使得原本带有原始动物性质的对抗转向荣誉、神圣性的辩论,贪婪发展为忠诚。城邦在发展过程中具有了人的形式,而人本身的存在也从肉体延伸到灵魂。"①人在政治运动中发展和完善着理性,从而获得了新生。马南认为在前政治时代,财富或者说出生构成了统治的条件,但在城邦建立之后,越来越重要的是统治的艺术,即亚里士多德的政治美德。

亚里士多德把美与善作为城邦的最大目的,高于其他的一切。城邦是个政治共同体,同时也是伦理共同体,只有在城邦中,个人才有幸福和美德,而城邦不仅要满足个人的物质生活需求,更要促使公民完善自我,达成实现幸福的目的。尽管德性是第一位的,但亚里士多德是现实的,他清楚人人至善显然不切实际,人只能有部分的正义,难免还会有不正义的部分,因此必须要制定一套区分善恶的标准,以便人能够正确认识城邦,掌握城邦的相关知识,做一个合格的公民。亚里士多德区分了善人的品德和好公民的品德,好公民不必统归于一种至善的品德,也就是说好公民不一定是善人,但"所有的公民都应该有好公民的品德,只有这样,城邦才能成为最优良的城邦"。② 好公民的准则成为了城邦公民最低的道德准则,给人的德性划了一条清晰的底线,从而城邦改造人的功能得到凸显。马南认为人的政治性是人的第二次诞生,人在走出家庭走进城邦的过程中逐步摆脱自然给定的存在,培育出第二本性。

二、帝　国

政治形式的第二形态是帝国,马南着重研究了城邦向帝国的演变。马南认为城邦和帝国是两种自发的政治形式,城邦诞生于西方,帝国则首先诞生于东方:"城邦是人类可以自我管理的自给自足的最小的人类共同体,而帝国相

---

①　Pierre Manent, *Les Métamorphoses de la cité. Essai sur le dynamique de l'Occident*, Paris, Flammrion, 2010, p.120.

②　[古希腊]亚里士多德:《政治学》,吴寿彭译,北京:商务印书馆 2014 年版,1277a 1—2。

反,是一个人统治下最广阔的可能。"①这两种政治形式是人类最初的组织形式,对应着两种不同的人性和生活模式:城邦对应着自由但动荡的生活,而帝国对应着一人统治下的不自由却和平的生活。在马南的研究中,古希腊城邦和罗马共和国同属于城邦这一政治形式,但两者有不同的命运:前者走向毁灭,后者演变为帝国。罗马共和国没有重复雅典城邦的命运,共和制的腐化没有带来罗马的死亡,而带来了另一种政治形式的罗马,在共和制的废墟上诞生了罗马帝国。在帝国这一政治形式下,人的伦理道德观念发生了很大的变化,这为现代国家的诞生打下了基础。

从罗马共和国末期一直到基督教民族国家的建立这漫长的十多个世纪,在马南看来属于政治秩序缺失的年代,疆土无限扩大,原有的政治秩序分崩离析,教会、君主、城市各自为政,人们在政治上处于迷茫中,不知道应该听令于谁。马南以罗马最重要的政治思想家西塞罗(Marcus Tullius Cicero)的名字为这一时期命名:西塞罗时代。罗马共和国向帝国的演变过程对欧洲的政治生活产生了巨大影响,政治形式的变化带来了伦理道德的改变。

首先,帝国的出现使国家和社会分离开来,公民沦为劳动者,官员的重要性凸显。在古希腊城邦中,官员只是城邦中负责管理的一部分人,是城邦的一部分,但在突破不断的罗马共和国,西塞罗认为官员"代表国家维护国家的荣誉和尊严、施行法律、让所有的人享受宪法权利,这是他的义务"。② 而对于个人,好公民的使命是"在与国家有关的大事中应该为国家的和平和荣誉而劳动"。③ 古希腊城邦中衣食无忧地积极参与政治生活的公民在西塞罗笔下已经消失了,马南指出"西塞罗的语言里,显示出政治重心向官员的转移,官员托举着城邦,承载着公民的信任"。④ 马南认为这与现代国家有共通之处:国家与社会相分离,国家的职责在于维护公民的权利,而公民的义务变成了劳动。

---

① Pierre Manent, *Le Regard politique*, *entretiens avec Bénédicte Dolorme-Montini*, Paris, Flammrion, 2010, p.149.

② [古罗马]西塞罗:《论义务》,张竹明、龙莉译,南京:译林出版社2015年版,第51页。

③ [古罗马]西塞罗:《论义务》,张竹明、龙莉译,南京:译林出版社2015年版,第51页。

④ Pierre Manent, *Les Métamorphoses de la cité. Essai sur le dynamique de l'Occident*, Paris, Flammrion, 2010, p.176.

其次，在帝国中，国家的首要使命不再是善而是保护私人财产的安全。西塞罗严厉批评了保民官菲利普斯的土地法案，指责该法案的目的是平分财产，是最具破坏性的政策："建立宪法国家和城市政府的主要目的就是为了个人财产可以得到安全保障。虽然人们聚集到一起是出于人类本性，但是寻求城市保护也是出于希望保住自己的财物。"①古希腊城邦关注的共同善在罗马蜕化为对私人财产的保护。

再次，在帝国这种政治形式下出现了普世人类的观念，这是古希腊人从未提到过的。西塞罗认为理性和言语是"使人和人联系起来以及使全人类结成社会的那个最宽广的纽带"，"通过教导、学习、交流、讨论、推理活动把人们结合在一起，把他们联合成一种自然的兄弟关系"②。在亚里士多德那里，人是理性动物——拥有逻各斯的动物，而西塞罗则以理性和言语取代了逻各斯，二者在思想上基本没有变化，区别在于亚里士多德的理性和言语是在特定的政治形式中发展的，或者说，只有在特定的政治形式内才会展开某种政治生活，以便去促进理性和言语的发展，因此亚里士多德所谓的"人是理性动物"与"人是政治动物"的表达是等同的。而西塞罗的理性和言语则存在于人类所有成员之间，也就是说人类可以在没有具体政治框架的情况下自行发展理性与言语，政治动物和理性动物是可以分离的。马南由此发现，普世主义早在古罗马就有萌芽，这表明在政治秩序缺失的时代，普世主义是人的一种自然意识，并非是现代人的专利。

最后，在帝国这种政治形式当中，人类的个性意识和自我意识开始觉醒。西塞罗认为，人类不仅仅有理性和言说的共性，在人性当中还有个体特性："我们还必须知道，大自然仿佛赋予我们两种特性。其一是普遍的，它出自一个事实，即我们全部被赋予理性，被赋予那种使我们高于畜类的优越性。全部道德和适当性都源出于此，明确我们义务的理性方法也有赖于此。另一种则是被特别分派给各人的特性。"③虽然亚里士多德也指出每个人的善恶有所不同，但都是作为人的共同本性的表现，并没有将这些差异从共性中分割出来。西塞罗就个体特性展开了详细讨论，并且将个性与共性完全分开，作为区分人

---

① ［古罗马］西塞罗：《论义务》，张竹明、龙莉译，南京：译林出版社 2015 年版，第 97 页。
② ［古罗马］西塞罗：《论义务》，张竹明、龙莉译，南京：译林出版社 2015 年版，第 22 页。
③ ［古罗马］西塞罗：《论义务》，张竹明、龙莉译，南京：译林出版社 2015 年版，第 44 页。

的标志。西塞罗细分了身体、个人外貌和性格上的巨大差异,列举了一系列的名人。尽管西塞罗也强调不能违反共性,但他认为人的行为处事主要是根据个性来决定的。"因为,反对一个人的天性、追求不可能达到的目标是徒劳无益的","如果有什么完全适当的话,那莫过于既在我们的整个一生中也在所有行为中保持一贯性。而这种一贯性靠模仿别人的性格而抛弃自己的性格是不能维持的"。① 马南指出在西塞罗的思想中,个体特性成为一个普遍现象,个性是自然的另一个面孔,是自然的一部分。个体的一贯性以及对个性的尊重取代了人作为共性的正当性及其目的论。

帝国结束了城邦间的混战,公民得到了休养生息的时间和空间。广袤的疆土、激增的人口,在无限扩张的罗马,古希腊哲学、古典共和理论都受到了挑战,原先的城邦政治失去了维系的条件,国家更多地通过官员来治理,公民逐渐与政治生活疏远。共和国这个道德实体的解体一方面使得人们开始关注个性,另一方面使得美德与罪恶呈现为个体的品性,不再具有政治意义,这也促使国家和社会出现了分离。普世概念、个性意识、私人财产的保护等现代人所熟悉的理念开始萌芽,可以说罗马帝国是古希腊和现代国家之间的一座桥梁。帝国与城邦一脉相承的是对追求荣誉的激情,在获得了自由之后,它们都产生了不可遏制的野心,不断地征服领邦,确立霸权,罗马在这种激情中走向辉煌也在这种激情中走向衰落。在马南看来,这是人性难以回避的弱点,人自身很难遏制自己的欲望,非理性的力量不受束缚终将冲破理性的界限,这也为大公教会的兴起提供了条件。

三、大公教会

第三种政治形式是教会。罗马帝国在经历了荣耀后,就陷入了更严重的腐败之中,帝国的衰退为大公教会的兴盛提供了契机。教会在帝国这一政治形式中发展了起来,但它比帝国更具普适性,声称自己才是真正的普世共同体。马南认为这一政治形式虽然本质上是反政治的(其目的不是现世的政治生活而是灵魂的拯救),但基督教中人性恶的宗教学说、良知的发现、人人平

---

① [古罗马]西塞罗:《论义务》,张竹明、龙莉译,南京:译林出版社 2015 年版,第 46 页。

等观的普及,为现代民主制度的诞生奠定了基础。

基督教以上帝为核心来阐释人性,认为人是上帝创造的,人的本性是善的,但是由于人的灵魂中自大的部分使得人违背上帝的意愿,犯了原罪而堕落。基督教认为只有从人与上帝的关系出发才能理解人和人性。人是上帝的作品,所以人的一切包括肉体、灵魂以及所有的理性、意识都是上帝意志的体现。上帝按照自己的形象塑造了人,并使人成为万物之灵长,具备其他生物所没有的理性,即自由意志。这种自由意志使得人具有了超越人自身和所处世界的能力,成为人的创造力之源,但同时也成为人的罪恶之源,人的骄傲和狂妄由此产生。奥古斯丁根据《圣经》对原罪做了阐释,首先他肯定上帝的全知全能和上帝的至善,因此人作为上帝的造物,也必然是善的。但是由于人的自大和自爱,在欲望的驱使下违背了上帝的旨意,偷吃了伊甸园的智慧果,由此犯下了原罪,人性开始堕落。奥古斯丁认为夏娃和亚当所犯的罪是不同的,夏娃由于轻信蛇的诱惑而偷食禁果,而亚当并不是相信蛇,而是出于对伴侣的情感,也就是出于对于最初的共同体的依恋,有意识地选择了吃禁果。这两种罪虽然有差异但并无轻重之分,是人类第一个共同体所犯下的罪,这也导致人类共同体从一开始就是有罪的,后世的人都是从这最初的共同体中繁衍出来,因此一出生已是有罪之身。

在基督教看来,从古希腊到罗马的历史已经能够证明人类并没有能力来建立理想的国度,因为人是有罪的,人由于自大无法遏制其欲望和野心,这会使得人和城邦走向毁灭。奥古斯丁认为人类在背离了上帝之后,世界上就出现了两座城:人之城和上帝之城。自爱藐视上帝的人构成了人之城,爱上帝藐视自己的人构成了上帝之城,两者是对立的。马南认为两座城的区分实质上是把教会与古希腊罗马的政治观做了区分:人之城以满足肉体欲望为目的,而上帝之城以灵魂的超越性为目的。在人之城,人们追逐物质、荣誉等世俗的东西,这在基督教看来不是真正的幸福,基督教认为只有通过信仰上帝、追随上帝升入天国才能获得真正的幸福。最高的幸福和最终的善是人的理性所不能达到的,因为人的理性永远不能排除自爱,只有依靠上帝的恩典才有可能。这样,基督教就否认了古希腊人性观认可的通过自身追求善而完善自身的可能性。虽然基督教是从自己的宗教立场出发来看待人性的,但是从客观上来看,这种观点恰好和现代自由主义的人性理论不谋而合,都是以人性恶为基础来建构其理论体系。

　　马南指出基督教的另一大贡献是创造出了一个内在的不可见的价值判断维度，这就是良知。良知可以让人从外在的不可靠的舆论中解脱出来，更贴近自己的灵魂。"如果说异教秩序的核心是荣誉观——扩大说是公众舆论的褒贬，那么基督教秩序的核心，我已经强调过，就是良知。"①奥古斯丁从良知角度评价了贵妇卢克莱希娅的自杀。卢克莱希娅不能忍受遭人凌辱所带来的名誉的受损和内心的煎熬，渴望向世人表明自己的清白而选择了自杀。这符合罗马人的荣誉观，但在奥古斯丁看来，她完全没有必要为了他人的罪过惩罚自己，她的灵魂面对自己和上帝都是清白的。古典秩序都是基于某种外在的标准来做价值判断，如城邦的善、罗马的荣誉，但基督教第一次让人们意识到还可以有一个内在于人的价值维度。这一发现之后，人就同时生活在可见和不可见的两套价值评判体系中，这大大地丰富了人性。由于内在的维度是不可见的，也就是说外界是无法进入也无法评判的，于是每个人可以遵循自己的内心作出自己的价值判断，这就为现代人的自由和个性发展提供了有力的理论支持。

　　马南认为教会这种政治形式还有一个重要的贡献是强调了平等。古典政治中都存在严格的等级秩序，城邦中富人和穷人，贵族和平民之间的差异是巨大且具体的。基督教宣扬"上帝面前人人平等"，在高高在上的上帝面前，人与人之间的等级差异变得无足轻重。对于基督徒而言，唯一重要的使命是拯救有罪的灵魂，在这一点上，穷人和富人第一次站到了同一起点上。基督教给予每个人平等地追求真理的权利，虽然教条复杂，也存在神学家，但基督教认为孩童由于内心更加谦卑有可能比神学家更接近真理，因为在上帝面前，谦卑和无条件的服从比渊博的知识更加重要。由此基督教在信仰的世界里缩小了人与人之间的差距，人们第一次发现人与人之间可以实现超越阶级的平等，这为现代政治的平等理念奠定了基础。

　　基督教的原罪、良知和平等虽然都是在宗教的范畴内讨论和展开，但却让人对自我的认识提高到了新的维度，并给现代政治理论的发展提供了重要的启示。尽管现代政治理论的提出是为了反对宗教的政治权力，但客观上，欧洲

---

　　①　Pierre Manent, *Les Métamorphoses de la cité. Essai sur le dynamique de l'Occident*, Paris: Flammrion, 2010, p.340.

的现代化运动是在基督教的土壤上萌芽并壮大的,基督教是欧洲能够率先变身为现代国家的核心要素之一。

四、民族国家

政治形式的第四形态是民族国家。中世纪在城邦、帝国和教会的纠缠中,各种政治力量碎片化存在,留给了世人巨大的神学政治问题。现代政治理论为了彻底解决神学政治的困扰,在否决宗教的超自然德性的同时也否决古典德性,回到政治的原点建构新的计划。在现代政治理论的鼓舞下,君主制民族国家发展壮大了起来。作为一种全新的政治形式,君主制民族国家将宗教的神圣性和世俗的政治权力集于一身,以基督教民族化的方式成功地从教会手中夺回了政治权力,恢复了欧洲的政治秩序。正是在这一全新的政治形式中,欧洲人恢复了政治活力,重新参与共同体生活,并激发出了无限的创造力。之后,随着现代政治理论的普及,政教分离、个体观念不断深入人心,君主制民族国家内部不断地进行着政制的转型,持续不断地形成了一些新的政治和社会组织方式,直至世俗的现代民族国家的出现。直到今天,欧洲各国仍然生活在民族国家这一政治形式中。

现代政治理论对于人性的认识发生了很大的转变,本质上反映的是一种消极的立场,即否认政治生活服务于更高的目的,摒弃了古典政治哲学中对于善的追求,也就是说,现代人的行动不是以实现某种内在于人性之中的善为目的。在马南看来,现代政治哲学对于善的理念的抛弃是一种不得已而为之的选择。在中世纪末期,为了让欧洲人从天主教的天罗地网中逃脱出来,现代政治哲人只能在否决宗教的超自然的德性的同时也否决古典德性。古典思想家假定人类像宇宙中其他的存在一样拥有某种自然的善,所有具体的政治安排或活动都应符合善的目的。这是古典理论为基督徒,特别是经院哲学家们提供的一份遗产,这也导致文艺复兴中试图将政治建立在纯粹的世俗政治基础上的失败,因为只要承认存在有更高的目的就会被教会用来宣扬宗教标准。

在这种局面下,马基雅维利第一个以人性恶的理论为反抗教会的运动树起了一面大旗。在马南看来,虽然马基雅维利没有建构出一套可以抵制罗马教会的政治制度,但他第一个撼动了善的理念的根基,这也就动摇了教会的根基。马基雅维利认为人性是利己的,争名夺利是人性的自然表现,而这些争夺又是以权力的获得和运用为前提的,因此政治的首要目的是如何获得权力、运用权力以实现自己的利益。由此他提出了以权力为核心的政治现实主义的主张,与传统的以善为核心的政治理论分道扬镳了。古典理论中关于人性的定义,遵循的是"应该是"的原则,而马基雅维利认为应该从"人实际是什么"出发来认识人性,人的首要目标是生存。出于生存的需要,人会追求财富和权力,这是人的自然需求,是对自身不可或缺的保护,社会需要通过一定的制度接纳人的自私。为了避免人类在争权夺利的混战中毁灭,就需要有一些带强制性的措施把人们的欲望和冲突限制在一定的范围内,这是国家产生的必要性所在。在此意义上的国家只是相互分散的个人为了保护自己的生命和财产而建立的一种社会组织,是一个功利性的联合体,这就否定了亚里士多德关于"人是天生的政治动物"的命题,也否决了国家的伦理目的,第一次将政治和道德区分开来。马基雅维利教导人们正视恶的存在,必要时不要犹豫作恶。必要性原则大于善恶的区分,成为人行动的指南。

马基雅维利对于恶的承认是为了与基督教许诺的善对抗。教会认为上帝的善可以用来提升或完善国家,但马基雅维利认为这是荒唐的,上帝的恩赐只会扰乱国家的自然功能。基督教弱化了各种恶的存在,其政治后果是当城市国家遭到侵略,男人不再拿起手中的剑去反抗,而女人和儿童会沦为奴隶。在基督教之前,战胜者和战败者的待遇有着天壤之别,胜者成为主人,败者为奴,但基督教弱化了这种差异,因为在基督教看来,世俗的成功失败不重要,重要的是灵魂的拯救。这会导致公民对其自我保存的本能和国家自我保存的本能的认同感的消逝,公民生活和公民道德被削弱。由此马基雅维利宣告恶的必要性和创造力,就是宣称世俗秩序的自足性。由此马南认为马基雅维利不仅成功反抗了基督教的统治理论,还为现代政治哲学指明了方向,是现代自由主义理论的开山鼻祖。

现代自由理论的设计者们沿着马基雅维利的道路继续前进,霍布斯和洛克从自然状态出发定义人和政治,卢梭希望通过社会契约体现每个人的意志。现代政治哲人都强调人的天赋权利,强调个体的平等,以人权为基础来建构现代国家。这些现代政治理论不仅建构了新的政治形式,也重塑了人的概念。某种意义上说,现代人是现代政治哲学构想的政治计划的实现。现代政治理念的核心是个体,个体意味着,由于他是人,自然就有资格享有人的权利。这些归属于个人的权利独立于他在社会中所发挥的作用和地位,从而使得他能够获得与其他人一样的平等地位。现代政治理论由此捍卫了个体的自由、平等、人权,提高了人的地位,并且使人的世俗生活和工作具有了正当性和神圣性,这大大激发了人的创造力,给欧洲带去前所未有的活力。

在马南看来,自由、平等、民主、人权等一系列现代政治理论都需要联系到一个特定的政治形式,即民族国家。民族国家不仅是现代政治理论的摇篮也是其守护者。在这一政治形式中,欧洲人恢复了公民政治生活,激发出个体的活力,刺激了物质生产的大发展。欧洲各国几百年来正是在民族国家这一政治形式下取得了举世瞩目的成就。但"二战"以后欧洲人开始质疑民族国家的正当性,认为民族国家束缚了自由、民主、人权的进一步发展。欧洲人认为摆脱民族国家羁绊的民主会更为纯粹也更加人道,纯粹的民主在冲破宗教、阶级的束缚后,正在挑战民族国家的政治框架。

五、结　语

政治形式是马南政治哲学的核心概念,对理解和分析当下的世界政治现实具有重要意义。近些年来,"阿拉伯之春"革命所产生的一系列政治后果,包括 IS 的崛起、埃及军政府的复辟、利比亚陷入内战、叙利亚一片生灵涂炭、欧洲难民危机等事件都是人们始料未及的。去年英国脱欧、美国特朗普上台更是直接反映出西方普世价值观和全球一体化进程的受挫。这些事件在某种程度上超出传统政治哲学以及民主理论的解释范围,现代民主以及人权政治所具有的缺陷日益显露出来,对民主、个体权利、全球化等现代政治理论进行反思已经是迫在眉睫。

马南认为要理解当下世界的政治困境,必须回到现代政治理论诞生地——欧洲,重新考察整个欧洲文明史,因为"政治哲学史清楚地展现了我们的历史和政治制度的本质"①。马南重新审视了从古希腊到现代国家的政治

---

① Pierre Manent, *Le Regard politique, entretiens avec Bénédicte Dolorme-Montini*, Paris, Flammrion, 2010, p.151.

哲学史,以政治形式的变化发展为主要线索,从历史的角度考察了各种政治制度的起源和演变,而不是简单地将国家划分为民主制、寡头制、独裁制等。他认为人总是已经生活在一定的政治制度之中,这些制度本质上是政治形式的表现,并且始终处于生成当中,是处在一定的社会历史条件下的国家制度。从这个角度来看,马南政治形式的概念对于反思西方的"历史终结论"与理解中国政治制度的发展演变都具有重要的意义。

"差异"问题的德法演变

——从海德格尔到德里达与列维纳斯

樊佳奇*

摘要:本文试图对"差异"问题的德法演变进行探讨,指出差异问题在经由法国思想家德里达与列维纳斯的深刻沉思后,他们分别从"延异"与"Il y a"两个方面推进了海德格尔的"存在论差异"思想,而此种推进同时伴随着对海德格尔思想的批判与反思,厘清这源自海德格尔的差异问题,对于我们更深刻地把握德法现象学历史的内在演变有重要理论意义。

关键词:存在论差异　延异　Il y a

海德格尔早在《现象学的基本问题》中就提及了"存在论差异"问题。存在论差异(die ontologische Differenz)就是指:存在本身与存在者之间的差异。存在不是存在者,存在者亦不是存在,存在与存在者之间有一个决定性区分。海德格尔批评形而上学传统遗忘了存在论差异,进而从对存在本身的寻索演变成对存在者在场性的追问,传统如此就遗忘了最根本的哲学问题。海德格尔一生都在关注此差异问题,存在论思想流传到法国之后,被包括马里翁①、德里达、列维纳斯、福柯②、

＊ 樊佳奇:同济大学人文学院哲学系博士。

① 马里翁关于存在论差异问题的探讨,参见尚杰:《马里翁与现象学》,《哲学研究》2007年第6期;吴增定:《存在的逾越——试析马里翁在〈无需存在的上帝〉中对海德格尔的批评》,《云南大学学报(社会科学版)》2016年第1期。

② 福柯关于"势"(Positive)与海德格尔的"集置"(Gestell)关系的讨论,可参见让-吕克-南希:《解构的共通体》,夏可君编校,张尧均译,上海:上海世纪出版社2007年版,第260页。

德勒兹、巴塔耶①、布朗肖②等法国思想家深入关注与批判。尤其是德里达与列维纳斯两位思想家,都深受存在论差异思想的影响,并发展出自己独具创造性的思想谱系。重温差异问题对于深刻地把握德法现象学历史的内在演变有重要意义。全文分三节,第一节我们要回顾海德格尔的存在论差异问题内在理路的复杂性,指出差异问题的两个重要变体:作为差异的差异与“有”,是海德格尔关于存在问题后期提法的探索主线。后两节,分别从德里达、列维纳斯对海德格尔差异问题之批评所得出的原初性结论出发,指出德里达的“延异”之解构思想与列维纳斯匿名的“Il y a”思想多大程度上依然在海德格尔思考视野中运作,又多大程度超越了海德格尔,并达到了精彩绝伦的思想深度。

一、海德格尔的“存在论差异”(die ontologische Differenz)与“有”(Es gibt)

　　让我们先来简单地回顾一下海德格尔差异问题的内在脉络:早期海德格尔对“形式指引”、“此在”、“历史性此在”这一推演有其独特的内在思路,而关于差异问题的来源可上溯到早期弗莱堡讲座,其隐秘起源被认为与早期基督教宗教体验有关。从体验到形式指引是关键的过渡,而“形式指引”是差异问题不断变形出其他概念方式之提法的关键方法论,而此方法论本质上是“回到事情本身”之原则所要求的。③ 形式指引与作为“有”(Es gibt)的体验问题之展开,对于我们切入问题具有根本性意义。在《存在与时间》中,海德格尔紧扣“此在”来谈论存在与存在者的区分,通过对此在之生存论的阐释试图获得某种通向差异之源的时间性视野并以此作为基础来探索存在意义。同样重要的是,在《现象学的基本问题》中关于康德与亚里士多德的阐释,海德格尔审查了形成存在论差异问题的原始理论场所,并重审绝对被给予性问题,

---

　　① 巴塔耶:《内在经验》,程小牧译,上海:上海三联书店 2017 年版,第 31—35 页。

　　② 布朗肖:《不可言明的共通体》,夏可君、尉光吉译,重庆:重庆大学出版社 2016 年版,第 29—33 页。

　　③ 梁家荣:《本源与意义:前期海德格尔与现象学研究》,北京:商务印书馆 2015 年版,第 121 页。

后来马利翁对海德格尔在《存在与时间》中从"此在"出发的对存在论差异的探讨方式也提出了质疑。① 进一步,在《现象学与神学》中海德格尔试图找到突破差异之既不同于"内在论"也不同于"超越论"的"第三条路径"的探索。到了《哲学论稿》的隐秘写作时期,"赋格"(Füge)②一词便成为"差异"的另一个表述,借助"赋格"海德格尔对差异的思考在转折时期越发深入,其对阿纳克西曼德阐释中"缝隙"(Füge)问题乃至《艺术作品本源》等著作中的"缝隙"问题与存在论差异的关联做出了深入现象学分析,此分析还涉及对"将来者"与荷尔德林等问题的复杂讨论,并和《哲学论稿》中"存在历史"与"圣史"的关系乃至"密契主义"(Mysticism)与"圣言"的关系等问题紧密相联。尤其是"将来者"与"最后之神"两个区域所涉及的"弥撒亚精神"与神性问题在差异中显现的意义都是关于差异问题的展开路径。如同《上帝、死亡和时间》是对《存在与时间》的某种超越与批判一样,将来者乃至最后之神的论述多大程度影响了列维纳斯后来的《塔木德》解释都与差异问题紧密相关。而列维纳斯关于"存在"(Sein)的一个变体探讨,即海德格尔的"有"(Es gibt)的某种法语式领会,充满灵感地把关于"有"(Il y a)的沉思带向极致。在后期《转向》中,海德格尔集中谈论"集置"(Gestell)问题,而此问题对于思考转向在差异角度意味着什么,这种差异的一个极端状态,即技术集置的全方面摆置,其实在后来福柯的权力技术的思想史谱系探索中潜移默化地起了作用,虽然这种作用据说来自尼采的影响更多一些。后期海德格尔在《同一与差异》中展开对差异问题后期推进的重要变体的探讨,德勒兹甚至某种程度受到海德格尔《这是什么——哲学?》演讲的冲击而同样写作伟大的《哲学是什么?》来探讨哲学创造概念的艺术本质,乃至提出平滑空间、混沌等问题。差异的变体在《同一与差异》中体现为分解(Austrag)与本有(Ereignis)之间的关系。③ 虽然并非直接的,但间接地借到后期的语言问题的谈论,德里达从拆解(abbau)的概念中

---

① 马利翁:《还原与给予——胡塞尔、海德格尔与现象学研究》,上海:上海译文出版社2009 年版,第 182 页。

② "Füge"一词,又译为:关节,接缝。参见张志扬:《偶在论谱系》,上海:复旦大学出版社2010 年版,第 208 页。

③ 张柯:《道路之思——海德格尔的"存在论差异"思想》,南京:江苏人民出版社 2012 年版,第 220 页。

提出了延异(différance)的概念并奠定了他整个思想的核心位置。①

　　差异问题因此在海德格尔那里在不同的时期表达为不同的概念形式,虽然根本上是在谈论存在问题,其实他自己也讲他唯一可以被称为其自身思想的核心词汇应该是:本有(Ereignis)。而本有亦是存在论差异问题的后期变体。从早期的形式指引到《存在与时间》中绽出的此在,再到《现象学与神学》中的"历史性此在"中涉及的基督之人神二重性问题,海德格尔后来谈论"历史"总是离不开这种差异之源的特殊"此—在"生存论之展开方式,也就是说,早期的此在虽然不能仅仅说是人,但毕竟是一般的在世中之被抛者,就是沉沦的人,但转向时期秘密写作乃至后期的存在历史谈论中的此—在(Da-sein)(注意 Da-sein 之间的连接线)变成了某种特殊的此在,比如基督这种特殊此—在,此在若是建基在自身的那种真理性恰恰来自特殊性,即特殊此在的生存论样式。好比特殊此在的历史性反而奠基了一般历史乃至一般的历史性此在,需要通过对此—在之历史性差异运作之解释来理解一般此在的生存论实际。"差异"从"存在论差异",变化为作为差异的差异,即"区—分"(Unterschied),乃至变化为《同一与差异》中的本有(Ereignis)与分解(Austrag)的深入分析。其实,形式指引之所以是 Da-sein 问题的前庭,而形式指引之所以可被析出,作为海德格尔早期谈论差异问题的根本方法,其更深刻的来源则是体验问题,海德格尔那时就已经在试图谈论后来巴塔耶强调的"内在经验"。在《体验的结构分析》中,海德格尔谈论"有",如同后期《时间与存在》中对《存在与时间》的自我批判集中在对有的更深度诠释,这种诠释与在场之澄明与遮蔽(Lichtung),即真理的差异二重性有紧密的关系。不过,我们这里主要谈论的并不是巴塔耶,而主要谈论的是德里达与列维纳斯两位法国思想大师,要指出的一个基本立场是:海德格尔的存在论差异,在不同时期有不同的概念载体,其变体无论变成什么,都紧紧扣住存在论差异问题,在他对词语与将来者的讨论时,让我们想到德里达的《论文字学》方面对"在场形而上学"的推进与质疑;他在对差异的变体"有"(Es gibt)的绝对被给予时,我们想到列维纳斯的"有"(Il y a),以及伦理学作为第一哲学的经典表述。

---

　　①　邓刚:《永不停止的对话——德里达关于诠释问题与伽达默尔的对话与分歧》,《武汉大学学报(人文科学版)》2017 年第 2 期。

二、德里达的"延异"(Différance)

根据德里达,延异(Différance)①并非一个词语或概念,它缺乏明确的定义。从时空游戏的角度来说,它是不在场之在场,由于不断地延迟自身的出现,这种不在场之在场体现为幽灵性的东西。它作为"差异之差异"无法归约到同一性中,而是在差异中纯粹地生成并无休止地播撒。我们可循着延异的不可能性展现之时刻去感受它的存在,沿着它的痕迹寻找它播撒的复杂谱系。延异作为差异之源需要不断地被再现来替补,这意味着,在差异中不断地让本源推迟的同时,可通过未来的书写让本源不断到场,却让它永远作为不合法的到场而存在,如此以使差异可永远发生下去。语言作为词语之延异播撒(Dissemination)②意义。词语在德里达那里总是意味着从他者的道说中生成意义,词语成为某种无法直接从瞬时当下获取意义之物。词语总在不停地述谓、滑动、播撒,如同种子一样,留下各种显而易见却不可名状的痕迹。我们无法真正说出个什么真实性来,仿佛总有某种命运性的缺乏存在着。此种感受就类似语言在道说的起始就自动保持沉默并拒绝道说似的。延异是使种种差异成为可能性的不可能性源头。我们发现,当海德格尔讲到"差异之为差异"时,他用的是"区分"(Unter-schied)一词③,与德里达不同的是,在海德格尔那里的差异与同一还具有某种内在平衡性,而不是以彻底非对称的差异化过程而运行。同一性被海德格尔隐秘地转化到了本有(Ereignis)叙事当中,不过,延异在德里达则更像表示纯粹差异之源的唯名论记号,这种记号拒绝所有定义的企图,定义本身即对差异的同一化聚集,延异要防御这种逻各斯之聚集。延异同样指引了词语记号本身的那种差异关系网络,它某种程度上兼具海德格尔那里"形式指引"的意义。

他者在延异中推迟其到来。文本诠释得以可能的条件就是这种不断推迟

---

① 德里达:《延异》,汪民安译,《外国文学》2000年第1期;原文译文亦可参见李为学:《德里达〈延异〉文绎解》,上海:华东师范大学出版社2015年版,第70页。

② Jacques Derrida, Dissemination, trans. by Barbara Johnson, University of Chicago Press, Reprint,1983.pp.3-5.

③ 海德格尔:《同一与差异》,孙周兴、余明峰译,北京:商务印书馆2011年版,第68页。

到来的关于文本原意的替补性裁决。替补恰恰是无法裁决的替补,无法做到一劳永逸地把文本意义焊死在字面意义上。词语之意义于是无法仅从共时性符号网络中被确定而须在历时性的瞬时中被确定,其实这种确定恰恰保持为不确定性,让意义可以继续播撒,进而播撒到不可能性的坚固内核中去,在德里达那里差异之源本就是作为不可能性而存在。延异要求我们去防护自身的差异性却又拒绝去成为任何一个拒斥其他多元之他者的霸权同一者。海德格尔那里的差异要求我们在与他者的彼此观照中,发现某种既不能同一又不至于差异到分离的状态。德里达则要求保持一种发生彻底分离时刻的不可化约性。延异是包括事物内在的与外在的甚至语言符号之间的一切纯粹差异,这个意义上,差异就是某种无限差异网络,它使得述谓活动得以可能。述谓的基点是词语,而词语总是不可避免地"尸体化",而差异使得词语不断地"借尸还魂"。在面对语言系统时,德里达发现语言是被差异网络决定的,如若不在符号中捕获事物之在场,在场就根本不可能发生作用。差异是决定事物在场与否的关键,在场却总是被无限地推延,延宕推迟着的差异化过程让在场得以可能,又瞬间抽离在场之为在场的一切合法性保证。

德里达发问的是:现象之在场显现本身是如何可能的。意识作用是如何发动对各种意识相关项进行范畴性重组的? 或者说,那个所谓的"事情本身"之显现如何可能?[①] 其实,在瞬时中我们根本无从捕捉显现,唯有在第二次的复现中把握才是可能的。瞬时快到一闪而过,而替补就在此瞬时一并发生。吊诡的是:显现得以可能所谓本源之奠基居然来自于显现完成后的残余物。每一次差异性地重复与再现根本上都与原初那次差异性的区分着,这些差异又不可避免地配上从他者而来的种种关注方式。这意味着,差异作为某种再现总需要不断再现,必有更多再现得以替补才可维持差异本身,于是无限层次的差异被呼唤而来。这就出现一个无限的差异因果链,无限的他者给出各种话语论述,这些论述具有类似拉康强调在潜意识层面的话语符号作为差异中到来的他者之决定作用。根本的差异之源就是尼采所谓的"浑沌"(Chaos),当差异网络原始浑沌变异为差异链全面参与到述谓活动中时,所有的差异都

---

① 德里达:《胡塞尔〈几何学的起源〉引论》,方向红译,南京:南京大学出版社 2004 年版,第 34 页。

在不断地比量与调配,符号化系统在对符号化表述的区域区分清楚后,发出从存在者方向而来的认同指令,遗憾的是各种不认同也总同时次生出来,好比小数点后面总是除不尽一样。这时候就需要诠释学的出场,其实诠释学是为了对差异中不可比量的区域进行一种暂时性话语协调。试图诠释差异性新区分的符号系统时,要一层层地回归差异之源,进而陷入某种无休止的纠缠。符号的符合性关联若能永远有效也就罢了,问题是有效关联并非每次都有效,总是有无法关联的时刻存在,进而使得差异的瞬时变成出口与开端,此开端是不可化约的时空点。作为不是开端的开端,此时空点居然可作某种开端时刻而存在。因为在瞬时当中有绝对的差异,而这种绝对差异恰恰是文本得以诠释的不是起点的起点。作为某种文字撒播的痕迹,它是一种不可能性的剩余物①,这个剩余物是个幽灵性的东西,它在所有的文本之间驻足与徘徊。文本不断地在替补中书写自身,意义似乎已然固定在了文本之上,其实意义总在之外。体会德里达处的延异,就是理解差异问题被他把握到何种深度,延异总在引导我们去激发对不在场之欠缺感的体会,引导我们体会文本之外的"无"。

替补(Supplément)②展现为到来中的他者,他者不是另一个主体,而是任何可构成差异之物,所有这些差异构成都是成为差异化过程中可进行替补之他者。作为他者的"到来者"(l'arrivant)某种程度上是那种对瞬时此刻不断重复改写的不在场者。替补之物总是体现为隐秘的、次要的、渺小到不可名状的东西。这一点与马利翁对存在论差异逾越时所采取的那种经由否定神学而导向上帝的态度截然不同。德里达的"到来者"并不意味着作为必然性的崇高神圣者,反而是那个总可使他者得以到来的东西才是崇高而神圣的。到来本身就是正义。到来作为正义不可被解构。相比海德格尔把差异化运作过程当做一种分解与聚集,通过各种的时机性的因缘条件,使得在场在逻各斯中聚集起来。③ 而对德里达来说,"播撒"就是要批判这种关于在场的聚集之道说,播撒本身类似撒种子一样,有的可结出果实,有的则不一定。在延异的差异运作

① 夏可君:《无余与感通》,北京:新星出版社 2013 年版,第 351 页。

② 关于"替补"的论述,参见《在〈声音与现象〉中关于"根源的补充"》,见德里达:《声音与现象》,杜小真译,北京:商务印书馆 2001 年版,第 111 页;又见《论文字学》第二章"此种危险的替补",见德里达:《论文字学》,汪堂家译,上海:上海译文出版社 2015 年版,第 204 页。

③ 海德格尔:《形而上学导论》,王庆节译,北京:商务印书馆 1996 年版,第 132 页。

过程中,播撒抵抗着那种把词语专名暴力化的危险。

　　与伽达默尔的"巴黎论战"①中,德里达认为,尼采被海德格尔认定为最后一位形而上学家的做法是危险的。尼采思想是丰富意义的集合体或某种意义上的差异之源,他的思想不能简单地被签名化地概括在词语暴力的命名之下。就是说,尼采的思想本身就是多声部的发言,任何认为尼采的思想必然具有内在同一性的观点,都可能把同一性的暴力强加给了尼采。尼采的高明在于他如同克尔凯郭尔一样,尼采与自己辩论,质疑并推翻自己,并在碎片性的格言讲述中表达隐微或显白的真理。② 尼采做到了对真理显隐二重性进行文本之实际操练,展现为重写查拉图斯特拉的文学风格。我们不能把尼采单一化,如同不能把用过很多笔名来写作的克尔凯郭尔仅用一个签名就概括他思想的复杂差异性。"尼采"作为一个"签名"③的出现恰恰是为了让我们看到签名背后的专属命名之不可聚集性。签名是某种专属的逻各斯中心式暴力,是延异运作的权力化书写痕迹。任何签名在签下之时就一定伴随对象性的思维方式,签名的留痕当然为从同一性出发的对象性认知提供了基本条件,但若一定认为聚集在签名下的就是真实的思想全体,理由则很不充分。其实,当我们每次陷入海德格尔之问,即"这是什么"这种问法时,马上就会有一个无形的空间得以打开,此是对象性思维得以可能的空间,但使所有类似空间得以可能的恰恰是"到来"之不可能性。在延异时刻,根本就不可能再去谈论逻各斯的聚集或对遮蔽之无蔽的运作,抑或对于某种纯粹被馈赠物的收取。因为,任何话语在聚集为一个特殊签名之时,会作为某种全新的遮蔽而遮蔽住太多被忽略的东西,那些隐藏在叙述系统中最微不足道的话语细节,例如存在与时间中的"与",书写与差异中的"与",声音与现象中的"与",这些不起眼的关联性小词,反比存在、历史、真理等大词具有更古老的不可通约的本源力量。它们作为一种不可阐释的被忽视物而存在,以一种不在场的方式在场,并起到看似无用却至关重要的作用。

─────────

　　① 德里达、伽达默尔:《德法之争——伽达默尔与德里达的对话》,孙周兴、孙善春编译,上海:同济大学出版社 2004 年版,第 41 页。

　　② 张文涛:《尼采六论》,上海:华东师范大学出版社 2007 年版,第 45 页。

　　③ 德里达、伽达默尔:《德法之争——伽达默尔与德里达的对话》,孙周兴、孙善春编译,上海:同济大学出版社 2004 年版,第 50 页。

德里达的"痕迹"(trace)概念与海德格尔的 Es gibt 中的 Es 非常类似。德里达要让意义在延异中不断地播撒,逻各斯的聚集本身却拒斥此种播撒行动。通过对 Es 的讨论是否有助于理解"痕迹"与"到来"呢? Es 是某种不可祈祷的神①,作为最后之神之"掠过",掠过本身就是一个痕迹。"最后之神"在德里达这里被表达为:到来(Arrive)。对于到来,我们只能期许并等待,在期盼中希望与其相遇在某个地方。德里达说"到来"是"在一种肯定的论调中来临,自在地标记自身,它既不是一种欲望也不是一种秩序,既不是一个祈祷者也不是要求者。就是说,到来被决定的语法的、语言学的和语义学的范畴都被到来本身颠覆了。"在"到来"中没有传统神学意义上绝对被动接受的从上帝而来的馈赠的那种坐享其成。如果说敞开是某种启示,则到来之启示就是无启示,或者启示"无"。虽然是无,但又忍不住道说,在道说中抹去自身,任何不抹去自身的关乎自身的言说都陷入形而上学,可抹去又不是总能做到,痕迹永远残留。我们如何可以既道说又不留下痕迹呢? 这类似福柯在对话语与权力关系探讨时思考的:真理是如何被讲述出来的,其多大程度是被权力挟持的产物,而关于真理的讲述又不得不回到权力的再生产之中。

"到来"(Arrive)作为深层次的 Es gibt 中的 Es,在存在历史中不再仅仅作为语言自行道说而是作为延异之痕迹不断地发生。Arrive 不再是 Es 馈赠礼物的过程,而存在者承受 Es。承受者被允诺有 Es 到来,但无法询问 Es 究竟是什么。海德格尔强调语言自行道说的运作方式,而德里达批评这种自行言说的现象学描述,是语音中心主义之残留。在所谓的自行言说中依然有神秘主义式的他者在场,海德格尔与德里达的区别在于,后者认为道说不一定发生,此他者完全可以不倾听且不呼出词语。此他者完全沉默。幽灵之为幽灵可以完全沉默。在沉默与寂静②中,一种幽灵性延异化机制发生了作用,我们看到了德里达与海德格尔的不同。德里达精辟地看到,在海德格尔那里 Es gibt 的无人称句提示出:真理虽然不断地二重性差异运作,并在解蔽之时自行回撤,却总是无法抹去 Es,残留与剩余的东西就是"痕迹"。这个没有形象却

---

① 可参看《哲学论稿》中"最后之神"的论述。海德格尔:《哲学论稿》,孙周兴译,北京:商务印书馆 2012 年版,第 429 页。

② 寂静与秘默学的关系,可参见海德格尔:《哲学论稿——从本有而来》,孙周兴译,北京:商务印书馆 2012 年版,前瞻之《存有与它的静默(秘默学)》与《静默》,第 86—87 页。

在不断运化万物的残留物 Es,本应该被彻底抹去却依旧不断激起哲学家最后一丝法执。

延异、痕迹(trace)、播撒、到来(Arrive)等概念,都是德里达创造的对差异运作做现象学描述的语汇库,这些语汇是对那不可能之差异之源的勉强命名。那终究什么是"到来"(Arrive)?① 当我们问"什么是这个到来呢?"这种问法马上陷入海德格尔在《这是什么——哲学?》中警告的那种从古希腊而来且唯有希腊才有的对象性观审之发问方式。其实,"到来"意味着所有开端之前的领域。这个领域不可能被所有事件自身的运作机制思考。它除了要求一种时间的先在性还要求一个空间"场地",而它自身却非场地。到来是延异化过程发生的那个场地之所以可能的东西,是海德格尔那里使"天地人神"之"四方"(Geviert)时—空游戏得以开展的不是基础的基础,是本有(Ereignis)之赋本(Zueigenen)与此—在之归本(Vereignen)②活动之所以可能的前提。是"到来"呼唤了本有作为"事件"(event)③而发生。"到来"已经不能简单地被当做某种形而上学或存在论来思考,它不再是历史主义或基督教末世论意义上的历史终结或末日,而是存在者之外的从远方而来的不可命名的命名或不可言说之言说,它就是一种最单纯的来临,因而是最神秘④之物。故而"到来"比本有(Ereignis)更加神秘与原本,是德里达意义上的本源,因它从来没有试图成为本源而存在,却使存在得以出生并一直发挥作用。到来是比本有居有之澄明境界更加透彻而纯粹的神秘领域。

总结一下,我们知道延异从根本上是为了解构,那究竟什么是解构呢? 在德里达,解构是通过文字对语音中心主义的化解,通过癫狂对逻各斯中心主义的化解,通过他者文化对白人中心主义的化解,最后通过动物对人类中心主义的化解。所有这一切都是在对各种"中心主义"的暴力反抗,解构故而也是一

---

① 将来者与到来者的内在隐秘关联,可参见海德格尔:《哲学论稿——从本有而来》,孙周兴译,北京:商务印书馆2012年版,《将来者》章节,第421页。

② 海德格尔:《同一与差异》,孙周兴、余明峰译,北京:商务印书馆2011年版,第42页,注1。

③ 高宣扬:《论巴迪欧的"事件哲学"》,《新疆师范大学学报(社会科学版)》2014年第4期。

④ "神秘"(Geheimnis)与家园的关系,海德格尔的《人,诗意的栖居》一文的讨论。见《演讲与论文集》,孙周兴译,上海:上海三联书店2006年版,第213页。

种暴力，类似以暴制暴，在已经极度偏激的立场内下一剂猛药，以此来撼动统治着我们的所有与在场形而上学有关的传统，去发现与听取所有被压抑的、弱小的、残缺的、不在场的场外之音。对那个永远不会"到来"却正在到来中的"他者"进行等候与追悼，解构的姿态因此才是面向正义的姿态。解构所关注的源头，永远是悖论性的，几乎微小到似乎不存在一样的源头。此源头作为永恒的他者正在到来中。此源头，我们不能说它不在场，亦不能说它在场；不能说它已然逝去，亦不能说它可当前化。在场形而上学总希望把握到的那个彻底正确的关于在场的真理，恰恰是一种签名式的遮蔽。因为每当这种在场式的把握发生之时，就遮蔽了他者，遮蔽掉所有替补的可能性。即使如此，痕迹常在。源头变成了对将来的替补，作为源头的东西居然总是次一级的完全不起眼和微不足道的尚未消逝的幽灵们。文本意义的真正开端，是那些在对文本意义诠释的活动展开之际已然压抑掉的作为过去的微不足道之处，这些充满不可诠释性之处恰作为文本的差异的瞬时点，使文本诠释活动得以可能。从开端处跳跃出本源，在跳跃的时刻开端隐去，在对其哀悼的过程中让我们不断替补再替补，循着痕迹等待在延异中的"到来"。

三、列维纳斯的"有"（Il y a）

列维纳斯喜欢反其道而行之，认为海德格尔《存在与时间》之中最有意义的思考即是"存在论差异"，但他不认为存在论差异可以真正支配此在，绽出（Existiert）若在差异意义上谈，则是存在者绽出存在，若在存在自身意义上谈，则存在本己的同样具备绽出自身的能力。如果"存在"这个概念仅是唯名论意义上的抽象概念，则此在如何竟被一个抽象概念囊括与主宰？列维纳斯并不同意海德格尔从工具的"上手状态"来展开此在之生存论建构，列维纳斯考虑的是：此在与世界的关联并不仅仅是使用工具那么简单，他强调"享受"的意义，就是存在之"居家"状态首先体现在此在与世界打交道的方式在感恩中享受世界的馈赠。当列维纳斯谈到"此在的孤独是由于他是存在的主人"时，他与海德格尔的思想分歧其实很明显，因海德格尔会说"语言为存在之家"，此在并非是存在之主人，此在唯有作为存在之守护者才有可能绽出存在。此在并不占有存在。对于列维纳斯，此在与他人沉沦共在的方式，某种程度上才是本真的存在方式,海德格尔那里的此在是抽象化的,仿佛生活世界的整个背景都被悬置了似的,在这个抽象状况下的共在就不再是相遇中的共在,而是彼此不相关的共在。哪怕是"闲谈",在列维纳斯那里都可以是与他者相遇的最原始与本真的方式。故在海德格尔那里没有真正意义上的他者。在不遇见真正意义上的他者之前不可能有本真的自我。他者在海德格尔那里是无情绪面孔①之共在,而列维纳斯的面孔则是作为可见与不可见之二重性交织的面孔。在他者之脸显现的时刻,脸作为生动的对象而存在,在除了凝望之外的对话交谈中体现无限的意义,言谈中差异得以展现,主体与他者之间得以绝对地区分又彼此责任化地相互传达道德之内在要求。

倘若在海德格尔意义上的抽象共在中绽出的存在者并不真实,某种程度上就可以解释为何海德格尔那里的伦理学问题是巨大的硬伤。从根本上来说,绽出是意识通过意向性作用组建范畴生成意义的海德格尔式表述,对这种组建方式的不同领会路径,使得列维纳斯与海德格尔对此在之生存理解不同,尤其是对死亡与他者的理解差异更大。在海德格尔看来,此在的"向死而生"使绽出得以发生,并最终成为使此在之生存论筹划得以可能的先决条件。通过"向死而生",此在才有无限生存的可能性,但在时间性中持存的那个关于死亡的在场方式到底是如何敞开自身的呢? 换句话说,死亡如果不是作为生存终点的一种标记,而是作为生存起点的标记,那想要从被抛状态走向他者,是否可以跨过死亡却照样能绽出生存呢? 摆脱被抛状态必须面对死亡问题,这就把问题逼到了一个界限,即死亡是不是虚无? 什么是虚无? 列维纳斯接着海德格尔关于"无"的思考批评道:无是存在本身而死亡根本不存在,即使死亡归于虚无依旧是某种从存在而来的东西。故而列维纳斯提出死亡作为彻底的虚无之不可能性,使存在作为可能性得以发生。就是说,克服畏(Angst)之罪感就必须克服死亡,但终有一死作为此在之本质反过来只能是此在生存的可能性边界,这边界的划分来自于死亡作为无之不可能性本身,后者才是此在得以筹划的真正差异性本源。每当死亡发生生存论建构就会被终止,海德格尔所谓的"向死而生"就无法有效地展开,死亡就此变成某个不可把握的时

---

① 孙向晨:《面对他者——莱维纳斯哲学思想研究》,上海:上海三联书店 2008 年版,第142 页。

间性节点,进而就不能被作为绽出得以发生的那个未来可预期之终点而被考量。按照海德格尔,我们是在面对死亡之时看到了某种生存的可能性进而展开生存,而在列维纳斯的战争集中营体验中体会到的却是面对死亡时刻那种不可能性,因为无法展开可能性生存,所以不可能性此时的到场没有可能性,没有过去与未来,此在甚至不能筹划任何一件事。他只能硬生生地存在,但却没法为其可能性做出任何实际行动。此时,他必认为死亡不是虚无,如此才恰恰可以筹划其生存,在这种不是虚无的认定中,此在体会到从存在本身之Il y a 领域而来的重压。相信濒死的自己不会真的死亡,而是作为无数的他者继续存活下去,不仅此在的生,甚至此在的死都变成某种不被揭示的奥秘。后来我们还会发现,由于对死亡不是虚无之独特时间性的颖悟,在列维纳斯与布朗肖既相通又差异的关于Il y a 的感受中,进一步揭示了存在与Il y a 之间的关系。①

　　列维纳斯克服在场形而上学的方式,是保持未来与过去在聚集中的不可能性。这即是说,从未来而来的差异化聚集具有不能被在场化的特性,未来与过去不可被通约地被表象为在场的东西。列维纳斯沉思的时间性是"瞬时"的时间性。从这个瞬时出发,在面向未来与过去的过程中把绝对差异性的运作机制析出,此种差异性运作本质上愈发不仅仅是关于存在者之存在的差异性运作,而体现为:在场表象化摆置发生之前的那种存在自身之无尽超越,这种无尽超越得以可能的来源即是那个叫做Il y a 的不可能领域。按照列维纳斯,即使传统形而上学总是试图给Il y a 命名,并认为Il y a 是某种可见之物,或可被欲望改造之物,实际上都在错失了Il y a。因为Il y a 是匿名化的存在。它虽然可以展现为被主体理解与感受,被主体欲望与消费,但却不是向来我属的东西。此在总是试图掌控Il y a,而在这种掌控中体现的并非是对真理把捉的自由,而是不懈的形而上学冲动,类似被存在当做存在者的冲动,但不同的是,存在论差异固然有差异,却并不意味着存在与存在者之间已然分离并划界。存在者之存在并不逃逸出存在者,差异无法保证存在被黏着于存在者之上或被当做空洞符号而被玩味。列维纳斯认为Il y a 是一个没有存在者黏着

---

　　① 王嘉军:《"Il y a"与文学空间:布朗肖和列维纳斯的文论互动》,《中国比较文学》2017年第2期。

其上的绝对存在,他呼唤这种"没有存在者的存在"。这种存在类似海德格尔后来所谓跳过存在者思存在的那个古高地德语之名:存有(Seyn)。[①] Il y a 与 Seyn 都是更加纯粹之动词状态的差异之源的姑且命名。而 Il y a 作为差异之源,又是"我思"得以可能的源泉,在我思的辩证回返中,同一性得以创建。意识主体的自我建基是在 Il y a 的差异化涌现中成为可能的。在 Il y a 之瞬时超越中,此在具备了诞生时刻,此在才开始操劳并开始在与他者的照面中遭遇共在并对他人负责。建基总在面向他者的过程中经由匿名 Il y a 自由的发生。因此,意识主体在时间中的涌现就不再是沉沦的样式,而是某种自我更新的样式。

　　值得注意的是,列维纳斯是通过使用神学中的一个常用概念"位格"[②],来表达这种没有存在者之存在的体验的。通过"位格"存在论差异可以被某种程度上克服。因为规避存在论差异就是跳到差异之外来看存在本身,看这个匿名 Il y a 是如何给出的。如果存在是个抽象而空洞的名词,无论我们如何辩证地谈差异都会有玩弄词语游戏的嫌疑,面对存在意义问题就无法更加深入。但跳过差异之后,我们发现匿名 Il y a 的领域就更加匪夷所思,几乎差点陷入不可知论的窠臼。它是某种神秘的、外部的、异质性的东西,Il y a 不可言说性。"位格"呼唤一种不断地自我重复差异化的瞬时起始状态,此种不是起始状态的起始状态让存在常新。"位格"的那种压迫感就在于在瞬时位置中开启的那种本有事件,那种在瞬时中承受的生生灭灭的存在意义之自我更新。如果世界仅是交织的力之网络,其中没有伦理与道德,只有生生灭灭的次生性差异运作,那什么才有权给出(Es gibt)存在呢? 无人格性的纯粹差异性自行给出,这种给出过程既可被感受又充满神秘。例如,在一个失眠之夜,我们经验到它的存在,它既不是此在也不是实体,自我设定却尚无命名,它就是 Il y a。

　　Il y a 是无人称句的经典表达,在日常法语中极为普通常见,它体现了某种存在展现自身的最原始方式,就是从法语出发的存在本现(wesen)经验之

　　① 关于存有(Seyn)的论述,可参见海德格尔:《哲学论稿——从本有而来》,孙周兴译,北京:商务印书馆 2012 年版,《存有》章节,第 444 页。
　　② 王恒:《时间是与他者的关系——从〈时间与他者〉解读列维纳斯与海德格尔的关系》,《南京大学学报》2005 年第 6 期。

命定模式。Il y a 是作为主客二分尚未发生之前的原始浑沌状态之名。列维纳斯谈到"失眠"于漫漫长夜时,我们都感受到了 Il y a 的差异性经验,匿名的 Il y a 在失眠中对主体的煎熬感剧烈。Il y a 领域那种位格式的从存在而来的森严的压迫感有时也体现在当爱给予时的强大赠予能力。在禁令与爱的双重张力中,体现出从存在而来的压迫即是对他者的责任承诺。我们知道,在海德格尔那里,存在者之存在绽出可通过很多方式通达,有存在者的存在是一种方式,无存在者的存在方式也同样可以绽出。前期他倾向通过此在这个存在者作为先导去展开通达存在意义时间境遇,而列维纳斯的瞬时时间性则是存在本身要超越其自身的那个纯粹差异化时间境遇,即 Il y a 的瞬时时间性境遇。Il y a 是不可能有纯粹固定的存在样式,它有具体的效果和意义,但却无法被有效把捉。主体需要一个位置去安睡,不然他会"失眠",哪怕主体从来不主动去摆脱被抛状态而投入所谓的本真存在。主体是使意识得以开展的建基性处所,如果没有主体,失眠将终不可免,而给出主体或给出存在者的 Il y a 的许诺,Il y a 领域总在应答此种许诺。Il y a 领域并非真正意义上的不可知,它只是神秘,因为列维纳斯已然观看并踏入此领域,并通过现象学话语试图道说 Il y a 领域,这意味着,对于 Il y a 领域人类无法穷尽其一切。不可能性体现为此领域之神圣光照。Il y a 既是开端也是诞生,因此它是抽象时间的差异中的缝隙与断裂,它是一个停顿与休止符,这种断裂是存在者此在从自身而发出的同一与差异的运作,从自身发出并回到自身的辩证过程,而这个过程在瞬时时间中被锚定。所以,时间不是作为存在者的存在的存在论境域,而是作为超越存在的一种样式,它 Il y a 与绝对他者的关联回归到最彻底的境地。只有在绝对有之给出的 Es gibt 或 Il y a 中才有对他者的真正相遇。我们发现,真理给出意义的路径并不相同,究竟是列维纳斯的 Il y a 方式抑或海德格尔的 Es gibt 方式,都有某种命运性的安排。此种命运栖居在法语与德语两种语言之差异道路上。这也就是为什么说,无论德里达还是列维纳斯,其思想如果回返到海德格尔的运思语境,他必定会说:延异与 Il y a 的沉思,都依然是种从存在历史而来的对语言自行道说之倾听,都是本有(Ereignis)纯粹时—空游戏的历史性之自由本现。

　　为什么说列维纳斯思想中没有真正意义上的过去与未来?因存在本身要自我超越之时,本真时间维度不在过去、现在、将来的流俗时间性中被组建,而瞬时时间性中实际是无法展开在流俗时间性意义上展开的多重时空区域。他者本身就足以作为一个绝对性异质性因素而存在了。但是,在列维纳斯这里也有某种意义上的异托邦(heterotopia)①,他的异托邦可以理解为:所有到来中的他者所构成的时空区域,或"脸"之显现。脸的二重性意味着:可见的脸是关于有限他者的脸,通过这种从此在出发面向具体他者可见之脸的关注,使所有总体性中把一切主体乃至万事万物都统摄的形而上学得以瓦解,所有他者到来中的脸都是无法被摆置的,并非作为一种冷冰冰的数据而存在,他者"可见之脸"是具体的此在绽出其意义的隐喻,它拒绝被分析或分解为某种脸的集合物。②"不可见的脸"则通向无限,即通向存在本身之匿名 Il y a 领域,在与他者照面之时,并非绝对的马丁-布伯式的对等性照面③,而是在差异中的照面。话语的聚集与脸的照面同时在场,逻各斯在照面的交谈中回应交谈,进而使回应内在地镶嵌在伦理责任中,而此种镶嵌则通向无限性本身,即 Il y a 领域。

在列维纳斯那里,唯有当下这个甘于沉沦并经受不可抗拒之 Il y a 重压却又差异生存着的存在者才是真实的。此真实由无限多的他者不断决定着,故此存在者面向他者,与他者一同在 Il y a 的光照中存在,如此独特的瞬时存在方式就逼迫出比海德格尔的存在论更为本源的作为第一哲学的伦理学。超越对于列维纳斯就不再是海德格尔式的"回返步伐"(der Schritt zurück)④的对存在者之存在的超越,而突进为彻底超越存在者直面存在(直面他者)的一种责任倾向。此种倾向朝向的是正义与美善,朝向的是勇敢与责任,朝向的是从古希腊实践哲学尤其是伦理学光芒的呼应。其实,存在自身的列维纳斯式超越依然是一种绽出,这种绽出直接拥抱虚无,却奇特地面向了伦理与责任,这不得不让我们感到惊叹。在这种存在自身以极端方式自行绽出的过程中,列维纳斯弥补了海德格尔伦理学上的重大缺失。这种绽出是从 Il y a 而来的

----

① 福柯:《另类空间》,王喆译,《世界哲学》2006 年第 6 期。

② 孙向晨:《面对他者——莱维纳斯哲学思想研究》,上海:上海三联书店 2008 年版,第144 页。

③ 马丁-布伯:《我与你》,陈维纲译,北京:生活·读书·新知三联书店 1986 年版,第27 页。

④ 海德格尔:《同一与差异》,孙周兴、余明峰译,上海:商务印书馆 2011 年版,第 55 页。

深沉的宽容与爱。①列维纳斯曾言,语言的本质是友爱。他自己被友善的法兰西接纳,他本人也像友善的法兰西一样待人友善,对于他者永远保持虚怀若谷,充满友爱与善良。②

四、结　论

综上所述,从海德格尔发端的"存在论差异"思想,经过前期体验结构分析到形式指引方法论的析出,再到早期与中期关于此在时间性、存在历史等的讨论,再到后期对"分解"与"本有"的探究,都直接或间接影响了法国哲学的两位伟大思想家德里达与列维纳斯,德里达的"延异"思想的诞生与列维纳斯的"Il y a"思想的深刻论述,都既受益于海德格尔思想又在某种程度上超越其视野。德里达的"延异"思想就是对海德格尔的"作为差异之差异"的深入回应,而其对"播撒"、"痕迹"、"到来"等的论述,更使差异问题在解构主义的道路上走得更加深远。而列维纳斯则某种程度上发展了海德格尔的"有"的思想,形成了某种法语思想独特的概念 Il y a。经由列维纳斯,所有与 Il y a 相关的他者、伦理等问题的思考成为当代法国现象学最重要的理论贡献。通过对以上三位思想家差异问题的重述,我们清楚地认识到:在德法现象学演变的复杂思想背景中,差异问题具有重要的研究意义与学术价值。

参考文献：

海德格尔:《存在与时间》,陈嘉映、王庆节译,上海:上海三联书店,2014 年。

海德格尔:《哲学论稿》,孙周兴译,北京:商务印书馆,2012 年。

海德格尔:《同一与差异》,孙周兴、余明峰译,上海:商务印书馆,2011 年。

德里达:《多重立场》,佘碧平译,上海:上海三联书店,2004 年。

德里达:《延异》,汪民安译,《外国文学》2000 年第 1 期。

① 关于爱欲现象学的相关讨论,可参见列维纳斯:《总体与无限》,朱刚译,北京:北京大学出版社 2016 年版;巴迪欧:《爱的多重奏》,邓刚译,上海:华东师范大学出版社 2012 年版。
② 汪堂家:《汪堂家讲德里达》,北京:北京大学出版社 2008 年版,第 292 页。

德里达:《书写与差异》,张宁译,上海:上海三联书店,2001 年。

列维纳斯:《上帝·死亡和时间》,余中先译,上海:上海三联书店,1997 年。

列维纳斯:《从存在到存在者》,吴蕙仪译,南京:江苏教育出版社,2006 年。

列维纳斯:《总体与无限》,朱刚译,北京:北京大学出版社,2016 年。

张柯:《道路之思——海德格尔的"存在论差异"思想》,南京:江苏人民出版社,2012 年。

李为学:《德里达〈延异〉文绎解》,上海:华东师范大学出版社,2015 年。

朱刚:《本原与延异:德里达对本原形而上学的解构》,上海:上海人民出版社,2006 年。

孙向晨:《面对他者:莱维纳斯哲学思想研究》,上海:上海三联书店,2008 年。

王恒:《时间性:自身与他者——从胡塞尔、海德格尔到列维纳斯》,南京:江苏人民出版社,2006 年。

张旭:《海德格尔"存在论差异"思想的起源、含义与发展》,《中国人民大学学报》2017 年第 3 期。

杨大春等主编:《列维纳斯的世纪或他者的命运》("杭州列维纳斯国际学术研讨会"论文集),北京:中国人民大学出版社,2008 年。

女性与象征秩序

——从拉康、克里斯蒂娃到弗雷泽

黄 云[*]

摘要：克里斯蒂娃的女性主义思想在当代独树一帜，注重从语言符号角度和心理分析角度探索女性的生成性和多元异质性。批评关于女性的形而上学观念，倡导构建一种建立于个体差异性之上的多元女性主义理论。然而，随着新女性主义的发展，也引发了弗雷泽等人从符号学和语用学角度关于女性主义的争论，从而拓展了当代女性主义的新发展。

关键词：女性主义　符号　象征　精神分析

一、克里斯蒂娃的新女性主义及其策略

当代女性主义的显著特点在于，不再重复以往女性主义争取和改善女性社会地位以及扩大政治权利的主张，其内容和理论超越了寻求可见的实际变革的层面，一般的社会运动难以满足女性主义在当代的政治和文化诉求。简言之，女权主义在以前所未有的理论姿态向人类整体性的深层社会结构以及根本性的文化建构进行全面探索，表现出思想领域的深刻变革——从理论基础方面试图解决人类社会和文化发端以来长期埋伏在深层机构的基本矛盾。

克里斯蒂娃从处理女性主义思想与人类文化重建的内在关系入手，创建一种超越传统"一般/个别"或"主体/客体"的二元对立统一模式的新方法，即：

---

　* 黄云（1978—　），陕西关中人，西安工程大学马克思主义学院讲师，哲学博士。主要从事政治哲学、法哲学、伦理学研究。本文系西安工程大学 2017 哲学社会科学研究项目（项目号：2017ZXSK46）阶段性成果。

　　通过生物学和生理学的特殊性,使女性身份呈现为一种象征性的事实,也就是说,变成为一种自我生存的方式,以对抗社会的一致性标准和语言霸权。在这样的视野内(从今以后我也只能站在这个立场上),女性的问题,一方面是作为"女性效果"(effet femme),另一方面则作为"母亲功能"(fonctionmaternelle)来分析。①

　　在克里斯蒂娃看来,按照符号论和精神分析理论,或者说按照一般意义上的男性逻辑而言,女性总是作为他者的女性而存在。但在她看来,当代的女性一词已经突破了传统的狭义的含义,从而表现为一种母性或者说自然性,即如前文中的女性效果。这种女性效果在语言学维度上体现为诸如柔弱无助的符号语言,而在心理分析上则表现为母性的卑贱。克里斯蒂娃创造性地运用了贱斥(abjection)这个词,这一词语在克里斯蒂娃看来,很难贴切地翻译成另一种语言,但词语本身揭示了主体的形成为何带有强烈的排他暴力,从而在文化上表现为近乎凶残的攻击性。在克里斯蒂娃看来,贱斥表现为抗拒,是一种发自内心的厌恶感,譬如主体对腐烂物、排泄物的恶心、呕吐,这种反应既是身体的反应,也是象征秩序的,即表现为对主体威胁的强烈排斥。

　　克里斯蒂娃认为,"这种抗拒,始于主体对母体的抗拒,若不离开母体主体永远不会发生。"②同时克里斯蒂娃认为,这涉及基督教文化支配下的女性地位及男权社会问题。她指出,在基督教世界中,女性完全服从于象征秩序的要求,处于一个无言的状态。在这样的状态中,男性代表一种秩序,一种唯一的秩序;一种特质,即男性特质,这种秩序在男权世界中,被认为男性统治下的秩序接近于完美。但这并不意味着理所当然,她解读出了女性存在对男性的威胁。她指出,从人类的繁衍方式来看,男性也是女性孕育的,并不存在主客体之间的界限。在女性孕育的过程中,女性并未仅仅作为客体存在,而是表现为完全的主体,意味着其自身有成为主体的可能性,那么也就不会永远是象征秩序的附属物。

　　按照克里斯蒂娃的解析符号学理论,前符号态和符号象征态构成符号意指的两个存在因素,前者对应女性或者母性的特质,后者对应男性的特质。

　　①　高宣扬:《克里斯蒂娃:当代女性主义的典范》,《作家》2009年第A7期。
　　②　韩丹、聂春雷:《贱斥的思想特质分析——茱莉亚克里斯蒂娃的女性主义研究》,《中共福建省委党校学报》2012年第3期。

前符号态是符号象征态的前身,同时又贯穿于符号象征态之中,对符号象征态起着保护和颠覆的双重作用。与此相应,克里斯蒂娃认为女性特质是男性特质的前身,是前符号态。男性制度和规则所产生的社会是一种蕴含前符号态的符号象征社会。①

那么,女性则应当认识到自己的属性,从而享受女性对符号象征态所起到的双重作用:一方面,使女性向着符合符号象征态的方向发展,使自己符合规则的和秩序的制约,另一方面,发挥女性对符号象征态的颠覆作用,促进社会的更新和发展,推动社会积极平稳发展。在这里,克里斯蒂娃与波伏娃形同之处在于,二人都指出,男性社会,女性的出路在于不能默认自己在父权社会的不平等,而是要为了自己的解放和权益而斗争。

显而易见,克里斯蒂娃的新女性主义策略,强调界定女性,不能只从生理性别出发,其片面性在于把所有具有这一生理特征的人化约为女人,从而忽略了个体之间的差异性。她坦承:"我对集体不感兴趣,我的兴趣在个人。"②"我赞成这样来理解女性,即有多少女人就有多少女性。"③总而言之,波伏瓦关注的是全体女性的境遇,是一般妇女的基本条件,是关心男女平等问题,而克里斯蒂娃关心的是女性个体的生存境遇,尤其是她们的天才和天分。

克里斯蒂娃尤其看重女性的女性效应和母亲功能。克里斯蒂娃指出,相比较女性运动作为一种政治经济运动而言,"女性身份"问题还有另一面:

那就是通过生理和心理的特殊性,女性身份呈现出一种象征性的现象,一种面对社会同一性和语言权力而生存的方式。④

在这里,克里斯蒂娃将妇女问题解析为两个部分:一部分称为"女性效应"(effet femme),另一部分称之为"母性功能"(fonctionmaternelle)。

克里斯蒂娃把女性效应定义为,一种与权力和语言的特殊联系,或者语言内部权力的联系。这种特殊的联系不在于占有权力和语言,而是一种无

---

① 孙秀丽:《克里斯蒂娃解析符号学视域下的女性主义研究》,《黑龙江社会科学》2010 年第 6 期。
② 孙秀丽:《克里斯蒂娃解析符号学视域下的女性主义研究》,《黑龙江社会科学》2010 年第 6 期。
③ 孙秀丽:《克里斯蒂娃解析符号学视域下的女性主义研究》,《黑龙江社会科学》2010 年第 6 期。
④ 赵靓:《法兰西思想文化评论》第四卷,上海:同济大学出版社 2009 年版,第 67 页。

声的媒介或尚未显现的调节空间。实际上,这种女性作用就是她的"符号态"(sémiotique)概念的作用,它作为语言功能模态之一和基础,与"象征态"相比较而构成一组概念。在对符号态进行回忆和总结的时候,克里斯蒂娃指出:

> 所有的创造性活动,都在象征态阶段实现了里比多的内在化、里比多的辩证法与和谐。所以,创造活动恢复的不是差异,而更应该是作用于两性之间的双性倾向(la bisexualité)。①

她秉持的立场不是要坚持男女两性之间的差异,而是在每个个体之中差异的内化以至消除。这一点表征了克里斯蒂娃否认女权主义称号的反女性主义特征。因此:

> "女性"只能是否定性的存在,是"无法逾越、无法言传,它存在于命名与意识形态之外"。即使说"符号态"是"女性特质"的,这也是一种始终具有潜力被男人和女人共同利用来努力转变社会性别权利的"女性特质"。②

关于母亲的功能,克里斯蒂娃指出,如果说,爱是人自身对他人的关系的最高模式的话,那么,母亲对幼儿的爱,就成为一切爱的典范。作为"他者"(母亲)的幼儿,实际上,已经作为存在论意义上的人类原初存在,作为人类社会和文化的基本因素,产生和孕育于母亲体内、并自始至终得到母亲的身体和精神双方面细心滋润哺育的基础性社会文化关系的原型。在其《独自一个女人》一书中,克里斯蒂娃指出:

> 女人,突出地显示一切生命的独一无二性;女人,以其个体的特殊存在方式,以其独创卓绝的精神和肉体,是任何象征强权力量的男人所无法取代的、不可化约和不可同一化的创造生命体。③

在其才女系列丛书中,克里斯蒂娃由此指出:

> 生命并不只是一种生物学的过程,而是在持续应对生活遭遇所提出的问题中寻求生存的意义。生命,作为"生与死之间的空间",始终紧密

---

① 赵靓:《法兰西思想文化评论》第四卷,上海:同济大学出版社 2009 年版,第 68 页。
② 赵靓:《法兰西思想文化评论》第四卷,上海:同济大学出版社 2009 年版,第 68 页。
③ 高宣扬:《论克里斯蒂娃的新女性主义》,《同济大学学报(哲学社会科学版)》2009 年第3 期。

地同行动联系在一起；所谓生命的自由，就植根于不断更新的重生。在这个意义上说，生命就是爱，爱普通的人和他人。正是女性的身份才有可能把生命的本质当成"爱"。①

克里斯蒂娃受到英国儿科医生兼精神分析学家维尼克特的临床经验和研究成果的启发，强调母亲同她的孩子之间的原始关系已经深深地包含了人的社会关系的一切因素，同时也隐含了人的存在的奥秘。克里斯蒂娃在她的《女性与神圣品》(Le feminin et le sacre,2007)中指出：

> 海德格尔所揭示的"存在的安详宁静特征"，恰恰植根于"母与子"的原初关系中。由此出发，人类才有可能进行各种创造活动。母亲就"在那儿"，原初自然和直截了当地与其亲子的关系而共同存在。所以，在简单明了的"母亲"中，就包含了她自身与他人；母亲就是"与他人在那儿"的原型。这也是一切区分的开端，是存在和世界的所有差异的"黎明的曙光"。②

问题在于：

> 在母亲那里，集中体现了"安详"、"感激"、"献身精神"，但这并不意味着母亲无所作为，而是意味着：开展行动的渴望恰恰被悬挂在有效的仁慈情怀中。母爱是一种被推迟和被延缓的性爱(un eros différé)，一种出于等候状态中的欲望(un désir enattente)。而就在延缓和等候中，它开启了生命的时间，也开启了精神心灵的时间以及开启语言的时间。母亲的存在中所蕴含的，是一种无所认识、无所意指和无所区分的纯时间，在其中，还无所谓善与恶的区分。但与此同时，它又悖论地已经包含了具有性欲满足倾向的"父亲"的充分在内。③

就此而言，女人具有明显高于男性的心理特质，体现为坚韧、仁慈和宽容的神圣性。这种神圣性是人类一切高效率创造和生产的精神基础，也是女性

① 高宣扬：《论克里斯蒂娃的新女性主义》，《同济大学学报(哲学社会科学版)》2009年第3期。
② 高宣扬：《论克里斯蒂娃的新女性主义》，《同济大学学报(哲学社会科学版)》2009年第3期。
③ 高宣扬：《论克里斯蒂娃的新女性主义》，《同济大学学报(哲学社会科学版)》2009年第3期。

在人类文化生产和再生产中的关键地位的先决条件。

当代女性主义新思潮层出不穷,但基本囿于文化批评以及争取改善女权的窠臼。在理论深度方面,许多号称新女性主义的思潮,并未彻底脱离传统理论关于辨别"女性身份"的基本理论和方法。显示出在思想和理论上的肤浅性和贫乏性,并未能在理论上有深刻的突破性成果。

翻阅近 50 年的哲学和人文社会科学的争论历史,就不难看出:环绕当代人文社会科学的各种思想性和理论性的论战,是同关于当代社会性质的更为一般性的争论同时并进和密切相关的。只是理论领域的争论,更集中在"主体性"(Subjectivity;Subjectivité)、"论述"(Discourse;Discours)、"现代性"(Modernity;Modernité)和"文本间性"(Intertextuality;Intertextualité)等更为抽象的范畴层面,从而也更曲折和更模糊地显现出理论争论远离社会基本矛盾的"价值中立"特征。①

克里斯蒂娃对女性的分析,摒弃了采取那种单纯与男性对立的简单模式,亦即:

不再沿用传统本体论所惯用的"二元对立统一"模式,而是彻底脱出其约束,只重点地"通过生物学和生理学的特殊性,使女性身份呈现为一种象征性的事实"。②

她并不像其他女性主义者那样在男女二元对立的框架内去寻求女性的解放,而是从哲学的高度去关注主体。她反对先于存在的本质主义,而注重单个的主体研究,认为单个的主体是一个过程的主体,且不是固定不变的,而是不断发展,永远经历它之所以成为主体的各种具体条件的考验。过程的主体本身就是对固定的性别身份的一种拒绝,因此可以说克里斯蒂娃关于主体的思想暗合了女性主义思想。

正因为这样,克里斯蒂娃的思想理论,就能够从人的思想精神深处的根本问题出发,针对残酷的社会文化的历史事实,揭示当代文化重建的关键,既越出一般女性主义的范畴,又更深刻地衬托出女性解放的真正出路。

---

① 高宣扬:《克里斯蒂娃:当代女性主义的典范》,《作家》2009 年第 A7 期。
② 高宣扬:《克里斯蒂娃:当代女性主义的典范》,《作家》2009 年第 A7 期。

二、话语理论视域下的女性与象征秩序

弗雷泽认为,当代话语理论为女性主义政治提供了理论借鉴,推动了女性的性别公平斗争。

首先,话语理论有助于理解社会身份是如何形成的。众所周知,同一个人,往往有多重身份,一种身份就是要在一系列描述下生活和行动。人们的身份是各种含义和解释的结合。这种描述源于特定社会中行动者可以获得的解释性可能。理解社会身份的性别维度,必须研究特定的社会历史实践,正是这种实践,性别的文化描述得以产生和传播。社会身份具有复杂性,是多元不同描述的结合,而这些描述则产生于多元不同的表意实践。同时社会身份又具有隐蔽性,一个人不可能只有一种身份,在多元社会背景中,身份描述又是若隐若现的。同时,身份的描述又依赖于具体的环境和条件,所以社会身份又具有多变性。就此而言,社会身份的话语构建是以具体的社会历史背景为基础的,具有多元性和复杂性,并非一成不变。话语理论对于女性主义而言,有助于社会身份在社会文化上的复杂性,使本质主义的性别认同观去神秘化。

其次,话语理论有助于理解社会群体的形成。

> 即在不平等条件下,人们如何走到一起,如何在集体认同旗帜下安排他们自己,如何构成集体性的社会行动者? 阶级形成以及(如此类推)性别形成是如何实现的。①

再次,话语理论能够说明社会中统治群体的文化霸权如何被获得以及如何被争夺。既然,群体形成包括人们的社会身份条件及其话语关系的改变。先前存在的身份获得了一种新的突出地位和中心性。这些先前曾被湮没的身份,现在重新成为新的自我定义和归属感的核心。简言之,社会群体是通过社会话语的斗争形成的。话语概念既能理解社会群体,也能用于掌握与之密切相关的社会文化霸权议题。

> 霸权,是意大利马克思主义者安东尼·葛兰西用于指代话语权的一个术语。正是这一权力建立了社会的共识或信念,即在正常情况下对社

---

① 南茜·弗雷泽:《正义的中断》,于海青译,上海:上海人民出版社2009年版,第161页。

会现实的理所应当、不言自明的描述。包括为社会形势和社会需求确立权威性定义的权力、为合法性不一致界定存在领域的权力以及塑造政治议程的权力。因此,霸权表达了统治性社会群体等议题。①

普遍性的统治和从属轴线如何影响社会意义的生产和流通。性别、种族和阶级的阶层化,如何影响社会身份的话语构建、如何影响社会群体的形成。

霸权概念表明了权力、不平等和话语的相互交叉。同时,霸权表明了一种过程,其中文化霸权面临着协商和争议。由于预先假定了社会存在多元话语和多元话语场所和观点,冲突和辩论是其不可或缺的组成部分。话语理论对女性主义理论化的一个作用,就是清楚表明了统治群体社会文化霸权的实现和竞争过程。

最后,话语理论有利于解放性政治实践,如果以话语概念来研究身份、群体和霸权,将大大有助于女性主义实践。正确的话语概念反对那种使我们丧失战斗力的假设,即女性只是男性统治的被动受害者。

在此基础上,弗雷泽批驳了拉康的象征秩序,指出:

> 所谓象征主义,首先是指各种具体化的表意实践同化为一个单一的、普遍的象征秩序;其次,是指赋予象征秩序唯一的因果力,从而将人们的主体性一劳永逸地固定下来。因此,象征主义是一种秩序,经由这种结构主义的抽象语言被转义为一个似乎神圣的规范性的象征秩序,其塑造认同的权力使得纯粹的历史制度和实践濒临消失。②

拉康主义势必认为,独立于社会背景和社会实践的符号系统本身决定个人的主体性。由此形成的象征秩序,使偶然性的历史实践和传统本质化、均质化,从而消除了紧张、矛盾和变化的可能性。对于女性主义理论,这种身份构建理论,并不能阐明社会身份的复杂性和多元性,即不能阐明多元话语如何构建社会身份。相反,它导致形成了一种一元观,认为人类状况天生带有悲剧色彩。

而来拉康主义通过二元术语,即依据有无阳物这个唯一的轴线来区分身份,既不足以理解女性,也不足以理解男性。更不能说明社会身份的其他维度。同时,拉康主义对身份构建的说明,并不能解释身份在一段时间之后的变

---

① 南茜·弗雷泽:《正义的中断》,于海青译,上海:上海人民出版社 2009 年版,第 161 页。
② 南茜·弗雷泽:《正义的中断》,于海青译,上海:上海人民出版社 2009 年版,第 166 页。

化。拉康的精神分析,性别认同随着俄狄浦斯情结被一劳永逸地固定下来,强化了古典弗洛伊德理论中认同的固定性。但实际上,性别认同总是不确定的。因此,拉康主义并未开启对人们社会身份变化的真正历史思考。

对拉康主义来说,归属是虚构的。这一点并不能有助于我们理解群体的形成,与他人的交往,从而在社会运动中与其他人得结盟,将会产生自我想象的幻觉;集体运动显然是令人产生错觉的工具;它们即使在原则上也不可能具有解放性。

弗雷泽指出,拉康主义的象征秩序假定了一个言说主体,在不断复制这一秩序,却不可能改变它。这一假定使文化霸权问题虚无化,象征秩序的超越性,使言说主体丧失想象力,甚至不能想象多元不同言说者的存在。就此而言,这一方式阻碍了对身份、群体和文化霸权的政治理解,也阻碍了对政治实践的理解。结果是,不存在这种实践的可以想象的行动者:

> 言说主体仅仅是语法意义上的我,是完全服从象征秩序的一个转换语;它只能而且永远只能复制这一秩序。自我是一种想象的投射,被其自身的稳定与沉着所遮蔽,自我陶醉于一种不可能实现的统一性和自我完成的渴望之中;它因此只能而且永远只能同假想敌作战。最后,出现了一种模糊的非意识,有时是被压抑的原欲驱动的集合,有时是以作为他者的语言的面貌出现,但决不可能被视为社会行动者。①

三、弗雷泽的语用学与本质主义质疑

弗雷泽认为,对于女性主义理论,结构主义的语言模式作用有限。语用学模式则更有发展前途。作为话语概念的发展,语用学将语言研究和社会研究联系在一起,把语言作为社会背景下的社会实践来进行研究,其研究对象是话语而非结构。话语被认为是具有历史具体性的、置身社会中的表意实践,它是交往性的框架,其中言说者通过言语行为的交换而相互作用。

语用的优势在于,(一)话语被视为偶然现象,有助于其自身的历史语境化,从而为变化的主题化提供可能。(二)语用学模式关注人们如何以言行

---

① 南茜·弗雷泽:《正义的中断》,于海青译,上海:上海人民出版社 2009 年版,第 169 页。

事,不仅将言说主体视为结构和系统结果,而且更将其视为置身于社会环境中的行动者。(三)话语被认为是多元的,承认不同话语的存在和个人话语的不同地位,有助于非单一社会认同的理论化。拒绝承认总体性的符号系统。(四)将语言研究和社会研究联系在一起,有助于关注权力和不平等。这样一来,语用学方法有助于我们理解社会认同的复杂性、社会群体的形成、文化霸权的获得与竞争以及政治实践的可能性与现实性。

克里斯蒂娃的语用学被认为是结构主义的发展,对于女性理论有很大的借鉴意义。由于结构主义符号学将语言视为一个符号系统,因而不能理解对立的实践与变化。由于将背景、实践、能动性和创新排除在外,结构主义存在很大缺陷。为了纠正这些缺陷,克里斯蒂娃就此提出了一种新的话语语用学模式:意示实践。其总体思路是:

> 言说者是在置身于社会环境的、受规范制约的意示实践中行动的。在行动中,他们有时越过了既定的有效规范。逾越性实践引发话语创新;而这些创新反过来又可能导致变化的出现。创新性实践随后可能以新的或修正的话语规范形式实现正常化,从而革新意示实践。①

实践在这里被界定为置身于由历史决定的生产关系之中,受规范制约(但并不必然是万能的限制)的创新活动。言说主体被界定为置身于社会和历史之中(但它并非完全服从统治性的社会和话语习俗)的具有创新实践能力的主体。克里斯蒂娃进一步指出,这种实践存在于重要性并不相同的两种基本因素之中:象征态和符号态。

> 象征态,这是遵从语法和句法规则来传送建议内容的语言学语域。另一个是符号态,这是经由语调和节奏而非语言学规则来表达原欲驱动的语域。因此象征态是话语实践的中轴;通过把语言规约强加于无政府主义的希冀之上,它有助于再生产社会秩序。相反,符号态表达了一种源于物质和身体的革命否定性,即表达了一种突破传统、发动变革的力量。②

所有的意示实践都包含这两种语言语域的一些标准,总体而言,象征态总是占据统治地位的语域。

---

① 南茜·弗雷泽:《正义的中断》,于海青译,上海:上海人民出版社2009年版,第170页。
② 南茜·弗雷泽:《正义的中断》,于海青译,上海:上海人民出版社2009年版,第171页。

弗雷泽指出,早期克里斯蒂娃追随拉康主义,将象征态与父权规范联系起来。后来,与拉康主义决裂,认为符号态是反抗父权代码的文化权威的据点,即话语实践中一种对立的女性的滩头阵地。这一理论转变似乎认同女性主义反抗男权统治的轨迹。事实上,克里斯蒂娃的意示实践并没有超越结构主义,象征态不过是对拉康主义具体化的、男性中心主义的象征秩序的重复。而符号态只是暂时干扰象征秩序的一种力量,但它不能形成对象征秩序的替代。符号态处于从属地位,注定要被象征秩序再吸收。弗雷泽认为,符号态被界定为寄生于象征态,是后者的镜像和抽象否定。非但没有超越结构主义而导向语用学,反倒是一种坏无限的结合体,一种结构和反结构的结合体,甚或可以理解为转向一种准拉康主义的新结构主义。

如此地理论推进,在弗雷泽看来,克里斯蒂娃的话语概念丧失了语用学对话语实践的偶然性和历史性的强调;丧失了话语实践对可能发生之变化的开放性;丧失了语用学对话语实践多元的强调;丧失语用学对社会背景的强调,丧失了语用学对交互作用和社会冲突的强调。相反,由于陷入准结构主义对具体象征秩序的复原权力的强调,抛弃了解释变化的可能性;陷入一种准结构主义的同质化和二元化倾向,放弃了理解复杂认同的潜力。陷入准结构主义把象征秩序与社会背景糅合在一起的倾向,放弃了把话语权统治和社会不平等联系起来的能力。

> 它几乎孤注一掷地关注主体内的紧张关系,从而放弃了理解主体间现象(一方面,归属感;另一方面,斗争)的能力。①

弗雷泽指出,克里斯蒂娃的言说主体每一部分都不能是潜在的政治行动者。象征态主体完全服从象征性规约和规范,是一个过分化的墨守成规者,即使其经受建立在身体基础上的、与符号相关的驱动的反叛的、情欲考验。而符号态主体,本身不能成为女性主义实践的行动者。原因在于:

> 首先,它处于文化和社会的影响之下,而不是位于其中;因此,其实践在多大程度上能够成为政治实践,并不明朗。其次,它完全是依据逾越社会规范被界定的;因此,它并不能参与女性主义政治的重构瞬间,这一瞬间对于社会转型具有本质意义。最后,它是依据社会认同的打破被界定

---

① 南茜·弗雷泽:《正义的中断》,于海青译,上海:上海人民出版社 2009 年版,第 173 页。

的,因此它不能算作对女性主义政治具有本质意义的、新的、在政治上形成的集体认同和一致的重构之内。①

这也决定了克里斯蒂娃的每一分裂主体也都不可能成为女性主义的政治行动者。甚至也没有结合的可能。这两个分裂主体常常处于相互抵偿的状态,前者否定后者的认同要求,后者复原前者,并使自己还原成以前那样。因此,不可能形成任何确定的实践议题。这不过是结构主义及其抽象否定的结合体呈现坏无限的又一个例子。

更令人遗憾的是,克里斯蒂娃的理论中既不存在解放性实践的个体行动者,也不存在解放性实践的集体行动者。弗雷泽指出,克里斯蒂娃在其《女性的时代》一文中的观点是危险的。在《女性的时代》一文中,克里斯蒂娃将女性主义运动分为三代:

> 首先是平等主义的、改革导向的、人文主义的女性主义,它旨在确保女性充分参与公共领域,法国的西蒙德·波伏娃或许是这种女性主义的最佳代表;其次是文化导向的以女性主义为中心的女性主义,它旨在促进一种非男性定义的女性的性和象征的特定性,这种女性主义以女性书写和女人的话为支持代表;最后是克里斯蒂娃自己的,自我标榜的女性主义。②

克里斯蒂娃自我标榜的女性主义在弗雷泽看来是后女性主义的。

弗雷泽指出,克里斯蒂娃错误地认为第一代女性主义运动退出了添加式的二元模式描述。实际上,她关注的只有两代女性主义。她批判女性中心主义,自己却生物学地、本质主义地将女性的特征和母性视为一体,无疑也是一种女性中心主义。她曾经主张,母性是女性(而非男性)联系前俄狄浦斯的符号剩余部分的方式。通过抽离女性行为的社会背景,构建她自己的本质主义女性形象。但后来,她推翻了这种看法,放弃了她的构建,反过来主张,女性并不存在,女性身份是构建的;女性主义运动从而往往是宗教性的,是原始极权主义的。不难看出,克里斯蒂娃在本质主义与反本质主义之间的摇摆。其矛盾之处显而易见,一种非历史的、无差别的、母性的女性性别认同与否定女性的认同结合起来。

---

① 南茜·弗雷泽:《正义的中断》,于海青译,上海:上海人民出版社2009年版,第174页。
② 南茜·弗雷泽:《正义的中断》,于海青译,上海:上海人民出版社2009年版,第175页。

　　弗雷泽就此批判到,克里斯蒂娃让女性主义在一个女性中心——母性主义本质主义的退化版本,与一个后女性主义的反本质主义版本之间摇摆不定。两者对女性主义的理论化毫无用处。前者过分女性化,后者又矫枉过正。即使将两者简单相加,并没有克服任何一方的局限。相反,它形成了另一种循环:简单把对结构主义的抽象否定与原封不动的结构主义模式结合起来的方法,对女性主义理论化的作用非常有限。

四、结　语

　　从理论渊源上看,克里斯蒂娃充分理解和运用了黑格尔否定性概念,这一概念,被克里斯蒂娃视为运动发展的推动力和一切自我运动的内在源泉。在否定性过程中,防止了理论的固化,使符号学反思自身,成为一个不断自我批判的、开放性的科学。而克里斯蒂娃用主体性代替自我概念,被认为是欧洲近代主体性哲学的继承和发展——在后结构主义的框架下,对于主体性是怎样被生产出来的提供了一个明确的解释。至于克里斯蒂娃符号学中的精神分析学成分,无疑来自拉康,并创造性地将语言学与精神分析结合起来,通过对弗洛伊德和拉康观点的改造和扩展运用到精神分析之中。

　　值得注意的是,克里斯蒂娃侧重理论上女性的定义与实践中的社会性别,聚焦两性之间存在的差异——生理的、心理的以及文化上的,但这些差异从根本上说,是两性构成的差异。因而被认为有本质主义之嫌。弗雷泽指称克里斯蒂娃假定了某些女性的本质。譬如,克里斯蒂娃总是将意义的符号层面与女性特质联系起来,预设了"必须的母性",一个明显的缺憾就是,女性必须与母性联系在一起,因而也就无力改变男性主导的象征秩序。从克里斯蒂娃的语言学(语用学)理论来看,她

　　　　在交往的符号层面运用了母性身体,但这个符号层面在最终面对象征层面/父系律法时,是软弱无力的。一旦试图描绘这种对逃离了象征领域束缚的女性特质形象的揭露时,就会立刻陷入本质主义之中。①

----

　　① 周可可、刘怀玉:《从诗学革命到女性政治——西方学界关于克里斯蒂娃思想研究评述》,《哲学动态》2007年第6期。

显而易见,弗雷泽的批评不无道理。

即便存在这样那样的争论,但一般来看,克里斯蒂娃的思想对女性伦理进行重新思考的意义重大。而她的女性主义——

> 将性别与象征秩序相结合,既发现女性的特性,又发现每个女性的个性,使女性不必再在对母性的自我否认和文明的自我认定之中选择,这是一种前所未有的女性主义①,

表明了她试图为女性主义的前进寻找"第三条道路"的理论抱负。

---

① 周可可、刘怀玉:《从诗学革命到女性政治——西方学界关于克里斯蒂娃思想研究评述》,《哲学动态》2007 年第 6 期。

第二部分　艺术哲学

La Beauté Dans Les Congrés De L'Asplf

Caroline Milhau

Lorsque les organisateurs préparent un congrès de philosophie, ils prévoient diverses commissions pour traiter le sujet qu'ils ont choisis. Or, il en est qui sont quasi obligées, dans la mesure où on les trouve dans de nombreux congrès, notamment celle consacréà l'examen des attitudes culturelles et artistiques. On la trouve, sous des noms différents, dans des congrès consacré aussi bien à la nature, la critique et la différence, la vie et la mort, l'universel et le devenir humain... Nous ne faisons pas, certes, avec cela, la liste de tous les congrès, et parfois aucune commission n'est consacrée d'une manière ou d'une autre à l'art, mais c'est tout de même une question récurrente. Quel chemin de pensée peut-on parcourir à travers les congrès d'Hammamet et de Poitiers? Le premier, on s'en souvient, était consacréà la critique et à la différence, tandis que le second se penchait sur la vie et la mort. Or, derrière la critique se cache notamment l'idéal et le réel, tandis que derrière la vie et la mort, on peut voir l'absolu et l'identification du Bien et du Beau. Ce sont ces deux pistes que nous suivrons ici.

La critique et le beau：

Quel rôle joue la critique dans la recherche du beau?

Certains pourraient ironiser：que connaissent les philosophes au problème de l'art,et plus encore à celui de la création artistique?Nous avons à notre disposition la communication,au Congrès d'Hammamet,d'un philosophe qui est aussi composi-teur,Évanghélos Moutsopoulos.Dans sa communication,intitulée *L'artiste*, *créateur et critique*,il nous montre le rôle joué par la critique dans la création artistique,et no-tamment,bien sûr,dans la création d'une œuvre musicale.Parce qu'il est philos-ophe,Évanghélos Moutsopoulos sait bien ce qu'est la critique,même si ce terme prend en philosophie divers sens.Il en est deux en particulier qui furent rappelé justement au Congrès d'Hammamet par Jean-Toussaint Desanti.《En entendant le mot 'critique' dans l'écho de sa racine grecque,j'y vois une dualité：à un pôle,le *discernement*, la *séparation*, le *jugement*, la *décision*；à l'autre le *point de rupture* du mode d'organisation d'un réel en devenir(un *procès* comme on dit).》① Il s'agit,dans la logique de la communication d'Évanghélos Moutsopoulos, de comparer deux réalités：celle que l'artiste a dans sa tête,et celle qu'il réalise dans l'œuvre d'art. Parce qu'il est à la fois philosophe et compositeur,Évanghélos Moutsopoulos a fait l'expérience concrète de cette situation.

Or,à quelle condition une telle chose est-elle possible?Il faut, assurément, que le créateur ait avant même de se lancer dans la création de son œuvre,une im-age suffisante pour qu'il puisse comparer ce qu'il écrit à ce qu'il entend(dans le cas d'un compositeur).C'est seulement ainsi que peut vraiment se mettre en œuvre l'esprit critique,parce que ce qui est en son centre,c'est la comparaison entre deux réalités.Évanghélos Moutsopoulos, qui comme philosophe n'ignore rien de l'esprit critique,et comme compositeur,s'est efforcé à la création musicale,sait bien que la

---

① Jean-Toussaint DESANTI,《Que signifie critique?》,in *Critique et différence*, actes du *XXIIIe congrès de l'ASPLF organisé par la Société Tunisienne des Études Philosophiques*, Tunis, Société Tunisienne des Études Philosophiques,1994,p.23.

critique joue un rôle important dans l'acte créateur. 《On connaît les conditions particulières dans lesquelles, pris par un élan littéralement fébrile, Berlioz écrivit la *Symphonie fantastique*. Or, d'une part, il est impossible de savoir si, même dans ces conditions, le compositeur ne fut pas contraint, à chaque étape de son travail, de s'arrêter pour mesurer le chemin parcouru, pour évaluer la qualité formelle obtenue de chacune des parties accomplies et pour procéder aux corrections et améliorations nécessaires; mieux: souhaitables pour l'unité et la continuité de l'œuvre》.① Cet élan fébrile donne l'idée d'un compositeur qui sait bien ce qu'il veut écrire. Il a sa symphonie dans sa tête, et il écrit comme sous la dictée. Mais il doit s'arrêter, parfois, pour s'assurer des détails, tout comme de l'efficacité de son travail.

L'histoire de la musique nous donne d'ailleurs d'autres exemples. Ainsi, Mozart, conversant avec l'un de ses amis directeur d'une troupe, avait promis à ce dernier un opéra. Plus tard, ledit directeur demanda au célèbre compositeur des nouvelles de l'œuvre promise. Ce dernier déclara qu'elle existait toute entière dans sa tête: il ne restait plus qu'à la mettre au propre, sur le papier. Mozart avait en tête, à ce moment-là, *La flûte enchantée*, qu'il posera bientôt sur la partition et qui obtiendra un grand succès. Nous ne savons pas précisément ce que voulait dire Mozart, mais l'on imagine assez qu'il avait en lui l'image idéale, mais imaginaire, de l'opéra qu'il voulait écrire, le connaissant assez pour qu'il n'ait plus vraiment à chercher, mais seulement à réaliser sur le papier l'œuvre toute entière. Il lui restait à concrétiser. Pour cela, il lui fallait en droit comparer toujours ce qu'il écrivait à l'image qu'il en avait. La critique est l'outil qu'il lui fallait utiliser. Elle lui permettait de faire effort pour que le réel soit aussi conforme que possible à l'idéal. Il faudrait une plus longue réflexion, qui dépasserait le cadre de notre propos, pour l'expliciter. Il faudrait, par exemple, montrer quel est le rôle joué dans ce procès par la technique acquise par l'artiste, et plus précisément ici par le compositeur.

---

① Évanghélos MOUTSOPOULOS, 《L'artiste, créateur et critique》, in *Critique et différence*, *actes du XXIIIe congrès de l'ASPLF organisé par la Société Tunisienne des Études Philosophiques*, Tunis, Société Tunisienne des Études Philosophiques, 1994, p.551.

La critique permet de mettre en question le réel en le comparant à l'idéal de l'œuvre que l'artiste porte en lui.

L'art et la vie

D'où vient cet idéal que l'artiste porte en lui?

Cette question pourrait bien trouver sa réponse lors du Congrès de Poitiers, qui succède immédiatement à celui d'Hammamet, avec pour thème la vie et la mort. La commission qui s'intéresse à l'art s'intitule《Représentations esthétiques et culturelles de la vie et de la mort》. Comme de coutume, les communications ont chacune leur thèse, certes, mais aussi chacune leur problématique, et parmi elles, une pose justement le problème qui nous occupe ici. Il s'agit de la communication d'Ewa Bogusz, une polonaise, intitulée《L'icône et la réalité de l'art》. D'emblée, une phrase, située déjà dans le premier paragraphe, place cette communication dans l'optique de notre réflexion.《Tous ces tableaux constituaient des intermédiaires entre le monde réel et le modèle absent; ils devaient donner la représentation réelle de ce quiétait idéal》.① Nous avons, dans la logique de cette auteure, la distinction entre un idéal et un réel, de même que dans la première partie de notre texte, à la différence que précédemment l'idéal est celui d'un artiste, tandis qu'ici il s'agit, dirons-nous, d'un idéal en soi, objectif. Or, un idéal objectif s'impose à tous, et dans la vie, alors que l'idéal subjectif, ainsi que nous l'avons présenté, est affaire d'art et d'artiste. Avec l'icône, dans l'esprit d'Ewa Bogusz, nous quittons le simple domaine de l'art pour entrer dans celui de la vie.

Or, dans la vie, de quoi est-il question, dans l'esprit de l'auteure? De valeur et d'éthique, et aussi, dans cette communication, de l'opposition entre l'harmonie et le chaos. Il ne s'agit pas, avec l'éthique, de viser simplement la paix, ce que l'on pourrait vouloir, mais aussi de l'harmonie, et de lutter contre un chaos qui paraît

---

① Ewa BOGUSZ,《L'icône et la réalité de l'art》, in *La vie et la mort*, Poitier, Société Poitevine de Philosophie, 1996, p.158.

toujours possible. Qu'est-ce d'ailleurs que l'harmonie? On peut la décrire, dans la perspective spiritualiste, et dans la ligne de l'ancien mythe, comme un tout dans lequel toute chose a sa place, et toute place, sa chose. Nous sommes dans une perspective qui est de l'ordre de la foi, et que l'on peut contester d'un tout autre point de vue. La paix, au contraire, est une chose incontestable, vers laquelle on peut cheminer. Il n'est pas alors question d'une harmonie discutable et d'une métaphysique inaccessible, pas question non plus de savoir pourquoi les choses sont au lieu de n'être pas, et pas davantage de savoir si les choses sontà leurs places, car on peut supposer qu'elles n'en ont pas avant d'être, et qu'il n'est plus de place à attendre sa chose après que les choses aient cessé d'être.

Toutefois, dans un cas comme dans l'autre, le beau est affaire de valeur et il a quelque chose à voir avec l'éthique. Car il n'est ici question que du beau. Il est le seul qui soit strictement commun à l'icône et aux autres œuvres d'art. 《 L'icône a pour fondement la philosophie néo-platonicienne suivant laquelle l'icône remplit, au cours du devenir de l'être, la fonction de limite entre le Sacrum et le Profanum 》. [1] D'un côté, nous explique l'auteure, elle a affaire au chaos, qui se trouve du côté du profane, et de l'autre au sacré. Nous sommes ici dans la logique de la métaphysique et de la foi. Qu'en est-il si l'on s'en détourne? Souvent les êtres humains se réunissent et communient dans l'admiration commune de la même œuvre. Il en est ainsi, par exemple, lors d'un concert, ou bien lorsque dans un opéra, on donne La flûte enchantée de Mozart. Ceux qui écoutent ensemble cette œuvre partagent, au moins pendant quelque temps, les mêmes valeurs. Parfois, certes, un spectacle peut donner lieu à une certaine violence: on peut penser par exemple à la première représentation du Sacre du Printemps de Stravinsky, avec un ballet de Nijinski. Mais c'est justement d'un conflit de valeur qu'il était alors question. L'impression que nous partageons les mêmes valeurs nous réunit, et ce sont encore bien souvent les valeurs qui nous séparent. Ainsi l'art, parce qu'il nous réunit autour du beau,

---

[1]   Ewa BOGUSZ, 《 L'icône et la réalité de l'art 》, in La vie et la mort, Poitier, Société Poitevine de Philosophie, 1996, p.159.

favorise la paix entre les êtres humains. On peut ainsi, comme le fait Ewa Bogusz, relier le beau et le bien.

L'idéal que l'artiste porte en lui pourrait, on le comprend, venir de l'absolu.

Conclusion :

Dans notre réflexion sur la manière dont on considère la beauté dans les congrès de l'ASPLF, il fut surtout question de cheminer, en même temps que vers le beau, vers le bien. Pour cheminer vers le beau, il convient, selon Moutsopoulos, d'user de l'art de la critique, qui consiste à distinguer ce qui est et l'idéal que l'on porte en soi, et de mesurer l'œuvre effectivement réaliséà l'idéal que l'on vise. Pour cela, il convient d'avoir en soi un idéal qui puisse servir de mesure. Or, Berlioz, lorsqu'il nous explique avoir écrit avec fièvre sa *Symphonie fantastique*, et surtout Mozart, lorsqu'il explique à un ami avoir dans sa tête tout un opéra, qui deviendra pour nous *La flûte enchantée*, font signe dans cette direction. Il semble que l'artiste, au moins le grand artiste, puisse avoir dans sa tête l'idéal de l'œuvre avant de la porter à l'existence, ce qu'il ne peut faire qu'en usant de la critique. Mais d'où lui vient cet idéal? Nous n'avons pas eu le temps de poser vraiment cette question. Pourtant, une communication et la pensée traditionnelle nous conduit dans une certaine direction. Ewa Bogusz, Polonaise, identifie le beau et le bien. La position de cette auteure est assurément spiritualiste : le beau, en ce cas, est un milieu entre l'absolu et le réel, entre ce qu'elle nomme l'harmonie, qui est dans l'absolu, et ce qu'elle nomme le chaos, que l'on peut tenir pour bien peu chaotique, autrement dit le réel auquel nous avons affaire. En outre, dans son esprit, le beau a un lien avec le bien, et, de ce fait, l'art avec l'éthique, ce que nous pouvons lui accorder, même en niant que le beau soit au milieu entre le réel et un absolu hypothétique. Toutefois, nous lui accordons, malgré notre point de vue, que l'art puisse réunir les êtres humains dans une admiration commune, et donc dans des valeurs communes. Tel est le chemin de pensée que nous avons pu ouvrir, en exemple, au moyen des congrès de l'ASPLF.

世界法语哲学大会关于美的讨论史

卡洛琳·米罗/文   邓   刚/译

当组织者们筹备一场哲学大会时,他们会组织不同的学术委员会来处理他们所选择的主题。然而,美这个主题,在为数众多的大会之中,尤其是那些关于文化与艺术的主题之中,几乎都不得不与之相涉。在不同的概念之下,在以自然、批判、差异、生与死、普遍与生成等主题的大会之中,都能找到美……当然,我们在这里并不想罗列所有的大会,确实有时没有任何发言是以任何方式与艺术相关的,但这仍然是一个经常出现的问题。通过在哈马马特①和普瓦杰的会议,可以勾勒出怎样一条思想之路? 我们还常常忆起,在哈马马特的会议是献给批判和差异,而在普瓦杰的会议,则是献给生与死。然而,在批判之后,隐藏着理想与现实,而在生与死之后,我们可以看到美与善的绝对与同一。我们将要追随的,正是通过这两条思路。

批判与美

在美的追寻之中,批判(la critique)担当了怎样的角色?

也许有人会嘲讽:关于艺术问题,关于艺术创造的问题,哲学家能有什么认识? 我手头有在哈马马特会议上,一位哲学家兼作曲家穆索普罗斯(Évanghélos Moutsopoulos)②的发言。他的发言题目为《艺术家,创作者和批判者》(L'artiste, créateur et critique),他向我们揭示出,在艺术创作之中,尤其是音乐作品的创作之中,批判所起到的角色作用。因为他是哲学家,所以穆索普

---

①   哈马马特(Hammamet),突尼斯中部城市。

②   穆索普罗斯(1930—   ),希腊哲学家,曾作雅典大学校长,已发表60多部著作,差不多一半用希腊语写作,一半用法语写作。

罗斯明白什么是批判,即使这个词在哲学之中有着多重含义。德桑弟(Jean-Toussaint Desanti)特别令我们想起了批判一词的两个含义。"在希腊词源之中来理解'批判'一词,我在其中看到了一种双重性:一个方面,是区分、分离、判断、决定;另一方面,则是某种现实的组织方式在生成中的断裂的点(是一种化成)。"①在穆索普罗斯的发言之中,关键在于比较两种现实:艺术家在其脑海中的现实,以及他在艺术作品之中实现的现实。因为他既是哲学家又是作曲家,他形成了关于这一场景的具体经验。

　　然而,在何种情况下,这才是可能?显然,必需创作者在投身于其作品的创作之前,已经具有一个足够的图像,从而使其能够就他所写的与他所听到的(就作曲家的情况而言)进行比较。仅仅在这种情况,批判精神才能够真正地运作起来,因为处于核心地位的,正是对于两种现实的比较。穆索普罗斯,作为哲学家并没有忽视批判精神,而作为作曲家则致力于音乐的创作,知道在创作的行为之中批判扮演了极为重要的角色。"我们知道,正是在一些可以用狂热来形容的条件下,柏辽兹写出了《幻想交响曲》(Symphonie fantastique)。然而,一方面,如果在这些条件下,不可能知道作曲家是否在其工作的每一步骤都不得不停下来,去衡量已经走过的路,从而去评估已经完成的每个部分的品质,以便进行必要的修正和美化;更妙的是,期望去获得作品的统一性和延续性。"②一个知晓他想要写什么的作曲家,就有这种狂热的冲动。在他的脑海中有他的交响乐,如同听写一般来进行书写。但是,有时他必须停下来,从而确定一些细节以及整个作品的有效性。

　　音乐史也给我们一些其他的案例。例如,莫扎特,在与一位乐队领队交谈中,答应给他写一部歌剧。后来,这个领队要求音乐家提供他曾经允诺的作品。莫扎特宣称这部歌剧已经完整地在他的脑海里:他所需要做的不过只是在纸上将它写下来。此刻,在莫扎特脑海中的,是他的《魔笛》,这部作品取得

---

① Jean-Toussaint DESANTI,《Que signifie critique?》,in*Critique et différence*,actes du XXIIIᵉ *congrès de l'ASPLF organisé par la Société Tunisienne des Études Philosophiques*,Tunis,Société Tunisienne des Études Philosophiques,1994,p.23.

② Évanghélos MOUTSOPOULOS,《L'artiste, créateur et critique》,in*Critique et différence*, actes du XXIIIᵉ *congrès de l'ASPLF organisé par la Société Tunisienne des Études Philosophiques*,Tunis,Société Tunisienne des Études Philosophiques,1994,p.551.

了巨大的成功。我们并不确切地知道莫扎特想说什么,但是我们可以想象,他在脑海中已经有着一幅关于他想要写的歌剧的观念化图景,已经有着足够充分的认识,胸有成竹,只需要在纸上将整个作品书写下来。剩下的工作只是具体化。为此,就需要他不断地比较他所写下的东西与他脑海中的图景。批判就是他必须要用到的工具。批判使他可以努力使得现实尽可能地与观念相吻合。不过,还必须做一种长期的反思,来进行超越和澄清,不过这超出了我们的主题。例如,还必须揭示出,在这种生成过程之中,艺术家所具有的技艺起到了什么角色,更确切地说来,在这里作曲家的技艺扮演了什么角色?

批判通过比较艺术家所具有的关于作品的理想与作品的现实之间进行比较,来提出问题。

艺术与生命

艺术家自身所带的这种理想,来自于何处?

这个问题,也许可以在普瓦杰的会议上找到答案,这次大会紧随着哈马马特的那次大会,其主题是生命与死亡。其中有一个主题是与艺术相关的,题目为《关于生与死的审美与文化表象》。同往常一样,每个发言都有其命题,当然也有其不同的问题意识,在这些发言之中,有一个发言恰好提出了我们在这里所关注的问题。这就是爱娃·博格兹(Ewa Bogusz)(一位来自波兰的女学者)的发言,题目是《圣像与艺术的现实》("L'icône et la réalité de l'art")。在其第一段的一个句子,将这个发言置入到我们的反思的视野之中。"所有这些画作,构成了在实在的世界与不在场的模型之间的中介;这些画作需要给出关于那些作为理想的事物的实在的表象。"①在这位作者的逻辑之中,我们获得了关于理想之物与实在之物的区分,正如同在我们的文本的第一部分所指出的,先于艺术家的理想的,然而,在这里所涉及的是一种客观的、自在的理想。然而,将一个客观的理想提供给所有人,这就是艺术和艺术家所做的事,尽管我们人人都有着一种主观的理想。通过圣像,我们离开了简单的艺术领

---

① Ewa BOGUSZ,《L'icône et la réalité de l'art》, in*La vie et la mort*, Poitier, Société Poitevine de Philosophie, 1996, p.158.

域从而进入到生命的领域。

然而,在生命中,在作者的精神中,问题所涉及的是什么? 在这篇发言中,所涉及的,是价值和伦理,是在和谐与混沌之间的对立。通过伦理,这里所涉及的,并不是简单地指向某种平静,而是指向和谐,并且与总是可能出现的混沌作斗争。此外,什么是和谐? 我们可以在唯灵论的视角下、在古老神话的线索之中,把和谐描述为一种大全,在这个大全之中万物各安其位,所有位置都有对应的物。我们处在一种属于信仰的秩序的视角之下,我们可以用一种完全不同的观点来质疑这种和谐。相反,平静是一种不可置疑的事物,人们可以朝向它迈进。于是,问题不再是某种不可进入的形而上学和某种可讨论的和谐,也不再是去知道为什么万物存在而非不存在,也不在于去知道万物是否各安其位,因为我们可以假设万物在存在之前并没有这种和谐,也不在于去期待着那在万物停止存在之后物的位置。

然而,在这两种情况下,美更多关注到价值,美是某种与伦理有关系的东西。因为问题在这里所涉及的不只是美。美是唯一地严格说来属于圣像和其他艺术作品共同的东西。"圣像的基础是新柏拉图主义哲学,根据这种哲学,在存在的流变的过程之中,圣像填充了在神圣与世俗之间的边界的功能。"①作者向我们解释说,一方面,圣像是与混沌相关的,处在世俗这一侧,另一方面,又与神圣相关。在这里我们进入到形而上学和信仰的逻辑之中。如果我们从中出发,可以获得些什么呢? 人们经常聚集在一起,并且在对同一艺术作品的共同欣赏之中进行交流。例如,在一场音乐会中,或者是在一个歌剧院里,有人表演了莫扎特的《魔笛》。共同聆听这一作品的人们,至少在一定时间之中,分享着同样的价值。当然,有时候,一场演出可能会导致某种程度的暴力:例如,我们可以想到斯特拉文斯基(Stravinsky)的《春之祭》,以及尼津斯基(Nijinski)的芭蕾。但是,问题所涉及的,恰恰是一场价值的冲突。我们分享着同样一些价值的印象,使我们聚集在一起,但也往往是一些价值使我们分离。这样,艺术,因为艺术使我们围绕着美而聚集在一起,有利于人与人之间的和平。这样,正如博格兹所说的,我们可以将美与善再度联系起来。

---

① Ewa BOGUSZ,《L'icône et la réalité de l'art》,in *La vie et la mort*,Poitier,Société Poitevine de Philosophie,1996,p.159.

正如我们所理解的,艺术家在其自身之中所带的理想,来自于绝对。

结　论

　　在我们对法语诸次世界哲学大会之中关于美的考察方式的反思之中,尤其应该同时朝向美与善。在穆索普罗斯看来,为了朝向美,适合使用批判的艺术,这种艺术就在于区分什么是存在、什么是人自身所带的理想,并且去衡量根据人们所意指的理想所实现的作品。为此,就有必要具有一种自在的理想,这种理想能够用于测量。然而,柏辽兹,当他向我们解释他是如何带着狂热写下《幻想交响曲》,尤其是莫扎特,当他向一个朋友解释在他的脑海中已经有着整个歌剧,这部歌剧变成了后来我们听到的《魔笛》,就是在这个方向出现的信号。似乎,艺术家,或者至少是伟大的艺术家,能够在作品出现之前就在其脑海中有着关于这部作品的理想,他只能通过批判来使之变成现实。但是,这种理想来自何处? 我们没有时间来真正地提出这个问题。然而,有一个发言以及传统思想将我们引向某个方向。波兰学者博格兹则将美与善等同起来。她的立场显然是唯灵论的:在这种情况下,美是处在绝对与实在之间,处在和谐与混沌之间。此外,在其精神中,美与善有着某种联系,由于这一事实,艺术与伦理学相关,我们可以赞同她这一点,否认美处在实在与假设的绝对之间。然而,我们表示赞同的是,艺术总是能够将人类集合到一种共同的赞赏之中,因而集合到共同的价值之中。这就是我们所能够开启的思想之路,借助于法语世界哲学大会。

"转变生命的力量"

——德勒兹论哲学、艺术与科学*

张　能**

摘要:为展现思考方式的差异性,德勒兹曾区分了哲学、艺术与科学。德勒兹将哲学视为对概念的创造,将艺术视为对感受的创造,将科学视为对函项的创造。德勒兹极力表明,虽然哲学、艺术与科学都遵从着各自的创造"路线"与"轨迹",但是它们之间存在着呼应与沟通,且都是作为生命中的一个事件、转变生命的力量来规定的。哲学、艺术与科学这三门学科每一门学科都极具创造的能力/禀赋,在创造中它们各自也显现了作为可能的思想创造方式(介入方式),而这种可能的创造方式在德勒兹看来必须看做对生命力量截然不同时刻的一种开显。由此,作为生产性的潜在的思想权力在哲学、艺术与科学的创造之际已经向我们敞开,并且成为转变我们生命的一种力量。

关键词:德勒兹　哲学　艺术　科学　概念

对哲学、艺术与科学其中两个或三个知识部门之间关系的探讨一直是西方哲学史所热衷探讨的论题。譬如,作为古典哲学的集大成者黑格尔就曾对哲学、艺术、科学这三个知识部门的关系做过深入研究。① 在黑格尔看来,其

---

　*　本文属于国家社会科学基金青年项目"德勒兹伦理思想研究"(17CZX072);重庆邮电大学博士人才引进基金项目(K2015—129)。

　**　张能(1985—　),男,湖北浠水人,哲学博士。重庆邮电大学马克思主义学院讲师,主要研究方向:法国哲学、伦理学。

　①　黑格尔对哲学与科学、哲学与宗教关系的研究主要见于《哲学史讲演录》第一卷,具体可参阅[德]黑格尔:《哲学史讲演录》第一卷,贺麟、王太庆等译,上海:上海人民出版社2013年版,第58—90页;黑格尔对宗教与哲学和艺术的关系的研究见于黑格尔的《讲演稿 I(1816—1831)》,具体可参阅[德]黑格尔:《黑格尔全集·第17卷:讲演手稿 I(1816—1831)》,梁志学、李理译,北京:商务印书馆2012年版,第88—102页。

中哲学与艺术的区分"本身首先进入绝对宗教,即进入以自己的规定性臻于完善的宗教——规定性是内容"①。我们可以看到:黑格尔是通过宗教来考察哲学与艺术的关系的,并且赋予了宗教绝对优先的位置。但是,德勒兹并没有介入宗教这一优先性/优越性来谈论哲学与艺术,而是将哲学、艺术与科学(非宗教)放到了同一位置上。德勒兹讲道:"我所感兴趣的是艺术、科学与哲学三者之间的关系。在这三门学科的次序中不存在优先的(priority)顺序排列。每一门都是创造性的"。② 克莱尔·科勒布鲁克(Colebrook C.)曾在一篇题为《哲学的乐趣》(the joy of philosophy)的文章中也说道,"德勒兹已经将哲学从它那沉思知识的优越的位置上降了(demoting)下来。"③在德勒兹看来,哲学、艺术与科学每一知识部门都按照自身内在的轨迹发展创造——哲学创造概念、艺术创造感受、科学创造函项。每一门在遵照自身发展轨迹的同时也存在着相互呼应/互通的关系。并且,德勒兹坚持主张哲学、艺术与科学它们是三种转变生命的力量,它们的思考都是生命中的一个艺术和事件(an art and event)④。无论是哲学、艺术还是科学(技术)都关系到思考生命,思考是生命的一种行为活动(activity)⑤。

一、理解潜在世界的权力:作为创造概念的哲学

德勒兹认为,哲学就是制造着概念。"哲学是一门形成、发明和创造概念的艺术。"⑥当然,概念并不是一些新发现的产品或者诸如形式之类的事物,所以严格说来,哲学是一门创造概念的学科。概念是在创造中来实现其自身的

---

① [德]黑格尔:《黑格尔全集·第17卷:讲演手稿 I(1816—1831)》,梁志学、李理译,北京:商务印书馆2012年版,第102页。

② Deleuze.*Negotiations*:1972-1990,Trans,Martin Joughin,Columbia University Press,1997,p.134.

③ Ian Buchanan,Adrian Paar.*deleuze and the contemporary world*,Edinburgh University Press,2006,p.224.

④ Colebrook C.*Gilles Deleuze*,Routledge,2002,p.12.

⑤ Colebrook C.Deleuze:*A Guide for the Perplexed*.Continuum International Publishing Group Ltd.,2006,pp.1-4.

⑥ Gilles Deleuze & Félix Guattari, *Qu'est-ce que la philosophie?* Paris:Les Éditions de Minuit,1991.p.8.

形式的,不是在静俟中观悟,也非已然在被造就的形式中去体认的东西,它仅在或者能在的就是在创造的活动之中,在创造者"署名"(signature)意识的关联域之中(正是"署名"使得哲学创造的概念与一般性的概念词语脱节)。

> 概念不是在先性的给予,如同天体(des corps célestes)。作为概念没有天穹。它们必须被发明,被制造(fabriqués),或者更准确地说,被创造出来,而且如果没有创造者的署名概念是无任何意义可言的①。

概念不是一种给定的知识或表现的形式。虽然凭借于人类的抽象力或者判断力可以解释创造的概念,但诠释永远替换不了创造的生产,因为概念不是给定的,而是被创造出来的,而且必须被创造。据此,创造概念成为哲学表达自身的一种形式。德勒兹反复坚称,哲学不是静观,也非沉思,亦非所谓的沟通,因为静观和作为静观的事物明显是有所"观"的,"观"之对象也显然已经预先存在于观之活动之先,这样即是说明作为观之对象事物的概念早已被规定,所以哲学根本不是什么静观的思维意识的活动;哲学也不是什么沉思,沉思并不专属于哲学自身这一领域,因为它也同样存在于其他学科的领域;哲学也不是什么沟通,沟通只是在创造"共识"("普适原则"),而非创造概念。德勒兹说道,"普适原则"不仅什么东西也解释不了,而且本身必须被解释,这是哲学的"头一原则"(Le premier principe)。换句话说,"普适原则"并不是什么自明的理性前提,自明的理性前提都要回到概念的创造过程中来,需要被关联到创造者"署名"的意义域中。

在德勒兹看来,概念是由异质性因素(heterogeneous elements)聚集的一个整体,而这个整体与这些构成概念的异质性因素既相互区别又不可分离时,才能使得概念的统一性或者一致性成为可能。"概念是一个整体,但同时又是一个零散的整体"。② 德勒兹曾经援引笛卡尔"我思"(Je pense)这个概念来说明概念的这一重性质。德勒兹认为,笛卡尔所说的"我"(Je)是一个自我的概念。这个概念有三个组成成分(异质性因素):怀疑(douter),思维(penser),存在(etre)。作为一个聚集了零散异质性因素的整体概念,其整个

---

① Gilles Deleuze & Félix Guattari, *Qu'est-ce que la philosophie?* Paris: Les Éditions de Minuit, 1991.p.11.

② Gilles Deleuze & Félix Guattari, *Qu'est-ce que la philosophie?* Paris: Les Éditions de Minuit, 1991.p.21.

语段可以表述为:因为我思维,所以我存在(je pense,je suis)。这个概念凝聚
于"我"点,该点经过每一个组成成分(异质性因素),而且是怀疑、思维、存在
的交汇点。德勒兹认为,正是因为组成概念自身的组成成分(异质性因素)之
间的"赋序(ordination)关系"构成了概念"事件性"的表达。"赋序关系"也即
是对所谓包含或者外延关系的一种否定,并且此"事件性"区别于本质性。它
表达的只是事件自身的状态,而不关切到本质内涵。德勒兹对概念事件性的
表达,不同于以往对概念界定的方式,其"事件性"突出的是事件中显现的状
态(例如,"爱"这个概念,它指向的不是某种特殊的"爱"的形式——对××的
爱。"爱"的概念意味着某种(与他者)可能遭遇的状态,正是在这种遭遇中构
成了一个新的世界①)。

在德勒兹的话语体系中,概念都是一种异质性的组合体(整体),它显现
了自身作为事件的特性。据此,在德勒兹笔下的概念不是陈述某某事物,而是
作为一种创造/敞开,即创造性作为对概念本身的揭示而获得本源性的规定。
"尤其是哲学的概念,它展现的是其自身的创造性,而不是对(本质)的表现或
者陈述"②,概念自身是活跃的,即并不僵死或固置于在先的话语体系或者词
语构造。概念有一个生成(un devenir)过程,这即关联到一个概念与位于同一
平面的其他概念之间的关系。任何概念都会向具有不同构造的其他概念分道
(bifurquer),而后者属于同一平面上的不同区域,回答一些可以相通的问题,
但是实质上共同归属于(coexistants)同一创造活动的场域③。"概念无参照
系,既不参照体验又不参照事态,但却具有一种决定内部组成成分的坚实度
(consistance)。"④德勒兹这里提到的"坚实度",实际上是对概念现实性的一
种指引。或者说,"坚实度"是"现实性"的另外一种表达。组成概念自身的部
分(异质性因素)之间存在着某种局部式的重叠,这种构成局部式的重叠即一
个模糊性的阈值(地带),正是这一"邻近的地带",部分之间不可分离的这一

---

① Colebrook C.*Gilles Deleuze*.Routledge,2002.p.18.

② Colebrook C.*Gilles Deleuze*.Routledge,2002.p.18.

③ Gilles Deleuze & Félix Guattari, *Qu'est-ce que la philosophie?* Paris:Les Éditions de Minuit, 1991.pp.23-24.

④ Gilles Deleuze & Félix Guattari, *Qu'est-ce que la philosophie?* Paris:Les Éditions de Minuit, 1991.p.137.

模糊的性质才规定了概念自身"坚实性"(现实性)的这一特性。组成部分(异质性因素)彼此有区分,但是,从其中一个因素到另一个因素之间通过了某种难以判定的东西。"正是这些区域、地带,阈限和生成(devenirs)的过程,这种不可分离性(inséparabilité),决定了概念的内部坚实度。"①构成"难以判定的东西"就是组成概念自身的组成部分(异质性因素)之间的重叠的那一区域,很难将重叠的区域性质划分到组成概念自身的某一组成部分(异质性因素)的性质之中。概念只是以内部或者外部的相邻地位为原则,它的相邻地带或者坚实度(现实性)取决于各个组成成分之间在模糊地带的衔接关系。

既然概念为哲学所创造,但是概念自身必须具有必要性与奇特/陌生性②。必要性即是说明哲学创造概念并不是一种任意地创造,它必须关联到此创造的新概念是否回答了真正的问题。正是在这个意义上,西蒙·杜菲(Simon Duffy)说:"一个概念的意义是在作为问题的功能(a function of the problem)当中而被给予的,而这个问题是概念能解决的或者有助于解决的问题。"③

因此,这种在具体的问题域当中,也即将概念的奇特性显现出来(它不是大而化之的,而是针对某一问题而实施创造的)。或者说,"哲学展现的就是一独特的力量,但它的能力也受到它所遭遇其他力量的制约,科学与艺术所发生的事件呼吁着和刺激着哲学中新问题的产生。"④

由此,我们知道德勒兹所认为的"哲学"不是传统意义上所理解的哲学——用概念去把握事物的本性,他所认为的哲学是关联到生命与创造,即哲学唯一的功能即是创造概念。这种创造的概念不是一般意义上我们理解的概念,"这种被哲学创造的概念应该具有一种能动的(active)性质,即它呈现为创造,不是简单地再现或表象这个世界"⑤,由此,正是这种创造的概念改变了

① Colebrook C.*Gilles Deleuze*.Routledge,2002.p.25.

② 哲学创造概念,但是这种概念的创造是在思想形象的指引(guides)下的创造。也就是说概念自身的创造由问题与思想形象这两个要素来决定。思想形象犹如叫喊(cries out),概念则是歌曲(songs)。参见 Deleuze. *Negotiations*:1972-1990, Trans., Martin Joughin, Columbia University Press,1997,p.148.

③ John Marks.*Deleuze and science*.Edinburgh University Press,2006,p.118.

④ Colebrook C.*Gilles Deleuze*.Routledge,2002.p.12.

⑤ Colebrook C.*Gilles Deleuze*.Routledge,2002.p.19.

我们思考的方式。也正是这种创造生命的普遍性概念的力量,给予了我们生命不同的面向。

二、感受性的思考:作为创造感受① (Affects/affect)的艺术

如果说哲学就是创造概念的话,那么德勒兹是如何来探寻艺术这门学科的。德勒兹说:"集合(Composition),还是集合,这是艺术的唯一定义。"②艺术就是创造感觉的"集合"。一个感知物(percept)和感受(Affects)的组合体即是感觉的"集合"(bloc de sensations)。这里所谓的感知物不是依附于主体的感知物(作为感觉的客观对象而呈现),也不是知觉(知觉的集合物),它是拥有其自身价值并超越任何生存体验的一种生存物。"所谓感知物,就是先于人存在的景物(paysage),人缺席时的景物。"③即是说感知物是一景物,并且这一景物超越于人物所假定具备的知觉(perception)④。并且,这里作为集合这一组合体的感知物与感受二者是关联着的,不可分离。因为"感受的生成是其自身表现的真实条件,它也构成了感知物(非人的景物)的表现,在感知物中感受才形成"⑤。德勒兹认为,人物存在的前提是其自身完全融入其并不感知的景物之中,并且其自身成为"感觉的集合"(composé de sensations)的一部分。这种"感觉的集合"实际上就是感知物和感受的复合物。人物存在的形式不是在感知景物之中得以实现的,而是作为"感觉的集合体"的部分时才将人物存在的存在性给显示出来。"人物只有当不感知,但进入景物,它存在

---

① 关于 Affects/affect 一词,有翻译情状、情感、情绪、影响,等等。但本文主要采用《斯宾诺莎的实践哲学》这一文本的译法,即将此翻译为"感受"。《什么是哲学?》的中文译本也采取了这一译法。这种"感受"突出了区别于意识的身体概念,它是切实发生在我们身上的东西。

② Gilles Deleuze, Felix Guattari, *Qu'est-ce que la philosophie?* Les éditions de minuit, 1991. p.181.

③ Gilles Deleuze, Felix Guattari, *Qu'est-ce que la philosophie?* Les éditions de minuit, 1991. p.159.

④ 知觉(perception)这一概念,它不同于感觉、感知物、感受。"知觉被德勒兹在广泛意义上使用,作为一种连接(connection),相互影响(interaction)或者作为一种与生命平面的遭遇。"在这种遭遇中,它会关涉到主体—客体。如知觉总是对某种客体对象的知觉。具体参阅 Claire Colebrook. *understanding Deleuze.* Allen & Unwin, 2003, p.140.

⑤ Stephen Zepke, *Art as Abstract Machine: Ontology and Aesthetics in Deleuze and Guattari*, Routledge, 2011. p.179.

的前提条件是本身变成感觉的集合体的一部分。"①

感受(affects)也属于这样一种生存物,它不同于我们日常意义理解的那样诸如情绪或者情感一类的含义,它显然已经无关乎感受者自身的感受,它"是对非人感受的创造,它能够将艺术从日常的生活经验中抽离出来"②。感受与体验状态无勾连,并且其自身超越于情感(affections),它是"非人类的生成"(devenir non humain)过程。不只是感受是生成的过程,而且我们包括一切都处于生成的过程之中。这种生成不是模仿,也不是想象中的认同,它是一种被制造出来的相似性。实际上,这种生成是一种毗邻性。这种毗邻即是说明:它存在于两个不相似的感觉的彼此相互归属之中,它预示着感觉(sensation)的过渡性的状态。唯有在艺术当中,这种感觉深入其中过渡的地带才能被无蔽地涌现出来,"因为材料一旦逐渐进入感觉——例如罗丹的一尊雕塑,艺术便会存在于这些不确定的区域地带。它们都是集合"③。也就是说艺术存在于感觉当中。也正在这个意义上,丹尼尔・史密斯(Daniel Smith)说:

　　　　对于德勒兹而言,艺术的目标就是生产一种感觉,去创造一种纯粹的"感觉的存在"(being of sensation)。艺术的作品应该是一个机器,或者装置进而在其自身能利用这些被动性的感觉的集合(syntheses of sensation)去生产感受。④

感受为艺术家所创造,艺术家不仅在自身的艺术作品中创造感受,而且艺术家把自身所创造的感受传递给我们(例如无聊与恐惧),让我们一起感受其生成的过程。而我们之所以为艺术品吸引住完全是凭借他们创造的感觉。感觉只与艺术作品自身相关,艺术作品是感觉的存在物,艺术借助于语词、声音与颜色传递感觉,因为艺术是感觉的语言并作为感知物与感受的集合体。"艺术创造感觉……,创造了世界、生活和无机的生命,正是这种创造的过程,艺术使它在感觉里得以体现(embodies)"⑤。在这里,感受关及的是艺术家,

① Gilles Deleuze, Felix Guattari, *Qu'est-ce que la philosophie?* Les éditions de minuit, 1991. p.181.

② Colebrook C. *Gilles Deleuze*. Routledge, 2002. p.24.

③ Gilles Deleuze, Felix Guattari, *Qu'est-ce que la philosophie?* Les éditions de minuit, 1991. p.164.

④ Barbara M. Kenned, *Deleuze and Cinema: The Aesthetics of Sensation*, Edinburgh University Press, 2002, p.109.

⑤ Stephen Zepke, *Art as Abstract Machine: Ontology and Aesthetics in Deleuze and Guattari*, Routledge, 2011. p.181.

而感觉关联的是艺术作品/艺术（美学）。感受是感觉的生成，感觉的生成是差异的，它浸润于表现的物质材料当中。

感知物与感受的"组合"为艺术家所创造，是否能使这一集合物（"感知物"和"感受"）自成一体是艺术家进行艺术创造的唯一的规律。换句话说，能够使得创造的艺术作品"自立"、"站得住脚"的前提是让其创造的"感觉的集合"长存下去。只有谨守"感觉的集合"的牢靠性与持久性的原则，才可以使自身创造的艺术作品登入艺术的殿堂。当然，艺术家在创造这些感觉的生存物（感知物、感受）的时候，无须在艺术作品的画面上布满所有的空间，适当的空白可以"增补"艺术作品的感觉。因为，"艺术作品就是一种感觉的存在，它并不是其他的什么，它的存在即存在于自身"①。无论雕塑、描绘还是写作都脱离不了"感觉"（sensation），并且感觉为雕塑所雕塑出，为描绘所描绘出，为写作而写作出。

感觉，亦如我们所看到的，就是现代艺术的存在、生成、"感知物"和"感受"。在艺术作品中，德勒兹将其规定为一个艺术作品即是感觉的集合，也就是说，它是感知物和感受的复合物。②

在这里，我们知道"感觉的集合"其实就是"感知物和感受的集合物"，二者是同一的。我们对"感觉"这一概念的把握必须跳出主体—客体的视阈，并且，这里的感知物也不是对客体对象的知觉，因为，作为感知物的感觉与对客体（参照系）的知觉是有明显差异的。或者说，我们不能说感觉与某物存在某种相似性，致使人们以为存在某种相似性的原因在于感觉材料。"感觉是材料本身的感知物或者情态，例如油彩的微笑，陶土的姿势/动态，金属的冲劲，罗马石料的盘卧和哥特石材的竖立（élever）。"③感觉存在于艺术的材料当中，并通过材料来得到保存，但感觉与材料不是一回事。

在德勒兹看来，艺术都是"一座纪念碑"（un monument）。此纪念碑并非用于缅怀旧事抑或凭吊故人，它只是一现时感觉的集合。"纪念碑的功能不是回忆而是虚构。我们从事写作并不是凭借于对童年的回忆，而是利用童年

① Stephen Zepke, *Art as Abstract Machine：Ontology and Aesthetics in Deleuze and Guattari*, Routledge, 2011. p.179.

② Stephen Zepke, *Art as Abstract Machine：Ontology and Aesthetics in Deleuze and Guattari*, Routledge, 2011. p.178.

③ Gilles Deleuze, Felix Guattari, *Qu'est-ce que la philosophie?* Les éditions de minuit, 1991. p.156.

的集合,即对现时的童年的生成(devenirs-enfant)。"①相比于那些被放大了的记忆,虚构其自身具有一种创造性。柏格森在《道德和宗教的两个来源》就分析过虚构,认为它与想象力(记忆)无关,甚至它可以作为这些诸如想象力作用下的表现行为的原因:

> 心理学认为这与一种普遍的能力——想象有关。同样被归为……,只是因为如下一个否定性理由,即这些行为既不是领悟,也不是记忆,甚至也不是思维合乎逻辑化的运作。所以,让我们把异想天开的种种表现分为不同的类别,而且把导致这些表现的行为称之为"创造神话"或者"虚构"。②

虚构是一种完全不同于想象力的洞察力。虚构最先是被运用于宗教神话体系之中,后来逐渐被运用于文学艺术的建构活动。德勒兹用此"虚构"是为了说明一种生命力,并且这种生命力是体验过的知觉所无法企及的。在虚构之中,生命力就显现得愈为强大。这种虚构关系到一种感知物。

> 感知物它关联到德勒兹电影中的"幻觉"或者"视觉"(vision)。在《什么是哲学?》这本书中,德勒兹将它描述成虚构(fabulanion)。这种感知物构成了非人类的自然景物。甚者,这些视觉被表现与艺术作品当中表现为一种无限的力量,也正是这种不可感知的力量构成了这个世界,影响了我们,使我们生成。感知物能创造一个世界,但是这种创造不能与它在感受或者生成的表现中分离开来。③

"纪念碑"的功能赋予一个可能性的世界(作为美学范畴的可能),这即是感受的生成,感受的生成是一种(事件)行为。德勒兹认为,感觉的生存物将作为感受者与被感觉物之间的统一体的形式而存在,感受者与被感觉物二者相得益彰,盘错而不失其亲密,而与其同时,肉体将从三者中逃遁而去:被体验的物体、被知觉的世界以及过于依赖经验的相互意向。这里德勒兹所言及的"意向"不是现象学意义上的,现象学意义上的"意向"指向的是"意向性",而"意向性"又会关及意识活动(直觉、想象、回忆、判断等)即对某客体意向性的

---

①　Gilles Deleuze, Felix Guattari, *Qu'est-ce que la philosophie?* Les éditions de minuit, 1991. p.137.

②　[法]柏格森:《道德与宗教的两个来源》,王作虹、成穷译,贵阳:贵州人民出版社 2000年版,第 96 页。

③　Stephen Zepke, *Art as Abstract Machine:Ontology and Aesthetics in Deleuze and Guattari*, Routledge, 2011. pp.179-180.

活动。显然德勒兹的思想旨趣不在此,感觉作为跟身体和世界的一种关系,感知物与感受将作为其基础。同时,肉体其实不是感觉,虽然它对感觉起到揭示性的作用。我们可以通过艺术家在肉体技法上的展示来感受艺术自身呈现给我们的感觉内容,但肉体自身与感觉并不是同一的。感觉需要维持在一种"生成"(变动物、变植物)之中才构成其存在,它趋于一种动态的结构之中。

通过上面的叙述,我们知道,德勒兹善于在创造一系列的概念过程中(如感知物、感受、知觉、感觉)对这些概念进行重新"赋义"。譬如,在柏拉图那里,谈论美学也必须牵扯到感觉一词,但是这种感觉是可辨识的、是客观的。常识告诉我们,当我们在看一只手的时候,我们承认它的客观性的功能。我们承认某些行为的方式和在观看手时候的客观性的感觉①。但是,在德勒兹看来,无论是感觉,还是(生成性的)感受只是作为艺术表现内容的一个重要部分,感受是非人类的,因为它超越了生存的界限而成为了创造性的艺术作品的感觉。或者说,"成为艺术的,不在于它自身的内容,而是它的感受性、它的可感性力量,正是基于这些东西内容,艺术才得以被传达。"②正是对这种感受性与可感性的力量的倚重,合理地诠释了德勒兹所认为的艺术必须是与(打理)生命相关切的这一思想,因为所有的感受是基于感觉生产的差异。据此,艺术之为艺术已经超越了它的功能性而表现为一种生成性,它拓展了艺术的权力,同时也是为了倡导艺术对于生命而言的必要性。

三、非功能性:作为创造"函项"③
(Fonctifs/functives)的科学

以上分析的是德勒兹所理解的哲学与艺术,即哲学就是创造概念(文章

---

① Barbara M. Kenned, *Deleuze and Cinema: The Aesthetics of Sensation*, Edinburgh University Press, 2002, p.109.

② Colebrook C. *Gilles Deleuze*. Routledge, 2002. p.25.

③ 关于"*Fonctif*"一词,其英文的对译词是"*function*",有的将其翻译为"函项"、"功能"、"职务"、"机能"等。"功能"多体现的是一种相互影响的效应。德勒兹在《普鲁斯特与符号》中对"功能"、"效应"有诸多的论述,但只是就艺术符号而言的。考虑到科学所涉及的是命题(函数),故采取了中文译本的译法"函项",觉得此译法较为妥当,更能符合德勒兹对科学这一学科部门属性的规定。

中所涉及的概念都是作为哲学的概念),艺术就是创造感觉的集合(感受)。那么德勒兹又是如何把握科学的呢? 关于德勒兹的科学观在其晚期和迦塔利合著的《什么是哲学?》一书中有所论述。在德勒兹看来,科学就是对"函项"(Fonctifs)的一种创造。既然科学是对"函项"的一种创造,那么究竟什么是"函项"呢? 德勒兹认为,"函项"是作为函数(命题)的元素存在的,也就是说,科学所涉及的对象是命题、函数,而不是作为哲学创造的概念。用德勒兹的话说,"一个科学观念的定义不是通过概念,而是通过函数(fonctions)或者命题来完成的"①。但是,我们会产生这样的疑问:既然科学所关涉的是函数,此函数一定包含组成该函数的元素——"函项",那么这个组成函数的元素"函项"可以作为一个概念的组成成分吗? 在上文当中我们已经知道,哲学创造概念,这一概念是一个聚合体,它由不同的组成成分(异质性因素)构成。但是德勒兹认为,即使概念将组成函数的元素"函项"作为其聚合体的组成成分,此概念并不具有科学的价值意义。因为,作为哲学概念与函数在本质上是相区分的:哲学创造的概念,此概念关联的是一种"赋序关系",也即是对所谓种属关系(附属关系)的一种否定,它表达的只是事件自身的状态;而"函数为一种附属关系(dépendance)或对应关系(必要理由)所定义"②,"概念是一种形式或者一种能量(force),它从来不属于任何可能意义上的函数"③。饶有兴趣的是德勒兹是通过其与哲学的关系来界定科学:

> 科学与哲学之间的冲突发生于三条对立当中,这些对立把函项的系列放在一边,把概念的各种从属性放在另一边。第一条是参照系(système de référence)与内在性平面的对立;第二条是独立的变量与不可分离的变量(variations inséparables)之间的对立;第三条是局部观察者(observateurs partiels)与概念性人物之间的对立。④

德勒兹认为,科学区别于哲学首先在于二者对待"混沌"(chaos)的态度不同。这种"混沌"是作为一种"潜在"(总体性的综合)来规定的,即这里的"混沌"就是一"潜在"(在某种意义上我们可以理解为"潜能")。哲学为了能

---

① Gilles Deleuze, Felix Guattari, *Qu'est-ce que la philosophie?* Les éditions de minuit, 1991. p.111.

② Gilles Deleuze, Felix Guattari, *Qu'est-ce que la philosophie?* Les éditions de minuit, 1991. p.128.

③ Gilles Deleuze, Felix Guattari, *Qu'est-ce que la philosophie?* Les éditions de minuit, 1991. p.137.

④ Gilles Deleuze, Felix Guattari, *Qu'est-ce que la philosophie?* Les éditions de minuit, 1991. p.126.

把握住这稍纵即逝的"潜在",所采取的是保持一种极速的状态,以便能够将作为哲学概念的"坚实度"(现实性)赋予"实在化"(成为表象的对象),这也符合哲学描述的方法,感觉世界被描述为认知主体(心灵)的表象;但是,科学所采取的方式却截然相反,即"科学放弃无限,放弃无限速度,目的是为了获得能使潜在(virtuel)实显化的参照系"①。也就是说,哲学所采取的是一种加速运动,为的就是利用概念把"坚实度"(现实性)赋予实在化;而科学所采取的是一种减速运动,目的是获得"参照系",即真实的物体或者客体。因为"参照系"本来就是由"事态(choses),客体或物体构成"②。为什么要获得"参照系"? 德勒兹在一篇题为《数学、科学与哲学》的文章中有阐述,在他看来,科学的方法与哲学的方法不同,"科学的方法是解释。解释就是通过某种与之相异之物来说明一个事物"③。在这里,通过相异之物来说明某一事物就是一种寻找"参照"的过程,"参照"什么? 参照"事态"(区别于"事件")。这种"事态"关系到"潜能"。或者说,"某种潜能或者能量是跟这事态结合在一起的"④。德勒兹的"事态"是指一个具体事物的事态,它关联到"几何坐标",因为事态本身就是一个函数。如果说,科学需要参照系,那么作为哲学的概念需要"参照系"吗? 德勒兹认为,由于作为哲学的概念是作为"事件"来规定的(文章的第一部分有阐述),它是纯粹的事件。据此,这种作为"事件"的概念"没有任何参照系,既不参照体验也不参照事态,但却具有一种决定内部组成成分的坚实度"⑤。所以,作为哲学的概念它总是与"坚实度"(现实性)、"事件"等概念关联在一起,而科学总是与"参照系"、"事态"("事物的状态")等概念相关联——"科学则利用函数不断地在可供参照的一种事态、一个事物或物体当中将一个事件实显化"⑥。阿兰·巴迪乌(Alain Badiou)曾在《存在的喧嚣》(the Clamor of Being)这本书里面,也提到作为"参照系"(平面)是与"事态"相关及的。"作为一(参照的)平面它能最好地阐述科学(当它关系到

①　Gilles Deleuze, Felix Guattari, *Qu'est-ce que la philosophie?* Les éditions de minuit, 1991. p.112.

②　Gilles Deleuze, Felix Guattari, *Qu'est-ce que la philosophie?* Les éditions de minuit, 1991. p.143.

③　汪民安等主编:《生产·第11辑:德勒兹与情动》,南京:江苏人民出版社2016年版,第316页。

④　Gilles Deleuze, Felix Guattari, *Qu'est-ce que la philosophie?* Les éditions de minuit, 1991. p.145.

⑤　Gilles Deleuze, Felix Guattari, *Qu'est-ce que la philosophie?* Les éditions de minuit, 1991. p.137.

⑥　Gilles Deleuze, Felix Guattari, *Qu'est-ce que la philosophie?* Les éditions de minuit, 1991. p.119.

事态),它最不能够阐述现象学(当它关系到生活的经验)。"①德勒兹这里的
"事件"与"事态"这两个重要的概念我们要严格地区分开来,事件不是事态,
它在一种事态、一个物体、一条体验当中得到实显化;事件不再属于一种潜在
因素,它是非物质的(immatériel)。

在德勒兹看来,科学与哲学的区分不仅体现在各自预设的条件和各自所
处理的对象要素上,而且还体现在各自所表述的方式上。这种表述是什么?
它显然与科学家或者哲学家的真实姓名无关,"但关联到有关领域内部的理
想的居间说情者(intercesseurs):相对于内在性平面的琐碎的概念所扮演的哲
学角色,我们已经谈论过概念性的人物,然而科学却关联到局部观察者,并且
这种局部观察者还关系到参照系内的函数"②。我们知道,哲学关系的是概
念、内在性的平面(Le plan d'immanence),而科学则关系的是函数、参照系。
哲学创造概念是一个当下行为,这个行为需要一个代理者来完成,这个代理者
就是德勒兹所说的"概念性人物"(personnages conceptuels)。既然,哲学区别
于科学,哲学的表述需要一个"概念性的人物",那么科学的"表述"则需要一
个"局部的观察者"。这就是哲学与科学各自的表述方式:"概念性的人物"与
"局部的观察者"。德勒兹认为,要理解科学"局部的观察者"是什么,就"一定
要避免把它们当成知识的或表述的主观性的某种极限"③。因为,一个局部观
察者既不是不足的,也不是主观性的。德勒兹举了这样一个例子,笛卡尔投影
几何学的坐标给了所有变量和函数一个有限的图景,而透视法将一位局部观
察者犹如一只眼睛一样置于一个锥体的顶端,从锥体的顶端只能看到整个轮
廓,但是却把握不了整个锥体表面的起伏或性质。作为一位局部观察者只能
看到锥体的整个轮廓,说明它自身也有不足之处,但是我们如何理解它也不是
主观性的呢? 因为,"透视主义和科学相对论从来都跟主体无关:因为主体并
不构成真的一种相对性,而是构成相对物的一种确真性,即一些变量的确真
性,将这些变量的情形有序化"④。也就是说,作为科学表述方式的局部观察
者不关切到作为主观性的主体(描述者)。相反,作为哲学表述方式的概念性

①　Alain Badiou, Deleuze: *the Clamor of Being*, University of Minnesota Press, 1999, pp.14-16.

②　Gilles Deleuze, Felix Guattari, *Qu'est-ce que la philosophie?* Les éditions de minuit, 1991. p.122.

③　Gilles Deleuze, Felix Guattari, *Qu'est-ce que la philosophie?* Les éditions de minuit, 1991. p.123.

④　Gilles Deleuze, Felix Guattari, *Qu'est-ce que la philosophie?* Les éditions de minuit, 1991. p.123.

人物是关切到作为描述者的主体,即概念性人物是融入进了作为主体描述者的内在性平面活动。概念性人物不一定是完全吻合那个既定的描述者或者指定的形象,它是随着(哲学拟定的)内在性平面的变化而变化的(主观性)。

德勒兹说:"概念性人物就是事件。"①这种事件其实就是一种纯粹的生成(主观性)。据此,区别于哲学概念性人物的主观性,作为科学的局部观察者的作用"在于知觉(perceptions)与情感(affections),尽管这一类知觉和情感并非通常所理解的那样,为个人所拥有,而是属于它所研究的东西"②。在德勒兹看来,作为科学表述方式的局部观察者不是作为"个人"(去主观化或者去主体)来规定的,它仅仅属于"它所研究的东西",这种"研究的东西"包含有某种客观性("非人地思考")。并且,这种属于知觉与情感(感性)的局部观察者并不就意味着它自身就关联到某种主观的性质。

> 不应该把感性知识与科学知识对立起来,而且应找出布满坐标系统和属于科学本身的物体原相(sensibilia)。当罗素提到剔除了主观性的性质的时候,他的意思也就是说,这些性质跟任何感觉都不一样的感官经验,它们是建立事态的原址,……正好相当于一个函数的整体或部分。③

在德勒兹的话语中,这种知觉、情感、感性显然与主观性、感觉相脱离,进而关系到的是函数。正是在这个意义上,德勒兹的作为科学表述方式的局部观察者的情感、感受变成了能量的关系,知觉本身变成了信息量。至此,德勒兹对科学的规定显然是通过与哲学的区分来进行的,哲学与科学的区分即在于:哲学关联到概念,科学关联到函项;在面对"混沌"时,哲学采取的是加速运动,而科学采取的是减速运动,也只有在减速运动当中,科学才可以建立起函数、变量之间的运算关系;哲学总是一个事件,而科学总是关系到可供参照的事态(潜在),因为科学函数的参照系来自于事态;哲学的表述方式是概念性人物,而作为科学的表述方式是局部的观察者。概言之,德勒兹对科学的规定是通过与哲学的遭遇来进行的,在这种遭遇中,"任何真正的哲学思想都试图去思考整体的生命,即它必须与艺术与科学相碰撞,但它对世界的思考又超

① Gilles Deleuze,Felix Guattari,*Qu'est-ce que la philosophie?*Les éditions de minuit,1991.p.107.

② Gilles Deleuze,Felix Guattari,*Qu'est-ce que la philosophie?*Les éditions de minuit,1991.p.124.

③ Gilles Deleuze,Felix Guattari,*Qu'est-ce que la philosophie?*Les éditions de minuit,1991.p.125.

越了艺术与科学"①。也就是说,在德勒兹的笔下,科学已经远离了它作为"同质化"(功能性)的科学,科学展现了一种差异的创造的权力,这种差异的创造权力在某种程度上展示了生命的那种超日常功用性(功能性)的力量。正是在这个意义上,Alain Badiou 在论及德勒兹所表述的科学时说道:"在德勒兹看来,科学是一种思想,一种构建,它是切入混沌的一种形式。"②

至此,哲学就是创造概念,艺术就是感觉的集合(创造感受),而科学就是创造函项。据此,哲学、艺术与科学三门学科是相区分的,它们"完全在不同的路线上,以完全不同的创造节奏和创作运动,……"③。德勒兹认为,虽然这三门学科遵从着不同的创作"路线",但是它们之间也存在着相互呼应/互通的关系,而连接这种可能性的就是"大脑"(cerveau)。并且,在德勒兹看来,正是哲学、艺术与科学使得"大脑"成为主体("超主体"),成为脑思维时的三个侧面。换句话说,哲学、艺术与科学并不是作为某种"精神客体"(观念)在大脑神经元的间隙当中连接、沟通,作为连接点的大脑不是生物学意义上的大脑。德勒兹认为,从事思维的是"大脑",而不是人,因为人只不过是一种凝结的大脑的形式。譬如,说出"我"的不是作为现实个体的"我"("我"是一个他者),而是"大脑"。据此,德勒兹的"大脑"并不关联到连接、组合(观念)的功能。相反,它可以变换成不同的身份,即可以是哲学大脑(概念)、艺术大脑(感受)等等。正是在这个意义上,大脑表现为概念的一种禀赋(拟定参照的平面、建立函数等等)。"大脑"就是精神本身。在德勒兹看来,聚集、交汇于作为精神本身的"大脑"当中的哲学、艺术与科学是相互呼应的。总而言之,虽然德勒兹对哲学、艺术和科学进行了严格意义上的划分,但是这三者之间也存在某种模糊性的思想"地带",在这种思想"地带"之中,哲学、艺术与科学变得难以区分,进而我们可以"完全应该将哲学、艺术与科学看成一些互不相干而又不断相互涉及的旋律线"④。德勒兹极力表明,无论哲学、艺术还是科学

---

① Colebrook C.*Gilles Deleuze*.Routledge,2002.p.14.

② Alain Badiou,*Deleuze:the Clamor of Being*,University of Minnesota Press,1999,p.46.

③ Deleuze,*Negotiations*:1972-1990,Trans.,Martin Joughin,Columbia University Press,1997,p.134.

④ Deleuze.*Negotiations*:1972-1990,Trans.,Martin Joughin,Columbia University Press,1997,p.135.

都要扩展其自身的界限,避免一种形式上具有同质性的思想表达形态。哲学、艺术与科学应该是作为转变生命中的某种力量来规定的。或者说,哲学、艺术与科学,它们各自所切入生命的形式是不一样的,但是作为转变生命的共同旨趣或使命是一样的,而且"每一种转变都是以自身的特异性的方式转变了生命"①。

① Colebrook C.*Gilles Deleuze*.Routledge,2002.p.12.

现实及其阴影

勒维纳斯/文   王嘉军/译

艺术和批评

人们普遍承认这一教条:艺术的作用在于表达,艺术的表达则基于一种认识(connaissance)。艺术家在诉说:无论他是画家,还是音乐家。他诉说不可诉说之物。艺术作品延展并超越普通感知。对于普通感知轻视和错失之物,艺术作品由于其与形而上直觉相吻合,却能在它们不可化约的本质中把捉它们。日常语言退去之处,诗歌或绘画开始诉说。所以,艺术作品比现实①更真实,它证明了艺术想象力的高贵,艺术想象力把自己树立为对绝对之物的知识(savoir)。虽然现实主义被贬损为一种美学陈规,但它依旧保留着它所有的威望。事实上,它只有以一种更高的现实主义之名才能被否定。超现实主义是个最高级。

批评也履行这一教条。她带着科学的全部严谨性进入艺术家的游戏之中。她穿过作品,研究心理、性格、环境和风景。好像在美学事件中,对象(或译客体)是由艺术视角(vision)的显微镜或望远镜暴露给探究者的好奇心。

---

① 本文将"La réalité"翻译成"现实",主要是考虑到本文谈论的对象主要指向的是文学,且文中接下来即将提到的"现实主义""超现实主义"等文学或艺术史概念早已成为了约定俗成的翻译,同时,"现实"本身也可以包含"真实""实在"等意。但基于列维纳斯本人的哲学关怀,文中的"La réalité"有时候理解为"真实性"或"实在"等要更易于理解一些。本文的翻译根据法文本 Emmanuel Lévinas."La Réalité et Son Ombre",Les imprévus de l'histoire.Fata Morgana,1994,pp.107-127.同时参照了英译本 Sean Hand.ed."Reality and Its Shadow"(Trans.Alphonso Lingis),The Levinas reader,Basil Blackwell,1989,pp.129-143.这篇文章最早在 1948 年发表于存在主义杂志《现代》[Les Temps Modemes,38(1948),771-789],在发表之初,《现代》编辑部就在刊物的序言中用一种萨特式思想,表达了对列维纳斯之观点的反对。

但是在难解的艺术旁边,批评似乎趋向于变成一种寄生(或译多余)的存在。观念性的理解方式不能接近的现实深度成为它的猎物。又或者,批评用它自己取代了艺术。阐释马拉美难道不是为了背叛他吗?忠诚地解读他的作品难道不是为了消除它吗?将他晦涩的所说解释清楚就是要揭露他晦涩的句子里的空无。

批评是文学生活的一种特殊职能,专家和职业式的批评,当它以专栏的形式在报纸、期刊和书籍上出现时,诚然很可能被看做是可疑和无意义的。但它却在听众、观众和读者的精神诉求中所来有自;批评作为一种公共的行为模式而存在。不满足于沉浸在美学愉悦中,公众感到一种不可抗拒的诉说的需要。事实是当艺术家拒绝在作品自身之外再对作品说点什么的时候,还应该有某些东西让公众去说——事实是人们不可能在沉默中思索——这证明了批评家的正当性。可以把批评家定义为当一切已经被说出之时还要去说些什么的人,他能够在作品之外就作品再说些什么。

人们于是有权询问艺术家是否真的知道并诉说了些什么。当然,他在序言或宣言中做这件事;然而这样他自己就成了公众的一员。如果艺术原本就既不是语言,也不是认识——如果它这样一来就位居于与真理一起扩展的"在世存在"之外——批评就将恢复其名誉。它代表了可理解性(intelligence或译智性)的介入,这种介入对于将非人性(l'inhumanité)和艺术的倒错并入人类生活和精神是必要的。

也许在文学中领会美学现象的趋势——在其中,言语(parole)为艺术家提供材料(matière)——通过艺术解释了认识的当代教条。我们并不是一直都留意到言语在文学中经历的转换。艺术—言语(或译艺术作为言语),艺术—认识(或译艺术作为认识),带来了介入艺术的问题,这一问题又与介入文学的问题关联在一起。人们时常低估完成性,艺术产品不可拭除的封印,通过它,艺术作品得以逗留在其本质上的分离之中;在那一至高的时刻:画笔画出最后一画,也再没有词语被加到文本上或从其中删除,因为它,每件艺术作品都是经典的。这种完成性与那一为语言、自然与工业之工作划出界线的单纯打断不同。我们可能依然会询问我们应不应该从工艺作品本身,从所有人类工作中,例如商业和外交的工作中,辨认出一种艺术元素,这一艺术元素除了与其目的完美地相适之外,还见证了与外在于事物进程的未知宿命的契合,这把它定位于世界之外,就像那废墟之永远不会流逝的过去,就像不可把捉的异域(感)的陌生性。艺术家停下,因为作品拒绝接受更多东西,它看上去已经饱和了。尽管有那些打断的缘由——无论社会的,还是物质的——作品还是完成了。它不使自身成为一个对话的开头。

这种完成性不必然证明一种为艺术而艺术的学院派美学。形式规则,当它将艺术定位于现实之上,并且认识不到它的主人时是错误的;当它使艺术家从他作为人的义务中解放,并且固守他那自命不凡又浅薄的高贵之时,它也是不道德的。但是一件作品如果不拥有它完成性的形式结构,如果它没有至少以这样的方式脱离的话,就将不属于艺术。我们必须认识到这种脱离的价值,尤其是其意义。是否只有越出(au-delà 在那边)①才意味着与世界分离? 这一越出朝向柏拉图式的理念区域和掌控着世界的永恒? 不能够谈论一种在这边(en deçà 未及)的脱离吗? 不能够谈论一种在时间的这边,在其"裂缝"中的运动所带来的时间的中断吗?

去越出就是要去与理念交流,就是要去认知(comprendre)。艺术的功能不正是由不认知构成的? 晦暗不正是提供了它的元素本身和自成一格(sui generis)的完成,而外在于辩证法和理念的生命? 于是可以说艺术家正是认识并表达了真实的晦暗本身? 但这又引向了一个更普遍的问题,整个关于艺术的讨论被附属于这一问题:存在的非真理(non-vérité)是由什么构成的? 它是不是一直在与真理的对比中被定义为一种认知的残余物? 与晦暗的交易,作为一个完全独立的存在论(或译本体论)事件,不正是描述了不可简化为认识的范畴? 我们想要展示这一艺术中的事件。艺术并不认识现实中的一种特殊类型——它切断了认识。它正是晦暗化的事件本身,一种黑夜的降临,一种阴影的侵蚀。神学术语可以允许我们界定——尽管依旧较为粗泛——我们的理念与流行的观念之间的区别:艺术不属于启示的秩序。它也不属于创造的秩

---

　　① au-delà 是列维纳斯最为倚重的表达之一,其代表作 *Autrement qu'être ou au-delà de l'essence* 就使用了这一介词词组"au-delà de",这一词组的意思是"在……之外(另一边)",为了表示其暗含的某种运动的含义,笔者这里又将其译为"越出",以与已经相对固定的"超越"(transcendance)这一翻译相区别。列维纳斯这里的 au-delà 与下文马上会提到的 en deçà 有一种对比关系,"en deçà de"作为另一个介词词组,表示的意思是"在……的这边",或"未达到,未超出",我们将其翻译为"在这边""这边",但它同时也暗含一种与"越出"相对的"未及"之意。

序,创造的运动正好遵循相反的方向。

想象的、感觉的、音乐的

　　艺术最基本的程序在于用客体的图像①代替客体。是它的图像,而非它的观念。观念是被把捉(saisi)的客体,可理解的客体。通过行动,我们已经维持着与一个真实客体的活生生的联系,我们把捉它,我们构想它。图像中立(neutralise)了这种真实的联系,这种行动的原初构想。艺术观中著名的无功利性——正是那些流行的美学分析落脚之处——首要地意味着一种对于观念的视而不见。

　　但是艺术家的无功利性很少名副其实。因为它排除了自由,而自由正是无功利性这一概念所暗示的。严格来说,它也排除了用来设想自由的奴役。图像不像科学认识和真理做的那样,它不引出一个观念——它与海德格尔的"让—存在"(sein-lassen)无关,在"让—存在"中完成了客体性向权力的转化。图像代表了一种对我们的控制,而非我们的主动性,这是一种根本的被动性。(因此)我们说艺术家是迷狂的(possédé)、受灵感驱使的(inspiré)、他听命于缪斯。图像是音乐性的。它的被动性在魔法、歌唱、音乐和诗歌中直接可见。美学实存(existence)的特殊结构引来了这一独特的魔法范畴,它将允许我们把有点被用滥了的被动性概念表达得更加精确和具体。

　　节奏的理念,在艺术批评中被援引得如此频繁,却又还停留在暗示性和宽泛的含糊概念状态,与其说它指明了诗学规则的内在法则,不如说它更指明了这种诗学规则影响我们的方式。(节奏是)一些闭合的集合,它们从现实中脱离,这些集合的元素像诗句中的音节那般互相召唤,但这种召唤只有在它们将其自身强加于我们身上的时候才发生。但是它们将自身强加于我们,却不包

---

　　①　图像比形象和意象等更具有普遍性。本书中有的地方 image 作"形象"会更易于理解一些,比如谈到声音的地方。列维纳斯曾经用照片的例子来指出艺术的根本程序就在于用图像取代客体,为了对应这一基本的案例,我们保持了"图像"这一译法,图像概念本身也确实比形象和意象等概念更具有基础性,我们可以说形象和意象都是一种"图像",在中文语境中,却不能反过来说,图像也都是形象或意象。

含我们对它们的承担(assumions)。更确切地说,我们对它们的认同(consente-
ment 或译投入)被转化成了一种互渗(participation)。① 在我们进入它们之处
它们也进入我们。节奏代表了一种独特的情形,在其中,我们不能谈论认同
(投入)、承担、主动性、自由——因为主体被它俘获并控制了。主体就是它的
表象(représentation)②自身的一部分。它之所以如此并不由于其自我,因为在
节奏中,有的不是自我,而是一条由自我通往匿名的通道。这是诗歌和音乐的
施魔或念咒。它是一种存在的模式,这种模式既不应有意识的形式,因为自我
在其中被剥夺了对它的承担和它的力量所拥有的特权;它也不应用无意识的
形式,因为整个处境和所有它的接合点(articulations)都在一股晦暗的光线下
在场(présente 或译呈现),醒着的梦。在这道光线中操纵着的不是习惯,不是
反应,也不是本能。在音乐中散步或舞蹈的特殊自发性是一种存在模式,在其
中,没有什么是无意识的,但是在其中,在其自由中麻痹的意识却游戏着,并完
全沉浸在这一游戏中。听音乐在某种意义上就意味着对于舞蹈或步行的约
束。运动或姿态无关紧要。在涉及图像时,谈论功利(intérêts)比谈论无功利
性(désintéressement)更适恰。图像是令人感兴趣(intéressante)的,不带一丁
点的实用性,感兴趣的意思是"引人入胜的"(entraînante)。在词源学上说,是
去位居于(parmi)物之间,③然而,这些物却只应该属于客体的秩序。去"位于
物之间"不同于海德格尔的"在世存在",它构成了梦之想象(imaginaire 或译
图像性)世界的感染力:主体位居于物之间不只是依靠它存在的厚度,还苛求
一个"此处",一个"某处",并保持它的自由;它像物、像景观的一部分那样位
居于物之间,它外在于它自身;但这不是像身体一样的那种外在性,因为
"我—表演者"的疼痛被"我—观众"感受到,且不是通过同情(compassion)。
事实上,这是一种内在的外在性。令人惊讶的是现象学分析从来不试图利用
这种节奏和梦的根本性悖谬,这种悖谬描绘了一种位于意识和无意识之外的
氛围(sphère),这一氛围在所有狂热(或译迷狂)仪式中的作用已经为人种学

---

　　① 这是人类学家布留尔的一个重要概念,指那些对于主体和客体、物质和精神尚未有清晰
区分的原始人,可能会产生的一种与外界交融、主客不分的神秘体验。

　　② représentation 一词通常有"表象"和"再现"两种翻译,这里根据语境选择了"表象",但
实际上该词在文中也同样包含"再现"之意。

　　③ 将 entraînante 一词拆解开来,即 entre+étant,即位于"存在者之间"。

所展示;令人惊讶的是我们停留于"观念运动(idéo-moteurs)"①现象的隐喻
中,停留于对感觉向动作之延伸的研究中。当我们思考这种从力量到互渗的
反转时,我们将使用节奏的和音乐的术语。

所以,我们必须将节奏和音乐术语从声音艺术中分离,在声音艺术中,它
们被很特定地设想,必须将它们重新引向一种普遍的美学范畴中。节奏在音
乐中当然占有特权地位,因为它是音乐家在纯粹性中,实现现实之非观念化的
元素。声音是与一个客体最为分离的质。它与它从其中散逸的实体的联系并
不铭刻在它的质中。它无人称地回响。即使它的音色——表明它对客体之归
属的踪迹,也淹没在它的质中,并且不保留为一种关系的结构。所以,在聆听
中,我们并没有把捉(saisissons 或译领会)到"某物",但是却不拥有观念:音乐
性天然地属于声音。确实,在传统心理学为图像所区别的所有层次中,声音的
图像是与真实的声音最为近似的。强调所有图像的音乐性就意味着要在图像
中看见它从客体中的分离,它对于实体范畴的独立性,这种独立性被我们在教
科书的分析里归因于还未转化为知觉的纯粹感觉——作为形容词的感觉——
这种感觉对于经验心理学来说,还停留在被视为一种极限状况,一种纯粹假想
的给予(donnée)的阶段。

这一切就好像感觉,与任何观念都无关,这一著名的内省不可把捉的感
觉,和图像一起显现。感觉不是知觉的残余,它拥有自身的功能——一种由图
像所施加的对我们的控制——一种节奏的功能。我们今天所说的"在世存
在"是一种带着观念的实存。感觉性作为一种独特的存在论事件发生,但却
只能通过想象(imagination 或译图像化)而实现。

如果艺术来自于图像对存在者的取代——那么美学元素,就像它的词源
指示的,就是感觉。我们世界的整体(ensemble),带着其给予性、基元性
(élémentaires)②和智性地阐述(élaborées),能够音乐地触及我们,能够变成图
像。这就是为何古典艺术依恋于客体——所有那些表象某物的画作和雕像,

----

① "观念运动"(也被译为"心像运动")是一个心理学概念,指的是一种主体无意识地进行
肌肉运动的心理现象。

② 元素(élément)这一概念在列维纳斯的哲学中既有"元素",也有"基础"之意,实存即是
由各种不可规定的元素构成的,而这些元素也即成为了构成实存的基础,受朱刚教授翻译的《总
体与无限》启发,我们在这里将这一概念也翻译为"基元性"。

所有那些能够认得出句法和标点的诗歌——它们对于艺术之真理本质的遵从并不少于现代艺术，现代艺术宣扬纯音乐、纯画、纯诗，它们的借口是要将客体从那些声音、颜色和词语引我们进入的世界中驱出；它们的借口是要破坏表象。被表象的客体，通过变为图像的简单事实，被转化成了非客体；这幅图像就这样跻身于我们将会在这里提出的众原初范畴中。这种通过图像对现实的去实体化（désincarnation）并不等同于在程度上的简单缩减。它突显出了一个存在论的维度，这一存在论的维度并不在我们和被把捉的现实之间展开，在这一存在论维度中，与现实的交易却是一种节奏。

相似（Ressemblance）和图像

图像的现象学坚持它的透明性。某个凝视图像的人的意向将会直接穿过图像，就像穿过一扇窗户，进入她所表象的世界，但是目标瞄准了一个客体。然而没有什么比"她所表象的世界"这个概念更神秘的了——既然表象解释的正是还未确定的图像之功能。

透明性的理论建立在对心智图像①——（由对客体的知觉带给我们的）内在图画理论的回应上。我们在想象（图像化）中的凝视一直朝向外界，然而想象力（图像化）更改或中立（neutralise）了这种凝视：在其中显现的真实世界就像夹在括号和引号之间一样。问题在于搞清楚这些符号书写的程序意味着什么。想象的世界表象其自身为非真实——但是我们还能就这种不真实性多说点什么吗？

图像别于符号（symbole）、标记（signe）或词语之处是什么？正是通过它指涉它的客体的方式：通过相似。但是那假定了一种思想在图像本身的停留，并随之假定了某种图像的不透明性。标记，在这个角度，是纯粹透明的，绝不以任何方式计较自身。我们因此是不是有必要重新把图像当做一种模仿原初（original）的独立现实？不需要，但在考虑相似的时候，我们将不把它当做一种在图像和原初之间比较的结果，而是作为一种生成图像的运动本身。现实

----

① "心智图像"通常指的是在无具体事物存在于现场的情况下，仍能通过想象唤起该事物的形象，而这种形象与该事物在场时对其的经验非常相似。

将不只意味它是什么,它在真理中揭示了什么,还将同时也是它的复本(double),它的阴影,它的图像。

存在不只是它自身,它逃离了自身。这里有一个人就是她所是;但是她并不会使人遗忘,也不会吸收和覆盖她所占据的客体和她占据它们的方式,她的姿势、肢体、凝视、思想、皮肤,它们从她的实体的同一性中逃出,这种同一性就像一个破了的麻袋不能容纳它们。如此,她就背负着她的面孔(face),①并位于与她相合的存在,她自身的漫画(caricature)、她的生动性(pittoresque 或译如画性)旁边。这种生动性在轻微的程度上一直就是漫画。这里有一个常见的日常事物,与习惯于它的手适应良好——但是它的质地、颜色、形式和位置与此同时却在它的存在背后保留着,就像一件已经从这件事物中褪去的灵魂的"旧衣装",就像一个"静物"(nature morte)。然而,所有这些都是人,是物。因此,在这人、这物中有一种二元性,在其存在中的二元性。她就是她所是和她自己的陌生人,在这两个时刻之间有一种联系。我们会说物既是它自身,又是它的图像。而这种在物和它的图像之间的关系即相似。

这种情形和寓言(fable)的效果相类似。那些扮演人的动物给了寓言其特有的色彩,因为人被看做(sont vucomme)这些动物,又不只是通过(à travers)这些动物来看;因为动物们中断又填补思想。讽喻(allégorie)的所有力量和独创性都来自于此。讽喻并不是一种对思想的简单辅助,一种为童稚的心智服务,从而将抽象变为具体和通俗的方式,一种为了底层人服务的象征方式。它是一种与现实的暧昧交易,在其中,现实不指涉它的自身,而是指涉它的反映(reflet),它的阴影。结果,讽喻这样就表现了在客体自身中复现(double)之物。图像,我们可以说,就是一种存在的讽喻。

存在是其所是,是在它的真理中揭示自身之物,同时,它与自身相似,是它自身的图像。原初给予自身就像它与自身有一个距离,就像它撤出了自身,就像存在中的某物在存在上面延滞了。有关客体之不在场的意识,意味着图像并不等同于一种简单的论题之中立化,胡塞尔可能会持这种观点,它倒是应该与客体的存在本身之变异相等同,在这种变异中,它的基本形式表现为一种它撤回的过程中丢弃的奇装异服。凝视一幅图像,就是凝视一块图画。图像必

---

① 这里说的面孔(face)与列维纳斯的经典概念"面容"(visage)不同。

须通过开启一种图画的现象学而被理解，而不是相反。

通过被表象的客体的视角来看，图画拥有它自身的密度：它自身就是凝视的客体。表象的意识基于知道客体不在那儿。被知觉的元素不是客体而是像它的"旧衣装"，色彩的斑点、大理石或青铜的碎片。这些元素并不作为象征而起作用，并且在客体的不在场中它们不强迫它在场，而是通过它们的在场而坚守其不在场。它们充分占据它的位置以显示它的远离，就像被表象的客体死了，被降级了，在它自身的反映中脱离实体了。图画不引导我们越过被给予的现实，而是以某种方式导向这边（en deçà）。它是一种反向的象征。那些发现他们每天居住的世界之"神秘"和"陌生"的诗人和画家会为想到他们脱离了真实，而感到自由。存在的神秘不在于它的神话（mythe 或译虚构）。艺术家生活在一个超前于（我们将在下面看到其在何种意义上）创世的世界的宇宙，一个艺术家已经通过他的思想和日常行为脱离了的宇宙。

我们已经凭借阴影或反映的理念——一种通过它的图像而对现实进行本质上的复现（doublure），一种"在这边"的暧昧性——扩展到了光线自身、思想和内在生命。全部的现实带着它的面孔它的讽喻自身，而外在于它的启示和真理。通过利用图像，艺术不只是反映，而且还完成了这种讽喻。在艺术中，讽喻被引入世界，就像真理在认识中相伴一样。这是两种存在的同时性的（contemporain）可能性。伴随这种理念和灵魂的共时性（simultanéité）中的是——存在和它的揭示的共时性——这是斐多篇教诲我们的，这里有一种现实和它的反映的共时性。绝对（l'absolu）在同时将自身揭示给理智并对应于一种磨损（érosion），且外在于所有因果关系。非真理并不是一种存在之晦暗的残余，而是它的感性性格本身，通过它世界中就有相似和图像。因为相似，柏拉图式的生成世界就只是一个次级的世界，一个仅仅是表面现象的世界。作为一种存在和虚无的辩证法，生成确实自从巴门尼德篇开始，就在理念世界中显现。正是通过模仿，分有产生阴影，并且区别于理念之间的相互分有，后者是揭示给智性的。对于艺术或自然的优先性的争论——是艺术模仿自然还是自然美模仿艺术？都没有认识到真理和图像的共时性。

阴影的概念于是允许我们将相似的经济学定位于存在的一般经济学。相似不是一种存在在理念中的分有（关于第三者的古老论证展示了其无效性①）；它正是这种感性的结构本身。感性——就是在它与自身相似意义上的存在，在这个意义上，它在它的存在的凯旋之作之外，掷下了一道阴影，放射出那种晦涩和难以把捉的本质，这一幽灵式的本质绝不等同于在真理中揭示的本质。图像首先不是——一种对客体的中立视角——它不同于标记或符号，因为它与原初相似：在图像中的那种位置（position）的中立化正是这种相似。

让·瓦尔（Jean Wahl）②提到的向下超越（*transdescendence*），③如果从他那里的那种伦理学意义中分离，并且被置于一种严格的存在论意义上的话，就能够定义这种我们在图像和相似中看见的降级（dégradation）现象或绝对（l'absolu）之磨损（érosion）。

间隔（l'entretemps）

如果我们不能指出我们谈论的"这边"位于哪里的话，说图像是存在的阴影将只能被接着当做一种隐喻使用。谈及惯性（inertie）和死亡也不大会取得什么进展，因为首先应该说出物质性自身的存在论意义是什么。

---

①　亚里士多德为了反驳柏拉图的"分有"理论指出，若"型"（或"形式"）使分有物相似。因为分有物像"型"，所以"型"必定像分有物，那么为了说明"型"和分有物之间的相似，又必须设立一个使它们相似的新"型"以此类推，需设立无限新"型"，即陷入无穷倒退。所以"分有"无法解释个体间的相似关系，事物不是因为像而分有"型"。亚里士多德将以上"分有"的无限倒退称为"第三人论证"，即：如果需要第三者来说明两个事物的关系，那么需要设立无限多的第三者。第三人论证又称"外在关系说"，即如果两事物间的关系是外在于它们的独立存在，那么需要设立无限多的外在关系。

②　让·瓦尔（1888—1974），法国哲学家，他的研究起步于对伯格森的研究和对美国实用主义哲学家威廉·詹姆斯和乔治·桑塔耶那的研究，其后他的黑格尔研究和克尔凯郭尔研究对法国存在主义思潮影响巨大。1942 到 1945 年间，他曾在美国生活教学，促进了存在主义在美国的接受，作为一名诗人，他其时跟诗人华莱士·史蒂文斯等美国文人也有诸多互动。"二战"后，1946 年，他在巴黎创办了哲学学院（Collège philosophique），该学院主要面向的是其时一些非学院的哲学家，列维纳斯与让·瓦尔和哲学学院交往密切，他在学院建立之初，就受邀作了有关"时间与他者"的四场讲座，后来结集为《时间与他者》一书。

③　让·瓦尔赋予哲学及神学史上的"超越"（transcendence）新的理解，它至少包括两个维度，一个是"向上超越"（transascendance），这是一种不依赖于范畴的超越，它不会跌入一种更高存在的内在性之中，另一个则是"向下超越"（transdescendance），在其中超越者跌入存在的深处。二者的提出受到了布莱克、纪德和劳伦斯等文学家的启发。

我们已经将图像设想为现实背负在它自身的面孔上的漫画、讽喻或生动性。所有吉拉杜①的作品都完成了这种现实与图像的并置,并且还具有一种连贯的精神,在吉拉杜所有的成就中,这一点的价值还未得到充分的赏识。但是到目前为止,我们看上去是将我们的观念建立在一个位于存在和它的本质之间的存在中的裂缝之上,这一裂缝不黏附于它,并且还遮盖它和背叛它。不过这事实上只是促使我们更接近我们关注的现象。被称为经典的艺术——古代的艺术和那些模仿它的艺术,理想形式的艺术——修正了存在的漫画——平塌的鼻子,僵硬的手势。美——就是存在掩饰它的漫画,覆盖或吸收它的阴影。它是否充分地吸收了它? 这个问题既与希腊艺术的完美形式是否依旧能够更完美无关,也与它们是否在所有地区都能被视为完美无关。在最完美的图像中也不可逾越的漫画性,在它作为一个偶像的愚蠢中显现自身。作为偶像的图像将我们导向它的非现实性的存在论意义。此时,存在自身的工作,存在者的存有(l'exister)本身,在一个存有的幻影(semblant)中复现(se double)。

说图像就是偶像——就是肯定每幅图像在最终都会被视为塑型,每件艺术作品最终都是雕塑——一种时间的停滞,或者说延迟于它自身。但是我们必须指出它在何种意义上停滞或延迟,在何种意义上雕塑的存有是存在的存有之幻影。

雕塑实现了一种悖谬:一个绵延又没有未来的瞬间。这个瞬间不真的是它的绵延。它在这里不将它自身作为一种无限小的绵延的元素给予出来——一道闪电般的瞬间——它以自己的方式拥有一种准永恒(quasi éternelle)的绵延。我们不只是在思考作为客体的艺术作品自身的绵延,不只是在思考图书馆里的书籍和博物馆里的雕塑的持久性。(我们思考的是)在雕塑的生命,或者更确切地说,在雕塑的死亡的内部,那一无限绵延的瞬间:拉奥孔将永恒地被毒蛇紧缚;蒙娜丽莎将永恒地微笑。在拉奥孔绷紧的肌肉中宣告的未来将永恒地不能变成现在。蒙娜丽莎即将展开的微笑将永恒地不再展开。一种永恒悬置的未来在雕像固定的位置周围漂浮就像一种永远不到来的未来。未来的迫近在一种瞬间面前绵延,这种瞬间被剥夺了现在的基本特征,也即它的转

---

①. 让·吉拉杜(1882--1944),被认为是"一战"和"二战"之间最重要的法国剧作家之一。他的作品以文体上的风雅和诗意的幻想著称。他剧作中的主题则是男人和女人的关系,有时候,则是男人和某些不可企及的理想之间的关系。

瞬即逝。它将永远不会完成现在的任务,就好像现实从它自身的真实性中撤出并且使它流于无力。在这种情况下,现在什么也不能担承,什么也不能把握,所以这是一个无人称和匿名的瞬间。

雕像的凝固的瞬间,它所有的敏锐性(acuité 或译活力)来自于它对于绵延的非—无差别(non-indéfference)。它不归属于永恒。但是如果艺术家没有能力赋予它生命的话,它也不会如此。只不过作品的生命没有超越瞬间的局限。当它还没有那种感动皮格马利翁①的对生命的渴望的时候,作品就没有成功,是坏的作品。但它毕竟也只不过是一种渴望。艺术家给予了雕像一种无生命的生命。一种不能主宰自身的戏谑的生命,一幅生命的漫画。它的在场并没有覆盖自身并涌进所有角落,没有把它所是的木偶的索线攥到自己手上。我们可以在法兰西喜剧院(Comedie-Française)②排演的那些悲惨和可笑的角色中注意到这些木偶。所有图像都已经是漫画。——但是这一漫画转变成了某种悲剧性。同一个人的确既可以是喜剧诗人,也可以是悲剧诗人,一种暧昧性构成了以下作家(诗人③)的特殊魔力:果戈理、狄更斯、契诃夫——和莫里哀,塞万提斯,以及最重要的,莎士比亚。

这个无力强迫未来的现在,就是命运本身,这一对抗异教众神之意志的命运,比自然法则的理性必然性更强大。命运并不在普遍的必然性中显露。它是一种在自由的存在中的必然性,一种自由向必然性、向它们的共时性的返回,这是一种发现它自己被囚禁的自由——命运在生命中没有位置。人类行为中的自由和必然性之间的冲突,在反思中显现:在行动沉入过去之后,人们才发现这一行动的必然性动机。但是二律背反不是悲剧。在雕像的瞬间之中——在它永恒悬置的未来中——悲剧性——必然性和自由的共时性——能

---

①　皮格马利翁是希腊神话中的塞浦路斯国王,善雕刻。他不喜欢塞浦路斯的凡间女子,决定永不结婚。他用神奇的技艺雕刻了一座美丽的象牙少女像,把全部的精力、热情、爱恋都赋予了这座雕像。他像对待自己的妻子那样抚爱她,装扮她,为她起名加拉泰亚,并向神乞求让她成为自己的妻子。爱神阿芙洛狄忒被他打动,赐予雕像生命,并让他们结为夫妻。"皮格马利翁效应"成为一个人只要对艺术对象有着执着的追求精神,便会发生艺术感应的代名词。

②　法国最古老的国家剧院。1680 年 10 月 21 日奉路易十四之命创建,由原莫里哀演员剧团与马莱剧团、勃艮第府剧团合并而成。位于巴黎黎塞留街与圣·奥诺雷街拐角处。它实现了莫里哀生前的意愿,故法兰西喜剧院也习称莫里哀之家。列维纳斯这里指的应该是以莫里哀为代表的法国古典主义戏剧。

③　原文用的是诗人(poètes)。

够自我实现:自由的力量凝结于无力之中。在这里,可以继续就艺术与梦进行比较:雕像的瞬间是一个噩梦。并不是艺术家表现为命运所压迫的存在者,而是存在者因被表现而进入他们的命运。它们被监禁在它们的命运之中——但只是作为艺术作品,存在的暗化(obscurcissement)事件,平行于它的启示和它的真理。并不是艺术作品再现了已经停滞的时间:在存在的一般经济学中,艺术是在时间的这边坠入命运的运动。小说并不如伯庸(M.Pouillon)想的那样,是一种再现时间的方式——它拥有它自身的时间——它是一种使时间时间化(temporaliser)的特殊方式。

这样一来,我们就可以理解,那种看起来被非造型艺术例如音乐、文学、戏剧和电影引入图像中的时间,并没有动摇图像的稳固性。书中的角色忠于一种相同行为和思想的无限重复,这并不能只被简单地归结于叙述的连续性,这种连续性是外在于角色之外的。他们正是因为相似于自身,复现自身,并且固定不动,才被叙述。这样一种固定性完全不同于观念的固定性,观念的固定性开启生命,将现实提供给我们的力量,提供给真理,打开一种辩证法。(但是)通过它在叙述中的反映,存在还具有一种非辩证的固定性,它使得辩证法和时间停滞。

小说中的角色——是被禁闭的存在者,是囚徒。他们的历史永不完结,它延续着,却没有进展。小说把这些存在者关在一种不顾及它们自由的命运中。生命在她使小说家觉得她似乎已经溢出书外的时候恳求她。某些莫名的东西从她内部涌现,就像整个事实的集合被固定了并且形成一个序列。它们被描述成居于两个已经确定好的时刻之间,在实存已经像一条隧道般穿过的时间的空间中。被叙述的事件构成一种处境(situation)——就像造型中的模型。这也就是神话(虚构)之所是:历史的造型性。我们说艺术家的选择是一种在固定于节奏中的事实和特性之间的自然挑选,并且把时间转换为图像。

普鲁斯特在《囚徒》中的一页独特而绝妙的文字,记录了这种文学作品中的造型的结果。当谈到陀思妥耶夫斯基的时候,吸引普鲁斯特的既不是陀思妥耶夫斯基的宗教观念、他的形而上学,也不是他的心理学,而是一些女孩的侧面像,一些图像:在《罪与罚》中的犯罪现场的房子和楼梯,以及看门人(dvornik),格鲁申卡在《卡拉马佐夫兄弟》中的侧影。这就好像现实的造型要素,最终就是心理小说的目标。

小说的气氛已经被说得很多了。批评本身喜欢吸收这种气象学术语。人们把内省当做是小说家最基本的手法，并且认为事物和自然只有在被封装进由人性发散物(émanation humaines)构成的气氛中时才能进入一本书中。相反，我们却认为一种外部视角———一种完全的外部视角，就像我们上面讨论过的节奏，在那里，主体本身外在于自身———才是小说家的真正视角。气氛———正是图像的晦暗性。狄更斯的作品(poésie)———他在根本上的确是一位心理学家———那些气氛：满是灰尘的寄宿学校，伦敦办公室苍白的灯光以及那里的办事员，卖古董的商店和拾荒者的店铺，尼克贝(Nickleby)和史克鲁奇(Scrooge)的形象，[1]都只出现在作为一种手法而设立的外部视角中。再没有别的手法了。哪怕心理小说家也通过外部看他的内在生活，这不一定通过另一个人的眼睛来看，而是像沉浸在节奏和梦中那样来看。当代小说的所有力量，它的艺术魔力，也许正来自于这种从外面看里面的方式———这与行为主义的程序一点也不相干。[2]

自伯格森之后，人们已经习惯将时间的连续性当作绵延的本质。笛卡尔式的关于绵延的不连续性的学说，至多被当作一种在时间的空间踪迹中被捕捉的时间的幻觉，一种我们的心智不能构想绵延的错误问题的起源。人们将其视为一种自明之理，一种隐喻，一种在绵延中产生横截面的非比寻常的空间性，一种运动之瞬间性的快照式隐喻。

相反，我们却敏感于那种瞬间能够停滞的悖谬。那种人性本来可以将自身给予艺术的事实，在时间中揭示出时间连续体的不确定性，以及诸如在生命冲动中复现的死亡———瞬间在绵延之中心的石化———尼俄柏的惩罚[3]———预感着命运的存在的不安全感，艺术家的世界、异教世界的伟大困扰。芝诺，残

---

① 二者分别是狄更斯小说《尼古拉斯·尼克贝》和《圣诞欢歌》中的人物。

② 行为主义者在研究方法上摈弃内省，主张采用客观观察法、条件反射法、言语报告法和测验法等研究方法。这是他们在研究对象上否认意识的必然结果。然而，列维纳斯强调他所说的外部跟这种行为主义所追求的外部程序完全不在一个层次上。

③ 古希腊神话中的女子尼俄伯为自己有七个英俊的儿子和七个美丽的女儿而自豪，并在阿波罗之母勒托女神面前自吹自擂，因为勒托仅有阿波罗和阿尔忒弥斯两个孩子，激怒勒托女神，后被惩罚，失去了所有孩子，哀伤流泪，痛苦以致化成石头，佛罗伦萨的乌飞齐美术馆中有一座大理石主题展品就叫"尼俄柏的惩罚"。

酷的芝诺——那簇箭……①

　　在这里我们离开了艺术的界限问题。这种在死亡中对命运的预感持存着，就像异教信仰持存着一样。确切地说，为了将中断的力量从死亡中移出，人们只需要给予自身一个构成性的绵延。死亡于是被越过了。将它定位于时间中准确地说就是越过它——居于深渊的另一边，使它落在其自身后面。作为虚无的死亡——就是他者的死亡，为幸存者而死。"死去"②的时间不能给予自身另一条河岸。这一瞬间的独特性和异教性在于这一事实：它没有能力逝去。在"死去"中，未来的地平线（horizon 或译视域）被给予了，但是允诺一个新的现在的未来却被拒绝了；人们处于一种间距（intervalle）之中，永远的间距。埃德加·爱伦·坡的故事中的那些人物应该就处于这种空荡荡的间距中，在接近这一空荡荡的间距的过程中，他们面临着一种威胁，没有任何动作能逃避这种接近，而这一接近本身又永远不能完结。这种焦虑在其他的故事中被引申为一种怕被活埋的恐惧：就好像死亡永远也不会彻底地死亡，就好像还有一种间距——间隔的无尽的绵延在运作，它与那种鲜活的绵延相平行。

　　艺术在间距中完成了这一绵延，在这种氛围中完成了这一绵延，存在者虽有能力超越这一氛围，但它的阴影却在其中固定住了。雕像在其中固定不动的间距的永恒绵延，与观念的永恒存在根本性的差异——它是间隔，永不结束，仍在持续——某种非人和怪异之物。

　　惯性和物质并不能描绘这种阴影的独特死亡。惯性的物质已经指涉一种它的质黏附的实体。在雕像中，物质知晓偶像的死亡。对图像的禁止确实是一神论的最高指令，一种比命运更高的信条——创造和启示与这命运处在相反的方向。

---

　　①　这里提到的是古希腊哲学家芝诺著名的"飞箭静止说"，芝诺认为"如果任何事物，当它是在一个和自己大小相同的空间里时（没有越出它），它是静止着。如果位移的事物总是在'现在'里占有这样一个空间，那么飞着的箭是不动的"。显然，这里涉及的就是列维纳斯上文所说的停滞的瞬间的悖谬。对于芝诺的理论，亚里士多德批驳说："他的这个说法是错误的，因为时间不是由不可分的'现在'组成的，正如别的任何量都不是由不可分的部分组合成的那样。"

　　②　列维纳斯在这里区分了"死亡"（mort）和"死去"（mourir），作为死亡之不可能的"死去"在布朗肖的《文学与死亡的权利》等文本中，被进一步拓展到了对于文学和艺术的思考。

为了一种哲学批评

艺术于是为阴影释放猎物。

但是在将每一瞬间的死亡引进存在的过程中——它也在间隔中完成了它的永恒绵延——它的独特性,它的价值。这是一种暧昧的价值:因它不能被越过而独特,因不能完结而独特,它不能迈向更好,它不拥有那一变化的救赎向其开启的鲜活的瞬间的质,在那其中,它能够终结和越过。这种瞬间的价值于是就由它的不幸组成。相对于古典艺术中那种快乐的美,这种悲伤的价值确实是现代艺术的美之所在。

另一方面,艺术,本质上是脱离,它在一个具有主动性和责任的世界中,构造了一个逃离的维度。

在这里,我们再次回到了美学愉悦最日常和最普通的经验。它是带来艺术价值的原因之一。艺术将命运(fatum)的晦暗引入世界,但是它却尤其引入了那种不负责任——那种轻盈和优雅的迎合。它解脱了。去创造或欣赏一部小说或一幅画——就意味着不再需要去构想,与科学、哲学和行动的努力脱离关系。不要说话,不要反思,在沉默和平静中充满敬意——这就是在美面前感到满足的智慧的忠告。魔力,在所有地方都被认作魔鬼的地盘,却在诗歌中享有一种不可理解的宽容。人们通过一种漫画的方式来进行恶毒的复仇,这一漫画将复仇从其现实(或译真实性)中移出却不消灭它;邪恶的力量被通过将偶像(它们有嘴却不说话)填满世界而召唤出来。它就好像荒谬的谋杀,好像所有类似的事情都真的能够在歌曲中终结。我们在这个时候发现一种抚慰,在对理解和行动的邀请之外,我们将自身投向一种现实的节奏中,这一现实只吁求许可它进入一本书或一幅画中。神话(或译虚构)占据了神秘的地盘。有待完成的世界被它的阴影之本质性的完成而取代。这不是静观的无功利性,而是不负责任的无功利性。诗人将自己流放出城。从这个意义上说,美的价值是相对的。在艺术愉悦中有一种邪恶、自私和怯懦。有时候人们会为此而羞耻,就像为瘟疫中的庆典而羞耻。

艺术于是并不通过艺术自身的美德而介入。但是也因为这个原因,艺术不是文明中的最高价值,它也不被禁止去构想一个舞台,在其中它将被简化为一种愉悦的来源——在其中人们不得不借助荒谬,借助拥有他的位置来争议(contester)——但这仅仅是个在人们的快乐中的位置而已。在我们这个艺术几乎对于每个人都与精神生活等同的时代,指责艺术的过度膨胀是不是小题大做?

但是艺术确实脱离了将艺术家的非人之作与人性世界结合在一起的批评。批评已经通过考察它的技法而将其从它的无责任性中拔出。它把艺术家当做一个工作中的人来对待。通过考察艺术家所受的影响,它已经将这一无拘无束和骄傲之人与真正的历史重新连接在了一起。这种批评还只是初步的。它还没有打击到那一艺术事件——在图像中的存在的晦暗,在间隔中的存在的停滞。图像对于哲学的价值在于它们在两种时间中的处境,和它们在暧昧中的处境。哲学发现,越过它被施魔的悬岩,所有的可能性正在它周围蔓生。它通过阐释抓住它们。这也就是说,艺术作品可以并且必须被作为神话(虚构)来对待:这一固定的雕像必须被置入运动中并使之说话。这一事业不同于对那种根据复本(la copie)而对于原初的简单重建。哲学化的注解将测量把神话(虚构)从真实存在中分开的距离,并将秉持对创造性事件本身的意识;这一事件逃避了认识,认识将跃过间隔中的间距而从一存在走向另一存在。神话(虚构)于是同时既是非真理又是哲学真理的来源,如果哲学真理真的启动了一个适合于可理解性的维度的话,它不满足于连接诸存在者的法则和原因,而是探寻存在本身的工作。

批评在阐释中,将选择和限制。但是在选择时,它会逗留在世界的这边,它就位于艺术之中,它还会将其重新引入可理解性的世界,那儿正是它立足的地方,也正是精神的真正故乡。最明晰的作家也会发现他身处为它的图像所施魔的世界中。他通过迷、隐喻、通过暗示,通过模棱两可来说话,好像他搬进了阴影的世界,好像他缺少力量去唤醒现实,好像他不通过犹疑就不能通向它们,好像苍白和笨拙,他想要去做的一直要超过决定去做的,好像他把他提给我们的水已经打翻了一半。最清醒、最明晰的作家也仍然在装疯卖傻。批评的阐释通过概念泰然自若地、诚实地讲话,概念就像精神的肌肉。

现代文学,因它的理智主义而被贬损(这种理智主义仍然要追溯到莎士比亚,写《唐璜》的莫里哀,歌德,陀思妥耶夫斯基),的确显示出一种意识,这种意识越来越清晰地意识到了这种艺术偶像崇拜的根本缺陷。在这种理智主义中，艺术家拒绝只做一名艺术家，这不是因为他想捍卫一种观点或理由，而是他需要解释他自己的神话（虚构）。或许自从文艺复兴以后，置入灵魂中的所谓上帝死亡对于艺术家来说，已经与自此以后的现实中的不连续性模式相协调，这些怀疑已经强加给他在它的产品本身的中心重新发现模式的义务，并且使他相信他有义务成为创造者和启示者。批评的任务依旧是本质性的，即使上帝没有死亡，只是被流放了。但我们在这里不能将哲学注解的"逻辑"引入艺术。那将要求对这项研究中那种故意具有限定性的视角的扩展。事实上，重要的是引入与他人关系的视角——没有它的话，存在就将不能在它的现实中，也就是说，在它的时间中被诉说。

第三部分　作为教化之哲学

Descartes: Education through the experience of reading

My main intention here is to highlight the fact that a central work of the Cartesian philosophy, such as the *Principles of philosophy* from 1644, are not only a way to discover the theory developed by Descartes himself about some important and scientific topics of his time, but also a way to educate our minds and discover how to think freely, without the pressure of our opinions and immediate feelings.

Descartes is considered as a major philosopher, especially in the field of philosophy of science and general knowledge. The doubt, as staged in the *Meditations on first philosophy* is aimed at all the ancient science and the project, the general perspective of Descartes' philosophy is to give a new foundation to science, providing a method and a metaphysical frame to future scientists, in order to enlarge the field of "true knowledge" or wisdom.

But our hypothesis is that the Cartesian philosophy also includes a deep and

---

＊　Université Paris 1 Panthéon-Sorbonne.

accurate reflexion about education and, from a more general point of view, the shaping of the mind. In other words, the numerous texts of the Cartesian corpus not only deliver a wide theory about the principles of knowledge and its consequences on science and morals, but also integrates an original conception of education and even gives us the opportunity to educate our minds through the reading of those texts itself.

We will try to confirm this hypothesis, first by studying of the problematic point of education in the Cartesian philosophy. Then, we will take ground on an extract from the *Letter-Preface to the Principles of Philosophy* in order to show how education is included by Descartes as a crucial element of its scientific works. After this, we will finally draw our main conclusions.

The Problematic point of education in the Cartesian philosophy.

It is far from obvious that we should find a theory of education into the Cartesian philosophy. Strictly speaking, there is no such explicit theory, meaning there is no systematical and methodical statement about how the schools and universities should be organized. There is no treatise dedicated to the general problem of education, teaching or transmitting a specific knowledge or culture. There is no Cartesian extended and thorough analyzis of the traditional problem of the order of studies, which was a dominant topic since the end of the Middle Ages and the Renaissance. We know, thanks to his correspondence, that Descartes intended to write a treatise about erudition, but he dropped that project and never came back to it.

So, we can assume that Descartes didn't consider education as a philosophical autonomous issue. Contrarily to the first causes and principles of knowledge, contrarily to the method required to find new truths in mathematics, physics or mechanics, contrarily to the grounds of morals provided by the analysis of passions, education isn't a field that requires a methodical and scientific approach, according to Descartes himself. It should be compared, from that point of view, to politics, history or literature; in other words, education is situated amongst the disciplines that the *Discourse on method* presented as uncertain, incoherent and grounded on too many different experiences to be inserted into the system of true science. Education or pedagogy is a very vast field, forged by centuries of practice and experiments, but also determined by ideology, political and religious views, and ultimately the efficiency of a teaching method isn't so much the result of its theoretical principles, rather than the fortunate outcome of an individual experience, the fruitful meeting of a teacher and a pupil.

Nothing there should be approached through the lens of the Cartesian method, given that this method is only dedicated to clear and distinctive topics and objects. Education, the art of shaping the mind, is a practical and empiric science, not a methodical one (meaning "clear and distinct", scientific in the strong sense of the term). Nonetheless, Descartes gives us some remarks, some punctual indications, about the practice and the purpose of education, and especially about the scholar institutions of his time. A number of letters, especially the *Epistle to Voetius* (1643), gives us a highlight on Descartes' criticism towards the teaching and writing habits of the University. *The Rules for the Direction of the Mind* (posthumous) holds a few paragraphs dedicated to the differences between the true scientific method (Descartes' method) and the rules of reasoning (especially dialectics and syllogistics) that were transmitted from medieval scholastic and prominent in the schools and colleges of the 17th century. At last, even his most canonical works (the *Discourse on Method*, the *Meditations* and the *Principles*, mainly) contain glimpses of appreciations and criticisms concerning the way the human mind is usually shaped by its conversations, readings and intellectual habits, which are deeply influenced by the school and academical principles of a specific society.

It would therefore be completely false to say that Descartes has no interest whatsoever concerning education, its principles, its purpose and its practice. But how could we describe Descartes' view about education, given the few texts that explicitly mention that topic? Is it possible to deduce a Cartesian concept of education from the general principles of his philosophy?

The usual conclusion about that matter, is that we can take ground on Descartes' theory of truth, and on his method (which is supposed to help us finding the true science), in order to build what would be Descartes' philosophy of education. So the answer would be: the ideal education, from Descartes' point of view, is an education where the Cartesian method in science is strictly applied to the children and students' minds. In other words, a truly Cartesian education would start with a methodical doubt, followed by an evacuation of all former (and uncertain) knowledge, and would essentially consist in the building of a new, rational and mathematical science of nature.

But we disagree with that interpretation: this is just a shortcut, an assimilation of education and science that doesn't reflect the true Cartesian conception of education, as we can read it through the lines of his most important works. There are a lot of differences between the idea of education, even as Descartes describes it, and the Cartesian scientific method itself. First of all, education is a process more diverse, longer than the application of method, and it refers to all ages of life, whereas the building of a new science after the refutation of the older knowledge is limited to educated and mature minds.

Moreover, method is a technical process, dedicated to the building of a knowledge or science that we (of course) don't already possess, whereas education is a matter of transmitting an acquired knowledge or science, and of shaping correctly the mind of the pupil, in order to make him able to receive and use this knowledge properly. It is then clear that the stakes are deeply distinct, and that we shouldn't represent Cartesian education as a mere application of the Cartesian method. Finally, education has at the same time an intellectual and moral impact, when method is strictly intellectual and theoretical (even if this rational rectitude has a moral application, as *the Passions of the soul* demonstrates-but this refers to a different issue, the control of passions by the soul, which is also interesting to link with the problem of education, but we won't mention that topic here). Education is about giving a knowledge and an attitude that fits this knowledge, that makes the pupil's mind available for the reception and maturation of that new content-which is illustrated, for instance, by the use of the word "discipline".

The first question we should ask ourselves, in order to understand more accurately the concept of Cartesian education, is: who is Descartes talking to? Who is his public, who are his readers? In other words, what kind of individuals does he intend to reach, and to inspire through his works? It is certain that Descartes doesn't stand for any particular method concerning the education of the youngest children. There is no such thing as a Cartesian statement about the right way to learn how to read or how to count, so we can assume that when we talk about Cartesian education, we mean an advanced education, that takes ground on an already acquired elementary knowledge.

But Descartes doesn't either restrain his public to professors or scientists: for instance, the Discourse about method is written in French, not in Latin, to be understood by ordinary people (and especially by women, as Descartes himself specified in one letter). Besides, *the Principles of philosophy* is a book designed for schools, to be used by teachers and students as a new textbook that could replace the old, scholastic and Aristotelian ones. Thus, we shouldn't consider the Cartesian philosophy as a technical doctrine, limited to an audience of scholars and specialists. The public that Descartes aims for is basically anyone with an education who is curious about philosophy and truth. It means that, as soon as we've got a basic knowledge about philosophy and science, what we could today call a "general culture" in science and history of ideas, we possess then a solid ground for our upcoming education. The aim is indeed to discuss and overpass the admitted, conventional knowledge, thus leading to the learning of the true philosophy.

What kind of education are we then talking about, when we mention the Cartesian concept of education? This concept isn't an explicit one, a canonical topic of Descartes' philosophy, but it isn't missing from this philosophy either. There is a Cartesian theory of education, but it must be searched for, and re-built from the very thin indications Descartes gives us on that matter. Those indication are subtle and diverse, but there is one kind of frequent remarks that we shouldn't underestimate: the advices Descartes himself provides concerning reading and understanding his own books.

Descartes is indeed deeply concerned about the way his works are going to be received, read, discussed and understood. The mere fact that he insisted to add the "objections and replies" at the end of his *Meditations of first philosophy* proves that he doesn't think that philosophy stops when the final sentence of the book is written. On the contrary, philosophy is a living thing, which thrives in the act of reading a theory, understanding or opposing to an idea, trying to justify or to refute it, diving into the labyrinth of its implications and principles to find the key of the whole thesis. Descartes always considered his books not only as the receptacle of his abstract theories about truth, wisdom and science, but also as concrete things, that are designed to be handled by concrete individuals, each one of them with his own prejudices, preconceptions, elementary and general education, culture, etc.

That is the reason why the reading instructions Descartes left to us are absolutely crucial to understand the pedagogical ambition of the Cartesian philosophy. These instructions are surprisingly thorough, and have long been underestimated, as optional or negligible elements by the interprets assuming that all Descartes' thought is contained into an abstract and general theory about truth and the nature of the soul. We will now study one example of those instructions, in order to see more accurately how Descartes' philosophy of education is a necessary aspect of Descartes' general philosophy.

How to read the Principles of philosophy : *an example of Descartes' view on education*

In the *Letter-Preface to the Principles of philosophy*, a text written in order to give to the reader a general preview of the subject, the purpose and the utility of this book (the Principles itself). Among other famous considerations (concerning the right order of sciences, the various degrees of wisdom, etc.), Descartes writes an entire paragraph to give a special and original recommendation about the way the Principles should be read:

I should also have added a word of advice regarding the manner of read-ing this work, which is, thatI should wish the reader at first to go over the whole of it, as he would a novel, without greatly straining his attention or tarr-ying at the difficulties he may perhaps meet with in it, with the view simply of knowing in general the matters of which I treat; and that afterward, if they seem to him to merit a more careful examination, and he feel a desire to know their causes, he may read it a second time, in order to observe the connection of my reasoning; but that he must not then give it up in despair, although he may not everywhere sufficiently discover the connection of the proof, or under-stand all the reasoning.

We underline the most interesting point of this paragraph: Descartes suggests that we approach his own work*as a novel*, without paying too much attention to the technical details and difficulties he may encounter. This a very unusual and prob-lematic remark, for many reasons. First, the *Principles*are indeed a technical text, which is supposed to summarize all of Descartes' philosophy. It isn't, in any way, similar to a novel or to any fictional text.

Second, we can find a strictly opposite advice at the beginning of the *Meditati-ons of First Philosophy*, in the "Preface to the reader". It is explicitly specified that no one should read that text lightly, that the should pay attention to each and every word, and that the reader must take his time to process all the content that is given through those pages:

> "I would advise none to read this work [i. e. the *Meditations*], unless such as are able and willing to meditate with me in earnest, to detach their minds from commerce with the senses, and likewise to deliver themselves from all prejudice; and individuals of this character are, I well know, remarkably rare."

Finally, the *Principles*are supposed to be a textbook, with separated chapters and a very technical, scholar presentation. Nothing there seems to be fitting to a no-vel, and the purpose is precisely to allow a very scholar reading, going from one chapter to another, in order to review the most difficult points without reading all the book at once.How then could Descartes recommend such a reading method,given that his own work doesn't seem to be written for that specific approach?

We can divide the interpretations already made on that point in two categories:the first and most common interpretation consists in telling that this recommendation is purely optional, nobody has to follow it. Descartes would only provide this advice in order to facilitate the understanding of theoretical and difficult content.Only the weakest readers would have to take it seriously.The others could skip that approach and directly use the *Principles*as a technical treatise.

The other prominent interpretation understands Descartes' advice as a precaution concerning the polemic aspect of his scientific work, regarding the problem of the origin of the universe, and the incompatibility between the *Principles*and the Bible.After Galileo's trial, Descartes feared that he would go through the same fate, and that is why he canceled the publication of his book entitled*The World*.For the *Principles*, he would then have used this recommendation in order to emphasize the hypothetical status of the theory of the world that is displayed in those pages.Since it can be read "as a novel", the *Principles*can't be compared to the holy truth of the Bible, and Descartes protects himself against all accusations of heresy.

This second interpretation is more satisfying than the first one; nonetheless, it isn't sufficient. There is indeed a will to make the *Principles* "less real" by mentioning the fact that we should read it "as a novel".But this recommendation is only temporary, so it would be odd that Descartes would protect himself from the Church by only using that "novel" trick. Also, Descartes doesn't really say that the *Principles*are a novel, he suggests that we read it "as" a novel, which, paradoxically, emphasizes the fact that this book is completely serious and really intends to teach us about reality, whereas we can pretend that we are reading a novel, when we discover its pages for the first and the second time.

Therefore, the question comes back again: what is the meaning of that peculiar advice?To say it briefly, our interpretation is that Descartes considers the act and experience of reading the *Principles*as an essential part of the philosophical education.We must not only see the theoretical content, the scientific description of the mind and of the world, but we must also take into account the exercise itself, the concrete action of discovering and understanding the *Principles* as a real object.

When Descartes asks us to read the *Principles* as a novel, there is a true practical and philosophical benefit that we can take from it. Indeed, this approach promotes a specific kind of attitude (or *ethos*) from the reader, thus learning him how to cope with his own former knowledge. What does it mean to read a book "as a novel"? It means that we should suspend our assumption or judgment, that we cease to consider what we read as completely and factually true. This suspension is supposed to be constant during the whole experience of reading. Therefore, it opens a way to understand what it is to be free to judge our own ideas, from an autonomous point of view. We discover how much we are able to take distance from some concepts or opinions, and to analyze them without really consider it as real. That operation opens a vast field of free-thinking experiences, because reality can also be a weight in the operation of thinking and criticizing our own ideas. If we forget, for a while, that (for instance), the description of the world that Descartes is providing is in contradiction with the holy truth of the Bible, then we are more able to analyze, understand and criticize it, than if we always notice that we are reading something forbidden.

The main problem, according to Descartes, when we try to learn philosophy, is to cope with our old opinions, because true ignorance is actually a fiction. No one is completely ignorant, no one has a pure or virgin mind, free from any exterior influence. We already are educated by the world, by the language and by the culture around us, even when we try to start again from zero. Therefore, we need to learn how to put aside all those ideas, codes and references that we received from our childhood. That's precisely why Descartes is inviting us to read the *Principles* as a novel: the purpose is to deliver some kind of training, of exercise, from which we are supposed to acquire the habit of taking some distance from our own ideas. Concretely, we are asked to seize the vast scope of a complete philosophy textbook, including a theory of the mind, a theory of truth, a theory of the world; but at every stage, in front of every page, we must remind ourselves that we are free to give to those ideas a reality, or to keep it into the dimension of fiction, without being obligated to bend our minds, to give our assent to it. This simple and discrete advice from Descartes, is our first true training for the suspension of judgment, which is a key condition in the building of the entire Cartesian philosophy and science.

We can thus say that the *Principles* aren't a homogeneous, simple object. It is a very dense and complex work, that can be read and used in many ways. First, it is what is seems to be at first sight: a compendium of the Cartesian theory about the properties of the mind and the world, and about the best way to know them scientifically. But, beyond that theoretical, scientific aspect, which is limited to the explicit content of that book, the *Principles* are also a way to experiment, to live a complex process, which learns us how to be authentically free-minded and is essential to those who want to enter into a philosophical way of thinking. There isn't a "true" part and a "false" part of it: both those parts are essential to this project, and to the Cartesian theory of the human mind, as a learning and dynamic entity (because the human mind isn't only a metaphysical "thinking thing" or *res cogitans*, it is a concrete and living reality, that the book must apprehend as such, through the organization of the experience of reading itself).

As a conclusion, we will briefly ask ourselves: what could be the Cartesian philosophy of education? This philosophy is present in Descartes' works, but not in the ordinary or traditional sense of the term; we must look for this philosophy through the lines, thinking about the way the philosophy of Descartes is supposed to be read, understood and learned. The second point we would like to emphasize, is that the real opposition, the real couple of notions that makes the basis for a Cartesian philosophy of education, isn't the distinction between ignorance and knowledge, but the distinction between the knowledge we receive from others, and the knowledge we build by ourselves. Education refers to the first part of that distinction, the received, the exterior knowledge. It is not a purely theoretical field, and it can't be, by its essence, treated as a strictly abstract topic. The philosophical problem of education is both theoretical and practical, and is supposed to be lived and experimented through the experience of reading, in order to be truly useful, that is, to lead to a true philosophical way of thinking.

笛卡尔:通过阅读的经验进行教育

马克斯·哈特/文* 刘 伟/译**

我在这里想强调一个事实:对我们来说,笛卡尔哲学的主要著作如1644年的《哲学原理》,不仅是笛卡尔对他那个时代的一些重要科学课题所发展的理论,更是一种教育方式——教导我们的心灵如何从主观的意见和当下的感觉中解放出来,从而能够自由地思考。

一直以来,笛卡尔都是最重要的哲学家之一,尤其在科学哲学和普遍知识领域。一般认为,《第一哲学沉思集》中提出的对所有古代科学和知识的"怀疑",为科学和未来的科学家提供了一个新的基础、方法和形而上学的框架,旨在扩大"真实的知识"或者智慧的领地。

但我们的观点是:笛卡尔哲学同样包含对于教育或更一般地说对于心灵的塑造的深入严谨的反思。换句话说,笛卡尔留给我们的大量文本不仅传达了一种关于知识诸原理及其在科学和道德上的运用的广阔理论视野,而且也提供了一种教育的基本概念,甚至让我们有机会通过对这些文本的阅读来教育我们的心灵。

接下来我们将证明自己的观点。首先考察笛卡尔哲学中捉摸不定的关于教育的观点,然后分析摘自《哲学原理》前言的一段文字,以展现笛卡尔如何将教育作为其科学著作的重要组成部分,最后得出我们的主要结论。

笛卡尔哲学中捉摸不定的"教育"概念

很难说我们是否可以在笛卡尔哲学中找到某种教育理论。严格来讲,笛

---

* Max Hardt,法国巴黎第一大学哲学系博士生。

** 刘伟,上海交通大学哲学系博士研究生。

卡尔哲学中没有关于学校如何组织的成体系的论述,没有关于教育、教学或传授某种知识、文化的一般问题的观点。学习的秩序、组织方式和体系等传统问题,从中世纪末和文艺复兴开始就是教育领域的主要课题,但是笛卡尔对此并没有深入全面的分析和研究。我们在笛卡尔的通信集中发现他曾想写一篇关于教育的论文,但最终放弃了这个课题,此后也从未提及。

我们可以认为,笛卡尔并没有将教育作为一个哲学上的自主课题。他认为,相较于知识的第一因和原理、要求在数学、物理学或力学中发现新的真理的方法、通过对激情的分析得出道德的基础等课题而言,教育并不要求某种有条理的科学态度。这样来看,应该将教育与政治、历史或文学进行比较;换言之,这些学科在《谈谈方法》中被认为是不确定的、缺乏条理的,它们依赖过多的嵌在真正的科学体系中的不同经验,而教育正是其中之一。教育或者教育学是一个非常广泛的领域,它在漫长的岁月中历经丰富的实践,却依然仰赖意识形态、政治和宗教的观念。某种教学方法的效果并不必然是其理论原理的结果,而是个体经验的偶然产物,是老师和学生交流的成果。

由于笛卡尔式的方法针对的是清楚明白的主题和对象,教育从中似乎无法得出有用的结论。教育或者塑造心灵的艺术,是一种实践的、经验主义的学科,而不是条理清晰的科学(意味着"清楚明白",这是"科学的"一词的强表述)。然而,关于教育的实践和目的,尤其是关于那个时代的学术机构,笛卡尔也给我们留下了一些评论以及明确的指示。在笛卡尔的大量信件特别是《勒内·笛卡尔给著名的吉尔伯特·沃埃特斯的信》(1643)中,我们发现了他对于大学的教学和写作习惯的批评。《指导心灵的规则》(1628,笛卡尔去世后才出版)用了几个段落来谈真正科学的方法(笛卡尔式的方法)推理的规则(尤其是辩证法和三段论)之间的区别,后者盛行于中世纪和 17 世纪的学院和学术研究中。最后,即使他的代表作(《谈谈方法》,《第一哲学沉思集》,《哲学原理》)也包含对塑造人类心灵的评价或批评,他认为,学校和某种社会的学术原则深刻地影响了交流、阅读和思维的习惯。

因此,认为笛卡尔对于教育及其原理、目的和实践没有任何的兴趣,这是完全错误的。关键在于,如果说上面提及的笛卡尔的文本明确提到了教育,我们又如何去描述他关于教育的观点?有没有可能从笛卡尔哲学的一般原理出发演绎出他的"教育"概念?

一般认为，我们可以基于笛卡尔的真理理论和笛卡尔式的方法（该方法帮助我们发现真正的科学）得出"什么是笛卡尔的教育哲学"的结论。答案就是：将笛卡尔式的方法严格应用到孩子和学生的心灵之上。换言之，一种真正的笛卡尔式的教育将从系统的怀疑开始，悬置所有旧的（并且是不确定的）知识，并从根本上坚持建立一种新的、理性的、数理的自然科学观。

不过，我们并不同意这种看法：这只是一种简化，它将教育和科学混为一谈，并没有呈现出我们在笛卡尔最重要的作品中看到的他对教育的理解。甚至笛卡尔在描述其教育观念时，也表达了它与他的科学方法之间存在许多不同之处。首先，相比于方法的应用，教育是一个更加多样化、时间更长的过程，并且指向生活的所有阶段；而新科学的建立要求对于旧知识的拒斥，因此面向受过教育的、发育完全的心灵。

此外，方法指向一个技术应用的过程，它致力于建立我们尚未（当然）掌握的知识或科学，而教育则负责传授已掌握的知识或科学，对学生心灵的塑造正是为了让他们更好地接受和使用它们。很显然，教育绝不仅仅是笛卡尔的科学方法的一种应用而已。最后，教育对理智和道德两个方面都存在影响，而方法严格来说仅仅指向理智和学术（即使这种理性的正确可以有某种道德意味，如《论灵魂的激情》中所提到的——但这是另一个问题，"通过灵魂控制激情"的观点同样与教育相关，但我们并不准备在此引入这个问题）。教育提供某种知识以及配套的态度，从而使学生的心灵对于这个新的内容保持开放性和成长性——如，"纪律"一词的用法就对此有所表现。

为了更准确地把握笛卡尔的教育概念，我们首先应该问自己：笛卡尔在向谁言说？他的公众和读者是哪些人？或者说，他究竟想借助他的作品影响怎样的个体？有一点可以肯定，笛卡尔并没有为年幼的孩子们准备任何特殊的教育方法，他从来没有谈过如何学习阅读或计算。所以我们可以这样说，当我们谈论笛卡尔的教育观时，我们指的是某种基于已获得基础知识的高等教育。

但是他同样没有把他的读者局限于专家或科学家：为了使普通人（尤其是妇女，笛卡尔曾在一封信中有过详细说明）也能够理解，他使用法文而非拉丁文写作《谈谈方法》。另外，《哲学原理》是一本为学校设计的教科书，取代旧有的学院式的亚里士多德主义的课本。因此，我们不应将笛卡尔哲学当作限于学者和专业人士使用的技术教条。笛卡尔心目中的公众是任何对于哲学和真理感到好奇的人。这意味着,一旦我们获得某种哲学和科学的基本知识,它们在今天被称为关于科学和历史观念的"普通文化",在面对即将接受的教育时,我们就拥有了一个坚实的基础。实际上,这正是为了讨论并克服固有的传统知识,从而开始学习真正的哲学。

接下来我们要说的是,笛卡尔所指的教育是什么类型的教育。教育不是一个明确的概念,也不是笛卡尔哲学中的代表话题,但并没有缺失。确实存在某种笛卡尔的教育理论,只是我们必须深入到他给予我们的非常有限的提示中去找寻和重构。这些暗示分散而多样,但我们不应忽略,其中有一类常见的论述:笛卡尔对于如何阅读和理解他的作品提出了自己的建议。

实际上,笛卡尔非常关注人们如何接受、阅读、讨论和理解他的作品。他在《第一哲学沉思集》的结尾坚持要加上"反驳和答辩"就证明了,他并不认为当一本书的最后一个字写完时哲学就停止了。相反,哲学是活生生的,它通过阅读某个理论、试图理解或者反对它、证明或者驳斥它、深入其应用和原理的迷宫寻找解密的钥匙这些行为而继续活跃着。笛卡尔一直觉得他的书绝不仅是关于真理、智慧和科学的抽象理论的仓库,更能处理具体的个体和具体的事情。他们每个人都有着自己的偏见、成见、传统教育、文化等。

因此,笛卡尔留给我们的阅读指南对于理解他在教育学上的雄心是非常关键的。这些指南异常全面,但却长期无人问津。人们总是认为笛卡尔的思想就在于其关于真理和灵魂本质的抽象的一般理论中,而这些指南则是仅供参考或者无足轻重的东西。接下来,我们将考察其中一个例子,以便说明笛卡尔的教育观是其哲学的不可或缺的一部分。

怎样阅读《哲学原理》:一个笛卡尔教育观的实例

《哲学原理》的序言给读者提供了一个对此书的主题、目的和效用的总体介绍。在那些著名的考察(关于科学的正确秩序、智慧的不同等级等)之后,笛卡尔用了一整段话提供了关于应该用什么方式来阅读《哲学原理》的一种特别的、新奇的建议:

"关于此书的读法,我也应当附带说几句话。就是我希望读者首先把全书当做一本小说,通体读完,在读的时候,不必过分注意,纵然遇到困难,也不要停住,只求知道我所谈的问题的大概就是。此后,他如果觉得我所说的事理指的更仔细地考察一番,而且希望知道它们的原因,那么他也可以再读第二遍,以便看到我的推论的前后关系;但是他纵然不能到处明白地发现我的证明的前后关系,或不能理解我的一切推论,他也不要因此就悲观失望,把它搁起来。"①

我们标出了上面这段话中最有意思的一点:他建议我们把这本书当做一部小说来读,而无须自扰于论证的细节或可能遇到的难题。在诸多层面上这句话都堪称极不寻常。首先,《哲学原理》本身就是一个技术性的论文,它总结了笛卡尔的所有哲学思想。无论如何,它与一本小说或任何艺术性的作品都不是一回事。

第二,我们可以在《第一哲学沉思集》开给读者的序言中看到一种非常严格的建议。它明确指出,没有人可以很轻松地阅读这本书,读者应该一个字接一个字地啃下来,必须研读所有的内容:"相反,除了愿意和我一起进行严肃认真的沉思并且能够脱离感官的干扰、完全从各种成见中摆脱出来的人(这样的人不多)以外,我绝不劝人读我的书。"②

最后,《哲学原理》本来是一本教科书,有层次分明的章节,也有一个非常学术性的简介。它一点儿也不像一本小说,其目的也很明显,它允许一种做学问的阅读方式,为了反复研读最难的地方,应该一章接着一章仔细阅读,而不是简略地通览全书。那么,为什么笛卡尔偏偏要推荐这种阅读的方式呢?

我们可以将上面的解读分为两种:第一种是最普遍的观点,它认为这种推荐纯粹是选择性的,而不是必须照办的。笛卡尔提出这个建议也许只是为了促进对于其中理论性的和较难的内容的理解。只有最差的读者才需要认真对待这个建议。其他只需略为浏览,然后还是将《哲学原理》当做学术论文来读。

另一种主要的观点是将笛卡尔的建议理解为一个预先的提醒,即他的科学论文关于宇宙起源的问题还存在争议,另外该书与《圣经》之间存在矛盾。在伽利略被审判之后,笛卡尔害怕他也遭遇同样的命运,他因此也打消了该书

① 参见笛卡尔:《哲学原理》,关琪桐译,北京:商务印书馆1958年版,第 xv,xvi 页。
② 参见笛卡尔:《第一哲学沉思集》,庞景仁译,北京:商务印书馆1986年版,第9页。

以《世界》为名出版。他提出这种阅读上的建议,目的在于强调《哲学原理》中关于世界的理论是假设性的。因为可以把《哲学原理》当做小说来读,它当然就不能与《圣经》上的神圣真理相比,这样笛卡尔也可以使自己不被冠上"异端"之名。

第二种观点比第一种更让人满意;然而,还不够充分。实际上,说应该把《哲学原理》当做小说来读确实使它显得"更少真实性",但这个建议只是临时性的,如果笛卡尔仅仅是使用这样一个"小说"的伎俩来使自己免受教廷的审查,似乎相当奇怪。同样,他并没有宣称这本书确实是一部小说。这种临时性的建议是自相矛盾的,但是强调了一个事实,即虽然我们在第一遍、第二遍阅读时可以假装我们在读一部小说,但这本书是非常严肃和认真的关于现实的教导。

因此,我们又转回来了:这个特别的建议到底意味着什么?简单来说,我们认为,笛卡尔将阅读《哲学原理》的行为和经历作为某种哲学教育的基本组成部分。我们不但要看到其对于心灵和世界的科学的理论描述,更要考虑这个实践本身——发现并理解作为一个真正对象的《哲学原理》。

当笛卡尔要求我们把《哲学原理》当作小说来读的时候,我们的确可以从中得到实践上和哲学上的好处。事实上,这种方法提倡一种特别的态度(或气质),可以教会读者如何处理自己旧有的知识。把一本书当作小说来读是什么意思?就是说我们应该悬置自己的预设或者判断,不再将所读的东西作为完全真实的内容。要在整个阅读过程中保持这种悬置。

笛卡尔认为,当我们尝试学习哲学时,最主要的问题就是处理我们的成见,因为完全的无知实际上只是一种虚构。没有人是完全无知的,也没有哪个人有一个纯粹的、纯洁的心灵,可以完全不受任何外在的影响。我们已经被这个世界和周围的语言文化教化,甚至在我们试图重新从零开始时依然如此。因此,我们必须学习如何把所有这些我们从小就已经接受的观念、符号和关系放到一边。这才是笛卡尔建议我们把《哲学原理》当做小说来读的明确目的:传达一种训练和实践,使我们养成和我们的成见保持一定距离的习惯。具体来讲,他要求我们去捕捉一个完整的哲学教科书的广阔视野,包括心灵、真理和世界的理论;但是在学习的每一个阶段,在书本的每一页的前面,我们都必须提醒自己,我们有一种自由,可以把书本上的观念当作现实或者虚构,而不是绑住自己的心灵,一味地要求同意书上所写的任何观点。笛卡尔的这个看似简单却很特别的建议,是我们第一次真正的悬置判断的练习,而悬置在整个笛卡尔哲学和科学的建筑中是一个最关键的基点。

　　因此,我们可以说,《哲学原理》并不是一个趋同的简单对象,而是一个高密度高复杂性的作品,可以以各种方式阅读和使用。首先,似乎乍一看,它只是笛卡尔关于心灵和世界的属性以及科学地认识它们的一个概论。但是,在清晰的理论和科学内容之外,该书自身就是一种实验,处在复杂的动态过程之中,它教会读者如何成为可靠而自由的心灵,并且对于那些想以哲学的方式来思考的,这种实践(悬置)是必不可少的。这里不存在"对"或"错",二者在这个过程中都是不可或缺的。笛卡尔哲学中的人类心灵就是一个学习和动态的实体(因为人类心灵不仅是一个形而上学的"思想着思想"或者 res cogitans,它是具体的、活生生的现实,这本书也必须通过阅读经验自身的组织来理解)。

　　作为结论,我们将简要地问自己:笛卡尔的教育哲学是什么?"教育"以一种不同于通常的或传统的用法出现在笛卡尔的作品之中;我们必须从字里行间去寻找,考察阅读、理解和学习笛卡尔哲学的方式。我们还想强调第二点,就是作为笛卡尔的教育哲学基础的二元对立不是无知与知识之间的区别,而是我们从他人处接受的知识与我们通过自身建立的知识之间的区别。教育指向这个区别的第一部分——被接受的、外在的知识。这不是一个纯粹理论性的问题,并且因其本质也不可能是一种严格的抽象课题。教育哲学的问题既是理论的也是实践的,并通过阅读的经验将它激活和体认,从而成为真正有用的亦即导向一种真正的哲学思考。

Self-consciousness and education in Rousseau's *Emile*

Louis Guerpillon

I will try to show that education, as Rousseau conceives it, is not properly a matter of knowledge, but a matter of comprehension, which is something quite different, in that it involves a commitment of the self in any process of understanding. That's why education, in the *Emile*, consists, in its main stages, in transformations of Emile's self-consciousness: education is the epic of self-consciousness on the way to self-knowledge. This interpretation highlights the structure of the *Emile*, which Rousseau divided in five books. I will especially pay attention to the moment, when Emile's education and the reader's education meet, while they were carefully separated in the former books. From this point, the *Emile* is both a theory of education (addressed to the reader) and an actual education (applied to the reader). Rousseau aims at modifying the reader's self-comprehension: at the end of the *Emile*, the reader is supposed to have fully become conscious of himself as a man. By displaying his "theory of man", Rousseau seeks to make us know ourselves as the human beings we are.

I.

I will argue that education is a matter of comprehension, and that, therefore, it depends on self-consciousness. Comprehension is a way of assenting to something, which contrasts with other ways, such as taking someone's word for it. The child must never take his governor's word on anything (as words are nothing but the external aspect of thought) , and must never use words which don't connect to any precise idea in his mind, because he must learn nothing but what he is able to understand. That's why Rousseau criticizes the idea of teaching the young child foreign languages, history, and in general subjects which rely on some signs representing the things. So there is no comprehension of something when you can't understand what you're talking about, and why it is true. But the understanding of the truth is not the whole comprehension. Rousseau makes a step further in the third book : even if the child can understand a truth, this is not by itself a reason why you should teach it to him. Indeed, the child must learn nothing but what he understands why he should learn it-which means that he should be taught only what he desires to learn. A good education is an education thanks to which " he understands what he learns and understands how to use it①". This is a full comprehension : not only the ability to understand a truth, but moreover the ability to understand the stakes of this truth, its significance, that is to say what it reaches. Therefore education, as the child sees it, has to be something that involves nobody but himself.

The experience of comprehension is fundamentally lonely. Of course, the function of the governor in Emile's education is most important, for he is the one who arranges all the circumstances; but the child doesn't know that. From the child's point of view, nothing would change if the governor were not here, watching over everything. Indeed, the child only pays attention to things he is interested in. He has never been forced by anyone to study anything : that's why every time he understands something, he really gets it from his own. The real meaning of the criticism of signs is precisely the thesis that nobody can have a comprehension of something, unless he gets it entirely from his own. Using signs, especially words, is studying things through the mediation of the others' knowledge or opinion, rather than

---

① 《Il importe peu qu'il apprenne ceci ou cela, pourvu qu'il conçoive bien ce qu'il apprend et l'usage de ce qu'il apprend》(Rousseau, *Emile*III, OC IV, p.447). All references are to Rousseau, *Œuvres complètes*, Vol.I-V (Paris : Gallimard, 《Bibliothèque de la Pléiade》, 1959-1995).

face to face. Therefore, the first rousseauistic education is very poor in words, and that's why in the first three books the only examples of speeches consist of dialogues, in contrast with pedantic didactic lectures, or what Plato would call macrological speeches.

In fact, what Rousseau criticizes here with this conception of comprehension is the attitude of the teacher, the magisterial behaviour: nobody can make me understand something; when I understand something, it is always on my own. Some other people can arrange the circumstances so that I learn something, but they can't teach me anything. Emile learns because of his governor(and he doesn't even know that) , but he doesn't learn *from* his governor. Educating is not teaching. As soon as someone adopts a magisterial attitude, Emile no longer pays attention to what he is told: he starts playing while you keep talking to him. It means a lot, when Rousseau writes that Emile "questions like Socrates[1]" : indeed Rousseau's criticism of the idea of teaching is very similar to Plato's views in the *Meno* and, more importantly here, to Augustine's views in the *De Magistro*. In this treatise, Augustine tries to reduce the learning of every sign to the ostension of the thing it signifies, and this leads him to the thesis of the "inner teacher" : nobody can teach me something from outside, I learn only from the inner teacher, when I am in presence of the thing itself. Of course, Rousseau's thesis is not Augustine's theological thesis, but both Rousseau and Augustine highlight that nobody can be a teacher to me. Rousseau can thus write that "our true teachers are experience and feeling[2]" : the content of this thesis is not original for an empiricist thinker, but its formulation("our true teachers") deserves some attention. Most often, the idea that we learn from experience means that we don't learn from *innate* ideas; but here, it means that we don't learn from anybody *outside* us. We can learn only in presence of the thing itself, and this is true of the knowledge of what things are, as much as of the knowledge of our feelings(especially our passions). There is no

---

① Emile 《interroge comme Socrate》(Rousseau, *Emile* III, OC IV, p.446).

② 《Nos vrais maîtres sont l'expérience et le sentiment》(Rousseau, *Emile* III, OC IV, p.445).

point in telling the child that a knowledge is useful in order to prevent a disease he has never felt yet, because he can have no precise idea of a feeling he has never felt. There is no more point in waiting for us to feel pity for others (what we call being "comprehensive"), when we can't imagine that the misfortunes they feel are the same we have already felt. We can't be interested in our future good, or in the others' misfortune, if we don't clearly understand what this good or this misfortune are, and why we are concerned by them. Comprehension, in its full meaning, is no pure understanding, no pure intellection, but a reason relying on self-affection. And, as we will see, the different forms of this self-affection entirely depend on how we are conscious of ourselves.

II.

Thus Emile's education consists in giving him the opportunity of understanding things better, which also means understanding *himself* better, by shedding light on the relations that account for what he is. One can see the *Emile* as a gradual exploration of self-comprehension: Emile goes deeper and deeper into the comprehension he has of himself, until his self-consciousness reaches a full self-knowledge. This movement even determines the structure of the book, which cannot be reduced to the succession of different "ages" of man, conceived as the successive emergence of different faculties. Rousseau highlights the *principle* that accounts for the difference between these several ages, namely: every stage corresponds to a different degree of self-comprehension. If this is true, we should consider the following lines, where Rousseau enumerates the "dispositions" of which our "nature" consists, as an explicit plan of the *Emile*, given at the beginning of the first book: "We are born sensitive and [1] from our birth onwards we are affected in various ways by our environment. As soon as we become conscious of our sensations we tend to seek or shun the things that cause them, [2] at first because they are pleasant or unpleasant, [3] then because they suit us or not, and [4] at last because of judgements formed by means of the ideas of happiness and goodness which reason gives us①". These lines describe the modifications of self-love in Emile, which, as we will see, result from the modifications of his self-consciousness.

1/ The first book describes the state in which the child is affected by the objects while being conscious neither of his sensations, nor of himself: *Vivit, et est vitae nescius ipse suae*② (he lives, and he is not conscious of his own life yet), or as Rousseau explicitly puts it, "he is unconscious of his own existence③". The difference between book 1 and book 2 is that in the latter one only, the child is conscious of himself (which is of course different from knowing himself, to the point that being conscious of oneself means becoming able to make mistakes about oneself).

2/ In book 2, "it is then that the child becomes conscious of himself④", which implies that he also becomes conscious of his sensations, that's to say he becomes conscious that they represent things outside him; but this consciousness is very limited because it is only an immediate consciousness: the child is conscious of his sensations as pleasant or unpleasant one. During this age, education mainly deals with exteriority and especially *spatiality*. The child learns how to draw of his sensations the maximum amount of information about the bodies that surround him, by sharpening his senses, and he considers himself as a spatial being among spatial beings.

3/ In book 3, the criteria of good is no longer pleasure but utility, namely what is suitable for a physical being (whose end can be nothing but the avoidance of

<hr/>

① 《Nous naissons sensibles, et dès notre naissance nous sommes affectés de diverses manières par les objets qui nous environnement. Sitôt que nous avons, pour ainsi dire, la conscience de nos sensations, nous sommes disposés à rechercher ou à fuir les objets qui les produisent, d'abord selon qu'elles nous sont agréables ou déplaisantes, puis selon la convenance ou disconvenance que nous trouvons entre nous et ces objets, et enfin selon les jugements que nous en portons sur l'idée de bonheur ou de perfection que la raison nous donne》(Rousseau, *Emile*I, OC IV, p.248).

② Rousseau, *Emile*I, OC IV, p.298. These are the very last words of book 1.

③ 《Il ne sent pas même sa propre existence》(Rousseau, *Emile*I, OC IV, p.298).

④ 《C'est alors qu'il prend la conscience de lui-même》(Rousseau, *Emile*II, OC IV, p.301).

pain).The child grasps this criteria"as soon as he has sufficient self-knowledge to understand what constitutes his well-being, as soon as he can grasp such far-reaching relations as to judge what suits to him and what does not①".So far, the governor was taking care of the child's utility, while the child himself was not conscious of it, for he was utterly concerned with immediate pleasure.How should we account for this new step in the self-understanding process, by which the child learns to care about his own utility? One should not conceive it as a mere quantitative progress; the child does not only know himself better than in book 2; he knows himself differently-that is to say as a *temporal* being.The child frees himself from the immediacy of pleasure, and learns to relate the one he is now with the one he will be later.

4/ However, at this level, Rousseau still says that"the only person [Emile] knows is himself, and his knowledge of himself is very imperfect②".In book 4, this knowledge of himself will get more perfect; the child becomes conscious of himself as a moral being.Of course, the child has always been a moral being, but he did not know himself as such. He only considered himself as a physical being, and has gradually learnt to make the difference between himself and the outside, and therefore between what matters to him and what is indifferent to him, according to the two dimensions of space and time, which are constitutive of his being.It is only in book 4 that the child becomes conscious of the specificity of his will that makes him ontologically different from a physical being.The child becomes conscious of it in the Profession of faith, which allows him to see himself as a spiritual being. Knowing oneself as composed of a body *and* a soul means knowing oneself as a man, and therefore being able to recognize the other people as one's fellow men.

5/ Now: what about book 5, which has no equivalent in the quotation we started from? Once he has become conscious of himself as a moral being, and has

---

① 《Sitôt qu'il parvient à se connaître assez lui-même pour concevoir en quoi consiste son bien-être, sitôt qu'il peut saisir des rapports assez étendus pour juger de ce qui lui convient et de ce qui ne lui convient pas》(Rousseau, *Emile* III, OC IV, p.444).

② 《Il ne connaît d'être humain que lui seul, et même il est bien éloigné de se connaître》(Rousseau, *Emile* III, OC IV, p.458).

therefore learnt to recognize the others as his fellow men, has Emile reached the maximum degree of self-comprehension? I think that two reasons at least account for the existence of book 5 in the *Emile*. First, one must remember what is at stake in the *Emile*. The main program of the work is to describe the education of a man who is "educated for himself", and who knows himself as far as possible-in that sense, the first four books of the *Emile* could be seen as a complete theory of man. However, even if we grant it (and as we will see, maybe we shouldn't), Rousseau still has to answer to the question that is at stake in this exploration of human nature: "how will a man live with others if he is educated for himself alone?[①]" In book 4, Emile's fellow men are still conceived as a general entity. It is only in book 5 that Emile is connected with the concrete people in relation to whom his own existence will take place, namely: his fellow citizens (and no longer his fellow men in general); his wife (and no longer any woman in general). Even supposing that this adds nothing to Emile's self-comprehension, this step is crucial in order to make the difference between Emile and this philosopher who "loves the Tartars [that is to say, the man in general, the man in idea] in order to avoid his neighbor [that is to say, the concrete people, whom he has to live with and not only to think about][②]". What is at stake here is the definitive and axiological assessment of the man of whom the theory has been made, that is, the irrevocable demonstration of his goodness (indeed, what would it mean to say that the theory shows the man to be good, if it appears that this man is absolutely unable to be good with the people he actually is to live with?). But secondly, I think there is another reason that accounts for the existence of book 5, a reason which deals more intimately with Rousseau's conception of education as an epic progress of self-consciousness towards self-knowledge. Indeed, having grasped the ontological constitution of man, and having understood that men, in society, usually ignore it, is not sufficient to know oneself as a man.

---

① 《Que deviendra pour les autres un homme uniquement élevé pour lui?》(Rousseau, *Emile* I, OC IV, p.251).

② 《Tel philosophe aime les Tartares pour être dispensé d'aimer ses voisins》(Rousseau, *Emile* I, OC IV, p.249).

Something is still lacking, namely the understanding that knowing oneself as a man is only possible as the result of a genetic process, that has been widely determined by the other men. Therefore, Emile must now consider his relationships with the other men as a way to pay them back what he has been given. The fifth book of the work is a reflection about what Emile will have to give to the other men (his love, his dedication, his gratitude), because without them he would not be the man he has become. Thus, only the last book perfects the knowledge a man can have of himself by displaying the knowledge of his attachments, which is also the knowledge of his duties ("what is due to Sophie①", "where is the good man who owes nothing to the land in which he lives?②"). Whereas book 4 displayed Emile's acquisition of the idea of moral duty, book 5 displays his acquisition of the idea of what is "due *to*". Which is a way to develop the following idea, stated in book 4: "This is the time to present my accounts, to show him how his time and mine have been spent, to make known to him what he is and what I am; what I have done, and what he has done; what we owe to each other; all his moral relations, all the undertakings to which he is pledged, all those to which others have pledged themselves in respect to him; the stage he has reached in the development of his faculties, the road that remains to be travelled, the difficulties he will meet, and the way to overcome them.③" The man who has come to the point of knowing himself is always a man involved in some relationships with the other men (indeed the man according to nature is absolutely different from the man in the state of nature). These connections, which have not been noticed so far by Emile, and the duties that follows from them, must be part of the knowledge a man has of himself.

---

① 《Ce qu'il doit à Sophie》(Rousseau, *Emile* V, OC IV, p.826).

② 《Où est l'homme de bien qui ne doit rien à son pays?》(Rousseau, *Emile* V, OC IV, p.858).

③ 《Voici l'instant de lui rendre, pour ainsi dire, mes comptes, de lui montrer l'emploi de son temps et du mien; de lui déclarer ce qu'il est et ce que je suis, ce que j'ai fait, ce qu'il a fait, ce que nous devons l'un à l'autre, toutes ses relations morales, tous les engagements qu'il a contractés, tous ceux qu'on a contractés avec lui, à quel point il est parvenu dans le progrès de ses facultés, quel chemin lui reste à faire》(Rousseau, *Emile* IV, OC IV, p.641).

III.

To finish with, I would like to make a few remarks about the place of the reader in the *Emile*. Most of the apparent contradictions of the *Emile* can be solved, if we distinguish carefully between what is addressed to the child and what is addressed to the reader. Thus, there are many developments about moral matters in the first three books of the *Emile*, but almost none of them is addressed to the child himself (there are very few exceptions, which Rousseau always stresses as such, and justifies). If, from the beginning of the second book, when the child acquires the consciousness of himself, "we must begin to consider him as a moral being", yet at this point the child doesn't consider himself as such: the child's point of view on himself isn't the same as the reader's point of view on the child. From the beginning to the end of the *Emile*, the theory of education is addressed to the reader; but can we talk of an education *of* the reader himself in the *Emile*? At what point can it be said that the theory of education, which has always been addressed to the reader, is also applied to him? Or *vice versa*, at what point could Emile read Rousseau's writing? Given that the *Emile* is a treatise, this is possible only when Emile's education comes to require long speeches-which the governor tries to avoid as long as possible. Here, the turning point is the Profession of faith of the Savoyard vicar. From a discursive point of view, this text is very different from the former developments, where the few dialogues mostly highlighted the rejection of macrology; but from this point, Rousseau will several times address directly to Emile, so that the next stages of his education are clear to Emile himself: thus for instance the necessity of travelling, Emile's duties as a citizen, Emile's respectful attitude toward his wife's desire, etc. Thus, from the Profession of faith, what Emile hears is exactly the same as what the reader reads. And what Emile sees and experiences from this point is nothing but what the reader sees and experiences every day: the vices of society and the disorders of governments-here again, there is no asymmetry between Emile's point of view and the reader's point of view.

Therefore, if the Profession of faith breaks with the former developments, this break is not an external accident: this break is a direct consequence of the problematics of the *Emile*. From this point, the governor doesn't have to hide his thoughts and his plans from Emile: he has nothing to share with the reader, which he couldn't share with Emile himself. The secrets and deceptions displayed in the former books were necessary (though the child didn't understand there were secrets and deceptions) because there was a gap between what Emile was, and his self-consciousness. He was a moral being who thought he was a mere physical being. At the moment of the Profession of faith, this gap disappears. Now, there is no longer a difference between the reader who reads the Profession of faith, and Emile who listens to the governor telling him this Profession of faith. Moreover, there is no longer a difference between both Emile and the reader, and the governor himself (which also means Rousseau himself) who listens to the Vicar telling him the story of his life and of his thoughts. That's why the use of a monological speech here means no regression to what we called a 'magisterial behaviour'. Even in the Profession of faith, education isn't a teaching. If we (or anyone) can agree with the Vicar's arguments, we must get this agreement out of ourselves. If the Vicar postulates that this agreement should be universal, it is not because he considers himself as delivering his knowledge to receptive listeners; it is rather because the Profession of faith aims at emphasizing the similarity between myself and the others: "If I am right, we are both endowed with reason, we have both the same interest in listening to the voice of reason. Why should not you think as I do?①" This sentence reminds us of the two aspects of the true notion of comprehension: the intellective side, through which there is a knowledge of the thing, and the self-affective side, through which knowledge is valuable only as far as we are interested in it.

Therefore, and this is the most important point, there is a convergence between the discursive specificity of the Profession of faith, and its content: indeed, the Profession of faith aims mainly at helping Emile, or the reader, to become conscious of

---

① 《Si je pense bien, la raison nous est commune, et nous avons le même intérêt à l'écouter; pourquoi ne penseriez-vous pas comme moi?》(Rousseau, *Emile*IV, OC IV, p.166).

himself as a human being, and thus to become conscious of others as his fellow men. If Rousseau blames the men of society, it is precisely because of their lacking a full comprehension of what this means: that is to say, the ability of becoming conscious of ourselves as something else than mere individuals, as intrinsically defined by our relations to the others, and more exactly as members of a bigger whole, of which we are not the centre. Before the Profession of faith, Emile, the "man of nature" knows nothing more than the "man of man" (namely the man of society): both have sensations, both can judge, both have passions in some measure, and most importantly both are conscious of themselves as individuals existing in space and time. The difference here is only a matter of degrees, and in fact Emile at this point has *less* knowledge than the "man of man". But this difference in degrees is the symptom of a more essential one: Emile's knowledge is strictly defined by the field of his comprehension. Therefore, Emile even has no idea of what the empire of opinion is: Emile has as much knowledge as possible without having both knowledges and prejudices—at least this prejudice that all these knowledges, as knowledges, are valuable. Because of this excess, the "man of man" could already be unable to "go back into himself", unable to have a real comprehension of the Profession of faith. And this means: he could already be definitely unable to get some comprehension of what comprehension is, for this is precisely what is at stake in the Profession of faith. The appropriation of the self, which is involved in any comprehension as such, here becomes the very *object* of our comprehension, through the reflection in his full meaning. If the "man of man", that is to say the reader himself, were unable to understand the Profession of faith, if he were unable to get a comprehension of what it means to be a human being, namely an individual who can be conscious of himself as something else than an individual, the conclusion would necessarily follow, giving up the concepts of "fellow man" and of "human being": "Here I am, then, alone on the earth, having now no brother, no neighbour, no friend or society, but myself[①]". Then knowing yourself

①　《Me voici donc seul sur la terre, n'ayant plus de frère, de prochain, d'ami, de société que moi-même》(Rousseau, *Les Rêveries du promeneur solitaire*, OC I, p.995).

would not mean knowing yourself as a human being anymore; then the theory of self-consciousness would not be a theory of education anymore-but this is a different story, the story of the *Reveries*.

《爱弥儿》中的自我意识和教育

路易·格皮雍/文*　　刘　伟/译

我将指出,严格来说,卢梭所认为的教育是关于领会(comprehension)而不是知识(knowledge)的问题。二者是相当不同的,因为理解(understanding)的每个步骤都包含着一种对自我的承诺。因此,在《爱弥儿》中,教育的主要阶段与爱弥儿的自我意识转变的主要阶段是一一对应的:教育是自我意识朝向自我知识的叙事。这种解读强调了卢梭有意为之的《爱弥儿》的五卷本结构。我对其中某个时刻给予了特别的关注:爱弥儿所受的教育和读者所受的教育相交会时。在此之前,卢梭非常仔细地区分了这两种教育。而从这个时刻开始,《爱弥儿》将既是一种教育原理(向读者讲述),又是一种实际的教育行为(应用于读者)。卢梭的目标是改变读者的自我领会:在《爱弥儿》的最后,他认为读者已经完全意识到了其作为一个人类的自我。卢梭试图通过其"人的原理"来使我们认识到作为人类的自我。

一

我认为教育是一种领会,并因此依赖于自我意识。领会是表示赞同的一种方式。当然还有其他表示赞同的方式,如相信一个人所说的话。孩子不会相信老师(governor)的话,因为话语仅仅是思想的外在层面。他也不会说任何在他心中没有清晰观念的话,因为他只能了解(learn)他能够理解的东西。所以卢梭反对在幼儿期教授外语、历史以及通过符号来意指对象的一切学问。总之,无法理解所谈论的对象,就是没有领会。

---

* Louis Guerpillon,法国巴黎第一大学哲学系博士研究生。

但理解真理并不是领会的全部内容。在第三卷中,卢梭作了进一步的论述:即使孩子能够理解一个真理,也不意味着就必须将它教给孩子。实际上,只有孩子理解了他为什么需要学习那个东西,他才能够学得会——孩子只学习他感兴趣的东西。好的教育就是教会孩子"理解了他所学习的内容,并知道如何使用它们"①。这是一种全面的领会:不仅能够理解真理,更能理解其利害关系和意义,也就是说,通过这个真理能够获得什么。因此,对于孩子来说,教育必须只包含他自身。

从根本上来说,领会的经验是孤独的。当然,老师在爱弥儿的教育过程中最为重要,他安排了所有的教育环境;但孩子并不知道这一点。即使老师不在这里照看着一切,孩子也不会觉得有什么不同。实际上,孩子只关注他感兴趣的东西。没有人强迫学习任何东西:所以他完全从自身出发来获得理解。反对在教育早期使用符号的真正意义在于,除非完全从自身出发获得领会,否则任何人都无法领会某物。使用符号——特别是文字——是通过其他人的知识或者意见的中介的间接学习,而不是面对面的直接学习。因此,卢梭式教育的第一阶段基本上不关注话语。在《爱弥儿》前三卷,教育的方式仅仅是日常对话,而不是迂腐学究式的生硬灌输,也不是柏拉图所谓的冗长的宣讲。

实际上,卢梭的"领会"概念针对的是教师(teacher)的态度及其权威的作风:没有人能够使我获得理解;当我理解某物,它总是我自己的理解。一个人可以安排我受教育的环境,却无法教给我任何东西。爱弥儿的学习过程受到老师的巧妙设置的规范(他甚至都不知道这一点),但他并不从老师那里学习。教育不等于传授。一旦某人以权威的方式说教,爱弥儿就不再关注他说了些什么:你还在长篇阔论,他早就玩儿去了。卢梭说爱弥儿"像苏格拉底一样提问"②,这里我们可以稍微扩展一点:事实上,他批评传统的教授方式的观点与柏拉图在美诺篇中的观点很相似,更重要的是与奥古斯丁在《论教育》中的观点很相似。在这篇论文中,奥古斯丁试图将学习的对象从符号还原到符号所意指的事物,这将他引向"内在教师论":无人能以外在的方式教我认识一个事物,只有当这个事物自身内在地显现给我时,我才能认识到它。当然,

---

① 参见卢梭:《爱弥儿——论教育》,李平沤译,北京:商务印书馆 2011 年版,第 214 页:"总之,问题不在于他学到的是什么样的知识,而在于他所学的知识要有用处。"

② 参见卢梭:《爱弥儿——论教育》,李平沤译,北京:商务印书馆 2011 年版,第 235 页。

卢梭的观点并不像奥古斯丁一样指向神学，但他们都强调，没有人能真正成为我的教师。卢梭因此说，"我们真正的老师是经验和感觉"①：这句话对于经验论者来说并不新鲜，但是这个表述——"我们真正的教师"——值得关注。通常，从经验中学习是指我们并不从先天的观念中学习；但在这里指我们不从外在于我们的其他人之处学习。我们只能从事物自身的显现处学习。这是关于事物的真正知识，同时也是关于我们情绪的真正知识（尤其是激情）。为了预防某种孩子从未感受过的疾病而让孩子去学习一种相关的知识，这没有任何意义。因为他不可能对这种他从未感受过的东西有任何清晰的感受和观念。如果我们无法将他人的不幸与我们感受过的不幸进行类比或者关联，那么说我们会怜悯他人（也就是我们所说的领会）就更没有意义了。如果不理解自己的将来的幸福或他人的不幸究竟是什么，以及它们和自己的关系，那么我们将不会对它们感到任何兴趣。领会的完整含义不仅包括纯粹知性和理智，还包括能自我感受（self-affection）的理性。接下来我们会看到，自我感受的不同形式完全取决于我们对自我的意识究竟如何。

二

因此，对爱弥儿的教育在于给他提供更好地理解事物的机会。这也意味着通过考察使他成为他所是的那些关系使他更好地理解自己。我们可以将《爱弥儿》视为对自我领会的逐步探索：爱弥儿越来越深入对自我的领会，直到其自我意识达到完善的自我知识。这个探索运动甚至决定了该书的结构：不是人的不同官能在不同的年龄阶段相继出现；而是说，每一个年龄阶段对应着一个不同程度的自我领会。如果这是真的，我们应该考察一下卢梭在第一卷的开头给出了一个明确的写作计划：他在论述"自然倾向"时说，"我们生来是有感觉的，而且我们一出生就通过各种方式受到我们周围的事物的影响。可以说，当我们一意识到我们的感觉，我们便希望去追求或者逃避产生这些感觉的事物，我们首先要看这些事物使我们感到愉快还是不愉快，其次要看它们对我们是不是方便适宜，最后则看它们是不是符合理性赋予我们的幸福和美

---

① 参见卢梭：《爱弥儿——论教育》，李平沤译，北京：商务印书馆 2011 年版，第 235 页。

满的观念。"①这段话描述了爱弥儿的自爱的形成过程,我们将看到这种自爱源自他的自我理解的形成过程。

第一卷描述孩子被事物影响的状态,此时他对他的知觉和他自己都没有意识:"他活着,但意识不到他自己的生命"②;或者像卢梭明确指出的,"他对于他自己的存在是没有意识的"③。第一卷和第二卷之间的区别是,只有在后者中孩子才意识到自我(当然不同于知道自我,此处是在这个意义上来说的,即开始意识到自我意味着开始能够自己犯错误了)。

在第二卷中,"在这个时候,他也意识到了他自己"④。这暗示,爱弥儿同时也开始意识到他的知觉,即他开始意识到它们表象他之外的事物;但是这种意识非常有限,因为它仅仅是一种当下的意识:孩子感到愉快或不愉快。在此年龄段,教育主要处理外在性尤其是空间性。孩子通过练习使他的感官变成敏锐,从而获得他周围的事物的尽可能多的信息,并且将自己看成是诸种空间性的存在的一个。

在第三卷,"好"的标准不再是愉快而是有用性,即什么东西对于爱弥儿这种物理性的存在是方便适宜的(其目的只是避免痛苦)。孩子掌握这个标准,从而能自行考虑怎样才能获得他自己的幸福,能理解一些重大的关系,能判断哪些东西对他是适合或不适合的时候⑤。此时,老师正在培养孩子对"有用性"的掌握,而孩子自己并没有意识到这一点,他只关注当下的愉快。孩子开始学习关心和他相关的"有用性",我们应该如何考量自我理解发展中的这个新的进展呢?它不仅仅是一个量变的过程:孩子不仅比第二卷中更好地认识到自我;他更是在以不同的方式来认识自我——作为时间性的存在。孩子从愉快的当下性中解放出来,并且学习着将当下的自我和稍后的自我联系起来。

第四卷,然而,在第三卷所论述的阶段,卢梭仍然说,"他(爱弥儿)唯一能

---

① 参见卢梭:《爱弥儿——论教育》,李平沤译,北京:商务印书馆2011年版,第8页。
② 参见卢梭:《爱弥儿——论教育》,李平沤译,北京:商务印书馆2011年版,第68页。
③ 参见卢梭:《爱弥儿——论教育》,李平沤译,北京:商务印书馆2011年版,第68页。
④ 参见卢梭:《爱弥儿——论教育》,李平沤译,北京:商务印书馆2011年版,第71页。
⑤ 参见卢梭:《爱弥儿——论教育》,李平沤译,北京:商务印书馆2011年版,第233页。
"一到他能自行考虑怎样才能获得他自己的幸福的时候,一到他能理解一些重大的关系,从而能判断哪些东西对他是适合或不适合的时候"。

理解的人,就是他自己,甚至对他自己的理解也不是十分完全的。"①在第四卷,爱弥儿关于自我的知识将变得更加完善:孩子开始将自己看做一个道德存在。当然,孩子一直都是一个道德存在,但是他并不知道自己是这样的。他只是将自己当做一个物理存在,并且逐渐将自身和外在区别开来。随后,根据其存在的构成性要素——时间和空间的维度,他区分了他感兴趣的和不感兴趣的(有用的和没用的)。此时孩子才发觉他的意志的独特性——意志使他在本体论的意义上区别于物理存在。在"信仰的告白"处,孩子开始意识到他自己是一种精神性的存在。认识到自己是由身体和灵魂构成,意味着认识到自己是一个人类,并因此开始认识到作为同类的其他人。

　　第五卷,现在:第五卷所论述的内容和我们从一开始就谈的东西并不一样。一旦爱弥儿已经意识到自己是一个道德存在,并且因此学会将其他人视为同类,他是不是已经到达了自我领会的最高程度呢? 我想,至少有两个理由来说明第五卷在全书中的意义。首先,我们必须记住,《爱弥儿》的主旨是什么。本书的主要工作是描述"为自己的教育",即一个人如何尽可能地认识自己——在这个意义上,《爱弥儿》前四卷可以视为一个关于人的完整理论。然而,即使我们同意这种说法(并且我们将看到,也许我们不应该同意),在探索人类本性的关键点上,卢梭依然不得不问这样一个问题:"如果一个人唯一无二地只是为了他自己而受教育,那么,他对别人有什么意义呢?"②在第四卷,爱弥儿的同类仍然被视为一般实体。只是在第五卷时,爱弥儿才和具体的人联系起来,在这种关系中他自己的存在才展开,即:他的公民同胞(不再是一般意义上的同类);他的妻子(不再是一般意义上的女人)。即便说这并没有让爱弥儿领会自我更多的东西,这一步也是很关键的,因为它区分了爱弥儿和某种哲学家——"这样的哲学家之所以爱鞑靼人(作者注——一般意义上的人,作为理念的人),为的是免得去爱他们的邻居(作者注——具体的人,他不得不一同生活的人,而不仅仅是思考的对象)"③。这种区分是卢梭对其"人的理论"所造就的人的价值判断,爱弥儿是善良的。(实际上,如果某种理论

---

① 参见卢梭:《爱弥儿——论教育》,李平沤译,北京:商务印书馆2011年版,第249页。
② 参见卢梭:《爱弥儿——论教育》,李平沤译,北京:商务印书馆2011年版,第12页。
③ 参见卢梭:《爱弥儿——论教育》,李平沤译,北京:商务印书馆2011年版,第9页。

说,一个人绝不可能和他周围的人愉快相处,我们又如何说该理论论证了"人是善良的"呢?)但是,我想还有第二个理由说明第五卷的意义,它与卢梭认为教育是自我意识朝向自我知识的叙事这一定义有着更加紧密的关系。社会中的人已经掌握和理解了人的本体论构成,但他们总是忽略了自己对于作为一个人类的认识并不充分。这里有一种缺失,即认识到自己作为人类的存在可能只是遗传的结果,这种理解在很大程度上已被他人决定了。因此,爱弥儿现在必须将自我与他人的关系看成是一种将自我已经被给予的东西归还回去的方式。第五卷反思了爱弥儿必须反馈给他人的问题(他的爱,他的奉献,他的感恩)。没有他们,他将无法成为现在这样一个人。因此,只有在最后一卷,通过考察爱弥儿所依附其上的对象的知识,他才获得了完善的自我知识,这同样也是关于他的义务的知识("什么应归于索菲亚","哪一个人没有受过他居住的地方的一点恩惠呢?"①)。就像在第四卷中爱弥儿获得了道德义务的观念,他在第五卷中习得了什么是"应归于"的观念。在第四卷中提供了发展出这种观念的一种方式:"我应该向他说明他的光阴和我的光阴是怎样利用的,向他说明他是怎样一个人和我是怎样一个人,说明我做了一些什么事情和他做了一些什么事情,说明我们彼此之间互相的义务,说明他所有一切的伦理关系、他所承诺的一切信约和人们同他订立的信约,说明他的官能的发展已经到了什么程度,说明他必须走什么样的道路,说明他在那条道路上将要遇到的困难和克服的方法。"②一个即将到达认识自己的时刻的人,总是被包含于与他人的某些关系之中(实际上,跟随自然的人完全不同于在自然状态中的人)。到目前为止爱弥儿还没有认识到,这些联系以及伴随它们的义务是自我知识的组成部分。

三

最后一部分,我想谈一谈读者在《爱弥儿》中所处的地位。如果我们仔细区分哪些是对孩子说的话,哪些是对读者说的话,就可以解决《爱弥儿》中显

---

① 参见卢梭:《爱弥儿——论教育》,李平沤译,北京:商务印书馆 2011 年版,第 729 页。
② 参见卢梭:《爱弥儿——论教育》,李平沤译,北京:商务印书馆 2011 年版,第 464 页。

而易见的矛盾。因此,在《爱弥儿》前三卷中有不少关于道德发展的论述,但几乎都不是对孩子说的(只有非常少的几个例外,卢梭总是这样强调和辩护的)。例如第二卷开头,当孩子开始意识到自己的时候,"我们必须首先考虑他作为一个道德存在"。但此时孩子自己不这么认为:孩子对自己的认识与读者对孩子的认识是不一样的。从头到尾,《爱弥儿》中的教育理论都是说给读者的;但是我们是否可以说,《爱弥儿》中有一种关于读者的自我教育?在何种意义上,我们可以说讲给读者听的教育理论同样也可以应用到他们身上?或者反过来说,爱弥儿在何种意义上来阅读卢梭的作品?只有当爱弥儿的教育即将需要长篇大论(老师总是试图避免过长)时,我们才能假设《爱弥儿》是一篇论文。这里,转折点是"一个萨瓦牧师的信仰自白"。从论述的角度来看,这个文本偏离了之前论述的线索,之前的对话总是强调对"长篇大论"的拒绝;然而从此时开始,卢梭多次直接对爱弥儿进行宣讲。通过这种宣讲,爱弥儿清楚了接下来的教育内容:旅行的必要性,爱弥儿作为公民的义务,爱弥儿对他的妻子的要求的尊重,等等。因此,从"信仰自白"开始,爱弥儿和读者听到的是相同的内容。并且,从这个时刻开始爱弥儿看到和经历的同样也是读者每天看到和经历的:社会的恶以及政府的无序——再一次,在爱弥儿和读者之间不再有一种不对称性。

　　因此,如果"信仰自白"与前面的发展脱节,这不是一个外在的事故:它是《爱弥儿》所讨论的错综复杂的问题的直接后果。从此时开始,老师不再向爱弥儿隐瞒他的想法和计划:他不再有什么与读者分享,之前这不能告知爱弥儿。前面的秘密和隐瞒是必要的(尽管孩子并不理解有什么秘密和隐瞒),因为在爱弥儿和他的自我意识之间存在断裂。他是一个道德存在,但是他认为他只是一个物理存在。在"信仰自白"的时刻,这个断裂消失了。阅读"信仰自白"的读者与听老师讲述"信仰自白"的爱弥儿之间不再有差别。更进一步,在爱弥儿、读者以及听牧师讲述自己的生活和思想的老师自己之间,也不再有差别。所以,这里运用一个独白式的讲述并不意味着退回到我们所说的"权威式的宣讲"。即使在"信仰自白"中,教育也不是一种传授。如果我们(或者任何人)能够同意牧师的观点,我们必须从自身中得出这种同意。如果牧师主张这种同意应该是普遍的,这不是因为他觉得自己将他的知识传递给愿意接受的听者;毋宁说,因为"信仰自白"的目的是强调自我与他者的相似性:"如果我的想法是对的,那是因为我们有共同的理性,我们同样有倾听理性呼声的愿望。你为什么不像我这样想呢?"①这句话提醒我们,关于领会的真正概念的两个方面:理智的一面,关于事物的知识;以及自我感受的一面,知识只有在我们感兴趣的地方才是有价值的。

因此——也是最重要的一点——在"信仰自白"的陈述形式和它的内容之间存在统一性:实际上,"信仰自白"主要是为了帮助爱弥儿或者读者去获得作为一个人类的自我意识,并因此获得对于作为同类的他人的意识。如果卢梭批评社会中的人,这只是因为他认为他们缺乏全面的领会,即获得自我意识的能力。这种自我意识领会到自己并不是一个"个体",而是在与他人的关系中被严格界定的某种存在。更确切地说,自我是一个更大的整体的成员,且并不处于这个整体的中心。在"信仰自白"之前,作为"自然人"的爱弥儿对于"作为人类的人"(社会人)的认识仅止于此:都具有感觉,能判断,在某种程度上有激情,最重要的是都有作为在时空中存在的个体的自我意识。这里的不同之处仅仅是程度上的差别,而且实际上,此时爱弥儿还不具备对于"作为人类的人"的知识。但是这种程度上的差别是一个更本质的差别的征兆:领会严格地限定了爱弥儿的知识领域。因此,爱弥儿甚至完全不了解什么是"意见的统治":他的所有可能知识不包括偏见——至少不包括"知识作为知识,本身就是有价值的"这种偏见。因为这种"过度"的偏见,"作为人类的人"已经不可能"返回到其自身",不可能有关于"信仰自白"的真正领会。这也意味着:他已经完全无法领会"什么是领会",因为这只是在"信仰自白"中才有的。通过完全意义的反思,"信仰自白"中领会的自我的恰如其分被变成了领会的客体。如果"作为人类的人"即读者无法理解"信仰自白",如果他无法获得一种关于成为一个人类的领会,即个体意识到自己是不同于个体的某种存在,他必然得出如下结论,放弃"同类"和"人类"的概念:"我就这样在这世上落得孤单一人,再也没有兄弟、邻人、朋友,没有任何人可以往来。"②接下来,"认识你自己"将不再意味着认识作为一个人类的自己;那么自我意识的理论也将不再是一种教育的理论——但是,这是另外的故事,关于遐想的故事了。

---

① 参见卢梭:《爱弥儿——论教育》,李平沤译,北京:商务印书馆2011年版,第377页。
② 参见卢梭:《一个孤独漫步者的遐想》,袁筱一译,上海:上海人民出版社2007年版,第11页。

自由独立的人格培养计划

——《爱弥儿》中的师生关系

刘 伟*

摘要：本文将尝试梳理《爱弥儿》一书中的师生关系。通过对其中师生关系的考察，将卢梭所谓的教育提升到一个人格培养的层面。这种培养并不是具体知识的传授，也不是行为规范的引导，而是对于人格的全面整理和重新安排。师生关系最终是一种人格内在的关系，老师是人格内在的良心/自爱原则，学生就是尚未独立的人格整体。只有在自然赋予的礼物——良心的指引下，人格才能真正成长为自由独立的道德主体。

关键词：爱弥儿 师生关系 人格培养 良心 自爱原则 自由 独立

《爱弥儿》一书颇具传奇色彩，在哲学史中，它首先和康德联系在一起。据说康德一生生活极其规律，邻居都以他出门散步的时间来校对钟表。但是为了阅读卢梭的《爱弥儿》，他竟然接连几天都足不出户。后来他说，是卢梭教会了他如何真正地尊重人。因为《爱弥儿》，卢梭也被现代教育界尤其是儿童教育领域誉为"把儿童作为儿童来对待"的第一人，他在书中提出的若干教育原则也被引为经典，许多人将它们付诸实践，也有许多人直至今日仍然就此展开争鸣。卢梭自己也曾说过，《爱弥儿》可以作为《社会契约论》的导论，也是其最重要的作品之一。[①] 此外，国内曾有学者撰文，试图论证《爱弥儿》是对建立新社会的导师的培养方案，对于卢梭的政治哲学学说具有先导性和准备

---

* 刘伟，上海交通大学人文学院博士研究生。

① 刘小枫：《经典与解释卢梭的苏格拉底主义》，北京：华夏出版社 2005 年版，第 45 页。

性的意义。① 以上或是传闻逸事，或是作者自述，或是学术研究，都可以表明一个观点，那就是《爱弥儿》一书，可以从不同的进路来阅读和研究。

本文将尝试梳理《爱弥儿》一书中的师生关系。对这一关系的考察，其意涵是颇为丰富的。首先，师生关系规定了教育活动的基本框架；其次，师生关系包含了老师的施教原则和学生的受教反应；再次，在《爱弥儿》中，每一个阶段中师生关系都有变化和发展，可以从这些发展变化中考察卢梭对于人的理解，以及他对于一个独立自由人格的塑造过程。本文对于《爱弥儿》的解读并不是试图论述卢梭的教育理念和原则，而是通过对其中师生关系的考察，将卢梭所谓的教育提升到一个人格培养的层面。这种培养并不是具体知识的传授，也不是行为规范的引导，而是对于人格的全面整理和重新安排。

本文认为，爱弥儿首先代表着一个人格的历时性发展，从婴儿时期一直到独立人格的形成。一个人格包括了身体的本能和机械般的刺激—反应机制、精神的主动发展的诉求、情绪/情感/良心的行为决断能力三种要素，它们从最初的混沌同一到最后的协调一致，正是独立人格的养成过程。老师作为原则，始终如一地保障着这一人格行进在正确的道路上。其次，爱弥儿还代表着一个人格的共时性特征，这是一种分析的研究方法。在每一个教养阶段，人格的某一个要素都要求首要的发展地位，但是这种突出的地位是放在对于人格之三要素的关系框架内来考察的。三种要素之间的相互限制和规定，是人格培养的首要原则。老师作为原则，正体现于对人格三要素之关系的掌控上。通过对于独立人格的养成，卢梭实现了个体的自由，以及社会的平等。

一、婴儿期——情绪的能指与所指

婴儿期（《爱弥儿》第一卷）的教育目标是发展婴儿最基本的生活能力。"一个孩子，在最初差不多是同时全面发展的。他差不多是在同一个时候学说话、学吃东西和学走路的。这正是他的生命的第一个时期。"②（第68页）生

---

① 刘小枫：《〈爱弥儿〉如何"论教育"——或卢梭如何论教育"想象的学生"》，《北京大学教育评论》2013年1月。

② 卢梭：《爱弥儿——论教育》，李平沤译，北京：商务印书馆1981年版。本文以下出自本书之引文不再加脚注，直接在引文后括号内注明页码。

活不是生存,"而是活动,那就是要使用我们的器官,使用我们的感觉、我们的才能,以及一切使我们感到我们存在的本身的各部分。"(第18页)生存是人的一种本能,但这意味着人自身就有一种主动的存在的诉求。和动物相比,人的主动诉求意义显著,这使得近代对于人的研究往往将身体看做不含主观因素的纯粹刺激—反应结构,而将主动性分离出来赋予精神或者心灵。卢梭也不例外。

爱弥儿处于一片混沌之中。他唯一的感受似乎就是情绪,痛苦或者不痛苦。从身体方面来说,爱弥儿处于全面被动的状态,只有直接的单纯感觉。从精神方面来说,爱弥儿全面开放,与周围的一切都保持敞开的关系。即便是这种感觉或者开放的倾向,最初也是朦胧模糊的。婴儿与外界的第一种也是唯一的交流方式是哭。不管是饿了、渴了或是其他身体或精神的需求,他都无法自我满足,因此感到不愉快,并统一地通过哭这一行为表达出来。此时,身体内部的缺乏、精神向外的伸展以及情绪是同一的,因此他的行为也是同一的。

既然婴儿最初只有混同一体且以情绪表现出来的交流能力,老师在这一阶段需要给爱弥儿建立起情绪和影响情绪(满足需求)的事物或行为之间的关系。婴儿作为行动之主体,他只有明确的欲求倾向,不愉快或痛苦意味着需求,却没有明确的欲求对象。对象由老师提供,只有在提供之后,该对象才在婴儿的感觉中确定下来,主观欲望和客观事物或行为之间的对应关系才落实下来。婴儿使用他的器官、感受和才能的过程是一个经验的积累过程,单纯的情绪由于逐渐和外在的事物和行为对应起来,开始发生分化,身体的诉求、精神的欲求开始对应着不同程度的情绪反应,同时也就对应着有差别的表达行为。

婴儿的能指和所指是在具体的教育(哺育)活动中统一起来的。老师因此拥有选择哺育行为和事物的权力。对于婴儿来说,这就是一种权威。老师和监护人并不是同一人:监护人的职责是提供生活必需品,以及监护行为,老师的职责则是提供精神上的教养。此时具体提供哺育行为的是保姆,老师通过对保姆的指导和监督来保证爱弥儿不被带有偏见的行为影响。

卢梭举例说,如果婴儿此时看到悬在他头上的玩具,他没法拿到,于是哭起来。按照卢梭的原则,精神的欲求应该以他的身体的能力为限。保姆此时应该将孩子抱起来去接触这个玩具,这样才会真正建立起婴儿和玩具之间的直接关系和感觉。而如果保姆出于防止孩子哭坏了或是害怕孩子一直哭闹打扰到自己,于是自己将玩具拿过来递给婴儿,从而在他的心灵中造成一种印象,即他可以不接触客观事物,而是通过(最初的)语言来移动它,同时,他也可能认为,通过语言也可以命令他人。"由于我们的服侍,在这里我们开始发现了不是直接由天性产生的道德的影响。"(第55页)

然而,此处我们仍然有问题,即卢梭无法完全依照他的原则,因为即使保姆将他抱过去接触玩具,婴儿仍然可能认为他的语言命令了某一个相关的因素,使得他完成了和玩具的接触。这一原则之所以无法完全适用,是因为在此阶段,身体和精神、主体和及其行为对象还没有完全分化。当然,这种做法起码保证了婴儿和客观事物之间最直接的感觉对应关系。

所以在婴儿期,第一原则就是"大自然要求我们的也只是为了保持我们自身所需要的活动"。(第58页)爱弥儿的所有器官和一切才能都处于一种潜在和发育的状态,他所有的只是逐渐开始分化的具体的情绪状态,他只能跟随着这种情绪积累对于自身的内在状态和外界的各种事物的经验印象。老师则拥有最大的权威去支配爱弥儿的世界,因为具体的经验事物都由老师安排。但是,反过来说,柔弱的爱弥儿使得老师的教育行为自由度最低,客观的制约因素最多。

二、童年期和儿童期——身体和精神的发展

尽管每个人从出生开始就已经处在和外界的各种关系之中,但是,婴儿期的个体还不具备一种真正意义上的和外界的关系。关系是指双方对彼此在各自的世界中的一种承认和定位。婴儿只是被动地置于一个混沌之中,他开始积累一些在他的心灵之中能够明确辨认的对象,直到他能够在不依赖他人的情况下自主行动。这个自主又首先是对于身体的一种主动而有效的支配。

在童年期(《爱弥儿》第二卷)爱弥儿的任务是锻炼感官和四肢,并协调地运用它们。他开始意识到自己,因为他发现他开始能够逐渐地支配他的身体了,于是就初步有了不依赖他人的条件。但目前他只知道自己的身体,还没有对照物,因此无法作出一种定位,认识不到自己的位置,从而也不安于现状,具有强烈的实践冲动。他不断接触新鲜的事物,拓展自己的感觉对象,通过与对

象打交道来协调运用身体器官。

所以,这一阶段的教育原则才真正是卢梭在第一卷已经谈到的体力。老师根据他与爱弥儿之间的体力差别,树立自己的权威,并让爱弥儿明白他的服从来自于体力上的不足。如果要在精神上真正独立,必须先在体力上达到一个和他人平等的水平。通过财产观念的教育,使得爱弥儿和事物之间建立初步的关系。此处的财产观念强调的是所有权,仅仅强调事物和我的关系,并不被看作是自我和他人相比较的某种权重。这些财产在本质上也没有亲疏远近的差别,它们的唯一属性就是都是属于我的。爱弥儿周围的事物包括老师,都是爱弥儿身体的一部分,与外界的交流对于他来说,就是以各种各样的方式来运用自己的身体,充分发展身体的能力。

卢梭举例说,如果孩子出于好奇或者抗拒服从老师的权威,打破了卧室的窗户,那就应该让他晚上就睡在这样的卧室。这样他就能体会到,因为他的体力不足,一方面使他无法抵御这间破卧室的严寒,另一方面也使他无法反抗老师,换成更舒适的卧室。老师以一种无可抗拒的姿态出现在爱弥儿的世界中,但是一旦爱弥儿明白了体力原则,就无须再抗拒老师。因为原则只有一个,就是此一阶段发展体力,只要不违反这个原则,老师就会成为最好的助力。

当进入少年期(《爱弥儿》第三卷),身体各器官的发育逐步成熟,身体的协调性逐步养成,爱弥儿对于身体的运用开始完善起来,他能够看清他想看的事物,合理地使用周围的事物达到一些目的,实用的或者游戏的。此时人的发展的本能和倾向又一次开始了不满足,朝另一个方向继续前进。心灵中已经拥有了一定程度的材料时,爱弥儿开始学习如何在心灵之中安置这些对象。

此时的原则是事物自身的用途。但是所谓"自身"实则是依据对于爱弥儿之有用性。"要排除偏见,要按照事物的真正关系作出自己的判断,最可靠的办法就是使自己处在一个与世隔离的人的地位,并且完全像那个人一样,由自己按照事物本来的用途对它们进行判断。"(第 245 页)如一块石头,对于一个人来说,如果仅仅是认识论意义上的自然知识,那就只是一块石头,但是如果此时他累了需要坐一坐,他会将它当做一把椅子。

近代哲学中的认识论要求主体以一种外在于独立于对象的方式存在,这样堪可称为事物"自身"的性质。但是卢梭显然不在此意义上来理解事物。

对于事物的性质需要去认识，但认识到的事物的自然属性是它对于爱弥儿的有用性，认识的方式也主要是通过使用事物来达成，而不是通过静观。观察是进一步的要求，即在无法清晰理解事物某种有用性之时，通过观察来加深对事物的了解，从而能够更好地使用事物。因此对于卢梭来说，认识论并不是第一位的人与自然的关系。"我们真正的老师是经验和感觉，一个人只有根据他所处的关系才能清楚地觉察哪些东西是适合于他的。"（第235页）个体无须首先有对于事物的"自身"属性的认识，然后才能更好地生活。生活是在实践中进行的，认识是伴随着生活的实用性才逐渐加深的，而且认识的限度也是由事物对于人本身的生活的意义来规定的。

爱弥儿这一阶段的任务是发展思考和判断的能力。卢梭则引导他认识到事物的有用性，使他按照事物的用途来进行判断。他们之间的关系此时表现为互不相干：爱弥儿独自生活，只考虑自己的需求，他与周围保持一种与婴儿期类似的敞开状态，但是维系在自我意识到周围对他的有用性之上；卢梭则通过巧妙的安排消失在他的身边。心灵的运作是通过意识对象即印象和观念以及它们之间的关系来进行，教育本质上也是一种观念的展示，如无需要，老师不应该加入已经是成熟状态的观念。所以在安排好教育计划后，老师即告消失，使得爱弥儿能够在一定的规范上对心灵考察。当然，消失的不是老师本人，而是老师这个身份。"为了教育他，就必须要成人的一举一动都宛如孩子。"（第243页）同时，还应该使得爱弥儿以鲁滨孙式的方式生活，"我原来用来作为比喻的荒岛，就要这样地变成现实。"（第245页）

上面的两个阶段似乎是爱弥儿专门在发展某一方面的能力，但是对于卢梭来说，这种分别论述只是个体在发展过程中的关注点不同，而不是片面的发展。如在第二卷儿童期中，卢梭写道，"专心致志地使他按他自己的能力生活，使他注意同他有直接关系的事物，那么，你就可以发现他是能够进行观察、记忆和推理的；这是自然的次序。"（第137页）这里的关注就是一种主体性的突显。个体和人格的发展过程中各种要素都按照自然的安排协调运作，但是主体的关注标记了原则，而原则保障了人格发展的适度和平衡，从而为之后的独立和自由奠定了基础。"他的身体愈活动，他的心思也就愈灵敏；他的体力和智力同时成长，互相增益。"（第138页）对于卢梭来说，他所理解的人，从来都不是一种分崩离析的各自独立的元素组成,而是一个有机的整体。而"要成为独立自恃、始终如一的人"(第11页)……一个整体,独立的自我意识亦即主体自身的原则是必需的。"我的学生,……他始终是按照他自己的思想而不是按照别人的思想进行活动的,所以他能不断地把身体和头脑的作用结合起来。"(第140页)

三、青春期——情感以及从个人向他人的转变

青春期是矛盾全面爆发的时期,也是自然向社会过渡的转折点。这一时期爱弥儿的任务并不明确,因为此时他的体力与精神处于平衡的临界点,既不是孩子也不是大人。体力的发展即将稳定,同时欲念来临,想象力勃发。他有所感觉,但是不知道那到底是什么。当感觉力超出个人时,情感出现了。

情感和情绪不同。情绪带着客观的意味,因为情绪来自于身体的欲求所产生的愉快或者痛苦的感受,它指的是自然和本能方面的诉求和反应。它可能来源于身体的缺乏,如饿、渴或者某种冲动,也可能来源于对于已有的物质或者事件对象的反应,如可口、满意或相反。前一种是能指,后一种是对所指的反馈,这种反馈是愉快或痛苦的不同程度。情感则带着主观的意味,因为它来自于心灵的诉求,它的对象是人或者拟人化的事物或事件。因为和心灵对等的东西不会是单纯的事物,而是能够对心灵产生积极作用,即交流的东西,这种东西只能是同样具有交流能力的人,而自我有时也能将自身的情感和想象投射到事物之上,产生拟人的情感关系。

但是,从另一个层面来讲,情绪因此带有主观的意味,因为个人的身体的感受是特殊的,与他人的具体感受是有差别的;而情感因此带有客观的意味,因为情感要求的是一种交流,即公共语言,在公共的平台上的对话和相互影响。公共性则需要一种心灵之间的可沟通性来保证,而这种可沟通性恰好是各异的身体所不能满足的,只能归之于心灵的普遍性。但是心灵的普遍性又如何保证呢?身体的差异是可见可察的,因此人们并不将之作为一种绝对意义上的普遍可交流性的依据。心灵是内在而不可见的,需要经过某种方式外在地表达出来,因此承担了这一职责。心灵本身的这种需要表达的内在规定恰好与可交流性相匹配。卢梭在著名的《萨瓦牧师的信仰自白》中将这种表

达的可理解性和普遍意义归之于造物者。

还有一个层面需要进行说明，即情绪的被动意味和情感的主动意味。情绪是身体的反应机制，工作原理其实是普遍的，但是在具体的数据上是不相同的。它是对于身体本身的诉求或者对加诸身体的对象的被动反应，它并不以人的意志为转移。情感是心灵主动的选择和要求，它同时也体现了心灵的理性能力对于自爱的情感诉求的驾驭。

其实究竟是理性还是卢梭意义上的情感将人的绝对尊严表达了出来，这里很难说清楚。对于卢梭来说，工具理性和情感是敌对的，但是即便是康德意义上的认识理性也并不具有负面的意义，而只是没有居于首要的原则。卢梭的情感也不同于康德的实践理性，因为它并不像后者表现为理性的纯粹形式的命令，而强调的是先验的道德律令之前的经验的道德感。"从卢梭到康德只需跨越一小步，只要把'感情'置换成'应当'，就到了道德形而上学领域。"①但卢梭的道德感即良心又不仅仅是经验的主观感受即情绪，而是上升到了心灵的普遍可交流性的意味上，这种普遍性在个体身上体现为自爱的原则，在根本上需要由个体之外的神圣/宗教的自然/神来保证。

因此，老师这一阶段的任务也非常复杂。他需要利用爱弥儿萌发的情感来形成新的控制手段，压制他的感官，将他的想象力导向好的地方，如历史、宗教、审美，还要给他提供一个想象中的爱的对象。此时他们之间的关系表现为：爱弥儿开始逆反，不服管束，想要依从感官盲目地行事；老师则到了最需要权威的时候，通过理智、情感，诉诸老师自己的利益，以此来刺激爱弥儿的情感，成为他的知心人，最终使得爱弥儿自愿服从和尊重卢梭对他的教育和管束。

自然此时已经不再是单纯意义上的自然了，而是卢梭借助自己的教育方法将人的关系强行固定在自然的规律之上，使得人的教育和自然的教育融合之后体现出来的自然。比如，在人的关系之中，爱弥儿的自爱通过老师从小与他一起生活所培养起来的自然情感导向对他人的同情，而不是通过自我的想象力扩大自己的欲念并在与他人的比较关系中成为自私；又如，老师通过推理告诉爱弥儿，"想象中的人比实际的对象更可爱"，以此来引导他的想象力宣

---

① 尚杰：《尚杰讲卢梭》，北京：北京大学出版社 2008 年版，第 80 页。

泄在想象自身之上,而不是感官的盲目冲动所导致的行为上。

他们之间的关系由静态转向动态,因为在青春期爱弥儿的自我意识出现了,即他开始反思自身,不仅仅是一个独立的人,而是一个孤独的人。作为一个独立的个体,他将自己作为那个唯一的人,周围的一切都是对于他有用的事物,都是为他的。而作为一个孤独的人,他发现在他内心有某种东西他无法通过"有用性"这一属性来认识,即某种超越"有用性"的东西出现了,这不在他以往的教育内容之中,使他感到无助。

然而,我们仍然可以问,是什么让爱弥儿有这种内在而陌生的感觉。是自然。

如果爱弥儿跟随着他盲目的感官行动,他将把精神发展的能量用到败坏他的感官的方向上。那么他将毁坏他的身体,丧失他的精神。他将变得放纵和自私。因为在这个关键点上,精神是一种存在但是却不明确的因素。因此,爱弥儿此时具有无限的可能性,或者说还不具备一种确定性。

老师帮助自然作出了一个选择。如上所述,他选择限制爱弥儿的感官,打击他的想象,引导他的情绪和理性。在这个意义上,青春期是从自然转向社会的真正转折点。

因为限制了感官,作为孤独的人的爱弥儿转向了他最熟悉的"事物"——卢梭,为了寻求一个答案。这里"最熟悉"意味着最有用的。"最有用"则意味着爱弥儿对于与他相关的事物有了一种程度上的差别意识,即他开始考虑事物之间的关系(和他自身的相关度),来取代具有某种具体用途的事物的观念。这里,爱弥儿的自我变成了作为一个整体的事物之集合的对立面。最终,突破点——卢梭不再是一个事物,同时爱弥儿和卢梭之间出现了新的关系,可以称为,情感上的关系。这里,观念上的转变不是认识上的加深,而是一种选择。这种选择出于理性的判断,也出于情感的决定。事物之间的亲疏度的判断因此也不是认识论上的知识,而是情感上的自然反应。首先是熟悉和亲近,然后才是理性决定向其咨询。如果是一般意义上的老师,没有这种情感上的认同,爱弥儿将会直接将其排除在"可能知识"范围之外。在青春期,个体的各项能力,身体的体力和协调性,心灵的思考和推理能力,以及作为行为之直接判断能力的情感,重又汇聚在一起,并开始寻求一种主动意义上的重新安排,使之协调,且与自身之要求相协调。

在这里,卢梭又多了一种意义,也就是说,正是因为之前三个发展阶段他很恰当地陪伴着爱弥儿,使得他能够作为爱弥儿最熟悉的事物出现。这个卢梭不同于那个作为自然之助手来帮助自然选择爱弥儿发展方向的卢梭。我们这里可以提出另一个问题,即这个卢梭并不能如自然一般给予爱弥儿一种内在而模糊的东西。

因此,这里的自然不是纯粹的自然,而是一种混合物,在其中,卢梭将关于人的关系加到了客观自然的规律之上,即将人的教育和自然的教育结合在了一起。举例来说,卢梭告诉爱弥儿,想象中的人比实在的对象更加可爱,这是为了引导爱弥儿的想象力关注它自身,而不是依从盲目的感官。

四、青年期——自爱及配我的爱人

顺利地度过青春期之后是青年期,这一时期的任务就是老师引导爱弥儿发现大自然替他选择的配偶。爱弥儿此时已经是一个完整的个体了,他的体力已经稳定了,但是他的精神才开始从想象和观念中落实到现实。师生关系表现为:老师是爱弥儿爱情的中间人。在这一过程中,爱弥儿通过扩大对人与人之间关系的理解,控制自我的欲念,并将欲念转化为爱情,将自爱转化为道德,将情感转化为法则,将社会规范在类似于自然规律的不变易的法律之下。

卢梭认为生活的幸福感是从消极方面来界定的,即不痛苦就意味着幸福,而且生活中显然是痛苦多于愉快的感觉。纯粹思和静观将生活限定在心灵的单纯活动上,而无视了身体的能力对于心灵的限定作用,也无视了身体的感觉(情绪至少有一半是源于身体的感觉)对于心灵尤其是情绪变化的意义。它们和想象力一样,都是心灵自身的一种扩展,而这种扩展如果一味以自身为原则,就不会有真正自由而独立的人格的养成。自由不是心灵的一种主观上的展现,而是同时在身体上的一种现实的实现。独立也不是一种主观上的自我确认,对于卢梭来说,首要的恶是他直接面对和无比反感的当时社会中的人云亦云,打着真理和道德旗号的陈腔滥调,所以,独立尤其表现为在这种社会中的出淤泥而不染,一种鲜明的个性,一个卓尔不群的人。这种独立是同时对他人的一种独立的承认,这就又回到了自由。心灵以自身为原则,从形式上看是一种自由,但是心灵是无法独立存在的实体,它并不具有自由的能力和资格。

假如真有纯粹以心灵的形式存在的实体,那么它以自身为原则是一种自由,但是这和人的教育无关,这也不是属于人的知识。

被人瞧不起、瞧不起人,或者被固着在家庭或传统赋予的社会地位上,并且因此而产生人与人之间的阶层差别和歧视,这是卢梭不能容忍的,即不平等。僵化的传统或习俗不是源自经验的个体的首肯,对人的歧视则首先是阶层差别带来的现实状态,因此是不平等的具体表现。那么对人的歧视,对他人的这种态度,有没有自身的价值或原则? 卢梭是从自爱推出去的。自爱产生了对他人的同情,这种同情源自想象的能力,即如果他人所受的发生在我身上,则我无法忍受,需要安慰和改变;同时,自由而独立的我也需要有配我的个体来承接我的情感和需求,因此,我将此配我的个体也看作是自由而独立的,她唯有如此才能配我;进一步地,我之生活一方面已经无法脱离社会,另一方面也需要他人的参与,因此我也期待有一种社会形态能够使得我周围的个体也能达到自由而独立的状态,这样就能确保真正的自由、独立以及平等。

五、对师生关系之内在性的解读——老师即为良心

如果我们将《爱弥儿》中的师生关系解读为一种外在的关系,即一个人和另一个人的关系,一个成熟的独立人格和一个有待发展需要教养的人格的相互关系,那就会产生一个"自由之老师"的悖论:如果因为对一个独立自由的人格的培养,老师本身将自己的行为和生活意义完全投射在了其学生身上,他的独立和自由就是不完整的,他的行为和原则也需要以爱弥儿的教育需求为准。直到爱弥儿具有了一个真正自由独立的人格,老师才能获得和爱弥儿平等的人格。

如果我们大胆地提出一个问题:假设爱弥儿没有卢梭为他提供的这样一个老师,他会成为什么样呢? 他还会保持这种人格的内在平衡,在良心的指引下达到独立而自由的状态吗? 为此,我们应该回到《爱弥儿》的开篇,卢梭对于教育、老师以及学生的一般论述。

"我不认为爱弥儿生长名门有什么不好。这毕竟是抢救了一个为偏见所牺牲的人。"(第33页)对于出身名门的爱弥儿,这种教育的首要意义是使他脱离那个受"偏见"支配因而处处不平等的社会。(第14页)而"穷人是不需

要受什么教育的……他是自己能够成长为人的"。(第32页)如果爱弥儿是一个穷人,他就不会居住在城里被那些污浊的社会习气熏染,而是单纯地成长。当然他也没有什么依靠和指望,只能凭借造物主赋予自己的身体和才能生长和生活。他会像卢梭偶尔描写的爱弥儿在乡间生活所碰到的同龄人一样,说话质朴却洪亮,行为粗犷却不放纵,有着单纯的幸福。但是他们也可能变成"习惯和服从代替了理性"的农民。(第138页)因此,没有老师,就无法保证爱弥儿一方面能够摆脱偏见的影响,另一方面却不陷入缺乏理性的服从。

　　所以,对于老师来说,"我决定给我一个想象的学生,并且还假设我有适合于进行其教育的年龄、健康、知识和一切才能,而且,从他出生的时候起就一直教育他长大成人,那时候,他除了他自己以外,就不再需要其他的指导人了。"(第29页)而对于爱弥儿来说,"应该服从的只是我。这是我的第一个条件,或者说得确切一点,我唯一的条件。……除了我们两人同意以外,谁也不能把我们分开。"(第33页)卢梭理想中的师生关系是这样的:"我甚至希望学生和老师也这样把他们自己看作是不可分离的,把他们一生的命运始终作为他们之间共同的目标。一旦他们觉察到他们以后是要离开的,一旦他们看出他们有彼此成为路人的时刻,他们就已经成为路人了。"(第33页)"当他们像从前在一起生活那样,彼此尊重,他们就会互相爱护,从而变得十分的亲热。"(第33页)

　　如果我们将这种师生关系解读为一种内在关系,即一个人格内部的诸要素的关系,就可以回答上面的问题,避免上述的"自由之老师"的悖论了。老师完全可以看做一个人格内在的情绪/情感/良心。如果是良心在指导自己的蒙昧的婴儿状态——爱弥儿,那么自爱这种原则的自我发展历程就淋漓尽致地展现在上面各阶段的人格培养活动中了。卢梭说,"我们要培养的,只是一般的平常人",(第31页)必须一般地考察问题,将"我们的学生看做抽象的人"。(第14页)而且,唯一的要求就是服从自己的良心,要将良心看做与自己不可分离,要将良心看做是自己一生命运的目标。

　　"因为一再要求我们的自身在其中作出这种决定的那个专门领域,不是理论上的,而是实践中的行为。所以,自我的本质,以及自我意识的完整与深刻不是在思想,而是在那一意志中显现出来。……卢梭的感觉学说到此处才得圆满:现在感觉远远高于被动的印象与纯然的感官知觉;它将纯粹是判断、评估和选择立场的活动吸纳到自身之中。"①良心是自然赋予人的最好的礼物,因此它能最好地引导"自我"这个想象的学生走向自由、独立、平等和尊严。

---

① 恩斯特·卡西尔著,彼得·盖伊编:《卢梭问题》,王春华译,南京:译林出版社 2009 年版,第 100 页。

Philosophical Life as Political Life : Immanent Critique and Subversive Pedagogy in Spinoza's *Treatise on the Emendation of the Intellect* *

Nicolas Lema Habash

Introduction

In Book X, 7–8, of the *Nicomachean Ethics*, Aristotle starkly distinguishes between two forms of life: on the one hand, "philosophical life", and, on the other, "political" or "practical life". Philosophical life, the kind of life dedicated to contemplation, is the happy life *par excellence*, insofar as it is practiced via the intellect and its objects of knowledge are the best. This isomorphism between the best part of the human being (the intellect) and the best objects of knowledge implies that this activity—the activity of *theoria*—is a praxis with the greatest degree of continuity. Thus Aristotle says:

> *Theoria* "is the best (since not only is intellect the best thing in us, but the objects of intellect are the best of knowable objects); and, secondly, it is the most continuous, since we can contemplate truth more continuously than we can do anything. And we think happiness has pleasure mingled with it, but the activity of wisdom [*sophian*] is admittedly the pleasantest of excellent activities; at all events philosophy is thought to offer pleasures marvellous for

 * I would like to thank the audience of the "Philosophy as Education" Colloquium held at the Shanghai Jiao Tong University in October of 2016 for their questions and comments to an earlier version of this article. Chantal Jaquet read the original draft and made key suggestions; I am thankful to her as well. Any mistakes should be ascribed to me only.

their purity and their enduringness, and it is to be expected that those who know will pass their time more pleasantly than those who inquire. And the self-sufficiency that is spoken of must belong most to the contemplative activity [*tēn teōrētikēn*].①

The philosopher is the happiest and most self-sufficient subject. On the other hand, political life is considered good, but insofar as it is a life without leisure, Aristotle thinks of it as radically different from philosophical life: "in a secondary degree the life in accordance with the other kind of excellence is happy; for the activities in accordance with this befit our humane estate [*anthrōpikai*]." ② While political life is associated with human bodies and passions, philosophical life is only concerned with the intellect whose excellence is, for Aristotle, " a thing apart [*kechōrismenēi*]." ③

The same distinction between theoretical praxis and social or political praxis is established in Aristotle's *Politics* when he divides up the human soul: " in the world both of nature and of art [*technē*] the inferior always exists for the sake of the superior, and the superior is that which has a rational principle [*beltion to logon echon*]. This principle, too, in our ordinary way of making the division, is divided into two kinds, for there is a practical and a speculative principle [*ho men gar praktikos esti logos ho de theōrētikos*]." ④ In his notes on Book VII of the *Politics*, critical theorist Herbert Marcuse points out that, by separating the sphere of philosophical contemplation from the sphere of social practice, and by valuing the domain of social practice only as an instrument for the correct development of philosophical life, Aristotle produces a rupture between philosophy and social practice as a whole. Even if Aristotle says that theoretical work is precisely a form of "activi-

---

① *Nicomachean Ethics* X , 7 , 1177a19 – 28. Trans. W. D. Ross, in *The Complete Works of Aristotle*, Volume II (Princeton: Princeton University Press, 1984) (henceforth NE).

② NE X, 8, 1178a9-10.

③ NE X, 8, 1178a22.

④ *Politics* VII, 14, 1333a21 – 25. Trans. Benjamin Jowett, in *The Complete Works of Aristotle*, Volume II (Princeton: Princeton University Press, 1984).

ty", the separation between these two domains of life—*theoria* and politics—leads to an isolation of philosophy from social praxis.①

It may seem as if Spinoza's notion of philosophy is similar to Aristotle's. More precisely, according to the *Treatise on the Emendation of the Intellect*—which precisely describes Spinoza's itinerary into philosophical activity—we may be led to believe that Spinoza establishes the same stark distinction between a kind of life considered as being "practical" and another kind of life exclusively dedicated to theoretical knowledge. The first kind of life would be one practiced within the community, within the polis, and it would constantly participate in the affairs of the city. The second kind of life would be separated from these practical-cum-political affairs of ordinary experience. Spinoza seems to reject ordinary life, by stating that "experience had taught me the hollowness and futility of everything that is ordinarily encountered in daily life [*in communi vita frequenter occurrunt*] "② and therefore he had to "enquire whether there existed a true good [*verum bonum*] ".③ Just like Aristotle, it appears, this "true good" has also characteristics that lead to a continuous joy. The aim is to find "something whose discovery and acquisition would afford me a continuous and supreme joy to all eternity".④

Therefore, Spinoza establishes two forms of joy. The first relates to the perishable objects found in ordinary experience: honor, wealth, and pleasure. The second kind of joy stems from a hypothetical non-perishable object and perhaps could be experienced in a continuous manner. These two kinds of joy may reflect a division between two vital domains: namely, the domain of social ordinary or daily life (or "life in a community"—what Spinoza terms as *vita communis*) and the domain of

---

① Herbert Marcuse, "Über den affirmativen Charakter der Kultur", *Zeitschrift Für Sozialforschung* 6(1), 1939, pp.54–55.

② *Tractatus de intellectus emendatione*, 1 (Henceforth cited as TIE, followed by paragraph number). Unless otherwise noted, all translations of Spinoza refer to the edition by Samuel Shirley, *Spinoza: Complete Works* (Indianapolis: Hackett, 2002).

③ TIE 1.

④ TIE 1.

philosophical life. Spinoza points out that he is searching for a " *novum institutum*" , ① namely a new direction or rule of life, one which appears to be out of, or apart from, the life in the polis. It would seem as if these new kind of life— nameless at the beginning of the *Treatise*—could be lived ' philosophically' , just as in the case of Aristotle.

Commentators have already noted that Spinozist philosophical life implies a rejection of social or political life. Martha Nussbaum, for example, has advanced this idea. For her, Spinoza's intellectualism implies an ideal of self-sufficiency entailing a complete detachment from social praxis. According to Nussbaum, if one follows the teachings of Spinoza and if, consequently, one becomes a Spinozist philosopher, one would find oneself " beyond shame, beyond revenge, beyond instability—but also, beyond politics, friendship, and human love". ②

My argument in this article goes against this perspective. Through a reading of the introduction to the *Treatise*, I will argue that for Spinoza a philosophical life implies, contrary to Nussbaum's argument, further engaging in political and social practice. In order to do so, I will focus on two elements in the *Treatise*, both of which entail stressing the relationship between philosophy and education. Firstly, in describing his own experience of suffering and sadness in ordinary social life, the narrator of the *Treatise* does not seeks a way out of this domain of life. On the contrary: the meditation on ordinary life is a process of self-learning that leads to an understanding of the fact that *there is no ' life apart*, ' and that the improvement of daily life entails a reorganization or ' reformation' of the same objects and experiences found in ordinary life. Secondly, beyond self-sufficiency, a philosopher's life entails an attempt to transform the domain of life within which she or he lives. So there is a philosophical ethics of living at stake here; an ethics that includes pedagogy, teaching, as a core element. Insofar as the aim of this teaching is not only to deliver a

---

①   TIE 3.

②   Martha Nussbaum, *The Upheavals of Thought : The Intelligence of Emotions* (Cambridge : Cambridge University Press, 2001) , p.526.

message, but, more importantly, to change the whole vital field of human experiences, then I will advance the argument that Spinoza's pedagogy is a 'subversive pedagogy.'

The Non-Rejection of the *Vita Communis*:
Immanent Critique

The concept of *vita* (life) in the *Treatise on the Emendation of the Intellect* designates a 'field of experience.' What Spinoza does in sections 3 through 5 is an analysis of this field of experience. More precisely, it is an analysis of 'what happens' in life[1]; and such 'what happens' is related to three objects, each of which human beings tend to consider as the highest good (*summum bonum*): wealth, honor, and pleasure (libido). Each object distracts the mind in such a way "that it is quite incapable of thinking of any other good." [2] The use of the verb *ditrahere* (to 'distract') highlights the powerlessness of the human mind for rationally organizing its affairs. Under this condition, the human mind is in a state of total passivity. However, this verb, and its possible translation as 'to draw away' or 'to divert', points also to an incapacity to perceive things as being interconnected. Considered as highest goods, these objects (wealth, honor, pleasure) are presented within the field of experience as isolated from all the other objects of the vital field. In the case

---

[1]   The most complete study on Spinoza's notion of experience is Pierre-François Moreau, *Spinoza. L'expérience et l'éternité* (Paris: Presses Universitaires de France, 1994). Moreau precisely examines the notion of *vita communis* as designating a "field" of the ordinary (pp. 108, 123). It refers to what is "given" in the experience of life. The notion of *communis* "indique à la fois ce qui est ordinaire (le cours habituel des choses, ce qui a lieu dans la grande majorité des cas) et la raison pour laquelle c'est ordinaire : c'est ce qui n'a pas besoin d'un changement pour être là". (p. 107). By the same token, according to Moreau, Spinoza's introduction to his *Treatise* refers to a common terrain of lived experiences. As a narrative, it includes an autobiographic element, but also points beyond it, namely, to what is common to all individual lives: "*l'expérience*, c'est ce terrain commun à toutes les vies individuelles, qui est d'une certain façon enregistrée dans la mémoire de tous les individus, bien qu'elle ait été pour chacun remplie d'une façon diverse" (p. 57).

[2]   TIE 3.

of libido"the mind is so utterly obsessed by it that it seems as if it were absorbed in some good, and so is quite prevented from thinking of anything else".① Although honor and wealth have different characteristics to those of libido, they also divert the mind"especially when the [wealth] is sought exclusively for its own sake, for it is then regarded as the highest good. Even more so is the mind obsessed with honour, for this is always regarded as a good in itself and the ultimate end to which everything is directed".② The soul is powerless because it becomes entirely fixed upon these items as a specific ends; it thus becomes impossible to think or experience beyond such particular goods. The French translation of *distrahere* as ' *diverter* ' points to the idea of being ' amused ' by these objects, but also to the fact that they ' deviate ' or ' distract ' us *only* towards them. It is as if all the rest of the experiences and goods present in the vital field simply disappeared. Dominated by the belief that these objects are the highest goods, the subject ' sections ' or ' cuts up ' his or her vital experience and becomes incapable of establishing relations between other objects. This way of living could be characterized as ' monomaniac ' or, to follow a vocabulary dear to Spinoza, as ' mono-affective ' : life is dominated by one single object.

But Spinoza's analysis is not essentialist. By essentialist I mean that the *Treatise* does not poorly evaluate libido, wealth, and honor due to their own, essential, characteristics. The main issue for Spinoza is the *passion* these objects provoke when they are sought after as highest goods. The passion triggered is that of sadness(*tristitia*). Sadness issues from libido at the moment the pleasurable object is lost: "after the enjoyment of this pleasure there ensues a profound sadness which, if it does not completely inhibit the mind, leads to its confusion and enervation." ③ As per richness and honor, the fact that they are objects that could be sought after and accumulated endlessly means that the hope of acquiring more and more appears also as something endless. Every frustration vis-à-vis this never-ending pursuit of richness

① TIE 4.

② TIE 5.

③ TIE 4. Translation modified.

and honor triggers "extreme sadness [*summa tristitia*]". ①

The kind of ordinary life from which Spinoza appears to want to escape is therefore placed under a specific critique concerning the valorization of these three objects considered as supreme goods. Such a critique is put forward with regard to the passion generated within *this* specific vital field. I would like to highlight, however, that extreme sadness is not an intrinsic condition attached to ordinary life or life in community. Rather, sadness, suffering, and powerlessness are attached to a *specific way* of living. Sadness is triggered by the fact that the mind is fixed on a specific object and thus lives a 'mono-affective' life. Experienced in this manner— mono-affectively—life becomes, in fact, an experience of 'death'.

Although Spinoza conceives of philosophy as a meditation on life, reflecting on death does not escape the critical analysis of this 'sad' way of leading life. Spinozist philosophy is not indifferent to the problem of death. Death is, fundamentally, an e-vil. ② The introduction of the *Treatise* is one of Spinoza's writings where death is precisely treated in this fashion. Death appears as the natural upshot of a life experienced in a mono-affective manner. Spinoza writes that this kind of vital experience implies "great peril and that I was obliged to seek a remedy with all my might, however uncertain it might be, like a sick man suffering from a fatal malady [*letali morbo*]." ③

But what is death exactly in this context? Spinoza closely links the danger of dying with the three analyzed objects:

> For there are numerous examples of men who have suffered persecution unto death [*persecutionem ad necem*] because of their wealth, and also of men who have exposed themselves to so many dangers to acquire riches that they have finally paid for their folly with their lives. Nor are there less numerous examples of men who, to gain or preserve honour, have suffered a most wretched

---

① TIE 5.

② Chantal Jaquet, "La peur de la mort", in Chantal Jaquet, *Les expressions de la puissance d'agir chez Spinoza* (Paris: Publications de la Sorbonne, 2005), pp. 175–176, 182–183.

③ TIE 7.

fate. Finally, there are innumerable examples of men who have hastened their death by reason of excessive sensual pleasure.①

At first, it would seem that Spinoza gives here a literal meaning to the term 'death', namely, a biological connotation. When mono-affectively searched as ends in themselves, libido, wealth, and honor lead human beings towards their biological death via different pathways(persecution, irrational actions, excess of body pleasures).

But death, for Spinoza, is not simply the fact of transforming into corpse. As it is known, according to Spinoza changes in an individual happen due to a modification in the ratio of motion and rest of the parts of a body.②Commentators have thus highlighted that death may also refer to a strong change undergone by an individual during the time we normally call' biological life'. The example of the amnesic poet provided in the *Ethics*, as well as Spinoza's views on the radical changes undergone in the passage from childhood to adulthood,③ show that it is not possible to establish a strict equivalence between dying and becoming a corpse.④ Even if the passage that mentions death in the *Treatise*specifically refers to biological death, Spinoza is not clear regarding the exact meaning of the verb' to die' or as to what precisely means to be' destroyed'. In fact, the references to death relate to Spinoza's conception of self-preservation, from which precisely stem the notions of*conatus*and life as conservation of the ratio of movement and rest of body parts. Spinoza says that" all those objectives that are commonly pursued not only contribute nothing to the preservation of our being [*ad nostrum esse conservandum*] but even hinder it, being frequently the cause of the destruction [*causa interitus eorum*] of those who gain possession of them, and invariably the cause of the destruction [*causa interitus*

---

① TIE 8.

② See the so-called" little physics"of*Ethics*II, after Proposition 13.

③ See*Ethics*IV, Proposition 39, Scholium.

④ See Jaquet, " La peur", p. 286; Raphaële Andrault, *La vie selon la raison. Physiologie et métaphysique chez Spinoza et Leibniz*(Paris: Honoré Champion, 2014), pp. 184-195; see also Catherine Malabou, *Ontologie de l'accident. Essai sur la plasticité destructrice*(Paris: Editions Léo Scheer, 2009), pp. 25-40.

eorum] of those who are possessed by them".① Consequently, death does not distinctly appear here as the process towards becoming a cadaver. Death rather becomes connected to life conditions that may lead to losing one's conservation, such as, for example, an intense madness triggered by the loss of a desired object. Spinoza's analysis focuses on the bad or corrupt living conditions that provoke a permanent risk of dying. Mono-affectively experienced, life becomes an auto-destructive process; it becomes a deadly experience.

For the philosopher, the easiest solution would be to escape from this auto-destructive and deadly field of experience. Leaving aside all perishable objects that trigger our love towards them would appear as the simplest way out. It would be better to attach oneself to a kind of "love towards a thing eternal and infinite [which] feeds the mind with joy alone, unmixed with any sadness".② At this moment of the meditation, Spinoza says that "[t]his is greatly to be desired, and to be sought with all our might".③ Spinoza's meditation concerning a life constantly in contact with death makes him(or so it appears) ditch the goods of ordinary life and search for another, non-perishable good seemingly outside the *vita communis*.

The turning point of this narrative, however, is given in the passage from § 9 to § 11. Here Spinoza shows that the vital field of experiences cannot be rejected. The narrator says that he has not been able to completely eliminate the goods of ordinary life. Even if the soul is focused on the possibility of finding a new rule of life, this achievement implies, not a total rejection of the *vita communis* and its objects, but a rearrangement of these *same objects* within the *same* field of experience. At this moment, perishable goods and the vital field of experiences itself are integrated into the project of a new life. Before realizing that such integration was necessary, the new kind of life was only intermittently discernible. When the narrator realizes that those perishable good should be integrated into the new life as

---

① TIE 7.
② TIE 9.
③ TIE 9.

means, then the thought of such a new life becomes clearer and more frequent: "as the true good became [*verum bonum*] more and more discernible to me, these intermissions became more frequent and longer, especially when I realised that the acquisition of money, sensual pleasure, and esteem is a hindrance only as long as they are sought on their own account, and not as a means to other things. If they are sought as means, they will then be under some restriction, and far from being hindrances, they will do much to further the end for which they are sought." ① The negation of common life is not enough to find a new kind of life. The philosopher thus seeks to integrate the objects of the *vita communis* into a project that had apparently rejected them. The transformation of these objects into means towards a new life is definitely accomplished through the positive idea of the highest good or *verum bonum*. As means, ordinary life and its affections are integral to the project towards the philosopher's *summum bonum*: "all that can be the means of his attaining this objective is called a true good, while the supreme good [*summum bonum*] is to arrive at the enjoyment of such a nature, together with other individuals, if possible" ②. This nature is "the knowledge of the union which the mind has with the whole of Nature" ③ and it is founded upon the fact that "all things that come into being do so in accordance with an eternal order and Nature's fixed laws". ④

The project towards a new philosophical life is one of knowledge. More specifically, this project consists in the 'joy' taken in the nature of the knowledge of the union of mind with the whole of Nature. This highest good appears to be an 'aim', a *telos*, but it is not. For the knowledge of Nature, for Spinoza, is precisely the knowledge of something without *telos*, where everything is a means to something else. This knowledge is not knowledge of ends, but of means and, consequently, of how

---

① TIE 11.
② TIE 13.
③ TIE 13.
④ TIE 12.

things—all things—are interconnected.①

At this point, it is important to highlight that the narrator learns, out of his known experience, (1) that the rejection of the *vita communis* is a dead end because such is the only field of experiences that exists; and (2) that the only way to change life is to integrate the goods of the field of experience into the project of a philosophical life, by way of reorganizing them as means. The result of this reorganization should lead to a transformation of the vital field of experiences from a realm dominated by death into one dominated by life.

Let us recapitulate the learning process developed by Spinoza in the first paragraphs of the *Treatise*. Two forms of life seem to become polar opposites: *vita communis* and ' something else ' that appears to be apart from ordinary existence, that is, apart from society and politics. The possibility of escaping the vital field of experience—dominated by death—seems to find support on the meditation upon this very field of experience, namely, upon " what happens ". But neither an escape from life nor a rejection of the affections present therein will be accomplished. In fact, the goods of life are transformed into means towards another kind of joy: that of the highest good, incarnated in the knowledge of Nature. The learning process at stake here involves a critical diagnose of the narrator's own life experience (an evaluation, an assessment). It also involves a solution to the deadly character of life; a solution found in the *same affective materials present within the vital field*. The narrator learns that this ' something else ' , opposed to the field of the social and the political, should be filled up by the same affective elements found in the initial diagnose.

This process of self-learning developed by Spinoza is presented as what I would propose to call an ' immanent critique ' , to borrow a Frankfort School

---

① This paradox of a *summum bonum* appearing in the context of a non-teleological system has already been highlighted by the commentators. See Ariel Suhamy, *La communication du bien chez Spinoza*, Paris, Garnier, 2010, p. 105; Theo Zweerman, *L'introduction à la philosophie selon Spinoza. Une analyse structurelle de l'introduction du Traité de la réforme de l'entendement, suivie d'un commentaire de ce texte* (Louvain: Presses de Louvain, 1983) , pp. 35–36; Moreau, p. 116.

concept.In fact, as an immanent critique, the praxis of thought works within the conditions of the *vita communis*, social or ordinary life.This praxis detects the non-optimal dimensions present in social life.In the case of the *Treatise*—just as in the case of the writings of Karl Marx, Theodor Adorno, Max Horkheimer, or Herbert Marcuse centuries after—these non-optimal dimensions and conditions are conceived of as deadly to the human subject. Changing these conditions is not a matter of developing a form of life apart from the vital field of experience; rather, this possibility requires the reorganization of the vital field and its affections.As Ariel Suhamy has put it: "Far from substituting ordinary life for the new life, the new life will reform ordinary life."[1] The concept of immanent critique that I propose for studying the learning process involved in this 'reformation', 'reorganization', or 'change' of life implies, for the philosopher, becoming*even closertovita communis*. The praxis of thought at stake here does not reject social life; it in fact rejects the very possibility to reject.

The philosophical praxis of reformation of life sets for itself one great task: the transformation of the vital field of experiences from a mono-affective experience into a 'pluri-affective' one. Changing one's life implies attempting to change the vital field wherein one lives.The transformation of goods such as libido, wealth, or honor into means towards the *summum bonum*requires to abolish the belief that these objects are the highest good.It thus implies to abolish the fact that these objects may 'divert' or 'draw away' the soul from the rest of the affections in the social field. Such a critical gesture triggers a process of *affective divers ification* within the vital field of experiences.Instead of being fixated upon one of these objects, the mind must integrate them into a larger affective domain.When Spinoza establishes that the highest good is taking joy in the knowledge of the union of the mind with the whole of Nature, he points to a perspective of life entailing an interconnection of each part of Nature with all its other parts.This kind of enjoyment is the total oppo-

---

[1] Suhamy, p. 58: "Loin d'abandonner la vie commune pour la vie nouvelle, la vie nouvelle réformera la vie commune." My translation.

site to the mono-affective joy stemming from the consideration of libido, wealth, and honor as the highest goods.

The philosophical journey towards knowledge is thus not something separated from life, but includes a critical engagement with life conditions. Could we say, however, that this critical engagement vis-à-vis the vital field is a collective endeavor? Is the change of living conditions something that the philosopher attempts only for himself? Is the transformation of ordinary goods into means towards the highest good something merely instrumental, useful only for accommodating the field of experiences to the demands of the philosopher, as in Marcuse's critique of Aristotle? And, if this is so, to what extent can we say, against Nussbaum, that a philosophical life is, also, a political life?

Philosophical Life and Subversive Pedagogy

Before dealing with these questions, a brief note on Rene Descartes' *Discourse on Method* is in place. Just as Spinoza's *Treatise*, the *Discourse* describes a path towards the development of a philosophical method and a philosophical life. For Descartes, life is also considered as a field of experiences from which the philosopher can learn. This field is expressed by what Descartes calls the "great book of the world".① Beyond his studies in the closed context of the academy, Descartes tells us of his desire to learn, through travelling, from this book of the world:

> That is why, as soon as I was old enough to emerge from the control of my teachers, I entirely abandoned the study of letters. Resolving to seek no knowledge other than that which could be found in myself or else in the great book of the world [*le grand livre du monde*], I spent the rest of my youth travelling, visiting courts and armies, mixing with people of diverse temperaments and ranks, gathering various experiences, testing myself in the situations

① I believe my account on what is shared between Spinoza's and Descartes' narrations is registered by Moreau when he points out that both philosophers establish their quest in the form of an "itinerary" (p.100).

which fortune offered me, and at all times reflecting upon whatever came my way so as to derive profit from it.①

Acquiring truth becomes connected with the encountering of other people. The source of learning becomes the judgments expressed by others. Whether these judgments are true or false may only be decided by experience itself: "For it seemed to me that much more truth could be found in the reasonings which a man makes concerning matters that concern him in than those which some scholar makes in his study about speculative matters."② It appears as if Descartes found a way to approach truth in a collective manner through these encounters. Just as in Spinoza's account, truth would be measured according to an observational process of 'what happens' in the events of common life.

Descartes' investigations within the field of experiences stop when, according to him, he discovers that he could not find truth in these encountering. After travelling during nine years, Descartes was not able to take "any side regarding the questions which are commonly debated among the learned, or beginning to search for the foundations of any philosophy more certain than the commonly accepted one".③ The dubious certainty of scholastic philosophy was not surpassed by what Descartes had learned from the great book of the world. The failure of obtaining truth via the encounterings with other people leads Descartes to change his strategy. At least at an autobiographical level, the method of Cartesian doubt shows itself as a way to react against the field of experiences, which has proved incapable of leading towards truth. Instead of following the judgments and opinions stemmed from the great book of the world, the research regarding truth must be followed by retreating oneself into the ego: "since I now wished to devote myself solely to the search of

---

① René Descartes, *Discourse on the Method*, trans. John Cottingham, in *The Philosophical Writings of Descartes*, Volume 1 (Cambridge: Cambridge University Press, 1985), Part One, p.115. Adam and Tannery edition, Volume VI, p.9 (Henceforth quoted as AT. Page numbers will be given according to Cottingham's translation and the AT edition).

② Part One, p.117/ AT, VI, pp.9-10.

③ Part Three, p.126/ AT, VI, p.30.

truth, I thought it necessary to do the very opposite and reject as if absolutely false everything in which I could image the least doubt, in order to see if I was left believing anything that was entirely indubitable."① Thus, what seemed as a journey similar to Spinoza's becomes, in Part Four of the *Discourse*, a rejection of the world and a withdrawal into the ego. We do not find here, as we do in Spinoza's account, an immanent critique of the vital field. In Spinoza, such a critical approach to the field of experience opens up the possibility of transforming this field via the reorganization of its own conditions. In the Cartesian account, on the contrary, the criticism of the field of experience leads outside the field itself; namely, it leads to the ego.

This Cartesian retreatment has an explicit spatial dimension, which is expressed through autobiographical notes *à propos* his journeys. Descartes finds the possibility to develop the correct method and serious philosophical thinking in a specific environment. This environment allowed him to think as if he were completely alone:

> I thought I had to try by every means to become worthy of the reputation that was given to me. Exactly eight years ago this desire made me resolve to move away from any place where I might have acquaintances and retire to this country [Holland], where the long duration of the war has led to the establishment of such order that the armies maintained here seem to serve only to make the enjoyment of the fruits of peace all the more secure. Living here, amidst this great mass of busy people who are more concerned with their own affairs than curious about those of others, I have been able to lead a life as solitary and withdrawn as if I were in the most remote desert, while lacking none of the comforts found in the most populous cities.②

Philosophical meditations can flourish in an environment marked by solitude and separated from the world. The correct method begins when movement ceases.

---

① Part Four, pp.126–127/AT, VI, p.31.
② Part Three, p.126/AT, VI, pp.30–31.

This passage into the right method requires a social and political context that allows to live *as if* one were in complete solitude. Nevertheless, the comforts provided by such a context are considered as necessary instruments for developing serious philosophical thinking. It is not possible to meditate *literally* in a desert. Rather, it is necessary to build, by means of a specific context, a space allowing to live in a desert-like solitude. The building of this space involves political and military aspects, such as laws, the army, the war, and urban comfort. Very importantly, this space implies, furthermore, a specific disposition of the people inhabiting it; at least in Descartes' eyes, they behave in an individualistic manner, each one minding his or her own business.

The correct method requires the solitude proper to a context considered as a necessary instrument for living and thinking as if one were completely away from everyone else. For Descartes, proper philosophical life begins where there exists an already established context. The philosopher settles in the midst of this context, which, paradoxically, allows him to live as if he did not live there, but rather surrounded by the solitude of a desert. If this reading is correct, then we may launch against Descartes the same criticism Marcuse launched against Aristotle: even if it is considered as an ' activity ', philosophy establishes a purely instrumental relationship with the context where social and political life develops. The realm of the *vita communis* is useful for the philosopher, only insofar as thought may be developed without any hindrances.

A double socio-political disengagement is found in this kind of philosophical life. First, as it is shown by Descartes retirement into the ego, the "great book of the world" (or ' what happens in the *vita communis* ' , to follow Spinoza's vocabulary) does not become integrated into the philosopher's thinking. Second, the context inhabited by this philosophical life is considered by the philosopher only as an instrumental means; the philosophical task at stake here does not aim at producing social or political changes within that context.

Let us come back to Spinoza. The critical engagement vis-à-vis the *vita communis* implies, in turn, a double practical task for the philosopher: firstly, a praxis of the understanding that works towards the joy of knowledge of the union of the mind and the whole of Nature; and, secondly, a praxis of the philosopher considered as a social and political agent endeavoring that others may partake this joy as well: "This, then, is the end for which I strive, to acquire the nature I have described and to endeavour [*conari*] that many should acquire it along with me." ①

This double praxis is marked by a joint aim. The happiness of the philosopher becomes augmented by the partaking of the understanding of Nature: "my own happiness involves my making an effort to persuade many others to think as I do, so that their understanding and their desire should entirely accord with my understanding and my desire." ② The progressive partaking of this joy is also the progressive partaking of the reorganization of life, that is, of the pluralisation of affective experiences at a collective level. Consequently, this restructuration of the deadly vital field is, not only for the individual philosopher, but for others as well. The reorganization of the *vita* refers to the improvement of the collective, namely, of the whole polis. In opposition to Descartes, Spinoza's philosophical praxis upon the vital field *begins with a desire to change, not only the philosopher's life, but also to improve the non-optimal conditions at a collective level.* Such a philosophical life is only conceivable in a polis, and not, as it were, in an isolated desert.

In § § 15-16, Spinoza points to a political horizon in his philosophical project: the reorganization of social institutions, so that new social conditions may be created for the replacement of the deadly field of experiences by new a life-enhancing one. This social and political horizon involves a pedagogical dimension, which, nevertheless, is not confined to a future project. Rather, Spinoza advances the idea that there is a pedagogical task required here and now, immanent to the field of experiences dominated by sadness.

This task is presented in § 17, the last section of the introduction. Put as a rhetorical question, Spinoza inquires the following: what is it necessary to do

---

① TIE 14.
② TIE 14.

'while' we work towards attaining the highest good? Spinoza says that during this time we must live: "while pursuing this end and endeavouring to bring down the intellect into the right path, *it is necessary to live* [*necesse est vivere*]." ① The verb "to live" (*vivere*) here means the same as the notion of *vita* at the very beginning of the *Treatise*: a field of experiences. The life of the philosopher must develop in *this context*. So the statement *necesse est vivere* implies that the life of the philosopher must 'throw' itself into the field of experiences, marked by death and sadness. Philosophical life in the *Treatise* seeks at reforming the intellect, but it is also a life that participates in the *vita communis* by attempting to improve it. The most important task in this regard will be that of pedagogy.

This task is implicated in the first of the three rules of living (*regulas vivendi*) that Spinoza announces at the end of the introduction. This rule states: " [one must] speak to the understanding of the multitude [*ad captum vulgi loqui*] and to engage in all those activities that do not hinder the attainment of our aim." ② Insofar as it entails a pedagogical and communicative dimension within the polis, this first rule *blends* the philosophical task with the political task. As commentators have already acknowledged, ③ the rule implies the development of an art of speaking, writing, and acting of the philosopher amongst non-philosophers. It implies that the highest good is not a solitary endeavor. The specific content of this speaking and writing is connected with the task of communicating the good, through a method that suspends a geometrical-cum-demonstrative order. Instead, experience is used as a persuasive tool, where the development of images and imagination play a critical role. As Chantal Jaquet has put it, this procedure involves a " mise-en-scène of truth". ④

---

① TIE 17. Translation modified.

② TIE 17.

③ Chantal Jaquet, "*Ad captum vulgi.* Parler ou écrire selon la compréhension du vulgaire", in Chantal Jaquet, *Les expressions de la puissance d'agir chez Spinoza* (Paris: Publications de la Sorbonne, 2005).

④ Jaquet, "*Ad captum vulgi*", p.20.

If the knowledge of the union of the mind with the whole Nature implies the reformation(improvement) of the life of the narrator within the vital field of experience, then, by the same token, we must acknowledge that communicating this knowledge aims, not only at persuading towards a reformation of the intellect, but also towards a collective improvement of life. Sharing the good by means of the mise-en-scène of truth also entails sharing an ' improved' (pluri-affective) manner of living within a field of life dominated by sadness.

The pedagogical task of the philosopher within the context of the *vita communis* thus entails an active intervention aiming at changing the vital field of experience, not only individually, but also collectively. Therefore, it is not possible to affirm, as Jean-Claude Fraisse has written, that the first of the three *regulas* stated by Spinoza entails a "submission of the wise man to the established order and to the most widespread customs, within the limits of his freedom of thought and the conservation of his being".[1] The life of a Spinozist philosopher does is not simply consist of adapting to the limits imposed by the social field. Instead of submitting to these limits, the pedagogical process at stake in this rule implies attempting to produce an extension of those limits.

In fact, rather than naming the philosophical life stemming from these *regulas*—and especially from the first one—as a "submission", I believe that a more precise term would be that of ' subversion'. Spinozist philosophical life is a subversive life. By means of the mise-en-scène of truth vis-à-vis the collective of people with whom the philosopher lives, Spinozist pedagogy aims at triggering a change in the *vita* of the city. We are talking here about a pedagogy aiming at displaying and sharing ' another version' of the affective vital field. It is, as I mentioned at the beginning, a *subversive pedagogy*. Through this kind of pedagogy, the philosopher not only teaches what he or she has learned from the critical assessment of the field, but also proposes a new way of inhabiting the polis.

---

[1] Quoted in Philippe Danino, *Le meilleur ou le vrai. Spinoza et l'idée de philosophie* (Paris: Publications de la Sorbonne, 2014), p. 128: "Soumission du sage à l'ordre établi et aux usages les plus répandus, dans le limites de sa liberté de pensée et de conservation de son être." My translation.

Thus, it is not possible to say that the notion of a philosophical life present in the *Treatise on the Emendation of the Intellect* falls within the critique that Marcuse had launched against Aristotle. By establishing a vital rule concerning a subversive pedagogy, the life of the Spinozist philosopher is, in itself, a political life as well. Unlike Aristotle, there is no hierarchy between a purely speculative philosophical life and a political life concerned with human needs. Neither is there in Spinoza, as there is in Descartes, an attempt to instrumentalize the social context the philosopher inhabits for the purposes of a fully detached life. Living philosophically, according to Spinoza, implies attempting to subvert the context where the philosopher lives.

Just as it happens in any pedagogical action, however, this kind of philosophical life entails a certain *exposure* of the philosopher in the face of the polis. Therefore, this philosophical-cum-political life entails a fine balance between, on the one hand, an ethical *prudence* to preserve one's being and, on the other, the *risk* involved in exposing one's own vital conservation. This balance between prudence and risk is expressed in Spinoza's biography itself. Prudence is shown, for example, in the postponement of the publication of the *Ethics*. Spinoza foresaw the problems that could have emerged for the preservation of his being, if the book had been published during his lifetime. On the other hand, the risk taken by Spinoza with the publication of the *Theological-Political Treatise*① shows that the subversive exposure of the philosopher is an integral part of the philosopher's political participation within the city.

University of Paris 1, Panthéon-Sorbonne

---

① On the events surrounding the publication of the *Theological-Political Treatise* in 1670, see Jonathan Israel, *Radical Enlightenment: Philosophy and the Making of Modernity* 1650 – 1750 (Oxford: Oxford University Press, 2001) , 275–285.

作为政治生活的哲思生活

——斯宾诺莎《知性改进论》中的内在批判与颠覆式教育学

尼古拉·雷马·哈巴什/文　刘　云　邓　刚/译 *

引　言

在《尼克马各伦理学》的第 10 卷,亚里士多德区分了两种类型的生活:一方面,是哲思的生活,另一方面,则是政治的或者实践的生活。哲思的生活,是献给静观的生活,是最完美的幸福生活,在此范围内,这种哲思生活是通过理智来进行的,哲学生活的知识目标是最完美的。在人类存在的最好部分(理智)与知识的最佳对象二者间的同型性,意味着这种活动——理论(theoria)的活动——带有最大程度的连续性。于是亚里士多德说道:

> 因为首先,沉思是最高等的一种实现活动(因为努斯是我们身上最高等的部分,努斯的对象是最好的知识对象)。其次,它最为连续。沉思比任何其他活动更为持久。第三,我们认为幸福中必定包含快乐,而合于智慧的活动就是所有合德性的实现活动中最令人愉悦的。爱智慧的活动似乎具有惊人的快乐,因这种快乐既纯净又持久。我们可以认为,那些获得了智慧的人比在追求它的人享有更大的快乐。第四,沉思中含有最多的我们所说的自足。①

哲学家是最幸福的、最为自足的主体。在另一方面,政治生活被认为是善

---

* 刘云,自由译者。邓刚,上海交通大学人文学院哲学系副教授。

① *Nicomachean Ethics* X, 7, 1177a19–28. Trans. W. D. Ross, in *The Complete Works of Aristotle*, Volume II, Princeton: Princeton University Press, 1984(henceforth NE).此处译文采自亚里士多德:《尼各马可伦理学》,廖申白译,北京:商务印书馆 2003 年版。

的生活,但是,因为政治生活是一种没有闲暇的生活,亚里士多德认为政治生活完全不同于哲思生活:"另一方面,合于其他德性的生活只是第二好的。因为,这些德性的实现活动都是人的实现活动。"①政治生活是与人的身体与激情联系在一起的,然而,哲思生活仅仅与理智相关,在亚里士多德看来,理智的完美性就在于"理智是一种完全独立的东西"②。

　　在《政治学》之中,亚里士多德也建立了类似的、在理论实践与社会政治实践之间的区分,他把人类的灵魂作了如下区分:"因为较为低劣的事物总是以较为优越的事物为目的,这种情况无论是在技术造成的事物还是在自然造成的事物中都极为明显;而优越在于具备理性。根据习惯的划分理性又分为两个部分,一个是实践的理性,一个是思辨的理性"③。在针对《政治学》的第7卷的评注中,批判理论家马尔库塞(Herbert Marcuse)指出:通过把哲学沉思的领域与社会实践的领域区分开来,仅仅把社会实践的领域评定为哲思生活的正确发展的一种工具,亚里士多德在作为整个的哲学和社会实践之中造成了一个断裂。即使亚里士多德说理论作品也是"活动"的一种形态,两个领域的分离——理论的和政治的——导致了哲学从社会实践之中孤立出来。④

　　斯宾诺莎的哲学概念在很多方面都与亚里士多德非常相似。更确切地说,根据《知性改进论》——这本书确切地描述了斯宾诺莎如何走向哲学活动的旅程——我们可以相信,斯宾诺莎建立了同样的区分,一种类型的生活被认为是实践的,另一种类型的生活则是完全献给理论知识。第一种类型的生活将是在共同体内部、在城邦内部进行实践的生活,将持续不断地参与到城邦的事务中。第二种类型的生活,则是与日常经验的实践、政治生活脱离开来。斯宾诺莎似乎否弃了日常生活,他说道"当我受到经验的教训之后,才深悟得日

---

　　①　NE X,8,1178a9-10.

　　②　NE X,8,1178a22.译按:此处廖申白译本译作"努斯的德性则是分离的"。

　　③　*Politics* VII,14,1333a21-25.Trans.Benjamin Jowett,in *The Complete Works of Aristotle*,Volume II,Princeton:Princeton University Press,1984.此处译文采自苗力田主编:《亚里士多德全集》第九卷(《政治学》),颜一、秦典华译,北京:中国人民大学出版社2003年版。

　　④　Herbert Marcuse,"Über den affirmativen Charakter der Kultur",*Zeitschrift Für Sozialforschung* 6(1),1939,pp.54-55.

常生活中所习见的一切东西,都是虚幻的、无谓的"①,因此他"决意探究是否
有一个人人都可以分享的真正的善(verum bonum)"②。正如同亚里士多德,
似乎"真正的善"的特征就在于导向持续的欢乐。目标就在于"究竟有没有一
种东西,一经发现和获得之后,我就可以永远享有连续的、无上的快乐"③。

　　因此,斯宾诺莎建立了两种类型的欢乐。第一种欢乐所涉及的是一些在
日常经验之中所能够找到的随时消逝的事物:荣誉、财富、感官快乐。第二种
类型的欢乐,来自于一种被设定为永不消逝的事物,也能够以一种持续不断的
方式来经验这种欢乐。这两种类型的欢乐,反映出两种生命领域的区分:可以
命名为,日常生活或者社会日常的领域(或者"在共同体中的生活"——斯宾
诺莎命名为 vita communis),以及哲思生活的领域。斯宾诺莎指出,他寻找着
一种"新的生活目标"(novum institum),即指一种新的生活方向或者一种新的
生活规则,这种生活似乎是外在于城邦的生活。似乎,这种新的生活——在
《知性改进论》的开头并未得到命名——可以是"哲思地"生活着,恰恰就像亚
里士多德所说的情况。

　　评注者们已经注意到,斯宾诺莎的哲思生活包含着对于社会政治生活的
摒弃。例如,努斯鲍姆(Martha Nussbaum)很早就提出了这一观点。在她看
来,斯宾诺莎的理智主义包含着一种自足的理想,这种理想必然要求从社会实
践之中完全地脱离出来。在她看来,如果一个人跟随斯宾诺莎的教导,如果他
因而要变成一位斯宾诺莎式的哲学家,他将发现他自己"超越羞耻、报复和动
荡不安,而且也将超越政治、友谊和对人类的爱"④。

　　在这篇文章之中,我的观点在于反对以上这种视角。通过对《知性改进
论》导论的阅读,我将论证出,对于斯宾诺莎,一种哲思的生活,意味着要紧密

---

① *Tractatus de intellectus emendatione*, 1, Henceforth cited as TIE, followed by paragraph number. Unless otherwise noted, all translations of Spinoza refer to the edition by Samuel Shirley, *Spinoza:Complete Works*, Indianapolis:Hackett, 2002.本译文中凡出现《知性改进论》和《伦理学》中的文字,皆采自贺麟先生的译本。据《贺麟全集》之《伦理学、知性改进论》,上海:上海人民出版社 2009 年版。

② TIE 1.

③ TIE 1.

④ Martha Nussbaum, *The Upheavals of Thought:The Intelligence of Emotions*, Cambridge:Cambridge University Press, 2001, p.526.

地联系着政治社会实践,这与努斯鲍姆的观点相反。为了做到这一点,我将集中到《知性改进论》的两个要素,这两个要素都涉及强调哲学与教育之间的联系。首先,通过描述他自己在日常社会生活之中的苦难和悲伤的经验,斯宾诺莎似乎并没有寻找在这一生命领域之外的道路。相反:对于日常生活的沉思,是一种自我教育的过程,将引向这样一种理解:事实上并不存在一种"与世隔绝的生活"(life apart),日常生活的改进涉及对于在日常生活之中所找到的同一类经验和对象的重组或者"重新培养"(reformation)。其次,超越自我满足,一种哲思的生活涉及一种努力,努力去超越他所生活在其中的生活领域。因此,这里有一种在关键时刻的生活的哲学伦理学;这是一种包含了教育学并且把教育作为核心因素的伦理学。在此范围内,这种教导的目标并不仅仅是释放一种信号,更为重要的在于,去改变人类经验的整个生活领域,这样我将发展出这样的观点:斯宾诺莎的教育学是一种"颠覆式教育学"。

不可弃绝公共生活:内在批判

在《知性改进论》中,生命的概念指的是一种"经验的领域"。斯宾诺莎在第 3 段到第 5 段所做的,这是对于经验的领域的一种分析。更确切地说来,这是一种对于在生命中"所发生的一切"的一种分析;"所发生的事物是与三种对象相关的,每一种人们都倾向于将其视作最高的善(summum bonum):健康、荣誉、感官快乐。萦绕人们的心灵,使人们不能想到别的善的,就是这三种东西。"①动词"分心"ditrahere 的使用,表明了人类心灵在理性化组织其自身事务方面的无能为力。在这样的条件下,人类心灵是在一种完全的被动状态之中。无论如何,这个动词,以及此动词可能的翻译"to draw away"或者"to divert",都指出了一种无能为力,即缺乏能力把事物知觉为互相联系的。这些对象(健康、荣誉、感官快乐)被视作最高的善,在经验的领域之中是作为与生命领域的其他对象相分离而呈现出来的。就感官快乐而言,"当人心陷溺于感官快乐,直到安之若素,好像获得了真正的幸福时,它就会完全不能想到别

---

① TIE 3.

的东西"①。然而,荣誉和财富有着不同于感官快乐的特征,它们也扰乱心灵,"对于荣誉和财富的追求,特别是把它们当作自身目的,最足以使人陷溺其中,因为那样它们就被当作最高的善。然而人心陷溺于荣誉的追求,特别强烈,因为荣誉总是人为本身自足的善,为一切行为所趋赴的最后目的"②。心灵是无能为力的,因为心灵完全地被固定到这些特殊的目的之上;这样,心灵就变得无法去思考或者去经验那些超出特殊的善的事物。法译本将distrahere翻译为diverter,指向的是一种为这些对象所"愚弄"的存在,也指向这样的事物,这些事物"使我们偏离"、或"干扰我们",使我们只是朝向这些事物。相信这些事物就是最高的善,被这样的信念统治着,主体"选择"或者"截断"了他的生命经验,从而变成了没有能力建立这些对象之间的联系。这种生活方式的特征就在于偏执,或者,用斯宾诺莎的词汇来说,是"单向情感"(mono-affective):生命是被某种独特的对象统治着。

　　但是,斯宾诺莎的分析并不是本质主义。所谓本质主义,我指的是《知性改进论》并不是简单地评价感官快乐、财富、荣誉,将它们归为自身的本质特征。对于斯宾诺莎,关键问题在于这些对象所引发的激情(passion),当这些对象被当做最高的善加以追求。所引发的激情就是苦恼(tristitia)。当享乐的对象消逝之际,便悲从中来:"一旦当这种快乐得到满足,极大的苦恼立刻就随之而生。这样一来,人的心灵即使不完全丧失它的灵明,也必会感到困惑而拙钝"③。作为财富和荣耀,事实上二者是能够被追求和不断加以积累的对象,这意味着想要获得越来越多的希望,似乎也是一种无止境的追求。对于财富和荣誉的无止境的追求,都最终引发了"极大的苦恼"④。

　　斯宾诺莎显得似乎想要从中逃离出来的这种日常生活,因而被置于某种特别的批判之下,这种批判关涉到将这三类视作最高善的这种评价。提出这样的一种批评,与之相关的是内在于这类特殊的生命领域之中产生出来的激情。我想要指出,极大的苦恼并不是与日常生活或者与共同体中的生活紧密联系的内在条件。毋宁说,苦恼、痛苦,以及无能为力,都是与某种特殊的生活

---

① TIE 4.
② TIE 5.
③ TIE 4.Translation modified.
④ TIE 5.

方式相关联。苦恼是被以下事实触发的,心灵被固定在某一特殊对象,从而以"单向情感"(mono-affective)的方式生活着。实际上,在这样一种"单向情感"的生活方式之中,生命变成了某种"关于死亡的经验",如同行尸走肉。

虽然斯宾诺莎将哲学看成一种关于生命的沉思,对于死亡的反思,并没有逃避对于这种"令人苦恼"的生活方式进行的批判性分析。斯宾诺莎的哲学并不是对于死亡问题无动于衷的。从根本上来说,死亡是一种恶。① 《知性改进论》的导论,斯宾诺莎在这里确切地将死亡看成一种恶。死亡就是在一种单向情感的生活方式之中所经验到的生命的一种自然结果。斯宾诺莎写道,这种生命经验意味着,"我实在到了生死存亡的关头,我不能不强迫我自己用全力去寻求药方,尽管这药方是如何不确定;就好像一个病人于重病挣扎……"②

但是,确切来说,在此处的上下文之中,死亡是什么意思? 斯宾诺莎在这里是将上述三种被分析的对象所导致的死亡危险联系在了一起:

> 世界上因拥有财富而遭受祸害以至于丧生的人,或因积聚财产,愚而不能自拔,置身虎口,甚至身殉其愚的人,例子是很多的。世界上忍受最难堪的痛苦以图追逐浮名而保全声誉的人,例子也并不较少。至于因过于放纵肉欲而自速死亡的人更是不可胜数③。

首先,似乎斯宾诺莎在这里给予"死亡"一词字面的意思,即生物学上的意义。当单向情感被作为目的而加以寻求时,感官快乐、财富、声誉,通过不同的方式将人类引向其生物学上的死亡(受虐、非理性的行为、放纵肉欲)。

但是,对于斯宾诺莎而言,死亡并不简单的只是身体内的转变。众所周知,在斯宾诺莎看来,在一个个体之中的转变的发生,归功于身体的其他部分的运动和改变。④ 评注者注意到,死亡也可以指的是在我们通常称为"生理生命"的期间身体所承受的强烈的转变。在《伦理学》中,患健忘症的诗人的例子,正如同斯宾诺莎所看到的、关于人从少年到成年的彻底转变,显示出将要

---

① Chantal Jaquet, "La peur de la mort", in Chantal Jaquet, *Les expressions de la puissance d'agir chez Spinoza*, Paris: Publications de la Sorbonne, 2005, pp.175-176, 182-183.

② TIE 7.

③ TIE 8.

④ See the so-called "little physics" of *Ethics* II, after Proposition 13.

死去和变成尸体之间建立严格的等同并非不可能。① 即使在《知性改进论》中提到死亡的段落确实所指的只是生理死亡,斯宾诺莎并非没有清晰地看到动词"死亡"的确切意义或者"被摧毁"一词的确切所指。实际上,死亡一词所指涉的仍然与斯宾诺莎的自我保存概念有所关联,正是源于自我保存概念才发展出"努力"(conatus)的概念,生命乃是作为运动和身体的保存的理由。斯宾诺莎说:"世俗一般人所追逐的名利肉欲等,不唯不足以救济人和保持生命,且反而有害;凡占有它们的人——如果可以叫做占有的话——很少有幸免于沉沦的,而为它们所占有的人则绝不能逃避毁灭。"②结果就是,死亡在这里并不是清晰地呈现为朝向成为行尸走肉的过程。死亡毋宁是与生命的诸种条件相联系,这些条件导致一个人丧失其生存,例如,由于所欲求的对象的丧失而导致的严重的疯狂。斯宾诺莎的分析集中在这些坏的、腐朽的生活条件,这些条件导致了死亡的危险。以单向情感的方式来体验,生命就变成了自我摧毁的过程;生命变成了向死的经验。

对于哲学家而言,最容易的解决方案,似乎就是从这种自我摧毁的、致死的经验领域之中逃离出去。远离所有的转瞬即逝的对象,这些对象导致我们的爱朝向它们,这似乎是最简单的解决之道。而更好的办法,却是将自身联系到某种"爱好某种永恒无限的东西,却可以培养我们的心灵,使得它经常欢欣愉快,不会受到苦恼的侵袭"③。正是在此沉思之际,斯宾诺莎说:"因此它最值得我们用全力去追求,去探寻"。斯宾诺莎的沉思关涉到一种与死亡有着持续的联系的生命,这使得他抛弃了日常生活中的善,从而去追求另一种永不消逝的善,这种善看起来似乎是在公共生活之外。

无论如何,这段叙述的转折点,是在从第 9 至第 11 段之中被给出的。斯宾诺莎显示出,生命的经验领域是不能被摒弃的。他还说不能够完全地消灭日常生活中的这些善。即使灵魂聚焦在寻找某处生命的新规则的可能性之

---

① See Jaquet, "La peur", p. 286; Raphaële Andrault, *La vie selon la raison. Physiologie et métaphysique chez Spinoza et Leibniz*, Paris: Honoré Champion, 2014, pp. 184-195; see also Catherine Malabou, *Ontologie de l'accident. Essai sur la plasticité destructrice*, Paris: Editions Léo Scheer, 2009, pp. 25-40.

② TIE 7.

③ TIE 9.

上，这种完成，所意指的并非对于共同生活及其对象的完全摒弃，而是对于在同样的经验领域之中的同一些对象的重新安排。在这时，这些转瞬即逝的善与生命的经验领域，都被整合到一种新的生活筹划之中。这种整合是必要的，在实现这一点之前，新类型的生活仅仅是在断断续续的情况下才可得到辨识。这些转瞬即逝的善将作为手段而被整合到新的生活之中，当这一点得以实现之际，对于这样一种新的生活的思考就变得更为清晰也更为经常："但是我愈益明确见到真正的善所在，这种境界显现在我心中，也就愈加经常、愈加持久。特别是当我确切认识到，如果把追求财富、荣誉、肉体享乐当作自身目的，而不把它们当作达到其他目的的手段，实在有百害而无一利时，则我的心灵便愈觉沉静不为所动。但是，反之，如果只把对于财富、荣誉及快乐的追求为手段而非目的，则它们就会受到一定的节制，这不但没有什么妨害，而且对于我们所以要把它们作为手段去追求的那个目的的实现，也有很大的帮助。"①对公共生活加以否定，这样并不足以找到一种新类型的生活。哲学家要寻求的，是把这些公共生活中的事物都整合到一个筹划之中，尽管表面上这个筹划是对这些事物的抛弃。把这些事物转变为手段从而朝向一种新的生活，要完成这一点，确切说来是要通过对于真善或者最高善的正确观念。"凡是足以帮助他达到这种完美的工具为真善，但真善乃是这样一种东西，人一经获得之后，凡是具有这种品格的其他个人也都可以同样分享。"②这种品格就是"人的心灵与整个自然相一致的知识"③，这种知识基于以下事实："万物的生成变化皆遵循自然永恒的秩序及固定的法则"④。

　　朝向一种新的哲思生活的筹划，是知识的筹划之一。更确切地说来，这种筹划就在于当知识的本性之中所认识到的、关于人的心灵与整个自然相一致的知识所带来的欢乐。最高的善显得似乎是一种目的，但并非如此。对于斯宾诺莎而言，确切说来，对于自然的认识，确切说来是对于无目的的某物的认识，从而任何东西对于另一东西都可能成为手段。这种知识并非关于目的之

---

①　TIE 11.
②　TIE 13.
③　TIE 13.
④　TIE 12.

知识,而是关于手段之知识,关于万物之间如何互相联系的知识。①

就这一点而言,需要指出的是,在其所知的经验之外,斯宾诺莎认识到:
(1)对于公共生活的摒弃将是死路一条,因为公共生活是人们生存的唯一的
经验领域;(2)唯一的改变生活的方式,就是把经验领域的善重新组织为手段
从而将其重新整合到哲思生活的筹划之中。这样的重组的结果,将引向对于
经验的生命领域的转变,从由死亡所统治的王国转向由生命所统治的王国。

让我们概括一下在《知性改进论》第一部分斯宾诺莎所发展出来的学习
步骤。两种形式的生活,似乎成为对立的两极:公共生活和"另一种东西",后
者似乎是离开日常的存在,从而离开社会和政治。从生命的经验领域之中逃
离的可能性,似乎在关于这种经验领域的沉思之中找到了支持,也就是说关于
"发生的事情"的领域。但是,没有任何一个人能够从生命之中逃离,对情感
的摒弃也不可能完成。实际上,生命的诸种善被转换手段以朝向另一种类型
的欢乐:在对自然的认识之中体现出来那种最高的善。这种学习的过程,引向
对于叙述者自己的生活经验的批判性诊断(一种评估)。这也引向对于生命
的死亡特征的一种解答:这种解答,可以在内在于生命领域中的同一种情感材
料之中找到。叙述者认识到,这些"另一种东西",是与社会的、政治的领域相
对立的,应该被在这种最初的诊断之中所找到的同样的情感因素充满。

斯宾诺莎所发展的自我学习的程式,是作为我所说的"内在批判"(imma-
nent critique)的方式来呈现的,这是一个借自法兰克福学派的术语。实际上,
作为一种内在批判,思想的实践是在"公共的生活"的条件之中运作的。这种
实践,在于发现在社会生活之中所呈现的那些并非最优的维度。就《知性改
进论》而言——正如同几个世纪之后,马克思、阿多诺、霍克海默、马尔库塞等
人的著作一样——这些并非最优的维度和条件,被设想为对于人类主体而言
是致死的。改变这些条件,并不是发展出一种远离生命的经验领域的一种生
命形态;而毋宁在于,这种可能性要求对生命领域及其情感进行重新组织。正

---

①　This paradox of a *summum bonum* appearing in the context of a non-teleological system has al-
ready been highlighted by the commentators. See Ariel Suhamy, *La communication du bien chez Spinoza*,
Paris, Garnier, 2010, p.105; Theo Zweerman, *L'introduction à la philosophie selon Spinoza. Une analyse
structurelle de l'introduction du Traité de la réforme de l'entendement, suivie d'un commentaire de ce texte*,
Louvain: Presses de Louvain, 1983, pp.35-36; Moreau, p.116.

如舒哈弥(Ariel Suhamy)所说:"并不是用一种新生活来取代日常生活,而是新生命对日常生活进行重新组织。"①我所说的内在批判的概念,对于学习程式而言,就在于生命的"重新形成"、"重新组织"、"改变",这意味着,对于哲学家而言,变得更切近公共生活。这种思想的实践,并不是对社会生活的否弃:实际上,这种实践摒弃了这种摒弃的可能性。

关于生活的重新形成的哲学实践,给其自身安排了一个极大的任务:生命的经验领域的转变,从单向情感的经验转向"多向情感"(pluri-affective)的经验。转变一个人的生活,意味着努力在他所生活之所在的生命领域之中有所改变。将诸如感官快乐、财富、荣誉的这些善转变为朝向至善(summum bonum)的手段,这种转变要求彻底摒弃将这些对象视作最高善的错误信念。这也意味着,这些事物(感官快乐、财富、荣誉)能够扰乱心灵,这一情况也将得到消除。这样一种批判的行动,所引发的是一种内在于生命的经验领域的"情感的多样化"(affectivediversification)的程序。心灵不再固定在上述的这些对象中的任何一个,而是必须将这些对象整合到一个更大的情感领域之中。当斯宾诺莎建立起这样的观点:最高的善就是认识到心灵与整个自然的一致之后所获得的欢乐,他所指的是一种生命的视域,这一视域必然要求在自然之中使得自然的每个部分都与其他的所有部分建立起联系。这样一种欢乐,与来自于将感官快乐、财富、荣誉视为最高善的单向情感的快乐相对立。

这种朝向知识的哲学旅程,并非某种与生命完全脱离的事物,而是包含与生命条件的某种批判性斗争。我们是否可以说,无论如何,这种面对生命领域的批判性斗争是一种集体的尝试? 是否,这种生命条件的转变,只是某个哲学家仅仅为其个人而准备的某种尝试? 是否,正如同马尔库塞对亚里士多德的批判那样,将日常的善转变为朝向最高善的手段,这只是纯粹工具性的,仅仅是对哲学家所要求的经验领域才有效? 以及,如果事情是这样,我们是否可以说,与努斯鲍姆所说的相反,这种哲思生活同时也是一种政治生活?

---

① Suhamy, p. 58: "Loin d'abandonner la vie commune pour la vie nouvelle, la vie nouvelle réformera la vie commune." My translation.

哲思生活与颠覆式教育

在处理这些问题之前，需要对笛卡尔的《方法谈》作一简短的点评。正如同斯宾诺莎的《知性改进论》，《方法谈》描述了一条道路，通向发展一种哲学方法和哲思生活。对于笛卡尔来说，生活也是被视作一种经验领域，哲学家可以从中获得教益。这一领域，被笛卡尔称作"世界这本大书"①。在学院的封闭环境中所学习到的东西之外，笛卡尔告诉我们，他想要通过旅行，在世界这本大书中学习：

> 这就是为什么一到能摆脱家庭教师束缚的年纪，我就完全放弃了古典文学的学习。因为决心不再寻求别的学问，而只访求那些能在自己心里或在世界这本大书中找到的学问，于是我便用余下的青春年华去旅行了，去看河流，看军队，去拜访不同性情、不同地位的人，去搜集各种经验，去在各种偶然境遇中证实自己，去思考那些我能从中获得益处的事情。②

获得真理，是与遭逢其他族群相联系的。学习的源头就变成了由他人来表达的判断。这些判断是真还是假，也许只有通过经验自身才能决定："因为我觉得，比起文人在书房里做的不产生任何结果的空洞思辨，我觉得每个人在对关系重大之事的思考中，也许会遇到更多真理。"③似乎，笛卡尔在通过这些遭遇，找到了一条在集体中接近真理的道路。正如同在斯宾诺莎的讲述中，总是根据某种在公共生活的诸多事件之中的对于"发生了何种事情"的观察程序来衡量真理。

当笛卡尔发现，在这些遭遇之中他不可能找到真理，他也就停止了在这一

---

① I believe my account on what is shared between Spinoza's and Descartes' narrations is registered by Moreau when he points out that both philosophers establish their quest in the form of an "itinerary" (p.100).

② René Descartes, *Discourse on the Method*, trans. John Cottingham, in *The Philosophical Writings of Descartes*, Volume 1, Cambridge: Cambridge University Press, 1985, Part One, p. 115. Adam and Tannery edition, Volume VI, p.9 (Henceforth quoted as AT. Page numbers will be given according to Cottingham's translation and the AT edition). 译文据笛卡尔:《方法论·情志论》，郑文彬译，南京:译林出版社 2012 年版，第 8 页。

③ Part One, p.117/AT, VI, pp.9-10. 中译本，第 9 页。

经验领域的探究。经历了长达九年的游历之后,笛卡尔"对于常常在博学之人中间引起争论的那些困难,我依然没有任何解决之道,也未能着手寻找任何比一般哲学更可靠的哲学之基"①。笛卡尔从世界这本大书之中所学习到的东西,并没有克服早年他受到的经院哲学的教育所具有的特征,即其确定性是可疑的。通过与其他族群的遭遇来获得真理的失败,这也引导笛卡尔改变他的策略。至少,在自传的层面上,笛卡尔式怀疑的方法,将自身显示为一种与经验领域相对立的方式,因为经验领域已经被证明无法通达真理。不再追随世界这本大书中的判断和意见,取而代之的,关于真理的探求必须隐退到自我之中:"可是因为我只是期望寻求真理,所以我想我理应做完全相反的事,看看在这之后,是否还剩下点什么我能相信的,完全无可置疑的东西。"②于是,这种表面上与斯宾诺莎相似的旅程,在《方法谈》的第四部分,就变成了对世界的摒弃和对自我的回归。但是,不同于斯宾诺莎的是,我们在笛卡尔这里并没有找到对于生命领域的内在批判。在斯宾诺莎这里,这样一种在经验领域之中的批判性推进,打开了一种通过对其自身条件的重新组织从而对这种经验领域加以转换的可能性。在笛卡尔这里,与之相反,对于经验领域的批判所导向的是走出经验领域;也就是说,导向自我。

笛卡尔式的隐退有着清晰的空间维度,是通过关于他自身的旅程的自传式解说来加以表述的。笛卡尔发现了在某种特定的环境之中发展正确的方法和亚当的哲学思考的方式。这种环境使他得以在完全孤独的情况下思考:

> 我想我应尽力通过一切手段使自己配得上别人赋予我的荣誉;恰好在八年前,这一愿望使我下决心远离所有有熟人的地方,隐居于此,此地久经战争之后,建立在这样一种秩序上:军队的数量看起来只是为了让人们更加安全地享受和平之果。在这样一群极为活跃、关心自己的事情胜过对别人事情的好奇的人中间,在这生活极方便的繁华城市里,我能像在最遥远的沙漠里那样孤独地隐居。③

哲学沉思能够在一种与世隔绝、孤独一人的环境下得以发展起来。当人不再四处漂泊,这种正确的方法就开始了。这种朝向正确方法的过渡,要求一

① Part Three,p.126/AT,Ⅵ,p.30.中译本,第21页。
② Part Four,pp.126-127/AT,Ⅵ,p.31.中译本,第23页。
③ Part Three,p.126/AT,Ⅵ,pp.30-31.中译本,第22页。

定的社会的、政治的条件,使得一个人有可能在完全孤独的情况下仍然足以生存。这样一种环境所提供的舒适,被视为发展严肃的哲学思考的必要条件。从字面上来说,是不可能在沙漠之中进行沉思的。毋宁说,通过某种特殊环境的方式,有必要建设一个空间,使得在一种类似于沙漠的孤独之中生存成为可能。建设这样一种空间,就要求政治的、军事的层面,诸如法律、军队、战争、城市建设等。很重要的一点在于,这种空间意味着对于人民的居住的一种特殊安排;至少在笛卡尔眼中,人们都在一种个体化的方式之中行动,每个人只关心自己的事务。

正确的方法要求某种孤独,这种孤独是生活和思考的条件,似乎一个人可以完全与其他人相脱离而生存。对于笛卡尔来说,本真的哲思生活,就开始于这样一种特定的环境已经存在的条件下。在这样一种环境之中,这样一种哲学的安排,尽管显得有些悖谬,但却使哲学家得以如同生活在一种沙漠般的孤独之中。如果这样一种解读是正确的,那么我们就可以用马尔库塞批判亚里士多德的方式来批判笛卡尔:即使被视作一种"活动",哲学家也与其环境建立了一种纯粹工具性的关系。这种共同生活的领域对于哲学家而言是有用的,仅仅是在思想能够毫无阻碍地得以发展这个范围内而言。

在这样一种哲思的生活中,可以找到双重的社会政治的脱离。首先,正如同笛卡尔所揭示的在朝向自我的隐退之中,"世界这本大书"(或者用斯宾诺莎的术语来说,在公共生活中发生的事情)并不能被整合到哲学家的思考之中。其次,这种哲思生活所置身于其中的背景被哲学家认为仅仅是一种工具性的手段;哲学家的任务在这里并不指向在这种环境之中的社会政治的改变。

让我们回到斯宾诺莎。面对共同生活的批判性介入,意味着对于哲学家来说双重的实践任务:首先,一种知性的实践,朝向认识到心灵与整个自然相一致所获得的欢乐;其次,一种哲学家作为一名社会政治的主体的实践,尝试让其他人也参加到这种欢乐之中:"因此这就是我所努力追求的目的:自己达到这种品格,并且尽力使很多人都能同我一起达到这种品格。"①

这样一种双重的实践,是通过一种目的之联合来标志的。通过分享对自然的理解,哲学家的幸福获得了增加。"这也是我的一种快乐,即尽力帮助别

---

① TIE 14.

人,使他们具有与我相同的知识,并且使他们的认识和愿望与我的认识和愿望完全一致。"①对于这种快乐的持续的分享也是对于生活的重新组织的持续分享,这一点,既是就情感经验的多样性而言,也是就群体性的层面而言。结果,对于这种致死的生活领域的重新结构化,不仅仅是为了某一个个体哲学家,也是为了所有其他人。对于生命的重新组织,指向的是群体的改善,即对于整个城邦的改善。与笛卡尔对立的在于,斯宾诺莎针对生活领域的哲学实践,始于改变的意愿,不仅要改变哲学家的生活,而且要针对集体层面的非最佳状态加以改进。这样一种哲思的生活,不仅仅是在一个城邦中被构思的,而并不是在一个孤立的沙漠中。

在第15、16小段,斯宾诺莎指出了在他的哲学计划中的政治层面:社会组织的重组,从而某种新的社会条件可以被创造出来,用来取代旧的致死的经验,通过一种新的提高了的生活。这种社会的、政治的层面导致了一种教育学的维度,就此而言不可局限为一个未来的计划。毋宁说,斯宾诺莎推进了这样的观念,从而就在苦恼所统治的经验领域之内,在这里获得了一种教育学任务。

这一任务是在第17段呈现的,也就是导言的最后一个部分。作为一个修辞学问题,斯宾诺莎提出要遵循以下规则:当我们共同朝向最高善时,什么是必需地去做的? 斯宾诺莎说,在此期间,我们必须活着:"但是当我们正在努力达到我们的目的,并指导知性使趋向正确途径的时候,我们必须生活下去"②。在这里,动词"生活"(to live, *vivere*)意味着与《知性改进论》开头处的生命(vita)概念相同的意思:一种经验领域。哲学家的生活必须在这种背景中得到发展。从而"必须生活下去"(*necesse est vivere*)意味着哲学家的生活必然将其自身投入到经验领域之中,而这个经验领域的特征只是死亡和苦恼。在《知性改进论》中,哲思生活寻求的是重新培育知性,而且哲思生活也是一种通过努力提高公共生活来参与到公共生活之中。在这种看法中,最重要的任务就是教育学的任务。

这个任务就包含在三条规则中的第一条之中,斯宾诺莎在导言的最后一

---

① TIE 14.
② TIE 17.

段宣布了这三条规则。第一条规则是这样的:"言语必须使众人可以了解。一切不妨害于达到我们的目标的事情,都必须努力去做。"①这揭示出一种内在于城邦的教育学的、沟通交流的维度,这条规则将哲思任务与政治任务联系在一起。正如同一些评注者已经认识到的,②这个规则意味着,哲学家身处众多非哲学家的众人之中,应该发展出一种言说的、写说的、行动的技艺。这意味着最高善并不是一种孤独的努力。这种特殊的言说和写作的内容,是与最高的善的沟通相联系的,通过一种几何的、论证的秩序。取而代之,经验被用作一种说服性的工具,从而图像和想象力的发展扮演着一个批判性的角色。正如 Chantal Jaquet 所说的,这种过程导致了一种"真理的发生"(mise-en-scène of truth③)。

如果心灵与整个自然相一致的知识,意味着对于叙述者的生命的经验领域的重新形成或者改进,那么,依此类推,我们必须认识到,将这种知识传递给其他人,其目的不只是说服他们来改进知性,而且也是朝向更好的集体生活。通过让真理发生的方式来分享善,也必然要求,分享在苦恼所宰制的生活领域之内对于生活方式的改进。

内在于公共生活的背景之中的哲学家的教育任务,必然需要一种旨在于改变生命经验领域的某种介入活动,不仅仅是个体的,而且也是群体的。从而不可能像 Jean-Claude Fraisse 所写的那样,承认由斯宾诺莎所表述的三条规则的第一条规则必然导致"一位智慧的人遵循既定的规则以及大多数人的风俗,但应在其自由思想和保存其存在的范围之内"④。一位斯宾诺莎式哲学家所过的生活,并不只是简单地采纳社会领域所强加的种种限制。在第一条规则之中,所涉及的教育程度,取代对于这些限制的服从,这意味着尝试着去扩大这些限制的范围。

实际上,与其将从这些规则出发的哲思生活称之为一种"服从",我认为

---

① TIE 17.

② Chantal Jaquet, "*Ad captum vulgi*. Parler ou écrire selon la compréhension du vulgaire", in Chantal Jaquet, *Les expressions de la puissance d'agir chez Spinoza*, Paris: Publications de la Sorbonne, 2005.

③ Jaquet, "*Ad captum vulgi*", p.20.

④ Quoted in Philippe Danino, *Le meilleur ou le vrai. Spinoza et l'idée de philosophie*, Paris: Publications de la Sorbonne, 2014, p.128.

一个更确切的词应该是"颠覆"(subversion)。斯宾诺莎的哲思生活是一种颠覆式的生活。哲学家通过面对与其共同生活的人民集体来展开真理,斯宾诺莎的教育学旨在触发城邦生活之中的某种转变。在这里,我们要谈论的是一种教育学,这种教育学旨在推荐和分享"另一种版本"的生命情感经验。正如我在开头所说的,这是一种颠覆式的教育学(a subversive pedagogy)。通过这种类型的教育学,哲学家所教的,不仅仅是他或她从对经验领域的批判中所学到的,而且也提供了一种新的在城邦中居住的方式。

这样,就不可能说,在《知性改进论》中呈现的哲思生活的概念应当归入马尔库塞反对亚里士多德所开展的批判的范围。通过建立一种关涉到一种颠覆式教育学的生命规则,斯宾诺莎式哲学家的生命,就其自身而言,就已经是一种政治的生命。与亚里士多德不同的是,这里并没有在纯粹的哲思生活与关涉到人的需求的政治生活之间作高下之分。与笛卡尔不同,在斯宾诺莎这里,没有任何一种企图想要把哲学家所居住的社会背景工具化从而追求一种与世隔绝的生活。在斯宾诺莎看来,以哲学的方式生活着,意味着努力去颠覆哲学家所生活于其中的环境。

恰恰如同在任何一种教育学行动之中所发生的,这种类型的哲思生活,必然需要对于在城邦层面的哲学家的某种展示。因此,这种哲学兼顾政治的生活,就必需一种完美的平衡,一方面,要保持一个人的存在所应有的伦理学上的谨慎,另一方面,需要面对在个人的生命保存时可能面临的危险。这种处于谨慎和风险之间的平衡,在斯宾诺莎本人的传记之中得到了体现。例如,通过《伦理学》出版的延期,可见其谨慎。斯宾诺莎预见到,如果这本书在其有生之年面世,可能会危及他的生存。在另一方面,斯宾诺莎的冒险之举正在于出版他的《神学政治论》①,这显示出在城市之中一位哲学家的颠覆姿态也是一种哲学家式的政治参与。

---

① On the events surrounding the publication of the *Theological-Political Treatise* in 1670, see Jonathan Israel, *Radical Enlightenment: Philosophy and the Making of Modernity* 1650 - 1750, Oxford: Oxford University Press, 2001, pp. 275-285.

Mastering symbols.Art,
Philosophy and Cognition[*]

Alexis Anne-braun

From Reference to Education

While working on my doctoral dissertation, I developed a strong interest in Nelson Goodman's theory of symbols. With all its parsimony and from my perspective, Goodman's work may answer a few questions addressed by traditional theories of reference-questions about induction, fiction, metaphor, rightness or relevancy of our symbolic activities and operations. Roughly, in order to understand how our references are attached to the world, we have to ask ourselves how does one reference work, in which particular symbolic system, replete or discrete, in which medium does a symbol work, and question the sensitivity of each particular system to contexts. To address the philosophical problem of Reference could mean to embrace the process of such a theory of symbols, and prevents us from looking for a magical relation between symbols and the world in itself(meaning or sense).

Among other important criteria for *rightness of reference* are two concepts related to our human practices, entrenchment(an extensionalist and logical version of habit or custom) and projectibility[①](an extensionalist and logical version of the general concept of use). For a predicate or a picture to be projectable, it has to be en-

---

* 《Mastering symbols. Art, Philosophy and Cognition》, conférence donnée lors de l'Atelier Jiao Tong, Institute for Advanced Study in European Culture, Shanghai Jiao Tong University, October 2016.

① Goodman, Nelson, *Fact, fiction and forecast*, Cambridge: Harvard University Press, 1984 (fourth-ed), Chapter IV"Prospects for a theory of projection", pp.84–124.

trenched in our human practices; that is, to be mastered, and through this mastering to have possible uses in other occasions. These two concepts of entrenchment and projectibility are highly connected to each other, and have been my main philosophical concern for a time.

Now, let's draw a few consequences from this philosophical account of referential activities. For a painting to be realistic, it has to belong to a symbolic system we master and are able to use and project in various occasions. For an induction to be correct it has to be confirmed and to involve predicates that are entrenched in our linguistic practices. As a matter of fact, inductions using the green predicate are corrects, which is not the case for inductions using *grue*[1]. Various other important notions were connected with such a frame of explanation[2]: style, exemplification, and even, in some respects, perception. Therefore, it is the path I followed in my dissertation, while addressing the problem of reference, in a goodmanian way.

Nevertheless, I undermined in my dissertation an aspect of Goodman's theory of symbol, a recurrent omission in secondary literature: the cognitive dimension of his theory of *worldmaking*. It is very clear that in Goodman's epistemology, aesthetics, and philosophy of language, the cognitive aspect of our different makings and renderings is central. What is valuable in a symbolic version is what we can do with it, i.e, how it increases our understanding of the world[3]. We make worlds insofar as we make versions that play their parts in a better or newly understanding of the world. Mastering Renoir's style of depiction is to understand certain aspects of the world that would otherwise remain unseen. Goodman makes this point very clear in the last chapter of *Languages of Art*, "Art and the Understanding":

> My aim has been to take some steps toward a systematic study of symbols
> and symbol systems and the ways they function in our perceptions and actions

---

[1] An object is grue if and only if it observed before t and is green, or else is not so observed and blue, see *Fact, fiction and forecast*, p.73.

[2] Kester-Haeusler-Stiftung, *Symbole, Systeme, Welten: Studien zur Philosophie NelsonGoodmans*, Heidelberg, Synchron, 2005(Philosophische Impulse), see Ernst, Gerhard pp.99−109.

[3] See, Goodman, Nelson, *Ways of Worldmaking*, Indianapolis(Ind.), Hackett, 1978, Chapter I.

and arts and sciences, and thus in the creation and comprehension of our worlds①.

This interest for cognition might induce a reappraisal of certain aspects of Goodman's theory of symbol.For instance, it has often been argued that his theory did not take sufficient account of historical or temporal determinations.Indeed, we can read Goodman's philosophy as an attempt of mapping worlds in a structuralist or constructionalist's fashion.One aspect of its relativism regarding world-versions is connected to this geographical approach.There is no need to search for an epistemic truth, for an original version of the World in itself-was it physical or phenomenological.

The function of a constructional system is not to recreate experience but rather to map it②.

There are as many world versions as there are possible conflicting maps of the world.None of which could pretend to be the original.If it has a use, if it can be rightly and easily projected, each map is entirely justified.Thus, geography takes advantage on a more historical-because epistemic-project. A similar attitude is in action in his studies of symbolic systems, where syntactic properties (density, repleteness) are said to be Goodman's first concern③.

A lack of historicity of his study of symbolic system, especially of depiction and theories of perspective, was then related to a certain blindness concerning political issues, and sociological determinations④.Paradoxically, Goodman's concepts of

---

① Goodman, Nelson, *Languages of Art:an approach to a theory of symbols*, Indianapolis, Hackett, 1976, p.165.

② Goodman, Nelson, *Problems and Projects*, Indianapolis (Ind.) , Bobbs-Merrill, 1972. See "The Revision of Philosophy" , p.16".

③ Goodman, *Languages of Art*, Chapter IV "The theory of Notation" , pp.127 – 176, See also, Goodman, Nelson, *Of Mind and Other Matters*, Cambridge, Harvard University press, 1984, p.149: "An analysis and classification of types of symbol systems-linguistic, notational, diagrammatic, pictorial, etc.-and of literal and figurative symbolic functions-denotation, exemplification, expression and reference through chains of these-provides an indispensable theoretical background".See also Goodman, Nelson, "Routes of Reference" , *Critical Inquiries*, 8(1) , pp.121-132.

④ Mitchell, W.J.Thomas,《Irrealism, and Ideology:A Critique of Nelson Goodman》, *The Journal of Aesthetic Education*, Vol.25, No.1, 1991, pp.23-35.

entrenchment and projectibility that were supposed to take into account the histo-ricity of human practices, had to be interpreted as purely formal, or purely exten-sionalist①. I must agree that this absence of historical or anthropological considera-tions may be disputed. At least, I admit that these considerations could be ad-dressed separately. Nevertheless, Goodman's interest for cognition proves that his theory of symbols was not alienated from history. We then have to conceive history and Goodman's theory of symbol from a different perspective. How do we get to that?

If we do have to master symbolic systems in order to use them and to under-stand them, our attitude with symbols involves some sort of learning②. And a learning process has its own temporality. Surely, in Goodman's philosophy, this tem-porality is not the one of very long historical series-as it is for Langer or Cassirer③ who had deeply inspired Goodman. Still, mastering a symbolic system is a process that occurs in time, in the history of one personal and cognitive development. Be-cause of this interest for cognition-that is much more central in Goodman's philoso-phy than usually reported-his very formal or syntactical theory of symbol was then opened to developmental and experimental issues.

> *While* Languages of Art*was heavily theoretical, Goodman also drew on the findings of psychology, linguistic, and other empirically oriented disciplines*④.

Therefore, Goodman's late philosophy would better be read in the prospect of a philosophy of learning and education. Reading Goodman's theory of symbol from this perspective, may then conduct to reappraise the role of Project Zero-a program of

---

① Cohnitz, Daniel et Rossberg, Marcus, *Nelson Goodman*, Chesham, Bucks, Acumen, 2006 (Phi-losophy now).

② This is particularly true for Goodman's theory of perspective, see Goodman, *Languages of art*, p.14: "Pictures in perspective, like any others, have to be read; and the ability to read has to be*ac-quired*".

③ Langer, Susanne, *Philosophy in a New Key*, New-York, Penguin Book, 1942; Cassirer, Ernst, *Language and Myth*, New-York and London, Harper, 1946.

④ Gardner, Howard, 《Project Zero: Nelson Goodman's Legacy in Arts Education》, *The Journal of Aesthetics and Art Criticism*, Vol.58, No.3, 2000, p.245.

artistic education that Goodman led in Harvard in the late 60s[1]-for both his theory of*worldmaking*, *and for the writing and reception ofLanguages of Art.*

Project Zero: History, Program and Empirical Materials.

We may now present this program of education.First I must say a few words a-bout the history of this project-its intellectual and institutional background-and then I will present its general orientations.Eventually, I will investigate some results of the experimentations that have been led. An important concern of this paper is to shed a new light on Goodman's theory of symbol, from the perspective of this scientific and experimental program he had led at Harvard in the mid-sixties.We cannot set apart the experimental style of Project Zero from what was in action in Goodman's reconception of aesthetic, which had been so influential in the second half of the 20th century.

The Project had been founded in the mid-sixties, a time when US administration was putting an important amount of money into programs of education, especially in sciences and technologies. These investments followed the Sputnik's Trauma of 1957[2]. At this very moment a revolution took place in psychology. In 1959 Jerome Bruner, who led psychological investigations on perceptual readiness, gave a talk at Woods Hole Massachussets, a talk said to be the origin of a cognitive turn in psychology. Bruner was a critic of Skinnerian behaviorism and traditional learning theory.While Piaget was not yet popular in the US, Bruner initiated a constructivist approach of cognition-which is currently associated with a problem-finding and problem-solving approach.This 1959 conference led to the publication of the bestseller*The Process of Education*[3]that introduced Piaget's developmental

---

① Goodman, Nelson, *Of Mind and Other Matter*, pp.146-167, "Notes from the Underground"; "Explorations in art education".

② Gardner, Howard, 《Project Zero: Nelson Goodman's Legacy in Arts Education》, *The Journal of Aesthetics and Art Criticism*, Vol.58, No.3, 2000, pp.245-246.

③ Bruner, Jerome S., *The Process of Education*, Cambridge: Harvard University Press, 1976.

approach in the US programs of psychology and education for good. In the early 60s, Bruner launched the Harvard Center for Cognitive Studies where Paul Kolers, Nelson Goodman, and Noam Chomsky did residencies. This disciplinary turn was inseparable from a real optimism that one could engage young people in inquiry, in ways that were fun as well as serious. This turn had also its aesthetic orientation, although before the creation of Project Zero there was no real program of education in the arts.

> *We began near zero(hence our name) with little more than a conviction of the importance of the task and some tentative notions as to where to direct our attention first*[1].

As a consequence of this new interest for cognitive and developmental psychology, the Dean of the Harvard Graduate School of Education raised money for a cognitively oriented program of art education. Goodman, who was a professor at Brandeis and in charge of the Rose Art Museum, was named director of the program in 1967. Beside Goodman's proximity with arts, symbolic activities of various kinds were at the heart of his philosophical concerns for years. As Gardner roughly puts it:

> *Goodman was interested in the same problems of the nature of knowledge that had engaged Cassirer and Langer, but he approached these issues wielding the lens of analytic philosophy, closer to mathematic and logic than to humanistic studies*[2].

Because of this artistic background, and of his interest in cognitive psychology (Kolers, Bruner) , Goodman moved the recently born theory of symbol from humanistic studies to both an experimental and an analytical ground. In 1962, Goodman was invited to Oxford to hold the John Lock Lectures for which he had accumulated experimental and theoretical materials for a few years. These lectures had then been

---

[1]   Goodman, *Of Mind and Other Matters*, p.151.

[2]   Gardner, Howard, 《Harvard Project-Zero: a personal history》, conference given in Harvard on Tuesday, January 29th, 2013. https://howardgardner01. files. wordpress. com/2012/06/pz-history-8-26-13.pdf, See p.6.

published in 1968 in an essay -*Languages of Art*-that has served as a 《Bible》 for Project Zero members for years. As it is written in the introduction of the published essay, the objective of the book is an 《*approach to a general theory of symbols*》, that《*deals with some problems pertaining to the arts*》①.

It is clear enough that*Languages of Art*and Project Zero were intimately connected. The Project Zero's program is easily identifiable in the last chapter 《Art and the Understanding》, when Goodman wrote in the closing pages:

> *Once the arts and the sciences are seen to involve working with symbol systems (inventing, applying, reading, transforming, manipulating) we can perhaps undertake pointed psychological investigation of how the pertinent skill inhibits or enhance one another; and the outcome might well call for changes in educational technology*②.

*Languages of Art*has implications that seem to go far beyond philosophy itself. Surely, these implications were tested and experimented in the context of Project Zero. In the very last paragraph of the essay, Goodman noticed that no matter the consequences in education or in psychology, they would《*in any case count as by-products of the theoretical inquiry begun here in*Languages of Art》③. Therefore, Goodman foresees the possibility that his theory of symbols could serve as a psychologically based technology of education. With Project Zero we are then confronted with a philosophy that transforms itself into a technology of education.

Now, what was the general program of Project Zero? As it is put in the small abstract of the final report [*Basic Abilities*]④, Project Zero is a research program aimed at the advancement of the arts, mainly through improvements of education for understanding arts, but also education for production and creation of art. The project

---

①   Goodman, *Languages of art*, p.xi.

②   *Ibid.*, p.265.

③   *Ibid.*

④   Goodman, Nelson; Parkins, David; Gardner, Howard, *Basic Abilities required for understanding and creation in the Arts*. Final Report for the U.S Office of Education, Harvard Graduate School of Education, 1972. This report has never been published.

was more precisely focused on the study of human abilities involved in dealing with symbols. The experimental studies that had been led were then supposed to furnish a new technology of education, aimed at improving the skills and abilities that were said and proved, involved by symbolic operations of various kinds. The range of activities inside the program was rather wide, running from conceptual clarifications to psychological and clinical experimentations, and the testing of new methods in education. Between 1967–1971, several small-scale experiments were then carried out.

In psychology of perception, David Perkins probed which visual cues enable us to perceive cubic corners. Perkins shed light on two phenomenon: 1° visual compensation of certain distorted drawings; 2° reduction of ambiguity-i.e the cognitive selection of a few interpretations among an infinity of other interpretations of one given figure. Other experimentations were conducted on caricature and phenomenon of recognition. The identification of caricatures is characterized as a process of checking for certain marked properties that are deeply *entrenched*in our perceptual scheme. We see salient features of a character as much as we recognize figures in a jigsaw puzzle. This hypothesis may then be generalized in the context of recognition of normal faces. These experimentations were of course all related to the discussions of pictorial realism(caricatures) and perspective(cubic corners) that occurs in the first chapter of*Languages of Art*, and that are still discussed nowadays[1].

Howard Gardner examined the development of young children's sensitivity to artistic style in various media. He found children had little evident sensitivity to stylistic properties of works. Nevertheless, such abilities increase drastically with practice; for instance, when one teaches observers to focus not only on subject matters or forms but also on subtler textural aspects. Furthermore, sensitivity to style is not a skill that simply improves with age. Older subjects may be blind to these subtler textural aspects because of the mastering of their own vocabulary. Jeanne Bamberger analyzed the nature of the perception of music by children, asking young listeners

---

①   Lopes, Dominic,《Pictorial Realism》, *The Journal of Aesthetics and Art Criticism*, Vol.53, No. 3, Juillet 1995, pp.277–285.

to discover new notations for rhythm or asking children to sort musical works, deal-ing with different musical vocabularies. These studies brought forward the cognitive development of the subject tested[1].

Both Goodman and Gardner became interested in newly reported research on the division of labor between cerebral hemispheres. Thus, Goodman brought brain physiology to bear on research into arts education[2]. Goodman's interest focused on the means by which different kinds of symbol systems are encoded and decoded. This new field of research was opened by Norman Geschwind's clinical work on *se-quelae*. The method used by Geschwind consists in examining different kinds of brain damages and the breakdown of symbol-using skills that followed.

> *Theoretical relationships derived from the conceptual framework need to be examined in the light of conjoint or separate impairment of these skills under va-rious brain injuries. That among such apparently alike skills as reading words and reading numerals and reading musical scores some may be lost while others are preserved move us to seek the relevant differences among these tasks [...] Conceptual apparatus and clinical experience must be tested again each other and often refined or reinterpreted[3].*

Later in the 70's Gardner tried to look empirically at the symbol-using skills that Goodman discerned from a philosophical perspective. This program of research led to the theory of multiple intelligences.

Results and Conclusion

General results of the experiments led in Projet Zero were found to fit the gen-eral theory of symbol exposed by Goodman in 1968.

First, there is no need for a dramatic opposition between art and science; both

---

[1] Important empirical results were also relative to the notion of musical expression. But I cannot discuss or report here all the results of this five years program.

[2] Goodman, Nelson, *Of Mind and Others Matters*, p.149.

[3] *Ibid.*

are symbolic activities that involve very similar abilities, and that-for an important part-rest on perceptual functions. Perception is to be understood in a constructionalist fashion, while our perceptual system should be reinterpreted in terms of a problem-solving activity. Perception is an active organizing process in which the observer or the listener discovers or constructs his own coherence, depending on his cognitive development, his sensibility (for instance : his mastering of different styles of representation or of a rich vocabulary) and of the pragmatic interests at stake.

All symbolic systems, scientific or artistic, might well be seen as some kind of sorting of perceptual materials. We increase our understanding of the world as we acquire new ways of sorting works, and new categories of perception. However, the mastering of a learned system of verbal categories, if too rigid, could also influence negatively a more intuitive or personal relation to the work. The novice, unable to make a good sorting of different works, is at least freer to discover the unique process of a work, because he is not locked into the notations.

Technologies of education have then to deal with a twofold objective : right sorting and personal insight. To set exercises adapted to the very development of the child seems crucial at this point. For instance, experimentations probed that sensibility to rhythm in music is only accessible to children who are well into concrete operations[1]. Early music education must also take into account the child's development of concepts of pitch. These last remarks show how historicity enters into Goodman's theory of symbols.

Also, the notion of problem-solving which appeared to be at the heart of the cognitive turn of mid-century psychology, has proved to be central for art education as well. In that respect, art can no more be associated with emotion when science is associated with cognition[2]. Rather, problem-solving tasks take different forms in

---

[1]　See, Piaget, Jean, *La psychologie de l'enfant*, Paris : Presses Universitaires de France, 1966, chapter IV 《Les opérations concrètes de la pensée》.

[2]　Goodman, *Of Mind and Other Matters*, pp. 148 – 149. See also Pouivet, Roger, *Esthétique et Logique*, Bruxelles, Mardaga, 1996.

sciences and arts. The *type* of media seems to be more central in arts production than it is in scientific inquiry for various kinds of problem-solving situations. Indeed, whereas problem-solving in sciences is concerned with conceptualization of relevant factors, indifferent to media(sentences, diagrams, equations); it is not true of problem-solving in arts, where the choice of one media is often part of the solution[1]. This conclusion espouses the perspective of Goodman in *Languages of Art*, where the difference between sciences and arts is understood in terms of "*domination of certain specific characteristics of symbols*", and not when one appeals to emotion, intuition or beauty[2].

Finally, let's say a few words about what Goodman calls activating art[3]. One of Goodman's main involvements in Project Zero was a series of Lecture-Performances he curated in Harvard. There were actually twelve lectures given by artists in front of a large audience. The works or talks were performed so that members of the audience could understand the deep and complex thinking that went into artistic production of great quality. For instance, a photographer(Alfred Guzzeti) would discuss which negative he would choose to process and exhibit. A mime-performer(Jacques Lecoq) would make the audience aware of difficulties in duplicating ordinary gestures. Through each lecture an important aspect of symbolization would be underlined: here selection, exploration of alternatives and exemplification[4]. These performances or "art in the making" should then be understood as instances of what Goodman calls activating art. A piece of art has to be activated in order to work properly that is: be rightly exhibited, selected and so on. This remark is an important dimension of what we may call a context-sensitive theory of art. There is no essence of art to be looked for or to be looked at. Rather, some natural pieces or human sym-

---

①   It seems that Elgin's comparative analysis of exemplification in Art and in Sciences is also sensitive to these sorts of considerations. See, Catherine Z. Elgin, 《Making manifest: the role of exemplification in the Sciences and the Arts》, *Principia: an International Journal of Epistemology*, No.3, 2011.

②   Goodman, *Languages of art*, p.264.

③   Goodman, *Of Mind and Other Matters*, p.158.

④   One can find a definition of exemplification in Goodman, Nelson, *Languages of Art*, chapter 2, 《Exemplification》, pp.52–57.

bols work as art in some special contexts where they are exhibited, shown forth, as functioning aesthetically[1]. Once again, this pragmatic approach, that proved to be very fruitful[2], was connected with what was experimented in Project Zero-in these series of lecture-performances as well as in Goodman's proposals for educating people in arts management and in curating. Here is another example of how a logical approach of symbols transforms itself into a technology of art education.

Project Zero has been more decisive for Goodman's late philosophy than it is generally noticed. At least, it is the hypothesis I tried to show forth in this paper. Such a hypothesis would then explain how Goodman's philosophy turned out to be more practically and cognitively oriented than its first theory of symbols. One may say that Project Zero grounds Goodman's theory of symbol into empirical and psychological observations. Very abstract notions, as the ones of entrenchment and projectibility, would certainly be better understood in the lights of this developmental approach. Furthermore, this project may offset the importance of syntactical analysis in his first theory of symbols. Beside logical studies on notational systems-that remain the theoretical background of his philosophy -, a good theory of Reference must take into account operations of symbolization that always imply both contextual considerations, and an effort of learning and cognition. Operations of symbolization might then be characterized as the right level of analysis of our referential activities. It is precisely how history enters into Goodman's philosophy-a philosophy that had often been characterized only in geographical terms (routes of reference, problems of mapping, structural analysis, notations). Eventually, one may leave the ground of Goodman's own philosophy and discuss how analytic philosophy in general may lead to cognition, enhance our understanding of the world and serve as a technology of education.

① Goodman, Nelson, Ways of Worldmaking, Chapter IV 《When is Art?》.

② Cometti, Jean-Pierre,《Activating Art》, *The Journal of Aesthetics and Art Criticism*, Vol.58, No. 3, 2000, pp.237-243.

掌握符号：艺术、哲学和认知

艾利克斯·安妮-布劳恩/文　　闫文娟/译

从参考到教育

当我在写博士学位论文的时候，我对古德曼的符号理论产生了很大的兴趣。因为古德曼的语言异常简练，在我看来他的工作可以回答一系列诸如归纳、虚构、比喻、公正、关联等我们对符号的活动和操作。而这些问题是传统参考理论所不能回答的问题。大体来讲，为了理解我们的参考是如何与世界相关联的，我们不得不问自己一个指称是如何在一个特殊的符号系统中工作的。而这个符号系统又是如何通过合成的或是分离的媒介来工作的。进而通过这一系列问题回答语境中每个特殊系统的变形。强调指称的哲学问题可能意味着对符号理论审核的加强，同时也防止了我们看到符号和世界本身（意义或理解）的魔力关系。

在其他有关指称合理性的标准里有两个概念和人类的实践、固有想法（一种有关习惯和习俗的外延的和逻辑的说法）和规划①（一种有关一般使用概念的扩展和逻辑说法）有关。对一幅即将出现的图画或一个断言，人类需要通过实践来加以确认。也就是说，需要被掌握，通过这个掌握来探讨在其他场合的可能应用。这两个有关加强和规划的概念紧密结合，共同构成了我关于时间的主要哲学观点。

现在，让我们从这一系列的哲学参照活动中描述一些结果。例如，要让一幅画成为现实，我们需要在脑海中掌握可以在各种场合供描绘和使用的象征

---

① Goodman, Nelson, *Fact fiction and forecast*, Cambridge: Harvard University Press, 1984 (fourth ed), Chapter IV "Prospects for a theory of projection", pp.84–124.

系统。一项归纳想要正确就必须是确定的,而且包括可以在语言实践中得到加强的断言。事实上,归纳使用没有出现过的断言是正确的,这与归纳使用"grue"①的情况是不同的。各种其他重要的概念也与这一解释结构相关②——方式、例证,甚至在有些方面是观念。因此,这也是我的专题论文中所遵循的方式——当讲到参考的问题时,这是一种古德曼式的方法。

然而,我在论文中逐渐削弱了有关古德曼符号理论的方面。在第二篇论文中也有同样的疏忽,即对他的构造世界理论认知维度的忽略。显然在古德曼的认识论、美学和语言哲学中,有关我们不同构造和表演的认知是他的中心思想。在符号系统中重要的是我们能用它做什么,比如,它是如何强化我们对世界的理解的。③ 我们对世界的理解程度会让我们选择用语言来以一种更好的或全新的方法来表达。专家雷诺阿的描述理论就是用来说明我们尚未看到的世界的某些特定方面。古德曼在最后一章《艺术语言》中清楚地说明了这一点——"语言和理解":

> 我的目的就是要探讨在符号和符号系统以及它们在我们的理解、行为、艺术和科学中所起的作用,并且将这一工作向前推进,进而在我们对世界的理解和创造中体现出来。④

这一认知兴趣可能会引起对古德曼符号理论某些特定方面的再评价。例如,在他的理论没有提供充分的历史数据和时间确定性上存在着争议。事实上,我们可以把古德曼的哲学看作是试图以一种结构或解释的方式来描绘世界。在他的相对论中有一方面把对世界的解读与地理学相联系了起来。对于世界本身到底是物质的还是现象的,不需要去寻找认识论上的真相。

> 建构系统的作用并不是再创造经历而是描绘它。⑤

---

① An object is grue if and only if it observed before t and is green, or else is not so observed and blue, see *Fact, fiction and forecast*, p.73.

② Kester-Haeusler-Stiftung, *Symbole, Systeme, Welten: Studien zur Philosophie NelsonGoodmans*, Heidelberg, Synchron, 2005(Philosophische Impulse), see Ernst, Gerhard pp.99-109.

③ See, Goodman, Nelson, *Ways of Worldmaking*, Indianapolis(Ind.), Hackett, 1978, Chapter I.

④ Goodman, Nelson, *Languages of Art: an approach to a theory of symbols*, Indianapolis, Hackett, 1976, p.165.

⑤ Goodman, Nelson, *Problems and Projects*, Indianapolis (Ind.), Bobbs-Merrill, 1972. See "The Revision of Philosophy", p.16.

对世界的理解有多少种，对世界的描绘就可能会有多少种。没有一种可以自称为世界的本源。如果有用，便是正确的和好规划的，每一种描绘都是完全合理的。这样，由于认识论的原因，地理学在更长远的历史规划中占有优势。同样的态度在他有关符号系统的学习中也在起着作用，在这一系统中句法特征（密度、充分性）被认为是古德曼首先关心的①。

由于他的符号系统的学习缺乏历史性，尤其是在描述和洞察理论上。这样，便导致了某种盲目的对政治热点和社会决定的关注②。矛盾的是，古德曼有关加强和规划的概念被设想成是考虑到了人类实践的历史，被解释为纯形式或者是纯粹的延伸③。我必须同意历史的缺乏或者是人类学角度的考虑可能具有争议性。至少，我承认这些考虑可以分别增加。然而，古德曼对认知的兴趣证明他的符号理论与历史并不相去甚远。然后，我们可以从一个不同的角度来构思历史和古德曼的符号理论。我们是如何构思的呢？

如果我们为了使用和理解符号系统而不得不掌握它们，那么我们对符号的态度包含着有某种学习的成分④。而一个学习的过程具有它自身的暂时性。很确定，在古德曼的哲学中，这一暂时性并不是一个很长的历史过程——兰格和卡西雷尔⑤深深地激励了古德曼。同样，掌握符号系统的过程在一个人认知历史发展的过程中具有时间性。在古德曼的哲学中，对认知的兴趣比一般的报告更占据中心位置。他的正式的符号或句法理论就是这样敞开地向

　①　Goodman, *Languages of Art*, Chapter IV "The theory of Notation", pp.127-176, See also, Goodman, Nelson, *Of Mind and Other Matters*, Cambridge: Harvard University press, 1984, p.149: "An analysis and classification of types of symbol systems-linguistic, notational, diagrammatic, pictorial, etc.- and of literal and figurative symbolic functions-denotation, exemplification, expression and reference through chains of these-provides an indispensable theoretical background". See also Goodman, Nelson, "Routes of Reference", *Critical Inquiries*, 8(1), pp.121-132.

　②　Mitchell, W.J.Thomas, 《Irrealism, and Ideology: A Critique of Nelson Goodman》, *The Journal of Aesthetic Education*, Vol.25, No.1, 1991, pp.23-35.

　③　Cohnitz, Daniel et Rossberg, Marcus, *Nelson Goodman*, Chesham, Bucks, Acumen, 2006 (Philosophy now).

　④　This is particularly true for Goodman's theory of perspective, see Goodman, *Languages of art*, p.14: "Pictures in perspective, like any others, have to be read; and the ability to read has to be acquired".

　⑤　Langer, Susanne, *Philosophy in a New Key*, New-York, Penguin Book, 1942; Cassirer, Ernst, *Language and Myth*, New-York and London, Harper, 1946.

前发展并在试验中引起争议的。

　　　　当语言或艺术过重地强调理论时,古德曼也描绘出了他在心理学、语言和其他以经验为主的准则方面的发现①。

　　因此,古德曼的后期哲学在哲学的学习和教育过程中具有更强的可读性。从这个角度来阅读古德曼的符号理论,可能会引起对他的零规划(古德曼在60年代后期②在哈佛大学提出的有关艺术教育的一种程序)的再评价。他的世界构造理论和语言艺术写作与接受都源于此。

零点项目:历史、计划和经验材料

　　现在,我们来呈现这一教育计划。首先,我必须说一些有关这一计划的历史——它在智力和制度上的背景。然后,我将描述它的一般方向。最后,我会调查一些由这一实验所导致的结果。这一论文所关注的一个重要点是让古德曼的符号理论发出新的光芒。这一光芒是从他在60年代中期于哈佛大学所做的从科学和经验的角度来出发的。我们不能把零点项目实验从古德曼对艺术的重新构建行动中分离开来。这一重新构建在接下来的半个20世纪中产生了深刻的影响。

　　这一规划是在60年代中期被发现的。那个时期刚好是美国政府在教育上投入了大量的资金,尤其是在科学和技术方面。这些投资是伴随着1957年斯普特尼克1号的创伤而来的③。正是在这个时候心理学界也发生了一场革命。在1959年,布鲁纳在感性阅读中引入了心理学的学术研究。他在马萨诸塞州的伍兹霍尔做了有关这方面的报告。这一报告被认为是从认知学向心理学转向的起源。布鲁纳是斯金纳行为主义理论和传统学习理论的批评者。当皮亚杰在美国还没有成名时,布鲁纳就认知方向提出了构成主义。在今天,这

---

　　① Gardner, Howard,《Project Zero:Nelson Goodman's Legacy in Arts Education》,*The Journal of Aesthetics and Art Criticism*, Vol.58, No.3, 2000, p.245.

　　② Goodman, Nelson, *Of Mind and Other Matter*, pp.146-167, "Notes from the Underground"; "Explorations in art education".

　　③ Gardner, Howard,《Project Zero:Nelson Goodman's Legacy in Arts Education》,*The Journal of Aesthetics and Art Criticism*, Vol.58, No.3, 2000, pp.245-246.

一构成主义与问题的发现和解决相关联。1959 年的这个会议让畅销书籍《教育过程》①得以发行。书中介绍了皮亚杰在美国就教育心理学向好的方向发展的观点。在 60 年代早期，布鲁纳开发了认知研究的哈佛中心。库勒·保罗、古德曼·纳尔逊和乔姆斯基·诺姆都曾在这里做过研究。这一训练上的转向与真正的乐观主义不可分割。在乐观主义那里，一个除可以用严肃的方法外，也同样可以用快乐的方法来激励年轻人做研究。尽管在零点项目提出之前艺术界并没有真正的教育计划，然而这一转向也具有美学倾向。

> 我们在对任务和一些试探性观念重要性方面几乎没有任何确定性的情况下开始趋近零（在这里是我们的名字），就像没有首先引起我们的注意一样②。

作为对认知和心理发展新的兴趣的结果，哈佛大学教育研究生院的院长为艺术教育认知倾向的规划提供了资金。古德曼，作为布兰德斯大学的教授之一和玫瑰艺术博物馆的馆长，1967 年被任命为这一项目的主持者。除了与艺术亲近外，多年以来，在古德曼的哲学中心也关注着各种各样的符号活动。正如加德纳的简要描述：

> 古德曼对知识自然性中的同样问题感兴趣，这一兴趣激励了卡西雷尔和兰格。但是他对这些争议的态度使得分析哲学更多地贴近于数学和逻辑而非人文主义的研究③。

由于这一艺术背景，加上他对认知心理学的兴趣（库勒、布鲁纳），古德曼把最新诞生的符号理论从人文主义研究的角度转向了经验主义和分析论的根据地。在 1962 年，古德曼受邀在牛津大学作有关 John Lock 的报告。在这一报告中，他的经验和理论材料已经积累了一些年。1968 年，这些报告在《语言艺术》杂志上发表，并多年作为零点项目成员的《圣经》予以保存。因为它们是以杂文的形式以介绍的方式写的，以书的方式则是以《对一般符号理论的

① Bruner, Jerome S., *The Process of Education*, Cambridge: Harvard University Press, 1976.
② Goodman, *Of Mind and Other Matters*, p.151.
③ Gardner, Howard,《Harvard Project-Zero: a personal history》, conference given in Harvard on Tuesday, January 29th, 2013. https://howardgardner01.files.wordpress.com/2012/06/pz-history-8-26-13.pdf, See p.6.

态度》和《对一些艺术问题的处理》的名字出版的①。

显然《语言艺术》和《零计划》是紧密关联的。在《艺术和它的理解》的最后一章中很容易找到对零规划程序的说明。古德曼在相近的几页中写道：

> 一旦艺术和科学被看作是包含在符号系统的工作中（发明、应用、阅读、转换、操作），我们就可能从心理研究的角度来发现有关相互间的技巧抑制或促进是如何发生的。而这些成果也可以称为是教育技术的变革②。

《语言艺术》意味着远远超出了哲学本身。这些言外之意在零点项目的内容中得到了证明和实验的检测。在这篇文章的最后一段，古德曼注意到无论教育和心理学之间的关联是什么，它们在任何情况下都是《语言艺术》这里产生的理论的副产品③。因此，古德曼预见到了他的符号理论可能会作为教育技术学发展的心理基础。和零点项目一起，我们面对着一种由哲学向教育技术学的转换。

现在，零点项目的一般程序是什么呢？正是因为把它放入了最后的报告的小的抽象之中[基本能力]④，零点项目作为一项研究计划，目的在于通过对教育的提升来理解艺术，看到艺术的优势。同时，教育也是艺术的生产者和创造者。这一规划更精确地集中于对人类能力包括对符号的处理能力的学习。这一实验性的研究被看作是提供了一项新的教育技术，旨在提高已被证明了的包含在各种符号运作中的技巧和能力。这一规划的活动范围非常宽泛，从概念的分类到心理学和临床试验都有，而且还包括了对教育新方法的测试。在1967年到1971年间，一些小型的试验得以试验。

在感知心理学中，大卫·帕金斯探寻视觉暗示是如何促进我们对函数角的理解的。帕金斯在两个现象中作出了贡献：(1)对已确定变形的图画的视觉修正；(2)含糊约简——例如，在已经给出的无穷大的算术演绎中通过认知

① Goodman, *Languages of art*, p.xi.

② *Ibid*, p.265.

③ *Ibid*.

④ Goodman, Nelson; Parkins, David; Gardner, Howard, *Basic Abilities required for understanding and creation in the Arts*. Final Report for the U.S. Office of Education, Harvard Graduate School of Education, 1972. This report has never been published.

选择一小部分演绎。其他实验由对漫画和现象的认知导出。对讽刺画的识别被认为是对牢固存在于我们知觉体系当中的特定属性的识别过程。我们在一个特征中找出最显著的特征就像是从拼图游戏中发现轮廓一样。这一假设可以被归纳到法线认知情境当中。当然这些实验都与《语言艺术》第一章中讨论的绘画实在论(漫画)和透视(函数角)有关。而且,这些在今天也依然被讨论①。

霍华德·加德纳对年幼的小孩在成长阶段对各种媒介中的艺术风格的感知做了实验,他发现儿童对艺术作品中的特性几乎没有明显的感知能力。然而,这一能力在实践中可以得到飞速发展。例如,当一个老师的关注点不仅在教学主体或形式本身同时也在构造方面的细微之处。进一步说,感知方式并不是一种简单的随年龄增长的技巧。老一些的教学者可能会由于他们自身对词汇的掌握而无视这些微妙的构造。珍妮·班贝克分析了儿童对音乐的天然感知性,通过让年轻听众发现韵律中新的标记法或让儿童分辨出不同的音乐作品,让他们来处理不同的音乐词汇。这些研究促进了被测试主体的认知能力的向前发展②。

古德曼和加德纳都开始对大脑半球劳动分工的最新研究报道感兴趣。这样,古德曼在艺术教育中引入了脑心理学③。古德曼的兴趣点集中在不同的符号系统是通过何种方式编码和解码的。这一新的研究领域由诺曼·贾许温德在他的后遗症临床工作中开创。贾许温德使用的方法包括对各种不同的脑损伤以及随之带来的符号使用技巧上的损坏的研究。

理论上的关联是由观念上的框架所衍生出来的。这些观念上的框架需要通过对各种脑损伤引起的相连或分离的技巧使用的试验来得以测试。包括这些明显相似的一些在阅读单词、阅读图表和阅读音符中的缺失而有的却并没有缺失。通过这些任务去寻找不同的相关性。[⋯⋯]观念的和临床的试验都必须相互之间反复测试并且常常需要修正或者是

---

① Lopes,Dominic,《Pictorial Realism》,*The Journal of Aesthetics and Art Criticism*,Vol.53,No.3,Juillet 1995,pp.277-285.

② 23Important empirical results were also relative to the notion of musical expression.But I cannot discuss or report here all the results of this five years program.

③ Goodman,Nelson,*Of Mind and Others Matters*,p.149.

重新解释①。

在 70 年代末期,加德纳试图寻找古德曼已从哲学角度理解了的以经验为主的符号使用技巧。这一研究计划促成了多重智力理论的产生。

结果和结论

试验的大致结果促成了零点计划的产生,与 1968 年古德曼所揭示的一般符号理论所契合。

首先,在科学与艺术这两个具有戏剧性相反方向的学科之间不需要,两者都包含着具有相似能力的符号活动。而这些作为重要的部分,依赖于感知功能。由于我们的感知系统可以在解决问题的活动中被重新解释,所以感知能力可以通过构建的方式理解。感知是在观察者或听众通过认知的发展、感觉(例如:他掌握了的有关重新理解的各种不同表达或大量词汇)和处于危险时的实用兴趣发现或构造他自己的联结时的一种积极的组织活动过程。

所有的符号系统,科学或艺术,都可以被看做是对感知材料的某种分类。我们通过对工作的新的分类方式、新的感知范畴来增加自己对世界的理解。然而,对口头范畴学习系统的掌握,如果太死板,可能也会对更多相关的直觉或个人工作产生消极影响。初学者很难对不同的工作做一个良好的分类。至少,可以自由地发现一项工作的独特过程,因为他没有受到记号的限制。

这样,教育技术需要面对双倍的目标:正确的分类和个人的洞察力。在这一点上给发展中的儿童选择合适的练习是至关重要的。例如,实验发现在音乐中对韵律的敏感性不仅适用于发展良好的儿童②。早期音乐教育必须注意到孩子发展过程中对高音概念的掌握。这些最后的观察显示了历史是如何进入古德曼的符号理论中的。

而且,在中世纪心理学以认知为中心的转向中出现的问题解决的概念也证明了艺术教育的中心地位。在那方面,当科学与认知相关联时,艺术也

---

① *Ibid.*

② See, Piaget, Jean, *La psychologie de l'enfant*, Paris: Presses Universitaires de France, 1966, chapter IV 《Les opérations concrètes de la pensée》.

不再与情感相关联①。相反,问题解决任务在科学和艺术之间采用了不同的形式。在艺术的产生中介质的种类似乎发挥了更加中心的作用,因为科学需要各种解决问题的情形。事实上,与科学需要解决问题相反,它也与相关因素的概念化有关,与介质(句子、对话、方程式)不同。在艺术中解决问题是不正确的,因为一种介质的选择常常也是解决问题的一部分②。这一结论支持了古德曼在语言艺术中的观点,在这里科学与艺术之间的不同被理解为"符号的特定具体特征的主宰",而不是与情感、直觉或美丽相关的出现③。

最后,让我们就古德曼是如何唤起艺术活动说几句话④。在古德曼零点项目中的一项重要内容是一系列他在哈佛大学任教时的讲义。确切地说,在大量的观众面前有 12 份关于艺术的报告。这些作品或演讲被呈现了出来,这样无数的观众便可以理解大量思想深刻和复杂的艺术产品。例如,一个摄影师(阿尔·弗雷德)可以选择他愿意冲洗和展出哪张底片。一个戏剧演员(贾克乐寇)可以通过对日常姿势的重复让观众意识到其困难性。在每场报告中符号的一个重要方面都会被强调:这里选择、备选项的开发和例证⑤。古德曼把这些作为例子被理解的表演或"创造出来的艺术"成为活化的艺术。一项艺术被活化是为了能够更合适地发挥作用:被正确地展示出、选择等等。我们把这一重要维度的评论称之为艺术的情景感知理论。艺术被视为并没有本质。然而,在某些特定的情境中一些自然的片段或人类符号却作为艺术在起作用。在这里它们被展示出来、向前发展、起着美学的作用⑥。再一次,正如古德曼作为艺术馆长时对人们的教育提出的计划一样,在这一系列的演讲表

---

① Goodman, *Of Mind and Other Matters*, pp. 148 – 149. See also Pouivet, Roger, *Esthétique et Logique*, Bruxelles, Mardaga, 1996.

② It seems that Elgin's comparative analysis of exemplification in Art and in Sciences is also sensitive to these sorts of considerations. See, Catherine Z. Elgin,《Making manifest: the role of exemplification in the Sciences and the Arts》, *Principia: an International Journal of Epistemology*, No.3, 2011.

③ Goodman, *Languages of art*, p.264.

④ Goodman, *Of Mind and Other Matters*, p.158.

⑤ One can find a definition of exemplification in Goodman, Nelson, *Languages of Art*, chapter 2,《Exemplification》, pp.52–57.

⑥ Goodman, Nelson, Ways of Worldmaking, Chapter IV《When is Art?》.

演中这一实用主义的态度被证明是多产的①,与零点项目的试验有关。这里
有另一个例子说明符号的逻辑倾向是如何把它自己转化为艺术教育技术的。

　　与一般的发现相比,零点项目在古德曼的后期哲学中更加果断。至少,我
在这篇论文中尽力向前展示这种假设。这样一种假设可以解释与古德曼第一
符号理论相比,他的哲学是如何变得更加实际和转向认知的。有人可能会说
零点项目是在古德曼的符号理论基础上加入了实验和心理学的观察。合适的
抽象概念,作为一个人的固有概念和规划,在这一趋向的发展中可能确定会被
更好地理解。进一步说,这一规划可以抵消他在符号第一理论中对句法重要
性的分析。除了对记号系统(仍然是他的哲学理论背景)的逻辑研究之外,一
个好的参考理论必须重视总是暗示语境考虑和认知学习努力的符号表现运
算。符号表现的运作可以被认为是具有能够反映我们分析我们参考内容活动
正确水平的特征。这也就清晰地展示了历史是如何进入古德曼的哲学中的一
个常常被认为是仅存在于地理学术语(参考路线、测绘问题、结构分析、标记
法)中的哲学。最后,可能会离开古德曼自身哲学的基础,转而讨论分析哲学
通常是如何引起认知,增强我们对世界的理解并且为教育技术服务的。

---

　　①　Cometti,Jean-Pierre,《Activating Art》,*The Journal of Aesthetics and Art Criticism*,Vol.58,No.
3,2000,pp.237–243.

后现代的哲学训练:利奥塔论哲学教育

郑劲超[*]

摘要:利奥塔曾在"关于哲学课程这一主题的讨论"一文中谈到了"教育与哲学"的问题,作为巴黎第八大学的名誉教授和法国国际哲学学院的推动者之一,利奥塔对如何采取哲学行动、如何讲授哲学以及在当代进行哲学思考等一系列问题作出了回答。利奥塔不仅表达了他对哲学训练的基本看法,而且在更广泛的后现代哲学语境中,通过对康德和阿伦特思想的引入,把哲学教育提升到社会历史层面上去进行讨论。

关键词:利奥塔 哲学教育 康德 阿伦特

"关于哲学课程这一主题的讨论"(Address on the Subject of the Course of Philosophy,1984)是利奥塔在《后现代的解释》(*The Postmodern Explained*)一书末尾的一封书信,它主要探讨了如何训练哲学教师这一问题。利奥塔有着丰富的在中学和大学讲授哲学的经历,这最早可以追溯到他在20世纪50年代在阿尔及利亚担任中学哲学教师的经历。利奥塔在1979年通过他的《后现代状况》(*La Condition postmoderne:rapport sur le savoir*,1979)一书在英语世界中留下了他的学术影响,其后,他又对"后现代"概念作出一系列的补充和深入的探讨,强调在当代社会中知识的生命力不在于盲目地继承前人的宏大叙事,而是去挖掘各种微观叙事中各个领域中的表现形式,尤其是在文化、艺术和教育等方面。利奥塔的后现代思想是法国乃至西方在20世纪后半叶的激烈的思潮变化中最具有代表性的表现形式之一,他对哲学教育的理解也很大程度建立在这种思想之上。

---

* 作者单位:南京大学哲学系。

一

　　利奥塔认为,就"哲学行为"本身而言,这一说法本身就带有着歧义,仿佛两者之间只是一种偶然的理论联系。在他看来,哲学不是一种外在化的知识,哲学本身就是一种行动,在此意义上,"教育和指导工作并不比参加宴会或装配一艘船只具有更多或更少的'哲学行为'的意味"①。这里我们可以看到利奥塔早期思想的一些痕迹,那是一种关于历史、主体和行动的现实化的哲学。如果我们回到利奥塔早期的那本名为《现象学》(La Phénoménologie)的小册子中,这种思想一直存在于他的理论和实践的斗争之中:"……理解历史(对哲学而言没有比这更真实的任务了)……这种集体意义是历史主体性把它们的意义在共存的基础上投射的结果,而主体性在一种取用的行动中重新获得的东西,使这种意义和历史的异化或物化得以终结,它通过自身改变了这种意义并宣告了一种历史的改造。"②对利奥塔而言,哲学并不是学科地理中的一个独立区域,而是不断在行动的历史中改变着它的意义,哲学教育本身也取决于我们对过去和现实之间的态度。

　　利奥塔在写下这封信的不久前,出版了他具有代表性意义的哲学著作《分歧》(Le Différend),这本书包含了利奥塔对自古希腊以来的哲学史的理解。其中,柏拉图的对话反映了一种现实,也就是说,在我们无法在不理解双方的对话规则的情况下达成一致,因此,我们只能服从于第三方的判决。这是一种不可通约的分歧,然而现实找到了管理这种分歧的方式,也就是构建一种元叙事、一种第三方的游戏,按照它自身的规则来对分歧作出判断,这样原初的分歧的情境被消除了,争论消失在这种普遍性的话语之中。利奥塔认为,这就是所谓的"科学认知"的规则的建立方式,同时也是"教育法的核心"③。在《理想国》中,柏拉图借苏格拉底之口讲道:"把我们的教育建立在音乐和体育上的那些立法家,其目的并不像有些人所想象的那样,在于用音乐照顾心灵,

---

① Jean-François Lyotard, *The Postmodern Explained*, Minneapolis: University of Minnesota Press,1993,pp.99-100.

② Jean-François Lyotard, *Phenomenology*, Albany: State University of New York,1991,p.131.

③ Jean-François Lyotard, *The Differend*, Minneapolis: University of Minnesota Press,1988,p.26.

用体育照顾身体。"①也就是说,单个人的训练与成长必须置于城邦的宪法的监护之下,否则即使一个人变得身强力壮,但从不学习文艺和哲学,苏格拉底认为这种人会成为厌恶理论的人,他不用论证说服别人而用暴力达到自己的目的。

在利奥塔看来,古希腊的教育是围绕着城邦的利益来培训对城邦有用的公民,它首先是一种训练,其次才是教育和改革。这些要求都建立在儿童心灵的可塑性的基础上,而且儿童的心灵必须按照城邦的要求而进行塑造,否则,放任心灵随意地成长对城邦的哲学而言是有害的。从另一个角度来讲,假如哲学家成为城邦的统治者,抑或当前的统治者能够严肃认真地追求智慧,使知识和权力合而为一,对城邦和人民而言才是有利的选择。从总体上来讲,城邦的教育是一种自我的训练,它构成了一个自我说教的雏形,同时它也预设了知识与权力相结合的可能性。

对于当代的哲学课程而言,哲学的训练必须摆脱古希腊的那种以城邦的利益为单一目的的困扰,并追溯哲学思维的多个来源,在这种意义上,利奥塔写道:"进行哲学思考首先是一种自我说教的活动。"②哲学思考必须展现出它的多元性和开放性,否则主体无法走进思维的深处,与此同时,主体也必须走进自身的童年时期,它类似于弗洛伊德意义上的"修通",我们心灵的最初的可能性不仅被过去的偏见隐藏起来,而且在受教育的过程中,被未来的规划、设计和目标等隐藏起来。因此,哲学的自我说教需要与过去、回忆和反思联系起来,这种教育处于这样的状态之中:不断重新开始,时刻保持着向前和向后的双重态度,保持自由浮动的注意力。这里,我们已经触及利奥塔的后现代思想的一个基本态度,更确切地说,它是对现代性的一种重写,后现代性是现代性的一部分,它包括这样一条原则:"不要预先判断,悬置判断,对发生的所有事情按其原貌给予同样的注意。"③对教育而言,我们也需要尊重这一原则,重视儿童的所有想法以及它们的无规律性,重视它们的各种各样表达方式,话

① ［古希腊］柏拉图:《理想国》,郭斌和、张竹明译,北京:商务印书馆1986年版,第121页。

② Jean-François Lyotard, *The Postmodern Explained*, Minneapolis: University of Minnesota Press, 1993, p.100.

③ 《后现代性与公正游戏——利奥塔访谈、书信录》,谈瀛洲译,上海:上海人民出版社1997年版。

语、身体、象征、情境和记忆等。

利奥塔举了"哲学阅读"作为例子,哲学阅读实际上构成了自我对话的大部分内容,我们往往在阅读材料的选择中和阅读过程中逐渐形成了我们思考的主题。然而利奥塔认为,判断一种阅读是否是哲学阅读的标准并不在于阅读的材料,而在于阅读的过程本身。阅读哲学的文本并不意味着这就是一种哲学阅读,从另一方面来看,哲学阅读并不仅限于文本,它可以扩展到艺术、音乐等。利奥塔写道:"只有阅读成为一种自我说教,在与文本的关系上成为一种培养不安的训练,成为一种培养耐性的训练时,它才是哲学的。哲学阅读的长期过程不仅仅要学习什么东西需要去阅读,而且要认识到阅读永不休止,你只能从头开始,忘记你所读过的东西。"①在这种意义上,唤醒过去的记忆并不意味着回到过去,而是重新思考之前未思考过的东西,甚至去思考那些我们认为已经理解过的东西。

这种对过去和记忆的态度意味着,哲学教育需要揭露现实的规则,把现实本身悬置起来。利奥塔认为,"赢取时间"是当今现实的主要原则之一,而它的根源毫无疑问是资本主义的合法化叙事。资本主义通过它的经济形式的话语霸权建立起它的客观性的时间机制,一方面,它是一种趋向于过去的神话叙事,旨在建立其合法化的权威的历史,另一方面,它是一种趋向于未来的解放叙事,旨在建立其发展和进步逻辑的一个目的。哲学教育必须摆脱这种时间机制的干扰。

利奥塔写道:"作为哲学教师,我们的困难在本质上与保持耐性密切相关。我们可以容忍(以可计算和可见的方式存在的)不进步的状况,我们可以容忍永远只是掀起一个开端,这种观念与下述事物相对立,也就是普遍的价值期望、发展、目标、表现、速度、协约、执行和实现等。"②利奥塔回想起他的哲学课程,一个学期以来他与学生都处于茫然的状态之中,因为利奥塔并不仅仅把众所周知的哲学案例和符号展示给学生,使之成为一种学术的话语,而且在实用的意义上,把聆听、记忆和阐释的方法嵌入到课堂之中,嵌入到时长两个小

① Jean-François Lyotard, *The Postmodern Explained*, Minneapolis: University of Minnesota Press, 1993, p.101.

② Jean-François Lyotard, *The Postmodern Explained*, Minneapolis: University of Minnesota Press, 1993, p.102.

时的小小的哲学课堂之中,嵌入到"此时此地"之中。这就使哲学教育永远处于一种童年的状态,处于一种牙牙学语的新生状态,在思想与非思想之间的交融之中重新思考词语与事物之间的意义。

二

在上述基础上利奥塔认为,如何讲授哲学与如何进行哲学思考在本质上是一致的。哲学是无法仅仅通过学习而获得的,我们最多能够学会如何进行哲学思考,这是利奥塔从康德那里得到的启发。无论是通过自身的努力,还是通过与其他的学生一起参与哲学课程,我们都只能在自我的领会和自我的说教中学会以哲学的方式进行思考。

康德曾在《逻辑学讲义》中讨论了如何学习哲学的问题,他认为所谓的哲学家是那些能够推究哲理的人,而推究哲理只能通过练习和理性本身的使用来学习。康德写道:"可以说,每一位哲学思想家都是在别人工作的废墟上写出他自己的著作的;但是没有一部作品达到了所有部分都固定不朽的境地。由于这种理由,哲学是不能学习的,因为它还没有拿出来。假如面前确有一种哲学,也不会有学了它,便能有称哲学家的人,因为他这种知识永远只是主观——历史的。"①换句话说,学习哲学推理就是仅仅把一切哲学体系看做是理性使用的历史,看做是训练自身的哲学才能的对象。康德之所以有这样的想法,一方面,那是因为他不希望人们成为某一种哲学体系的奴隶,通过模仿别人的方式来使用理性,另一方面,他提醒我们在使用理性的过程中,避免把知识看做是一种固定的真理或智慧,这种做法实际上是一种诡辩,并不能给我们使用理性的能力带来长进,反而损害了哲学教育的事业。

可以看出,康德对哲学的定义在学术层面上和在世界层面上是不一样的。在学术层面上,哲学与技巧相关,它与利奥塔所说的耐性的训练相关,而在世界的层面上,哲学与实践相关,它不仅传授智慧,而且还为人类理性这一最后目的服务和承担责任,用康德的话来说,真正的哲学家是"人类理性的立法者"。在康德晚年,这种世界层面的意义表现得越来越明显。然而利奥塔认

---

① 　[德]康德:《逻辑学讲义》,许景行译,杨一之校,北京:商务印书馆1991年版,第16页。

为,在实践中,在两个世纪以来的现代性和启蒙的过程中,无论在法国还是在德国,哲学的学术层面的意义依然占据着上风,哲学教育实际上培养的是符合本国利益的公民而非世界公民,哲学只是充当知识的功能而没有实现它在世界层面上的解放的功能。

康德关于哲学教育的这种现代理念在当今逐渐衰落,当下的哲学课程的内容和设定反映了这一点,因为学生并没有得到足够的耐性去学习如何进行哲学思考,没有得到足够的时间去回忆哲学的童年,回忆人类使用理性的历史,他们并没有足够的时间停留在茫然若失的状态之中,而这种状态恰恰有利于我们产生关于未来的可能性的思想。这种哲学课程仅仅教给我们一个学术层面上的"世界"的观念,而没有告诉我们在这个追求速度、竞争、成功、满足的真实世界中,我们应该承担什么样的责任。哲学课程中存在的分歧是,学生对老师产生抱怨,因为学生没有得到应有的哲学训练,而老师为了吸引学生的注意力而采取了一些诡计和手段,这样只会导致更严重的后果。

利奥塔在另一本书《激情:康德式的历史批判》里写道:"或许,在当下,反思的责任依然在于识别分歧、尊重分歧并使之得到尊重,在异质的措辞家族之上建立恰当的属于超验需要的那种不可通约性,而且为那些不能通过现有语言进行自我表达的人寻找另外的语言。这毫无疑问忠实于康德式的'文化'观念,它被理解为在现实中的通向自由的痕迹。"①在这种意义上,教师和学生既是分歧的双方,又是这种分歧的受害者。在这种不可通约的分歧中,没有任何一方的话语能够胜过另外一方,也不存在能够作出公正判断的第三方。在这种情况下,与其停留于抱怨和诡计,不如让我们正视分歧,揭露其中的恶,并为我们所坚持的善作持续的斗争。

在此,利奥塔提出了三点建议:第一,哲学教师需要接受语言的训练,亚里士多德提倡学习修辞学和辩证法的主要原因就在于,一个人在学院的辩论中被认为是正确的,他在市集中却有可能被辩倒,这是由于他没有考虑到现实中各种分歧的存在,而当今的学院也是处于各种分歧之中,我们必须对此作好充分的准备。第二,哲学课程既不能听任于权力而仅仅传递某种知识,也不能作

---

① Jean-François Lyotard, *L'enthousiasme:La critique kantienne de l'histoire*, Paris:Galilée, 1986, p.114.

为一种可有可无的主题与政治现实划清界限,我们必须在此时此地思考着探索通向思想的道路。第三,在哲学与其他学科的结合中,我们可以找到更多的提出问题的方式,无论是在学院中还是在学院之外,无论是在童年还是在成年,我们可以在任何时候、任何地点寻找世界层面上的通向自由的意义。

三

　　利奥塔认为,与哲学课程的基本精神相悖是追求时间和效益的资本主义,然而这种资本主义精神不仅统治教育领域,而且渗透到日常生活的每个方面,包括个人的情感和快乐等方面,而哲学的教育恰恰需要一个独特的运用理性的环境。利奥塔在《儿童讲稿》中提到了阿伦特的这段话:"越是成熟的现代社会,越是抛弃了私人和公共之间的区别(只有在封闭环境中才能生长的东西,和需要在公共世界的光照之下显示给所有人看的东西之间的区别),越是在私人领域和公共领域之间引入了一个社会领域。在那里,私人的变成了公共的,公共的反过来变成了私人的,这对孩子来说是最糟糕的,因为他们不受干扰的成长,本质上需要一个封闭环境。"[①]阿伦特在看待当代教育危机的问题上与利奥塔的观点是基本一致的,教育问题根本上需要回到社会和文化问题上。

　　阿伦特所面对的是美国的教育危机,这一问题与同时代发生的其他危机相比,似乎只是一个无关紧要的地域现象,然而人们容易忽略这一事实,也就是自20世纪以来,任何发生在一国之内的事情,在可预见的未来都同样有可能发生在几乎任何一个国家。危机迫使我们回到问题本身,但这绝不意味着我们匆忙地提出解决办法,因为如果我们没有消除早已形成的偏见,就试图用这些偏见来应对危机,这样不仅没有解决危机,而且使危机演变为灾难,使我们错失对现实的经验进行反思的机会。利奥塔所指出的那些分歧,正是这种澄清偏见的基础工作。阿伦特写道:"教育的本质是诞生性,即人出生在这个世界上的事实。"[②]刚出生的、天生崭新的人,他们意味着新的世界和新的秩序

---

　　① 〔美〕阿伦特:《过去与未来之间》,王寅丽、张立立译,南京:译林出版社2001年版,第175页。

　　② 〔美〕阿伦特:《过去与未来之间》,王寅丽、张立立译,南京:译林出版社2001年版,第164页。

的开始,因此,教育在从古至今的政治理论中都扮演了重要的角色,因为参与政治的人必须是受过教育的人。在此意义上,教育对新来者而言是一张参与政治活动的通行证,它表面上是对新来者的保护,实际上是一种限制和说服。这种教育实际上并没有创造一个新的世界,而是维护一个在可接受范围之内进行改革的旧世界。

这是阿伦特对教育危机进行解答的一种尝试,对这种政治问题的解答需要运用康德意义上的"共通感"(sensus communis),凭借着这种我们共同的感觉理念,才能避免把主观的私人的感觉看做是客观的权威或准则。康德写道:"人们必须把 sensus communis[共通感]理解为一种共同的感觉的理念,也就是一种评判能力的理念,这种评判能力在自己的反思中(先天地)考虑到每个别人在思维中的表象方式,以便把自己的判断仿佛依凭着全部人类理性,并由此避开那将会从主观私人条件中对判断产生不利影响的幻觉,这些私人条件有可能会被轻易看作是客观的。"①康德举了一个例子,一个流落到荒岛上的个人不会去装饰他的茅屋。阿伦特认为这里包含了康德政治哲学最伟大、最有原创性的思想之一,它指出了世界的本质在于它是一个共同的世界,我们和他人共有和共享着这个非主观的世界,因此思维不仅需要与自身一致,而且还要站在他人的位置去思考,因此,共通感不仅是人的基本的审美判断能力,而且是一种极为重要的政治生活的能力。

阿伦特指出了现代世界的教育问题在于,这种教育本质上不能放弃权威或传统,尤其是在消费社会的条件下,人们的闲暇时间越来越多地用于消费和娱乐,而不是用于自我完善和建立自我的认同。在此意义上,教育领域需要与其他领域分隔开来,尤其是公共领域和政治领域,同时,也不应当把成人世界中要求的普遍有效性的权威概念强加到儿童世界之中,这样才不会剥夺新来者对旧世界进行反思和在新世界中进行创新的机会。与此相类似,利奥塔也写道:"不能浪费时间去质疑古人和传统了。相反,要争取时间,为了避免我们又回到应当被忘却的事物之中。"②利奥塔认为,我们不能仅仅满足于康德的共通感概念所揭示出来的感觉的可交流性,而是要重新描述儿童世界的这种尚未被概念和

---

① [德]康德:《判断力批判》,邓晓芒译,杨祖陶校,北京:人民出版社 2002 年版,第 135—136 页。

② Jean-François Lyotard, *Lecture d'enfance*, Paris:Galilée,1991,p.83.

权力支配的原始感觉，这就是利奥塔所说的文学、艺术和写作的关键任务。

因此，作为教育的哲学应当承担起更多的责任，它不仅要指出教育与社会、政治之间的历史关系，而且还要在思想上澄清诞生性、儿童与成人世界之间的联系，不是把哲学看作是一种固定的知识或权威，而是看作是一种在每时每刻进行着的理性的训练。我们应当让哲学行动、观察和思考先于一般概念，只有让儿童学会用自己的而不是别人的标准来衡量事物时，他才能避免和消除偏见，运用个人的判断力对事物进行分析。只有哲学教育不再受其他力量的奴役，它才会演变为自发的对真理和自由的思考，它的目的就不在于维护旧的世界，而是承担起人类的共同命运这一责任。

四、结　语

利奥塔在他的《非人：时间漫谈》(L'Inhumain：Causeries sur le temps)中表述很好地总结了现代人文主义教育的这些弊端，在他看来，哲学教育归根到底是对人的教育，而对于成人而言，为了适应习俗制度和共同体生活而必须不断使自己人文化，而儿童由于在人文方面的原始滞后而更容易陷入到习俗制度的支配之中，利奥塔描述了这种人的状况："成人被赋予了认知和使人认知，行动和使人行动，以及将文化关怀和价值内在化的手段；成年人也能够追求完全的人文化，有效地实现思想如意识、认识和意志。他只能在不断地履行其诺言的同时，摆脱童年蒙昧的野蛮。这就是人的状况。"①这恰恰就是利奥塔所理解的发达的知识社会，或者说后现代社会的状况，所谓的人文主义的教育牺牲了它教育人的功能，而却为人文主义的虚无目标而服务，缺乏对人的潜能、感觉和痛苦的考虑使得人的本义在教育中缺失。因此，对于哲学教育而言，我们不应当仅仅在思维之中去建立思维权，而是在思维之外，在实践之重建思想的权威，从利奥塔所提示的"工作、象征、异质、分歧、变故、事物"中去寻找意义和原动力，在文化、艺术和教育等各个领域发挥思想的能动性，而不是受政治、经济等资本主义意识形态力量所牵累，这应当是利奥塔这位后现代思想家能够带给我们的真正有意义的启示。

---

① ［法］利奥塔：《非人：时间漫谈》，罗国祥译，北京：商务印书馆2000年版，第4页。

阿尔都塞意识形态理论原像[*]

——从拉康到马克思的回归之途

周文莲[**]

摘要:每一种意识形态理论,都包含着各种各样的意识形态判断。在阿尔都塞意识形态理论之中,无论是对拉康的继承还是马克思的发展,即表现出了对马克思意识形态理论的融合与剥离,也呈现出在二者文本之中的经典表达,把二者所阐述的政治理论洞见运用到自己的研究和政治实践之中。主要包括:首先,将拉康的"伪个人主体的观念"当作是人的真实生活条件被置换为一种人与人之间的想象关系,把意识形态看作是日常生活中的某种实践活动的"反射或回身"。其次,将拉康"镜像"的理论视为理解拉康视阈与困境,而镜像理论是作为依据来建构意识形态理论的。正是基于意识形态理论本身的双重反射,可以断言,在阿尔都塞在继承拉康理论的同时,却为丰富和发展马克思主义意识形态理论奠定基础并对现实生活具有指导作用。

关键词:阿尔都塞 意识形态 马克思 拉康

在当代政治思想的语境中,关于意识形态概念的争论与歧义自然而然地成为各种理论争论的核心。各种各样的意识形态理论表明,意识形态并没有一个终极答案。按照伊格尔顿的说法,意识形态是一个由不同的概念线索编织成的文本,而且具有无限的意义生成的可能性。很显然,意识形态的存在及其意义,不是从思想出发、从想象的东西出发,也不是从口头说的出发来理解有血有肉的人,而是从生活世界出发。人不是生活在离群索居的虚幻之中,也

---

  * 本成果属于北京高校中国特色社会主义理论研究协同创新中心(中国人民大学21世纪中国马克思主义研究协同创新中心阶段性成果)。

  ** 作者单位:中国人民大学马克思主义学院。

不是一成不变的抽象的个人,而是生活于生活世界之中,是处于一定历史条件下的活生生的个人。任何思想、观念和意识的产生都与人们的物质交往活动联系起来。意识是人们在生产与交往的过程中所意识到的存在,这种存在就是他们的现实生活过程。如果把人们的意识放入具体的某一民族的政治、经济、道德、法律中,那么,就可以说意识形态在阶级社会的具体存在形式是作为观念的上层建筑而存在的。人的生活虽然并不以人们的意志为转移,但是却总是或多或少地受到社会生产、社会现实的影响。可以说,每个人的生活都是受现实生活影响的,而现实生活的实在又是构成社会存在的基础,社会存在决定社会意识。

一、阿尔都塞:作为"想象关系"的意识形态理论原像

在社会生活中,意识形态具有最广泛的影响力和行动支配力。阿尔都塞受到拉康结构主义精神分析学的影响,认为拉康的"伪个人主体的观念"即通过对意识形态的表征对象的置换,也就是说,是将人的真实生活条件置换为一种人与人之间的想象关系,通过这些想象关系,来发现意识形态的真伪问题。他在《意识形态与意识形态国家机器》一文中,把意识形态看作是一种人们日常生活中的某种实践活动的"反射或回身"①。简言之,即认为意识形态是对现实生活的反射,是独立存在的纯粹意识,是脱离主体而存在的。意识形态是通过具体的个体来鉴定或者说来生成一种新型的意识形态本身,主体是构成意识形态何以可能的实体性要素,于是其阿尔都塞断言:个体总是——已经是主体。② 可以说,一个个体在出生之前,就已经被家庭意识形态呼唤,他(她)将被他(她)的父母命名,并且会用父姓来命名,在家庭中他(她)将有一个身份,父母也会按照他们自己的意愿来规划这个孩子的未来,希望把他(她)塑造成为符合家庭与社会意识形态相统一的主体。在这种意识形态中,父母对孩子的想象关系取代了孩子自身的真实关系,而这种父母对孩子的想象关系,其实可以说是父母对孩子的某种希望或者留恋,而不是对孩子本身存在现实

---

① 《马克思恩格斯全集》第3卷,北京:人民出版社1960年版,第161页。
② 斯拉沃热·齐泽克:《图绘意识形态》,南京:南京大学出版社2002年版,第175页。

的描述。对于真实的自我,孩子可以说是一无所知的。父母对孩子的想象关系,正是孩子通过想象所建构出来的现实。从这个层面出发,我们可以把意识形态看作是用来掩盖真实状态的想象。而在历史上,不同的统治阶级有不同的意识形态。而每个统治阶级内部的社会成员都无法在当代社会中去完全地表达自己的现实利益,其现实需要总是依靠以往的经验和所经历的现实来表达。可以说,任何一种意识形态都不是凭空产生的,而是源于统治阶级在统治过程中针对社会现实提出来的,是统治阶级的观念表达。

马克思主义经典作家认为,可以通过消灭阶级,实现共产主义,从而最终消除意识形态。也就是说,通过对阶级的消除,进入无阶级社会,从而来使得意识形态回归到一般的精神现象本身。现实中存在的教堂、工会、学校等都是意识形态的国家机器,是意识形态存在的物质基础。我们很难清楚地分辨出其真实内涵,只能说我们的现实生活其实是想象和真实的结合体。人们的现实生活,在一定程度上是带有自己的想象性的。就如同我们被呼喊为某某,这是带着父母对我们的某种期待。正如齐泽克所说,一个人在出生以前,就已经存在一定的意识形态,父母对其的命名很大程度上是带着对婴孩的某种希望。也就是说,父母在孩子出生之前,就已经给孩子强加了某种意识形态,这种意识形态是一种被期望的状态——我希望你成为什么样的个人,"将接受父名、经历认同过程并成为一个不能被替代的人"①。人们是总是以某种生活方式存在着,这其中不可避免地要受到统治阶级利用知识、信念、观念、思想等上层建筑来实现的对个体意识形态的某种控制。马克思认为,意识形态是阶级社会特有的,只要存在阶级,就一定有意识形态,只是其表现方式不同而已。在这一点上,阿尔都塞则认为,任何一种社会实践都是意识形态领域中斗争的产物,意识形态在实践中产生,因而也将永远存在于实践中。可以说阿尔都塞本质上是一种行动哲学,与马克思的革命性与实践性相契合的。

对于意识形态理论问题的探讨和相关新见解的提出是当代国外马克思主义理论所面对的共同问题。一方面,阿尔都塞接受马克思关于阶级斗争的意识形态理论,另一方面他又强调意识形态在新的社会已经有了新的表现方式。例如,教会学校如今已被公立学校取代,虽然公立学校的资金主要来源于政

① 斯拉沃热·齐泽克:《图绘意识形态》,南京:南京大学出版社2002年版,第105页。

府,但是公立学校仍然是意识形态传授的基地。学生被教授一些民族主义、道德伦理,还包括经济基础等的意识形态,每个学生都被设想成为将要成为的样子。在美国等西方国家,最常见的意识形态教育很显然是公立学校对孩子的传授。如果你是一名基督教的信徒,你一定经历过这样的场景:一群基督徒在一起呼喊主的名字,然后不停地祷告,或者牧师会带头来进行祷告,当祷告声一声一声地被牧师和教徒呼喊出来的时候,一个事实被证明,也就是基督为我们而活。任何一种意识形态,要让民众相信自己,其前提条件是需要统治者自己对这一理论的认可。统治者说服别人相信自己理论体系的前提条件应该是自己首先对这一理论体系的认可,可以说,意识形态是一种对现实生活的反射,而这种现实生活却是不以人的意志为转移的。统治阶级当然能意识到社会生活对意识形态的依存性,而这种真实的社会现实却被包裹着一种想象关系,这种想象关系既可以是自由、平等、博爱,也可以是君为臣纲、夫为妻纲、父为子纲或者其他。

在齐泽克那里,意识形态不过是用来掩盖真实现实的遮盖物,是一种无意识的社会幻象。例如,我们今天打开门可以看到川流不息的汽车和拔地而起的高楼,而在一百多年前,我们只能看到偶尔路过的马车和一些低矮的房屋,甚至有可能是一片荒芜。我们今天看到的商业区在过去很可能只是农田或者别的什么东西。我们知道,如果没有之前的自然科学做铺垫,又如何会有如今高精尖的计算机科学技术呢? 在齐泽克看来,要论述意识形态幻象就不得不引用马克思在《资本论》第一章中所提到:"一旦倒置,那些感性的具体事物,也只能算作抽象的而普遍事物的现象形式(phenomenal form),这与事物的真实状态背道而驰。就事物的真实状态而论,抽象和普遍只能算作具体的属性。这样的倒置是价值的表现形式(expression of value)所特有的,正是这种倒置使得理解这种表现形式变得如此困难。但是,如果我说:罗马法律和德国法律都是法律,这人人都能理解。但是,如果我说:法律这个抽象物,在罗马法律和德国法律中,即在这两个具体的法律中,实现了自身,那么它们的相互联系就变得神秘起来了。"①

我们可以清晰地看到,在马克思那里,人们的社会现实,人们的行为,受到了幻觉的引导,受到了恋物癖式的倒置的引导,人的意识不是处于现实的一

① 齐泽克:《意识形态的崇高对象》,北京:中央编译出版社 2002 年版,第 28 页。

边,因为人在做事情的时候,很多时候是对现实一无所知的。如果我们对现实一无所知,那么我们做出来的事情,应该是一种社会现实的表现形式,但是其中还是不可避免地包含一些意识形态的想象成分;那么我们的社会应该是一种狗智主义(cynicism)意识形态,而人们也不会再认为意识形态有任何可信性。同样有必要指出的是,阿尔都塞认为意识形态可以说是一种深层次的无意识,意识形态是一套表象系统(system of representations),意识形态是主体和其真实存在状态之间的想象关系。

二、拉康:作为"镜像解构"的意识形态原像

为更好地理解意识形态原像,有必要清晰地论述拉康镜像理论的概念、理论和实践意义。首先,拉康的镜像理论认为,个人之我的形成其实是一种异化现象。镜像表现出来的异化认同,是个人对自己的原初认识,当一个6—18个月婴孩在看到镜中的自我之像,会将"镜像"误认为"自我",即镜像=自我。这一阶段,自我通过镜像来反射自己,主体成为一个异化的身份。在《精神分析的四个基本概念》有过这样的精彩论述:在梦中,庄子是一只蝴蝶。这意味着什么?庄子在他的现实中看到了作为凝视的蝴蝶。如此栩栩然、翩翩然、嫣嫣然,如果不是故意向我们展示凝视之本质的原初性质,那还会是什么呢。天哪,他是一只蝴蝶,与使狼人感到恐惧的那一只别无二致……当庄子醒来,他可以问自己,是不是那只蝴蝶梦见自己变成了庄子。的确,他是对的,而且是双重正确。在第一个层面,他不是疯子。他没有把自己与庄子视为绝对同一。在第二个层面,他是蝴蝶。他并没有完全理解他是多么正确。事实上,当他是蝴蝶时,他才理解了他的同一性的一个根源——他本质上曾是而且仍然是那只自喻适志的蝴蝶——也因此才足以证明,在第三个层面,他是庄子。当庄子是蝴蝶的时候,他显然是没有意识到他是醒着的庄子,当他是庄子的时候,却能明显无疑地知道,自己不是那只翩翩起舞的蝴蝶。在梦中,他是一只不为任何人而存在的蝴蝶。当他醒来的时候,他是为他人而存在的庄子,并被他们的蝴蝶网捕获。[1] 庄子和蝴蝶到底谁是真实的存在,恰恰是主体性之分裂的显

---

[1]　齐泽克:《意识形态的崇高对象》,北京:中央编译出版社2002年版,第78页。

示。很显然,存在着两个庄子:一个是现实中的庄子,另一个是梦中梦见自己是蝴蝶的庄子。主体被分裂为想象中的自己或现实中的自己,而想象中的自己一般是对自我形象较为满意的表达,这种形象是自我在形成的过程中,不断地完善给自己,而这种自我形象被看作是主体对自己的某种镜像,就如同幼儿在照镜子的时候,他看到的并不是完整的自我,这和我们在现实的生活中,所见到的自己是一样的,我们并不能完全成为我们所渴望成为的那个样子,我们还不可避免地要受到其他很多非中心因素的影响,我们或多或少地并不是心中的那个自己。

如果你出生在资本主义的意识形态中,你必然会为成为一位自由主义意识形态者,你会把自己想象成为天赋人权、独立、自由、民主而奋斗的主体,但是,实际上你不过是这种意识形态的屈从者,我们往往屈从于某种意识形态而不自觉,而这是一个普遍存在的问题。阿尔都塞认为,意识形态是一种由个体被慢慢地询唤为主体的过程,而且这种个体是被绝对主体呼唤而成的,因而被询唤为主体的个体也就必须服从于询唤的主体,而且被询唤的主体也是承认自我的独立存在的,从这一方面可以看出,我们是以独一无二的、绝对主体的名义把个体询唤为主体的总体意识形态的机构,是一种镜像结构,这种镜像结构构成为意识形态。

在意识形态的双重反射中,绝对主体居于中心位置,他将周围的个体询唤成为主体:"Man is ideological animal by nature"。在你和我的主体上,存在一种"自明性"。这种自明性,其实可以通过我们的一些日常生活方式,比如发表文章、发微信朋友圈或者说别人用你的名字喊你、用你的地址给你发邮件等,从而让我们知道我就是我自己,我们也知道自己有个名字,这个名字是可以在某种场合代替自己而存在的。另一方面,意识形态通过主体来发挥作用,日常生活中的意识形态的物质仪式都是通过主体来建构的。如我们在路上遇见某位朋友,我们总是呼喊他的名字,当我们喊他的名字的时候,其实是主体被询唤(interpellation)或呼叫(hailing)成为某一个名字,而主体也乐意接受这个名字的,这个名字的本身是就带有意识形态的某种想象功能。

阿尔都塞的意识形态镜像结构以拉康的镜子阶段作为理论基础。从婴孩的出生本身是一个对自我身体的支离破碎,在镜像阶段(也可以说是社会化的过程)之中,婴孩对镜中的自我形象产生自恋的想象性认同,开始认识完整的自我形象,并且开始把自我想象成为完整的自我形象。不论是孔孟老庄、二程陆王、黄宗羲、康有为、梁启超等,都为建构其意识形态理论前赴后继,但结果并不尽如人意。可以说,意识形态是没有历史的,它只是对历史现实的解读,而这种解读既来源于现实,又高于现实。根据阿尔都塞对意识形态理论的判断,我们可以看出,阿尔都塞挪用了拉康"伪个人主体理论",把"自我"与"镜像"的关系,借用到"意识形态"与"主体"之间,来重新思考"意识形态"、"个别主体"与"绝对主体",把"个别主体"与"整个社会"的关系视为"婴孩"与其"镜像"的关系,这显然是概念的借用和误读。

　　毋庸置疑,每个人作为一个主体,都有自己的名字,而这个名字,就是每次别人呼叫我们到场,也就是说,我们在出生之前,就已经是一个主体,而这个主体,是带着父辈们对我们的某种愿望和希望的。马克思认为,进行生产活动的个人,一定会和社会发生一定的政治、经济、文化的关系,而这些政治、经济、文化的关系其实是一种社会现实。我们总是根据当前的社会现实分析和揭示经济结构、政治结构、文化结构等,是从每个人的生产、生活过程中产生出来的社会结构,而不是通过镜像、想象或者其他方式被建构出来的。每个人在从事物质生产生活资料的生产过程中,不断地与现实结合起来,从而导致主体的诞生。意识形态不是用来掩盖社会现实的幻觉,而是用来建构社会现实的。

三、回归之途:马克思"意识形态"理论分析视角

　　一切划时代的体系的真正的内容都是由于产生这些体系的那个时期的需要而形成起来的。所有这些体系都是以本国过去的整个发展为基础的,是以阶级关系的历史形式及其政治的、道德的、哲学的以及其他的后果为基础的。研究意识形态同样不能回避其历史现实性问题。主要包括:问题一,意识形态是否具有历史?问题二,意识形态有没有其自身的历史?

　　"道德、宗教、形而上学和其他意识形态,以及与它们相适应的意识形式便失去了独立性的外观,它们没有历史,没有发展;那些发展着的物质生产和物质交往的人们,在改变自己的这个现实的同时也改变着自己的思维和思维

的产物。"①可以看出,马克思认为,意识形态没有历史,随着社会的变化发展,也就是当我们实现共产主义的时候,意识形态将只是一种一般的精神状态,而这种精神状态是主体的精神状态,每个人的思想将不会受到社会现实的影响,现实是一种高度发达的社会现实,随着阶级的消灭,共产主义的建立,意识形态会回归到一般的社会精神状态之中去。意识形态是一种附属于社会现实而存在的思维产物,并不存在独立存在的抽象的意识形态,意识形态不能自己单独发展,必须依赖于主体的建构,而社会的发展变化,也会给意识形态提供新鲜的血液,意识形态与思想、语言一样不可能单独存在,需要人作为主体去建构意识形态。马克思是坚定的唯物主义者,他认为社会现实的物质生活是构成意识形态的基础,意识形态也会随着社会的发展而发展。社会的变革在很大程度上是由于社会现实情况的发展变化导致意识形态发生相应的发展变化,是时代的需要,而不是某位领导人的主观臆断。"在任何时候都只能是被意识到了的存在,而人们的存在就是他们的实际生活过程。如果在全部意识形态中人们和他们的关系就像在照相机中一样是倒现的,那末这种现象也是从人们生活的历史过程中产生的,正如物象在眼网膜上的倒影事直接从人们生活的物理过程中产生的一样。② 由此可见,意识形态是作为一般的思想观念而存在的。

　　与马克思的意识形态理论不同,阿尔杜塞认为,一方面我们可以说意识形态没有历史;另一方面我们又得承认意识形态有其自身的历史。换句话说,随着阶级斗争的变化发展,意识形态依赖于这些阶级斗争,当阶级斗争消亡的时候,意识形态就没有了历史,但是这并不等于说意识形态完全没有历史,在阶级社会中意识形态有其自身的历史。当然,意识形态理论还是要依赖于社会形态的历史,这种依赖主要表现为对生产方式的依赖。阿尔都塞承认意识形态在阶级社会中的历史,却认为意识形态自身"没有历史"这一理论只适用于无阶级社会,意识形态的历史依赖于社会生产方式、阶级斗争的历史。不管是马克思还是阿尔杜塞,都认为意识形态不存在历史,只是马克思把意识形态看作是阶级社会的产物,并且认为随着阶级的消失,意识形态就会自然而然地转

---

① 斯拉沃热·齐泽克:《图绘意识形态》,南京:南京大学出版社 2002 年版,第 50 页。
② 《马克思恩格斯全集》第 3 卷,北京:人民出版社 1960 年版,第 29—30 页。

变为某种精神现象。随着阶级社会的消亡,意识形态也会随之消失,由此断定:意识形态只存在于阶级社会。当然,马克思意识形态理论也认为"统治阶级的思想在每一个时代都是占统治地位的思想",马克思并不同意在原始社会也曾经有过意识形态,由此认为意识形态是一个历史过程,是历史中曾经出现的历史现象。换句话说,意识形态会随着共产主义的实现而慢慢消亡,在未来的共产主义社会里,取而代之的将是人类文化发展的精神现象。只有阶级的消亡,才会使得意识形态回归到一般的精神现象。阿尔杜塞把意识形态看作个人的构建,认为思想是通过个体来实现的,如果离开了人本身,意识形态可能什么也不是了,如同我们无法看到离开了人的思想或者说离开了人的灵魂一样,意识形态离开主体本身就是空无。由此出发,我们可以看出,意识形态的历史性问题,并不是阿尔杜塞和马克思的根本分歧所在。

很显然,阿尔杜塞把意识形态看做一种精神现象,其中最明显的例子就是西方的民主自由思想:资产阶级总是在鼓吹自由,而且让民众也相信自由就是资产阶级社会的自由精神,民众也乐意为了自由而去接受资产阶级的统治。从这个意义上说,意识形态承担着人类文化发展的载体,阿尔都塞挪用拉康的无意识主体理论,把意识形态看作是由主体来建构的,而建构意识形态的目标其实是借助主体来实现其自身,通过对社会现实的建构,把主体传唤为个人。

有两点需要指出的是:首先,意识形态之所以存在也是因为其对主体具有一定的作用,是一种有用的意识,离开了主体的意识形态是不存在的。意识形态不能独立存在,意识形态需要主体,是依赖于主体而存在的。意识形态可以通过主体来建构某种功能,例如把社会生活的大部分人都塑造成某一种样式,让个体变成具体的个人。诚然,意识形态不存在于官方文本的断裂、空白和未言明之处,也不存在于那些明确表达的意识形态的话语中,而是存在于人们的生活实践之中,是现实生活的表达。意识形态不是外在的,而是内在的,是主体的内在意识的表现,是物质性的现实,意识形态不需要去解释,因为它就存在于现实之中。我们很难清楚解释意识形态,因为这是一种存在于社会现实的意识形态。

其次,阿尔都塞的意识形态理论既继承了拉康思想,又丰富和发展了马克思主义意识形态理论。在继承了拉康主体询唤理论与镜像阶段理论的同时,提出了意识形态机器和意识形态质询等概念,而且就分析的深度和广度来说他都已经迈出了大大的一步。实际上,对阿尔都塞所开启的解释路径影响最大的还是马克思关于意识形态的理论,阿尔都塞对马克思的意识形态理论进行了不断地补充和延续。

　　总之,阿尔都塞意识形态理论的最可贵之处,不在于其提出的具体概念,而在于他对结构主义方法的创造性运用,在于其意识形态理论对拉康与马克思理论的融合和剥离,而那种大胆的解构原则具有一般的方法论意义。阿尔都塞意识形态论给我们提供了崭新的内容,如开启分析马克思主义在新的历史条件下对马克思、拉康等人的理论进行重估和解构。特别值得一提的是,以齐泽克为代表的拉康化马克思主义者也继承和肯定了阿尔杜塞的解构原则,并进一步开启了精神分析学、马克思主义、西方马克思主义、拉康化马克思主义等一系列研究。从而拉康化马克思主义在接受了马克思的投射之后,拉康化马克思主义意识形态理论的理解也就开启了在世界传播的马克思主义新场景。可以说,所有这些,都对当代意识形态理论产生了非常重要的影响,对于我们今天继承和发扬马克思的意识形态理论依然具有重要的借鉴意义。

征稿启事

　　《法兰西思想评论》(*Etudes de la pensée française*)是由上海交通大学欧洲文化高等研究院主办,并由上海交通大学"985"工程"文科科研项目基金"和"精裕人文基金"资助的开放性中法双语研究论坛和交流平台,从2004年到2010年曾经由同济大学出版社连续出版6卷,从2004年到2013年,改由人民出版社按年度出版,针对法国思想文化的不同专题、思想家、历史事件及文化成果进行深度研究,南京大学中国社会科学研究评价中心已将本刊收录为《中文社会科学引文索引》(CSSCI)来源集刊。从2014年春季开始,《法兰西思想评论》将由年刊升格为半年刊,每年分春季号和秋季号出版。

　　每期集刊一般包括一至两个专题,汇集若干文章,围绕某位思想家或者某一主题展开讨论。在专题之外,也将收录其他文章,从而尽可能全面和深入地反映法国思想的多样性和丰富性。本刊以哲学类论文为主,兼收社会学、人类学、历史学、宗教学、心理学、精神分析学、文学理论、文学批评、艺术理论、电影理论等人文学科的论文。要求来稿具有较强的思想性、学术性、原创性。热诚欢迎各方学者投稿。

　　稿件要求:中文论文通常以1万—2万字为宜(特殊情况可酌情处理),法文或英文论文通常以不超过75000字符为宜。另附中文提要。书评,以5000—8000字为宜,书评的对象著作应为法国近年出版且具有较高学术价值的著作。本刊接受译文,要求提供原文。

　　来稿三个月未获通知,作者可自行处理稿件。

　　投稿信箱:jiangdandancn@126.com;dengphilo@126.com

　　关于本刊最新动态,请关注上海交通大学欧洲文化高等研究院网站:http://iasec.sjtu.edu.cn

Appel à la contribution

La revue *Etudes de la pensée française*

《*Etudes de la pensée française*》 est une revue bilingue (chinois/français) , publiée annuellement en deux numéros par l'Edition du Peuple à Pékin et édité par l'*Institute for avanced study of European Culture* , Shanghai Jiao Tong Université. Elle contribue au progrès de la connaissance de la pensée française en Chine. La revue est fonée en 2004 sur l'initiative de Monsieur GAO Xuan Yang.

La revue publie des articles qui contribuent au progrès de la connaissance dans tous les domaines de la pensée française , y compris la philosophie , la sociologie , l'économie , la politologie , l'anthropologie , la critique et la théorie littéraire , l'esthétique , la psychologie , la psychanalyse , etc. Les manuscrits seront séléctionnés uniquement en fonction de leur qualité. Elle ne fait la promotion d'aucune école , doctrine ou méthodologie et a pour seul souci de contribuer à stimuler des recherches de la pensée française. La revue publie aussi des comptes rendus sur des ouvrages importants qui sont récemment parus en France.

Chaquenuméro de la revue comporte des dossiers spéciaux , consacrés sux sujets , ou aux auteurs majeurs , comme un varia , dans lequel recuille des articles qui portent sur la variété de la pensée française et , enfin des 《comptes rendus》 qui portent sur des ouvrages scientifiques importants et inconnus par les lecteurs chinois et sur des ouvrages récemment parus révélant le nouvel développement de la pensée française.

La soumission des manuscrits

Les articles n'excèdent pas 75000 caractères (espaces compris) , et visent à la discussion, l'élucidation, la défense et/ou l'examen critique de thèses ou de doctrines philosophiques spécifiques. Les comptes rendus n'excèdent pas 15000 caractères(espaces compris), et proposent une brève appréciation du contenu de publications philosophiques récentes.

Les manuscrits peuvent être soumis en français, en anglais ou en chinois. Ils sont accompagnés de deux résumés n'excédant pas 1.000 caractères(espaces compris)chacun, le premier en français et le second en anglais.

Sélection des manuscrits pour publication

À l'exception des comptes rendus, tous les manuscrits soumis aux*Etudes de la pensée française*sont évalués par au moins deux experts compétants. La période d'évaluation ne dépasse normalement pas trois mois. Suite à l'acceptation de son texte, l'auteur en envoie une version définitive conforme aux directives. Chaque auteur reçoit deux exemplaires du numéro où il est publié.

Veuillez faire parvenir vos manuscrits à l'adresses suivantes：

Madame JIANG Dandan：jiangdandancn@ 126.com

Monsieur DENG Gang：dengphilo@ 126.com

Pourdes informations de la revue, voir le site de*Institute for advanced study of European culture*：http：//iasec.sjtu.edu.cn